Die Steinheilkunde

Michael Gienger

Die Steinheilkunde

Mit Fotos von
Ines Blersch

9 10 11 12 13 14 15 16 10 09 08 07 06 05 04 03 02 01 00

Die Steinheilkunde
Michael Gienger
mit Fotos von Ines Blersch

© Neue Erde GmbH 1995
Rotenbergstr. 33, D-66111 Saarbrücken
Alle Rechte der Vervielfältigung, gedruckt, auf Microfiche
oder Datenträgern, sowie der Übertragung vorbehalten.

Titelseite: Feueropal
Foto: Ines Blersch
Gestaltung: Dragon Design, GB

Satz und Grafiken: Dragon Design, GB
Gesetzt aus der Linotype Hiroshige

Abbildungen:
Fotos Abb. 1 und 2: GEOPHOT, Bernhard Edmaier, Pfarrer-Schedl-Str. 9,
84539 Ampfing; Abb. 7: Rudolf Ihring; Abb. 9: Thomas Diener;
Abb. S. 11: Paul Gienger.

Scans: Dunz-Wolff, Hamburg

Gesamtherstellung: Legoprint, Lavis (TN)

Printed in Italy

ISBN 3-89060-015-8/Hardcover 3-89060-016-6

Neue Erde
Verlags- und Naturwaren-Vertriebs-GmbH
Rotenbergstr. 33 · D-66111 Saarbrücken
Deutschland · Planet Erde

Widmung

Gewidmet meinen Steinheilkunde-Freunden der »ersten Stunde«
und den Mitgliedern der ersten
Forschungsgruppe Steinheilkunde Stuttgart:

Marcella Balzer
Wolfgang Bregger
Sibylle Däschler-Geyer
Anja Gienger
Walter von Holst
Eveline Kopp
Marion Molitor
Lisa Muntwiler
Barbara Newerla
Joachim Rieger
Heide Ruf
Dr. Gerald Rollett
Ulrike Scheffler
Beate Simon
Silvia Weller

Ohne ihre Arbeit würde dieses Buch nicht existieren.

Inhalt

Teil 2: Die Steinheilkunde

Teil 3: Heilsteine

Anhänge

Abb.1: »Lavamaul« an der Stirn eines Pahoehoe-Lavastromes, Hawaii Dezember 1992

Vorwort

In meinen frühesten Erinnerungen sind Steine immer untrennbar verbunden mit fließendem Wasser, Gebirgsbächen insbesondere, deren Fluß ich mit Hilfe der Bachkiesel immer zu lenken versuchte: eine große Rinne in viele kleine Rinnsale zu teilen, diese wiederum zu bündeln, Staudämme zu errichten und Wasserfälle zu bauen, oder einfach ein ruhiges Becken inmitten des reißenden Stromes zu schaffen. Immer waren dabei Steine mein liebstes Material. Wo andere sich zur Verstärkung ihrer Konstruktionen mit Ästen oder Erde behalfen, war dies immer nur ein Notbehelf für mich - es mußte auch mit Steinen allein zu lösen sein! Sehr schnell erwuchs aus diesen Beschäftigungen, die mir manche nasse Hose und meinen Eltern etliche Gedulds- und Toleranzprüfungen verursachten, eine besondere Liebe zu den Steinen: Zu den gesprenkelten, gestreiften, gebänderten oder mit sehr eigenwilligen Adern durchzogenen Bachkieseln als erstes, später jedoch auch zu allem anderen, das sich in der Farbe oder Form irgendwie als Besonderheit hervortat. Glücklicherweise unterstützten meine Eltern aktiv (durch das Nachhausetragen meiner vielzähligen Fundstücke) die nun aufkeimende Sammelleidenschaft.

So kam es, daß ich im Sommer 1972 auf einem Südtiroler Geröllfeld über einen ganz besonderen Stein stolperte: Er war sonderbar kantig gewachsen, zeigte gerade rotbraune Flächen mit etwas Glimmerüberzug darauf und war irgendwie anders: Zu regelmäßig, zu exakt, um ein Stein sein zu können, zumindest in meinem bisherigen Verständnis. Irgendeine Scherbe, dachte ich, und warf ihn weg. Als ich jedoch nach wenigen Minuten schon wieder vor ihm stand, steckte ich ihn ein. Den weiteren Urlaub hindurch schenkte ich ihm keine Beachtung mehr, doch lag er bei den Schätzen, die ich nach unserer Heimkehr meinem besten Freund Thomas zeigte. »Wo hast du denn den Granat her?«, meinte dieser und angelte unter all den bunten Steinen genau jenes sonderbare Stück heraus. »Wieso Granat?«, entgegnete ich, »woher weißt du, was das ist?« Und da brachte er ein dünnes Hardcover-Taschenbuch mit dem Titel »Mein kleines Mineralienbuch« zum Vorschein, in dem ein Bild ganz eindeutig zeigte: Dieser seltsame Stein war ein Mineral, ein Granat, also auf jeden Fall etwas ganz Besonderes!

Dieses »Kleine Mineralienbuch« mußte ich natürlich auch haben, und mit ihm entdeckte ich nun eine ganz neue Welt: Die Mineralien. Ich lernte, daß alle Steine aus Mineralien bestehen, mindestens aus einem, meistens jedoch aus mehreren, die in der Regel klein und unauffällig bleiben und nur sehr selten schön, groß und auffällig in Form und Farbe werden können,

so wie eben der von mir gefundene Granat. Ich lernte weiter, daß Mineralien tatsächlich wachsen, mit einem kleinen Keim beginnen und dann im Laufe vieler Jahre immer größer werden, und sich dabei an einen wunderbaren Bauplan halten, der exakte und regelmäßige Formen entstehen läßt. Diese Formen, so erfuhr ich aus meinem Büchlein, werden dann Kristalle genannt, von denen es nur sieben Gruppen gibt auf der ganzen Welt. So hielten die Kristallsysteme, die Mineralstoffe, die Mohshärte und die Systematik der Mineralien schon Einzug in die Kinderwelt meines achten Lebensjahres, woraus

Der Autor im Alter von 6 Jahren beim Steinesammeln

eine neue Leidenschaft erwuchs: Das Mineraliensammeln.

Es durften nun keine »gewöhnlichen Steine« mehr sein, es mußten Mineralien sein! So wurde gezielter gesammelt, der mineralogische Buchbestand wuchs von Jahr zu Jahr, mit der Volkshochschule ging es in die Steinbrüche, und alles, was sich nicht von selbst finden ließ, konnten mir ja immer noch Eltern und Verwandte zu Weihnachten oder zum Geburtstag schenken. Schade nur, daß es nicht noch mehr gesellschaftliche Anlässe dieser Art im Jahr gab! Trotz alledem wuchs im Laufe der Jahre auch die Mineraliensammlung heran, und dank »Kosmos-Bausatz« entstand im Heizungskeller meiner Eltern das erste »mineralogische« Labor, in dem eifrig bestimmt, geprüft und präpariert wurde. Und so war es auch nicht weiter verwunderlich, daß Chemie als nächstverwandtes Unterrichtsfach in der Schule zu meinem Lieblingsfach und zur Stütze meiner Notendurchschnitte wurde, und auch nach der Schule mein Weg mich zunächst ins Chemiestudium an der Universität führte.

Dort setzte die Ernüchterung ein. Die dort praktizierte Chemie führte in eine trockene, kalte, sterile Welt, die nichts mehr gemein hatte mit der Schönheit der Bachkiesel oder der Faszination der Mineralien. Die ganze Welt nur noch als zufällig interagierende Stoffe zu betrachten, raubte aller Existenz jeglichen Zauber und vermittelte mir deutlich das Gefühl, dies könne noch nicht alles sein. So brach ich das Studium ab. In der Folgezeit suchte ich Antworten darauf zu finden, ob wir Menschen nun tatsächlich das Endprodukt einer Kette zufälliger Mutationen oder doch geistige Wesen besonderer Herkunft sind, ob diese Erde mit ihrer Schönheit und Grausamkeit nur ein verirrter Planet im All oder vielleicht doch eine sinnerfüllte Welt darstellt. In mir tobte der Kampf zwischen Materialismus und geistiger Betrachtung, und aus diesen inneren Konflikten heraus resultierte eine sehr chaotische Lebensphase mit einer Reihe von Unfällen und Krankheiten.

Genau dadurch begegneten mir die Steine auf eine völlig neue Weise wieder: Im Unfall- und Krankheitsjahr 1985 erhielt ich zum ersten Mal die Empfehlung, ein Mineral als Heilstein zu verwenden: Ich litt damals an regelmäßig wiederkehrenden Stirnhöhlenvereiterungen, gegen die Antibiotika ebenso versagten, wie homöopathische Medikamente. Dem Hinweis, Smaragd sei gut gegen Entzündungen, den mir ein Bekannter damals gab, begegnete ich mit großer Skepsis. Noch hatte die Vorstellung, Steine seien zwar schön und liebenswert, ansonsten jedoch tote Materie, Oberhand in meinem Bewußtsein. Dennoch probierte ich es aus. »Schaden kann es ja nicht«, war dabei der leitende Gedanke. Ich besorgte mir einen Smaragd, klebte ihn mit einem Pflaster auf die Stirn und – es half! Im wahrsten Sinne des Wortes »über Nacht« war die Krankheitsserie vorüber.

Zunächst versuchte ich, den lieben Zufall zu zitieren, doch zu einschneidend, zu deutlich war das Erlebnis gewesen. Erneut wandte ich mich den Steinen zu, diesmal in der festen Absicht, die Heilwirkungen von Mineralien und Edelsteinen zu ergründen. Alle zu diesem Thema zugängliche Literatur suchte ich zusammen, doch viel war zu diesem Zeitpunkt noch nicht zu finden. Nur wenige Pioniere hatten sich bis dahin mit der Heilkraft von Steinen befaßt – eine Tatsache, die sich auch bis heute kaum geändert hat: Zwar täuscht das große Literaturangebot heute anderes vor, doch bei genauer Betrachtung zeigt sich, daß die größte Zahl der Veröffentlichungen auf rein »redaktionellem Weg«, d.h. durch Zusammentragen von Sekundärinformationen, entstanden ist, und bis auf wenige Ausnahmen noch immer die Pioniere des letzten Jahrzehnts zitiert und kopiert werden.

Beim Studium der Heilsteine-Literatur fiel mir sogleich zweierlei auf: Zum einen enorme Widersprüche, was die beschriebenen Heilwirkungen und Handhabungen der Steine betrifft, zum anderen eine auffällige Übereinstimmung, die Wirkungen von Mineralien und Edelsteinen fast immer mit ihrer Farbe zu begründen. Beides traf in meiner »Wissenschaftler-Seele« auf Widerspruch. Bei dieser Widersprüchlichkeit der Wirkungs-Beschreibungen war das Ganze entweder Humbug, oder es wurden generell subjektive Erfahrungen als objektive Wahrheiten verallgemeinert. Zum zweiten schienen mineralogische Kenntnisse zu fehlen, besteht ein Mineral doch aus sehr viel mehr, als nur seiner Farbe! Entstehungsbedingungen, Struktur und die enthaltenen Mineralstoffe sind für das Wachstum und die spätere Erscheinungsform eines Minerals von solcher Bedeutung, daß sie sicherlich auch ihren Anteil an der Entstehung spezifischer Heilwirkungen besitzen!

Ich sah zunächst keine Möglichkeit, die vorhandenen Widersprüche zu lösen, und beschloß daher, mich anderen Naturheilverfahren zu widmen, und nur »nebenher« mit Mineralien zu experimentieren. Erneut war es eine Reihe von »Zufällen«, die mich in der Folge in Berührung mit Shiatsu, der japanischen Form der Akupressur, der chinesischen Medizin, sowie verschiedenen traditionellen Heilweisen brachte. Den schulmedizinischen Gegenpol brachte die Heilpraktikerschule, deren Besuch ich im Nachhinein nicht missen möchte. Dort wurde ich 1988 durch den Dozenten Wolfgang Bregger, einen hervorragenden Homöopathen, erstmals ermutigt, die bisherigen Erfahrungen mit Steinen weiterzugeben. Die Resonanz überraschte mich: Die Nachfrage nach diesem Themenkreis war so groß, daß sich daraus das erste Seminar und, viel wichtiger noch, eine Forschungsgruppe entwickelte, die von 1989 bis 1993 kontinuierlich die Heilwirkungen von Mineralien und Edelsteinen untersuchte und protokollierte.

Von da an widmete ich mich ausschließlich den Steinen. In der Forschungsgruppe wurden die Steine nach dem altbewährten Prinzip der Arzneimittelprüfung getestet: über den Zeitraum von vier bis sechs Wochen trugen alle Mitglieder der Gruppe immer denselben Stein; alle auftretenden Phänomene geistiger, seelischer oder körperlicher Art wurden protokolliert und bei regelmäßigen Treffen ausgetauscht. Die Ergebnisse waren verblüffend! Mehr als deutlich zeigte sich bei jedem getesteten Stein ein »roter Faden« durch das Erleben aller. Gemeinsamkeiten und Charakteristika kamen so deutlich zum Vorschein, daß Zufall nun wirklich ausgeschlossen war. Durch die Verschiedenheit der einzelnen Teilnehmer, vom Schüler bis zum Rentner waren alle Altersstufen, sowie die verschiedensten Berufsgruppen vertreten, und durch die Beteiligung mehrerer Personen, ließ sich die »eigentliche« Wirkung des Minerals oder Edelsteins leicht von den anderen beeinflussenden Gegebenheiten in jedem einzelnen Fall trennen. So entwickelte die Forschungsgruppe umfassende und detaillierte Beschreibungen, wie sie in der existierenden Literatur bisher nicht anzutreffen sind.

Diese Erfahrungswerte wurden zunächst Ärzten und Heilpraktikern zur Überprüfung in der Praxis zur Verfügung gestellt und, nachdem immer mehr positive Resonanz zu hören war, auch in Form von Seminaren, Schulungen und Vorträgen einer breiteren Öffentlichkeit vorgestellt. Meine persönliche Aufgabe im Verlauf dieser Forschungen und Lehrtätigkeiten bestand darin, die Parallelen zwischen den mineralogischen Gegebenheiten eines Steins und seinen Heilwirkungen zu analysieren. Aufgrund des durch die Forschungsgruppe reichlich vorhandenen Erfahrungs-Materials konnte dies nun endlich gelingen, und es bestätigte sich die vage Vermutung, die sich bei der ersten Lektüre der Heilsteine-Literatur eingestellt hatte:

Die Heilwirkungen von Mineralien und Edelsteinen lassen sich auf ihre Entstehungsweise, ihre innere Struktur, ihre Mineralstoffe und ihre Farbe zurückführen. Diese vier Prinzipien lassen sich einzeln darstellen und verbinden sich bei jedem einzelnen Stein zu einem individuellen und charakteristischen Steinheilbild.

Damit war die Grundlage für die Steinheilkunde geschaffen. Für eine Heilkunde, deren Prinzipien sich auf das Wesen und die Eigenschaften der Steine selbst beziehen. Bis zu diesem Datum wurden Steine in der Regel als Ergänzung anderer medizinischer Systeme angewandt. Ihre Handhabung vollzog sich im Kontext des jeweiligen Systems und war daher meistens nur auf einen bestimmten Aspekt ihrer Heilkraft begrenzt. Nun ist es möglich, die Wirkung von Edelsteinen und Mineralien umfassend zu verstehen und auf den ganzen Menschen, auf Geist, Seele, Verstand und Körper anzuwenden.

Inzwischen sind die ersten Erkenntnisse herangereift und beginnen, in rascher Folge Früchte zu tragen, so daß es höchste Zeit ist, die Ergebnisse unserer Tätigkeit in einem Buch zu veröffentlichen. Doch viele Fragen sind noch immer offen, zu jung ist die wiederentdeckte Steinheilkunde noch. Die unbewußte Vorstellung einer nie erreichbaren Vollständigkeit erzeugte in mir lange Zeit immer das Gefühl der Unzufriedenheit: Noch besser, noch umfassender, noch detaillierter sollte das Werk werden ... Deshalb möchte ich hiermit auch meinem Verleger Andreas Lentz ganz herzlich danken, der mir im vergangenen Jahr endlich die Pistole auf die Brust setzte und mich freundlich, aber bestimmt dazu bewegte, den Griffel, bzw. die Tastatur in die Hand zu nehmen.

Um die Wirkungen der Heilsteine tatsächlich verstehen zu können, müssen wir uns sowohl mit der Welt und dem Wesen der Steine als auch des Menschen vertraut machen. Nur dann können wir nachvollziehen, wie und auf welche Weise beide miteinander kommunizieren. Da die Steine in dieser irdischen Existenz die Älteren sind, möchte ich ihnen nun den Vortritt lassen.

1.1 Die Entstehung der Mineralien

Am Anfang war das Magma

Am Anfang war das Magma. Nicht am Anfang allen Seins, doch am Anfang der für uns nun interessanten Welt der Steine. Die Erde entwickelte sich aus einer Gaswolke zu einem Nebel aus Staub und von diesem durch Zusammenziehen und Verdichten zu einem Feuerball. Dieser feurige Ball bestand durch und durch aus einer heißen Schmelze, einer zähflüssigen Glut. – Daran hat sich bis heute nur wenig geändert: Zwar ist die Erde inzwischen durch Abkühlung von einer festen Kruste umgeben, doch ist diese Kruste noch immer recht dünn. Um es in einem Bild zu beschreiben: Die feste Erdkruste ist im Vergleich zur ganzen Erde gerade so dick, wie eine Apfelschale im Vergleich zum ganzen Apfel. Das ist nicht gerade viel! Der Rest ist noch immer glutflüssig, sehr heiß und in Bewegung. Und dieser »Rest« wird heute Magma genannt.

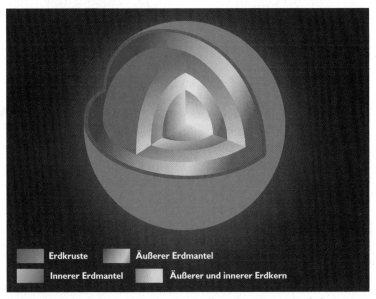

Erdkruste   Äußerer Erdmantel

Innerer Erdmantel Äußerer und innerer Erdkern

Abb.3: Innerer Aufbau der Erde: Der Erdkern besteht vermutlich aus metallischen Stoffen, der Erdmantel aus Magma, die Erdkruste (ca. 0,1% des Durchmessers) aus festen Gesteinen.

Abb.2: Nächtlicher Ausbruch des Vulkans Krakatau, Indonesien 1993

Damit Sie jedoch auch weiterhin unbesorgt vor Ihre Türe treten können: Es sind immerhin mehrere Kilometer Gestein, die zwischen dem Magma und unseren Füßen liegen, und dieses Gestein hat hervorragende isolierende Eigenschaften. Solange ihr Haus also nicht gerade inmitten einer Erdbebenzone, auf einer tektonischen Bruchstelle (d.h. bis zum Magma hinabreichenden Spalte) oder gar inmitten eines periodisch ausbrechenden Vulkankraters steht, werden Sie wenig von den Aktivitäten des Magma zu spüren bekommen. Nur manchmal erinnert uns ein Erdbeben daran, daß der Boden unter unseren Füßen durchaus nicht so unbewegt ist, wie es scheint.

In der Tat ist das Magma im Erdinneren ständig in Bewegung: Da die zähfließende Gesteinsschmelze in der Nähe des Erdmittelpunktes wesentlich heißer und damit leichter ist, als in den höheren Regionen, steigt heißes Magma ständig empor zur Erdkruste. Dort kühlt es etwas ab, wird somit wieder schwerer, und sinkt zurück in Richtung Erdmittelpunkt. Diese ständigen Umwälzungen, auch »Konvektionen« genannt, bringen nun die »obenauf schwimmende« Erdkruste in Bewegung. So entstehen dort Risse, wo die Erdschollen auseinanderdriften (wie heute z.B. im Atlantik, der Europa und Amerika auseinanderschiebt), oder Gebirge, wo die Schollen aufeinanderdrücken (noch heute z.B. im Himalaya).

Und wo immer solche Risse sich bis ins Magma hinab auftun, steigt dieses durch den Druck im Erdinneren empor. Erreicht es unter Druck die Erdoberfläche, so erleben wir einen Vulkanausbruch. Wesentlich häufiger jedoch erreicht es die Erdoberfläche nie, da es im Aufstieg allmählich erkaltet und erstarrt. In beiden Fällen werden dabei die ersten, sog. »primären« Mineralien und Gesteine gebildet.

Die primäre Entstehungsweise: Bildung der Magmatite und Primär-Mineralien

Die Entstehung der ersten Mineralien aus dem Magma kann verglichen werden mit der Abscheidung von Zuckerkristallen in einem überzuckerten Gelee. Wer kennt nicht das faszinierende

Phänomen, wenn sich früher in Omas Quittengelee plötzlich freischwebende Kristalle zeigten. Nicht gerade über Nacht, doch nach längerer Lagerung im Keller waren diese plötzlich da. Und wuchsen weiter. – Was war geschehen?

Beim Kochen des Gelees hatte sich der zugefügte Zucker leicht im Gelee aufgelöst. Es ist die Regel, daß heiße Flüssigkeiten mehr Feststoffe lösen können, als kalte. Bei der Abkühlung des Gelees war nun eine sog. »übersättigte Lösung« entstanden, d.h. es war mehr Zucker im Gelee vorhanden, als die nunmehr kalte Flüssigkeit noch lösen konnte: Der Zucker begann, sich abzuscheiden, also vom Gelee zu trennen. Einzelne kleine Zuckerkörnchen entstanden, an denen sich immer neue Zuckerteilchen anlagerten. So wuchsen in Omas Keller allmählich die Zuckerkristalle heran.

Mineral und Gestein

Exakt genau so verläuft auch die Kristallisation der ersten Mineralien aus dem Magma. Magma ist eine Gesteinsschmelze, d.h. aufgrund der hohen Temperatur von mehreren tausend Grad Celsius liegen alle darin enthaltenen Stoffe in flüssiger Form vor. Beginnt das Magma nun abzukühlen, kann es nicht mehr alle Stoffe im selben Maß lösen, daher beginnen sich die ersten Stoffe abzuscheiden: Auch hier bilden sich zunächst kleine Keime, die allmählich zu größeren Kristallen heranwachsen. Dieser Prozeß schreitet nun fort, bis mit Beendigung der Abkühlung alle flüssigen Stoffe verfestigt sind. Besteht das »Endprodukt« dann aus einem einheitlichen Stoff, spricht man von einem Mineral, besteht es aus einem Stoffgemisch, also aus mehreren Mineralien, spricht man von einem Gestein.

Wie groß die Kristalle der einzelnen Mineralien dabei werden, hängt davon ab, wie schnell das Magma abkühlt, bzw. welcher Zeitraum dem jeweiligen Mineral zum Wachsen bleibt. Wie schon das Quittengelee zeigt, braucht ein Kristallisationsprozeß einfach seine Zeit. Daher bleiben die Kristalle der Mineralien, die bei einem Vulkanausbruch entstehen, wesentlich kleiner, als jene, die sich tief in der Erde bilden. Das ist einsichtig, kühlt Magma, wenn es als »Lava« aus dem Erdinneren freigesetzt wird, an der Erdoberfläche doch innerhalb von Stunden oder Tagen ab, während in der Tiefe gar Jahrmillionen verstreichen können.

Magmatite

Alle direkt aus dem Magma entstandenen Gesteine und Mineralien werden in der Mineralogie nun »Magmatite« oder »Primär-Gesteine« bzw. »magmatische oder Primär-Mineralien« genannt. Ihnen ist zu eigen, daß sie in dem oben beschriebenen Abkühlungs- und Erstarrungsprozeß entstanden sind. Ihrem Entstehungsort an der Erdoberfläche oder in der Tiefe entsprechend werden die Magmatite dann einerseits in Gesteine bzw. Mineralien vulkanischen Ursprungs (Vulkanite und vulkanische Mineralien), andererseits in Gesteine plutonischen Ursprungs (Plutonite) unterschieden. »Plutonisch« leitet sich von Pluto, dem Herrn der Unterwelt ab, und bezeichnet die in der Tiefe der Erde gebildeten Gesteine. Die in Plutoniten entstandenen Mineralien werden nochmals in drei Kategorien unterschieden, die sich dann »liquidmagmatisch«, »pneumatolytisch« oder »hydrothermal« nennen. Das wird im folgenden noch genauer definiert.

Vulkanite

Vulkanite bilden meist feinkörnige Gesteine, deren einzelne Mineralien nur winzige Kristalle bilden. Bekannt sind hier die leichten »Lava-Steine«, die durch das in der Lava enthaltene Gas aufgelockert wurden, oder der feste Basalt, ohne diese Gasbläschen ein sehr festes Gestein. In der Steinheilkunde verwendete Vulkanite sind Porphyrit und Rhyolith, wobei letzterer im Handel als Leopardenfell-Jaspis oder Augen-Jaspis gehandelt wird. Auch Feueropal bildet sich durch vulkanische Aktivitäten.

Kühlt Lava nach dem Vulkanausbruch extrem schnell ab, z.B. durch Einströmen in kaltes Wasser, kann es vorkommen, daß sich gar keine Kristalle bilden.

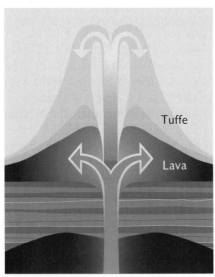

Tuffe

Lava

Abb.4: Entstehung der Vulkanite

Stattdessen wird die ganze Lava durch den Temperaturschock »eingefroren«, die ganze Schmelze erstarrt zu einer glasartigen Masse: Obsidian entsteht. Da Obsidian nun ein Gemisch vieler Stoffe darstellt, wird er im engeren Sinne nicht zu den Mineralien, sondern zu den Gesteinen gerechnet und auch »Gesteinsglas« oder »vulkanisches Glas« genannt. Durch diese vielfältige Zusammensetzung zeigt Obsidian auch viele Gesichter: Neben dem einfachen schwarzen Obsidian finden sich Mahagony-, Rauch-, Regenbogen-, Silber- und Schneeflocken-Obsidian, um nur die wichtigsten zu nennen.

Plutonite
Bei den Plutoniten nun entstehen nicht alle Mineralien zur selben Zeit. Die ersteren bilden sich noch frei im zähflüssigen Magma, wodurch sie – entsprechend ihrer Dichte – im Magma absinken oder aufsteigen können. So kommt es, daß das Magma

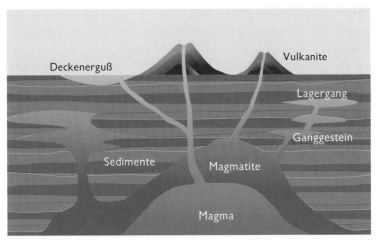

Abb.5: Entstehung der Magmatite und Ganggesteine

sich differenziert (aufteilt) und sich bestimmte Mineralien in einer bestimmten Tiefe ansammeln und »anreichern«. Diesen ersten Schritt der Mineralbildung nennt man die »liquid-magmatische Bildung«, was zu deutsch nichts anderes heißt, als »die Bildung von Mineralien aus dem flüssigen (lat. liquidus = flüssig) Magma«. Dieser Prozeß spielt sich bei Temperaturen zwischen 1100° und 700° C und unter der Einwirkung enormen Drucks (mehrere hundert Atmosphären) ab. Heilsteine liquidmagmatischer Bildung sind z. B. Aventurin, Epidot, Olivin (Peridot), Rosenquarz und Zirkon (Hyazinth).

Dringen Gase oder Dämpfe aus dem Magma ins Nebengestein ein, so können auch diese zu Mineralbildungen führen, indem aus dem Nebengestein gelöste Stoffe sich mit den Gasen des Magmas verbinden. Diesen Bildungsprozeß nennt der Mineraloge »pneumatolytische Bildung«, was von den griechischen Worten »pneuma = Dampf« und »lyein = lösen« abgeleitet ist. Von den pneumatolytischen Mineralien finden in der Steinheilkunde z. B. Apatit, Lepidolith, Topas und Turmalin Verwendung.

Wird mit der fortschreitenden Abkühlung nun die »kritische Temperatur« des Wassers von 375° C unterschritten, so bilden sich wäßrige Lösungen. Oberhalb dieser Temperatur ist Wasser immer gasförmig, unabhängig vom einwirkenden Druck. Unterhalb von 375° C kann sich Wasser verflüssigen. Aus den im Wasser gelösten Stoffen bilden sich nun weitere Mineralien, deren Bildung man »hydrothermal« nennt, abgeleitet von griechisch »hydro = Wasser« und »therme = heiße Quelle«. Bekannte hydrothermal gebildete Heilsteine sind u. a. Amazonit, Aragonit, Fluorit, Kunzit und Mondstein.

Da Wasser nun wesentlich leichtflüssiger ist, als das zähfließende Magma, dringt es viel schneller in Spalten und Risse des umgebenden Nebengesteins ein, wo sich die Mineralien an den Wänden dieser sog. »Gänge« und »Klüfte« abscheiden. So entstehen die sog. »Ganggesteine«. Da durch die isolierende Wirkung des umschließenden Gesteins die Mineral-Lösung nur langsam abkühlt (in alpinen Klüften z. B. in 40 000 Jahren nur um 1° C), können die entstehenden Mineralien hier schöne große Kristalle bilden. Und das nicht zuletzt auch, weil sie hier

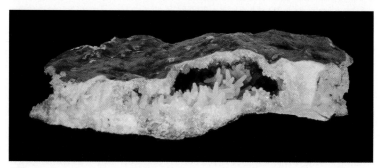

Abb.6: Ganggestein, in dem sich Quarz- und Calcit-Kristalle gebildet haben

genügend Raum finden, in dem sie ungestört wachsen können. So bilden sich in Gängen und Klüften viele der besonders schönen und beliebten Heilsteine, wie z. B. Achat, Amethyst, Bergkristall, Chalcedon, Rauchquarz und viele mehr ...

Das primäre Bildungsprinzip

Eine Flüssigkeit verfestigt sich. So einfach könnte man das primäre Bildungsprinzip der Mineralien beschreiben. Doch es ist wichtig – auch um die Folgewirkungen dieser Mineralien auf uns Menschen zu verstehen – etwas genauer zu durchleuchten, was dieser Vorgang bedeutet:

Den Anfang bildet ein freier, ungeordneter Zustand. Frei, da beweglich, und ungeordnet, da alle Inhaltsstoffe sich ungebunden durcheinandermischen. So enthält das Magma viele Mineralstoffe, d.h. chemische Elemente, doch noch ist kein Mineral entstanden. Das Magma ist das Potential (= die Möglichkeit), aus dem viele Mineralien und Gesteine sich bilden können. Es legt die Grenzen und den Inhalt fest, denn je nachdem, welche Stoffe es enthält, können bestimmte Mineralien entstehen, und andere nicht. Magma ist nicht überall gleich, daher finden sich bestimmte Mineralien oftmals auch nur in bestimmten Regionen der Erde.

Doch außer dem Magma selbst bestimmen weitere Faktoren die Bildung der Mineralien: Druck und Hitze, sowie die Geschwindigkeit der Abkühlung. Dieselben Ausgangsstoffe können zu sehr verschiedenen Erscheinungsformen führen, je nachdem, ob das Magma als Lava die Erdoberfläche erreicht und sehr schnell abkühlt, ob in liquidmagmatischer Bildung viele eng »aneinandergepreßte« Kristalle entstehen, oder ob das Mineral in einem Gang bzw. einer Kluft wirklich Raum und Zeit hat, sich zu entfalten, zu wachsen und schöne große Kristalle zu bilden.

Kurz gefaßt: Das primäre Bildungsprinzip zeigt einen Kristallisationsprozeß aufgrund der Abkühlung und Erstarrung einer magmatischen Flüssigkeit. Die Mineralstoffe des Magmas stellen dabei das Bildungspotential, die Veranlagung dar, denn durch sie ist bereits entschieden, was überhaupt entstehen kann. Den Kristallisationsprozeß jedoch legen die Faktoren Druck, Hitze, Raum und Zeit fest, wodurch entschieden wird, auf welche Weise das vorhandene Potential ausgebildet und verwirklicht wird.

Dieses Prinzip sollten wir uns merken, es wird für die Steinheilkunde noch sehr wichtig. Doch wenden wir uns zunächst der sekundären Entstehungsweise zu, die sich ganz anders als die erstere vollzieht.

Abb.7: Sedimentgestein

Die sekundäre Entstehungsweise: Bildung der Sedimente und Sekundär-Mineralien

Aus der Tiefe magmatischer Bildungen führt uns der Weg nun an die Oberfläche der Erde: Dort wird offensichtlich, daß auch Steine und Gesteine nicht von ewiger Lebensdauer sind: Am stärksten Felsen nagt der Zahn der Zeit, genauer gesagt, es nagen Sonne und Regen, Hitze und Kälte, Frost und Wind an ihm und lösen ihn allmählich wieder auf. Verwitterung nennen wir diesen Einfluß von Wind und Wetter so treffend, der nichts unberührt läßt.

Verwitterung im großen Stil

So werden die Berge wieder abgetragen. Die meist durch den Frost gesprengten Felsen werden zu Geröll, wie wir es dann an Berghängen in Form großer Halden wiederfinden. Dort bleibt es nicht ewig liegen, sondern wandert talwärts – gefürchtet sind die Geröll-Lawinen – wo es von Bächen und Flüssen abtransportiert wird. Diese verwandeln das kantige Geröll in runde Kiesel, indem sie es allmählich »abrollen« und rundschleifen. Dabei entstehen auch eine Menge kleiner Splitter, nämlich Sand, und staubfeine Schwebeteilchen, die wir dann als Schlamm kennenlernen. Eine kleine Menge von Mineralstoffen wird im Wasser sogar ganz aufgelöst, insbesondere z. B. Kalk oder Steinsalz.

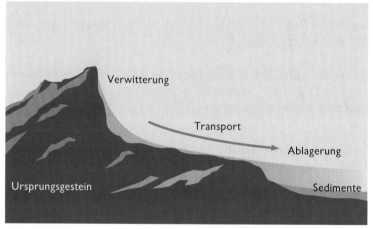

Abb. 8: *Entstehung der Sedimente*

Sedimentation

Wasser transportiert jedoch nur, solange es fließt. Überall wo der Fluß sich verlangsamt, in Seen, Mündungsdeltas oder spätestens im Meer setzt es seine Mitbringsel wieder ab. So können mächtige Ablagerungen entstehen, aus denen sich neue Gesteine bilden. Eine solcher Ablagerungsvorgang wird Sedimentation genannt, das daraus gebildete Gestein entsprechend Sediment. In diesen Gesteinen finden wir z. B. die Heilsteine Angelit (Anhydrit), Calcit, Dolomit, Oolith, Selenit (Gips) und Pyrit, insbesondere den auch als »Boji« bekannten Kugelpyrit.

Abb.9: Kalksinter-Ablagerungen

Derselbe sekundäre Prozeß findet sich in der Natur noch ein zweites Mal, zwar wesentlich unauffälliger, aber dennoch genauso wirksam:

Verwitterung im Detail

Überall dort, wo Gesteine der Erdoberfläche nahe sind, dringt Oberflächenwasser aus Regen oder Gewässern ins Gestein ein. Dieses Oberflächenwasser bringt immer Sauerstoff, Kohlendioxid oder Säuren mit sich, die nun in Rissen und Spalten beginnen, das Gestein anzulösen und Mineralstoffe freizusetzen. Auch das ist ein Verwitterungsvorgang, in kleinerer Dimension zwar, doch vollzieht er sich ständig unter unseren Füßen – weltweit und unabhängig davon, ob das Gestein offen zutage tritt (»aufgeschlossen« ist), oder ob sich Humusboden darüber befindet.

Abb.10: Spaltenfüllung durch Chrysokoll

Oxidations- und Zementationszone

Die freigesetzten Mineralstoffe verbinden sich nun mit den im Wasser enthaltenen Stoffen und lagern sich entweder an Ort und Stelle als neues Mineral ab, oder werden weitertransportiert, um an tiefergelegenen Orten ausgefällt und abgelagert zu werden. Durch diese »Miniatur-Sedimentation« werden insbesondere in erzreichen Gesteinen viele neue Mineralien gebildet. Diese Vorgänge spielen sich zwischen der Erdoberfläche und dem Grundwasserspiegel ab.

Der Bereich über dem Grundwasser wird dabei die »Verwitterungs- oder Oxidationszone« genannt, da hier auch Luftsauerstoff (lat. »oxygenium«) noch wirksam wird. Außerdem bedeutet »Oxidation« chemisch »Elektronenabgabe«. Durch eine solche Elektronenabgabe werden Metalle z. B. zu geladenen Teilchen (Ionen), und nur als Ionen gehen sie Verbindungen ein bzw. können sie in Flüssigkeiten gelöst werden. Typische Minerale der Oxidationszone sind z. B. Azurit, Malachit, Chrysokoll, Dioptas, Türkis oder Variscit.

Der Bereich des Grundwasserspiegels nennt sich die »Zementationszone«, da hier gelöste Stoffe ausgefällt werden (Ausfällung = Zementation). In der Zementationszone finden »Reduktions«-Vorgänge statt, durch welche z. B. Metall-Ionen wieder zu neutralen Metall-Atomen werden. »Reduktion« bedeutet chemisch »Elektronenaufnahme«, ist also das Gegenteil der Oxidation. Da neutrale Metall-Atome nicht in Lösung bleiben, finden wir als typische Minerale der Zementationszone z. B. gediegenes Kupfer oder Silber. Weitere Mineralien dieser Region sind Kupfer-Chalcedon und Covellin.

Das sekundäre Bildungsprinzip

»Verwitterung und Ablagerung« wäre die Kurzfassung für dieses Prinzip. Wobei insbesondere die Umwelt als einwirkende Kraft in Form von Wind und Wetter bzw. verdünnten Säuren hier eine entscheidende Rolle spielt. Den Anfang bildet in diesem Fall also ein bereits vorhandenes Gestein, das durch äußere Einflüsse ganz oder teilweise aufgelöst wird. Dieses Gestein stellt nun jedoch nur einen Teil des Potentials, der späteren Bildungsmöglichkeiten dar! Zwar können logischerweise nur die in ihm vorhandenen Mineralstoffe in die Auflösung und Neubildung miteinbezogen werden, doch stellen die wäßrigen Lösungen in Form von Säuren etc. eine zweite, ebenso maßgebliche Komponente dar. Denn genau aus der Verbindung beider Einflüsse werden schließlich die neuen Mineralien gebildet.

Kurz gefaßt: Das sekundäre Bildungsprinzip stellt einen Prozeß dar, bei dem feste Strukturen eines bestehenden Gesteins durch Umwelteinfluß aufgelöst werden. Die aus dem Gestein freigesetzten Mineralstoffe bilden dabei gemeinsam mit den von der Umwelt herangetragenen Stoffen anschließend neue Mineralien.

So weit hierzu; bekanntlich sind aller guten Dinge drei – so folgt nach primär und sekundär nun noch die tertiäre Entstehungsweise:

Die tertiäre Entstehungsweise: Bildung der Metamorphite und Tertiär-Mineralien

Von der Erdoberfläche geht es hier wieder in die Tiefe, zwar nicht ganz bis ins Magma, jedoch immerhin bis kurz zuvor. Auch die Gesteine der Tiefe finden mitunter keine Ruhe, ist doch das heiße Magma und der gewaltige Druck des Erdinneren immer in der Nähe. Und hier können nun verschiedene Faktoren dazu beitragen, daß im Laufe der Zeit nicht alles so bleibt, wie es ursprünglich war.

Die Natur der Erdkruste

Um dies verstehen zu können, müssen wir zunächst die leichtfertige Vorstellung einer rundum gleichmäßigen, festen Erdkruste verwerfen. Dem ist beileibe nicht so: In Wirklichkeit besteht die Erdkruste aus einzelnen Schollen oder Platten, die auf dem Magma schwimmen, ähnlich wie Eisschollen auf dem Wasser. Die einzelnen Schollen sind dabei unterschiedlich dick: So sind die ozeanischen Platten nur ca. 5 – 10 km, die Kontinentalplatten dagegen 20 – 60 km dick. Es ist wie bei einem Eisberg: Nur der geringste Teil der Masse ragt oben heraus, der größte Teil befindet sich in der Tiefe. Aus diesem Grund ragen auch die Kontinentalplatten höher heraus als die ozeanischen, weshalb wir die Trennung von Meer und Festland auf diesem Planeten vorfinden.

Gebirgsbildungen

Durch die bereits erläuterten Konvektionen des Magmas im Erdinneren bleiben die verschiedenen Schollen der Erdkruste nun ständig in Bewegung. Da sie dabei auch aufeinandergedrückt werden, gibt es Zonen, in denen sie sich übereinanderschieben, zusammenquetschen, auffalten und Gebirge bilden. Ein Blick auf die Weltkarte zeigt im Verlauf der großen Gebirge präzise diese Knautschzonen der Erde: Die größten derzeit im Himalaya, den Rocky Mountains und den Anden. An diesen Stellen finden wir nun auch die dicksten Stellen der Erdkruste:

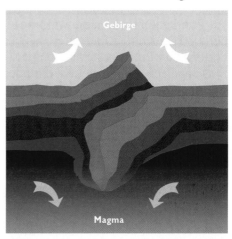

Abb. 11: Regionalmetamorphose bei der Gebirgsbildung

Dem »Eisberg-Prinzip« folgend wird nämlich nur rund 10% der Masse in die Höhe, der weitaus größere Rest dagegen in die Tiefe gedrückt.

Die Metamorphose

Diese Vorgänge gehen natürlich nicht spurlos an den beteiligten Gesteinen vorüber. Ein Blick auf unsere Gebirge läßt schließlich auch erahnen, wie gewaltig die Kräfte des Erdinneren sein müssen, um solche Auffaltungen zu bewirken. So beginnen die in einem solchen Prozeß ja massiv unter Druck geratenen Gesteine, sich umzustrukturieren. Die ursprünglich willkürlich ineinander verwobenen und in alle möglichen Richtungen ausgerichteten Kristalle beginnen, sich zu ordnen, um dem Druck »auszuweichen«. Sofern möglich, regeln sie sich quer zur Druckrichtung ein. Aus manchen Mineralien werden bestimmte Stoffe dabei regelrecht »herausgequetscht«, die sich dann sammeln, um neue, widerstandsfähigere Mineralien zu bilden. Mitunter werden auch benachbarte Gesteinsschichten so zusammengepreßt, daß sie Stoffe austauschen und in ihren Grenzschichten neue Mineralien bilden. Alles, was Raum spart und mehr Widerstand gegen den einwirkenden Druck bietet, vollzieht sich: So entsteht ein völlig neues Gestein.

Gefördert wird dieser Vorgang zusätzlich durch einwirkende Hitze. Gerade in den Gesteinsschichten, die bei der Gebirgsbildung in die Tiefe gedrückt werden, nimmt vom Erdinneren her die Temperatur im Gestein wieder zu. Dabei können durchaus höhere Temperaturen auftreten, als bei der liquidmagmatischen Bildung von Primärgesteinen, da der vorherrschende Druck ein Einschmelzen des Gesteins verhindert. Die Umbildung eines Gesteins unter Druck und Hitze ohne Einschmelzen desselben wird Metamorphose genannt, was »Gestaltwandlung« bedeutet, die neugebildeten Gesteine nennen sich »Metamorphite«, die darin gebildeten Mineralien heißen »metamorphe oder Tertiär-Mineralien«.

Abb.12: Metamorphose: Durch Druck und Hitze umgewandeltes und gefaltetes Gestein (Tigereisen)

Regionalmetamorphose
Außer dem geschilderten Beispiel bei der Auffaltung von Gebirgen vollzieht sich eine solche Metamorphose auch, wenn Gesteine durch die Überlagerung mit neuen Schichten immer mächtiger und schwerer werden, und dadurch in die Tiefe absinken. In beiden Fällen spricht man von einer »Regional-Metamorphose«, da große Regionen von dieser Umwandlung betroffen sind. Typische Gesteine sind z. B. die sog. Kristallinen

Schiefer mit den in ihnen gebildeten Mineralien Disthen (Cyanit), Granat, Jade, Nephrit, Serpentin, Thulit, Tigereisen und Zoisit oder der bekannte Marmor (umgewandelter Kalkstein), in dem wir auf manchen Lagerstätten Lapislazuli oder Smaragd finden.

Kontaktmetamorphose

In kleinem Umfang ereignen sich Metamorphosen in der Umgebung von aufsteigendem Magma. Durch dessen enorme Hitze wird z. B. das Gestein rings um einen Vulkanschlot einer kleinräumigen Metamorphose unterworfen. In diesem Fall spricht man von einer »Kontakt-Metamorphose«. Durch einen solchen Prozeß können z. B. auch Rubin und Saphir gebildet werden.

Metasomatose

Findet hier außerdem auch ein Stoffaustausch im umliegenden Gestein statt, z. B. indem pneumatolytische Dämpfe bestimmte Stoffe aus dem Gestein herauslösen und durch andere ersetzen, so wird dieser Vorgang »Metasomatose« (Stoffaustausch) genannt. Beispiele hierfür sind die Mineralien Charoit und Rhodonit, sowie Chalkopyrit und Lapislazuli.

Das tertiäre Bildungsprinzip

Verwandlung wäre das Stichwort, eine Umwandlung bestehenden Gesteins unter Druck und Hitze, deren Ursachen im Erdinneren zu finden sind. Wichtig dabei: Das Gestein wird nicht eingeschmolzen, trotzdem verändert sich sein Gefüge und sein Mineralgehalt. Es nimmt eine völlig neue Gestalt an, doch vollzieht sich diese Umwandlung quasi von innen heraus. Eine Metamorphose unterzieht das Gestein einer Prüfung: Nur was gegen Druck und Hitze beständig ist, bleibt unverändert, alles andere wird verwandelt, bis ein neuer, stabiler Zustand erreicht ist.

Kurz gefaßt: Das tertiäre Bildungsprinzip stellt einen Umwandlungsprozeß dar, bei dem von innen heraus alles in eine neue Form überführt wird, was unter Druck und Hitze nicht beständig war. So bilden sich aus den bestehenden durch Gestaltwandlung und Stoffaustausch neue Mineralien.

Der Kreislauf der Gesteine

Es wird nun deutlich, daß auch Gesteine mit ihren Mineralien durchaus nicht so ewig und unveränderlich sind, wie sie dem menschlichen Auge oft erscheinen. Lediglich die gigantischen Zeitdimensionen, in denen sich solche geologischen und mineralogischen Veränderungen abspielen, erwecken in der relativ kurzen Verweildauer unserer irdischen Existenz diesen falschen Eindruck. Wie sollten wir, die wir in unserem persönlichen Leben kaum drei Generationen überschauen, auch Zeiträume von Jahrmillionen erfassen können? Vielleicht kann ja ein Vergleich diese Zeitdimensionen veranschaulichen:

Wenn unser ca. 70jähriges Leben den symbolischen Zeitraum von einer Minute einnimmt, dann ist ein alpiner Bergkristall z. B. schon fast ein Jahr alt, die Dinosaurier sind bereits vor ca. 2 Jahren ausgestorben, Diamanten bringen es auf stolze 30 Jahre und mehr, die ältesten Gesteine sind wahre Methusaleme von über 90 Jahren und die Erde selbst hat insgesamt immerhin 150 Jahre auf dem Buckel. Betrachten Sie diese Zahlenangaben bitte immer in Relation zu einer Minute!

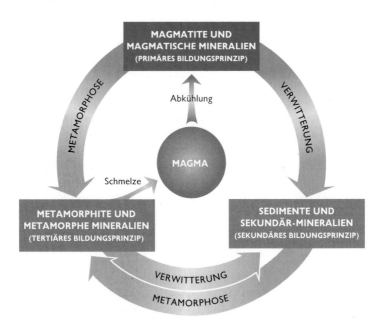

Abb. 13: Kreislauf der Gesteine

In diesen Dimensionen betrachtet sieht man jedoch, daß auch Gesteine und Mineralien sich ständig verändern: Auch hier gibt es Entstehung, Verwandlung und Auflösung: Aus dem Magma entstehen die Magmatite mit den Primärmineralien, durch Verwitterung wandeln sich diese um in Sedimente bzw. Sekundär-Mineralien. Beide, primäre, wie sekundäre Bildungen, können eine Metamorphose zu Metamorphiten bzw. Tertiär-Mineralien durchlaufen, die natürlich ebenfalls durch Verwitterung in Sedimente bzw. Sekundär-Mineralien zurückverwandelt werden können. Und schließlich kann die Hitze in einer Metamorphose auch so sehr ansteigen, daß das Gestein wieder eingeschmolzen wird. So schließt sich der Kreis: Gestein wird wieder zu Magma.

Die Bildungsprinzipien in der Steinheilkunde

Schon nach den ersten Erfahrungen mit der Heilkraft von Mineralien und Edelsteinen drängte sich mir sehr schnell die Frage auf, inwiefern auch der Boden unter unseren Füßen prägend für unser menschliches Dasein ist. Immerhin enthalten die Gesteine, auf denen wir uns tagein, tagaus bewegen, eine Menge Mineralien, und sind zudem in einer solchen Masse vorhanden, daß ein möglicher Einfluß nicht von der Hand zu weisen war, sollte den Mineralien tatsächlich eine gewisse Kraft innewohnen.

Sofort grub ich meine alten Tagebücher aus und besorgte mir geologische Karten von allen bisherigen Wohnorten, war ich doch allein im Zeitraum zwischen 1984 und 1987 sechs Mal umgezogen, und damit selbst ein hervorragendes Forschungsobjekt für evtl. Veränderungen durch den jeweiligen Gesteinswechsel. Umso mehr war ich erstaunt, daß von den insgesamt sieben Wohnorten die ersten fünf genau auf demselben Gestein lagen. Konnte das noch Zufall sein? Oder hatte ich intuitiv, ohne es auch nur zu ahnen, immer wieder Wohnungen auf demselben Grund und Boden gewählt? Selbst in Nürtingen, einem immerhin größeren Städtchen, hatte ich genau eine der beiden Straßen erwischt, in denen es dieses Gestein gab.

Um vielleicht auch die Skeptiker unter meinen Lesern denselben Zweifeln und Überlegungen auszusetzen, die mich selbst damals befielen und beschäftigten: Mit »Gestein« meine ich hier nicht irgendetwas übergreifendes, das sehr häufig und mächtig (d.h. in großer Masse vertreten) ist, sondern eine ganz spezifische Schicht: Lias alpha, eine schmale Schicht des schwarzen Jura, die in mehreren Wohnorten nur wenige Meter dick war. Zudem brachte ein weiterer Blick in geologische Karten noch zutage, daß auch die Klinik meiner Geburt sich auf derselben Gesteinsschicht befand.

Der Moment, als ich nach immerhin 23 Jahren das vertraute Gestein verließ, um mich auf einem anderen anzusiedeln, brachte auch einen sichtbaren Wendepunkt in meinem Leben: Es war der Moment, in dem der Kampf zwischen Materialismus und geistiger Betrachtung unserer Existenz sich für den Geist entschied, der Moment, dem die Begegnung mit wichtigen Lehrern folgte und der Moment, in dem ich mich entschloß, mich der Naturheilkunde zu widmen und die Heilpraktikerschule zu besuchen. Mein Leben verwandelte sich von da an so vollständig, daß es wirklich kein Zufall sein konnte.

Dieser Erkenntnis folgte eine sehr intensive Zeit, in der ich mich sehr viel im Freien aufhielt, um auf verschiedenen Gesteinen sitzend, gehend, essend und schlafend deren Wirkungen herauszufinden. Auch hier gab es natürlich das Problem, die tatsächlichen Einflüsse des Gesteins von den anderen Umwelteinflüssen zu unterscheiden, um herauszufinden, ob es nun der Boden, oder das Wetter, oder die Begleiter waren, die eine bestimmte Stimmung o.ä. hervorriefen. Schließlich verlegte ich mich auf Wanderungen, um bei ähnlichen Bedingungen verschiedene Gesteine erfahren zu können.

Den Gipfel bildeten Seminare, die ich nicht nur dazu nutzte, meine gewonnenen Erfahrungen weiterzugeben, sondern vor allem auch dazu, sie mit mehreren Teilnehmern zu überprüfen. Diese Seminare fanden allesamt in Form von Exkursionen statt, auf denen wir solange trainierten, bis wir in unbekanntem Gelände, ohne vorherigen Blick in die geologische Karte, beim Wandern genau die Übergänge von einem zum nächsten Gestein erspüren konnten.

Trotz vieler begeisterter Seminarteilnehmer und Freunde sollte es doch insgesamt sieben Jahre dauern, bis der Zusammenhang zwischen den Bildungsprinzipien der Gesteine und Mineralien und ihrer Wirkung auf uns Menschen klar und deutlich formulierbar war. Manche Forschungen führten in Sackgassen, doch die nachvollziehbaren Ergebnisse, die sich im Jahr 1994 nun endlich beschreiben ließen, möchte ich im folgenden nun gerne vorstellen.

Heilwirkungen von Magmatiten und Primär-Mineralien

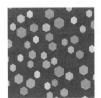 Rufen wir uns das Bildungsprinzip dieser Gesteine und Mineralien nochmals in Erinnerung, so fällt auf, daß auch unser Leben vom ersten Moment an sehr ähnliche Prozesse kennt:

»Das primäre Bildungsprinzip zeigt einen Kristallisationsprozeß aufgrund der Abkühlung und Erstarrung einer magmatischen Flüssigkeit. Die Mineralstoffe des Magmas stellen dabei das Bildungspotential, die Veranlagung dar, denn durch sie ist bereits entschieden, was überhaupt entstehen kann. Den Kristallisationsprozeß jedoch legen die Faktoren Druck, Hitze, Raum und Zeit fest, wodurch entschieden wird, auf welche Weise das vorhandene Potential ausgebildet und verwirklicht wird.«

Vom ersten Moment unseres Daseins an, sind wir, neben essen und schlafen, hauptsächlich damit beschäftigt, zu lernen. Betrachten wir die immensen Lernleistungen eines kleinen Kindes in den ersten Lebensjahren, so sind diese doch zugegebenermaßen immens: Greifen, Sitzen, aufrechte Haltung, Gehen, Reden; Menschen, Dinge, Situationen erkennen und verstehen, all das sind so komplexe Dinge, die in einer so kurzen Zeit erlernt werden, daß bestimmte Veranlagungen schon in der Wiege vorhanden sein mußten.

Diese Veranlagungen sind es ja, die uns von anderen Wesen unterscheiden. So können wir z. B. reden, jedoch nicht fliegen wie ein Vogel, und werden auch nicht so alt wie ein Baum. Das liegt schlicht und ergreifend an unserer Veranlagung. Diese Veranlagung, mag sie nun aus unserer geistigen Herkunft oder der Vererbung stammen, ist für uns so bestimmend, wie das Magma für das Primär-Gestein. Sie stellt das Potential dessen dar, wer oder was wir werden können.

Doch gibt es auch den zweiten Faktor: Was nützt uns unsere Veranlagung, wenn wir nicht den Raum, die Zeit, die Energie und die Möglichkeit haben, sie zu entwickeln und auszubilden? Nur wenn das uns innewohnende Potential den optimalen Rahmen findet, hat es die Chance, sich vollständig zu entfalten. Um es in einem Bild zu beschreiben: Was nützt uns die Veranlagung zum Konzertpianisten, wenn wir nie Klavierstunden nehmen, bzw. warum wird nicht jeder Klavierschüler schließlich Konzertpianist?

Mineralien und Gesteine können nun zwar unsere Veranlagung nicht ändern, jedoch können sie uns helfen, dieses innere Potential zu entwickeln und zu entfalten. Dabei unterstützen insbesondere Magmatite und Primär-Mineralien aufgrund des ähnlichen Bildungsprinzips die notwendigen Lernprozesse. Jedes magmatische Mineral repräsentiert bestimmte geistige Werte, deren Ausbildung es unterstützt. Damit zusammenhängend fördert es auch ein bestimmtes seelisches Erleben, korrespondierende Gedanken- und Verhaltensmuster, und kann zur Heilung beitragen, wenn diese Werte, dieses Erleben, die Gedanken- und Verhaltensmuster der Gesundheit im gegebenen Fall zuträglich sind.

In allen Lebenssituationen, in denen wir einen Neuanfang in unserem Leben vollzogen haben, der uns mit vielen neuen Eindrücken konfrontiert oder eine Menge Lernaufgaben beschert, sind Primär-Mineralien die Heilsteine erster Wahl. Sie fördern den notwendigen Wachstumsprozeß und helfen bei jenen Krankheiten, die für uns typischerweise in diesen Situationen auftreten.

Heilwirkungen von Sedimenten und Sekundär-Mineralien

Sedimente und Sekundär-Mineralien lenken den Blick auf einen anderen Aspekt unseres Daseins: Die Einflüsse der Umwelt. Daß unsere Umwelt, begonnen mit dem Elternhaus, dem Kindergarten, der Schule, der Ausbildung, dem Beruf, dem Partner, den Kindern, den Freunden und Verwandten bis hin zur Gesellschaft bzw. der gesamten Welt, in der wir leben, einen massiven Einfluß auf uns hat, ist uns dank der Psychologie inzwischen nichts Neues mehr.

Da verwundert es sicherlich auch nicht, daß die unter Umwelteinwirkung entstandenen Sedimente und Sekundär-Mineralien genau diesen Aspekt wiederspiegeln: »Das sekundäre Bildungsprinzip stellt einen Prozeß dar, bei dem feste Strukturen eines bestehenden Gesteins durch Umwelteinfluß aufgelöst werden. Die aus dem Gestein freigesetzten Mineralstoffe bilden dabei gemeinsam mit den von der Umwelt herangetragenen Stoffen anschließend neue Mineralien.«

Dasselbe spielt sich in unserem Leben ab: Wir werden entscheidend geprägt von den Erfahrungen unserer Vergangenheit. Dabei nehmen vor allem unsere Kindheitserlebnisse einen besonderen Stellenwert ein. Hier legen wir aufgrund schöner oder schmerzlicher Erfahrungen fest, was »gut« und »schlecht« ist für uns. Wir entwickeln außerdem unsere Überlebensstrategien (»Wie bekomme ich Mama und Papa dazu, zu tun, was ich will?«) und übernehmen in diesem Alter die sog. »Erklärungen der Welt«: So können wir z. B. als Kind weder nachprüfen, ob es stimmt, daß »Alkohol von Übel« ist, noch ob »Bier flüssiges Brot« ist. Wir werden daher geneigt sein, einfach die Meinung dessen zu übernehmen, dem wir mehr vertrauen.

Auf diese Art und Weise entstehen zunächst in der Kindheit, aber auch in späteren Jahren noch bestimmte Übereinstimmungen (»bei roten Ampeln muß man halten«) und Glaubenssätze (»die Männer wollen alle nur das eine«), die unser Leben, unser Verhalten, unsere Gefühle, sowie unsere Vorstellungen, Ideale, Ziele und Weltanschauungen entscheidend prägen.

Solange diese Prägungen unsere Entwicklung fördern, ist dagegen nichts einzuwenden. Doch sehr häufig kommt es vor, daß die festen Muster in späteren Zeiten oder veränderten Situationen plötzlich nichts mehr nützen: Hatten wir z. B. als Kind die Überlebensstrategie: »Mund halten bedeutet, keine drauf zu kriegen!«, die zum gegebenen Zeitpunkt durchaus nützlich war, so brauchen wir uns nicht zu wundern, wenn wir später im Beruf immer die übelsten Aufgaben bekommen, sind wir doch bekannt dafür, daß wir nie protestieren. Oder funktionierte bei den Eltern die Taktik: »Laut brüllen, dann krieg ich alles!«, so brauchen wir uns nicht zu wundern, wenn uns später niemand mag, solange wir mit der Brüllerei nicht aufhören.

Sedimente und Sekundär-Mineralien erleichtern uns, Prägungen durch Übereinstimmungen und Glaubenssätze, sowie aus schmerzlichen Erfahrungen aufzudecken, bewußt zu machen und aufzulösen. Sie helfen, sich neu zu orientieren, neue Erfahrungen von einem anderen Standpunkt zu betrachten und der aktuellen Situation angemessenere Strategien zu entwickeln. Die uns innewohnenden Bedürfnisse können so viel besser mit den Anforderungen unserer Umwelt in Einklang gebracht werden. Dadurch werden Spannungen abgebaut und Harmonie entsteht, was bei allen Krankheiten zur Heilung beiträgt, die aus Konflikten mit unserer Umwelt resultieren.

In allen Lebenssituationen, in denen wir in Auseinandersetzung mit unserer Umwelt oder unseren Mitmenschen sind, unabhängig davon, ob diese nun aktueller Natur sind oder längst der Vergangenheit angehören, sind Sedimente und Sekundär-Mineralien die Heilsteine erster Wahl. Die Heilung aller Krankheiten, die durch die Auseinandersetzung oder auch die Vermeidung solcher Konflikte entstehen, wird durch sie gefördert.

Heilwirkungen von Metamorphiten und Tertiär-Mineralien

 So wie sie selbst in ihrer Entstehung auf ihre Beständigkeit geprüft wurden, so scheinen Metamorphite und Tertiär-Mineralien auch die Aspekte unseres Lebens auf ihre Beständigkeit hin zu prüfen. Alles, was für uns selbst nicht von dauerhaftem Wert ist, beginnt sich zu verwandeln und neue Formen anzunehmen. Viele Dinge unseres Lebens finden natürlicherweise irgendwann ein Ende, ohne daß es eigentlich eine Notwendigkeit dafür gab: Theoretisch hätten wir vieles noch länger beibehalten können: Den Job, die Wohnung, eine Gemeinschaft oder Partnerschaft, doch irgendwann war es vorbei, aus-gelebt, zuende. Wenn wir in diesem Moment aufhören, eine Trennung vollziehen und etwas Neues beginnen, dann geschieht diese Veränderung in der Regel schmerzfrei und ohne Schwierigkeiten.

Doch allzuoft lassen wir das alte nicht los, halten es fest, weil wir es gewohnt sind, oder weil wir (noch) nicht wissen, was Neues auf uns zu kommt. So machen wir weiter, wie bisher, nur plötzlich mit dem Beigeschmack, daß »irgendetwas nicht mehr stimmt«. Dieser Beigeschmack wird stärker, nimmt zu und verdichtet sich immer mehr zu dem Gefühl, daß wir uns und unser Leben verändern müssen. Vielleicht jedoch haben wir den Punkt vergessen oder gar nicht bemerkt, an dem die Veränderung eigentlich stattfinden sollte. Daher findet unser

Drang zur Erneuerung keinen Ansatzpunkt, und es entstehen ein Druck und eine Hitze in uns, die alles gründlich in Frage stellen.

»Das tertiäre Bildungsprinzip stellt einen Umwandlungsprozeß dar, bei dem von innen heraus alles in eine neue Form überführt wird, was unter Druck und Hitze nicht beständig war. So bilden sich aus den bestehenden durch Gestaltwandlung und Stoffaustausch neue Mineralien.«

Der Druck und die Hitze in uns können in eine Phase der Unzufriedenheit führen, in der wir uns selbst gegenüber sehr kritisch werden. Alles wird auf seinen Sinn und Wert für unser Leben überprüft, und wir beginnen, radikal aufzuräumen: Faule Kompromisse, überflüssige Gewohnheiten, nostalgische Relikte, sowie sinnlose Regeln und Gesetze werden abgestellt und durch aufrichtige Einigungen, notwendige Tätigkeiten, zeitgemäße Ansichten und sinnvolle Vereinbarungen ersetzt. So gestalten wir unser Leben zu einer vollkommen neuen Form.

Metamorphite und Tertiär-Mineralien regen den inneren Umwandlungsprozeß an: Sie fördern die kritische Selbst-Reflektion und helfen uns, zu erkennen und zu verstehen, was keinen Bestand in unserem Leben hat und was wir beenden müssen, weil es uns unzufrieden macht. Diese Mineralien und Gesteine bringen radikale Veränderungen hin zu einem erfüllteren, sinnvollen Leben mit sich. Sie helfen daher auch bei allen Krankheiten, die ihre Wurzel in der Angst, etwas loszulassen, in nicht vollzogenen Veränderungen oder in einer Lebensführung haben, in der wir keinen Sinn mehr finden. Indem sie die innere Transformation anregen, helfen sie uns, Verhaftungen, Gewohnheiten und Kompromisse zu überwinden.

In allen Lebenssituationen, in denen wir eine starke innere Unzufriedenheit empfinden, das Gefühl haben, etwas verändern zu müssen, aber nicht wissen, was; oder wenn wir vor einer Veränderung stehen, jedoch Angst haben, weil wir nicht wissen, was danach kommt, sind Metamorphite oder Tertiär-Mineralien die Heilsteine erster Wahl. Die Heilung aller Krankheiten, die durch solch innere Konflikte verursacht sind, wird durch sie angeregt und beschleunigt.

Die Anwendung der Bildungsprinzipien

Da sich die Bildungsprinzipien der Mineralien und Gesteine sehr deutlich in typischen Lebenssituationen wiederspiegeln, stehen uns sehr einfache Möglichkeiten offen, mit Hilfe der entsprechenden Mineralien oder Gesteine die Lösung anstehender Schwierigkeiten oder Probleme zu finden. Auch die Heilung aller aus den jeweiligen Lebenssituationen entstandenen Krankheiten wird gefördert. Wichtig für die richtige Zuordnung ist lediglich eine genaue und sorgfältige Analyse der Situation.

Skizzieren sie hierfür zunächst den Sachverhalt, d.h. heben Sie für sich die wichtigsten Merkmale hervor. Und spielen Sie dann in Gedanken immer alle drei Möglichkeiten durch: »Was müßte gegeben sein, daß das primäre / sekundäre / tertiäre Bildungsprinzip zur Wirkung kommt?« Wenn Sie alle drei Möglichkeiten gedanklich durchspielen, wird viel klarer, welche zutrifft, als wenn Sie die gegebene Situation nur betrachten.

Ist die Wahl dann getroffen, wird es sehr einfach. Wählen Sie nun einen Ort, wo das entsprechende Gestein den Untergrund bildet, und halten Sie sich mindestens einen, besser jedoch mindestens drei Tage an diesem Ort oder in dieser Gegend auf.

Typische Gesteine wären z. B. für das primäre Bildungsprinzip: Als Plutonite: Granit, Syenit, Diorit und Gabbro, als Vulkanite: Rhyolith, Trachyt, Basalt, Phonolith und Vulkantuff (»Lavagestein«).

Typische Sedimente (sekundäres Bildungsprinzip): Sandstein, Brekzien, Konglomerat, Tongesteine, sowie Kalkstein, Dolomit und Gipsgesteine.

Typische Metamorphite (tertiäres Bildungsprinzip): Gneis, Glimmerschiefer, Phyllit, Amphibolit, Serpentinit, Hornfels und Marmor.

Geologische oder petrographische (gesteinskundliche) Karten, mit denen Sie den richtigen Boden aufspüren können, erhalten Sie bei den Landesvermessungsämtern oder dem geologischen Landesamt.

Verbringen Sie dort viel Zeit im Freien und in Bewegung. Mehr müssen Sie nicht tun. Die Einwirkungen der Gesteine sind so stark, daß Sie in diesem Fall schon sehr schnell Veränderungen erleben werden. Interessant ist immer der dritte Tag, an dem der Einfluß des neuen Bodens am deutlichsten spürbar wird. Es ist auch der sog. »kritische Tag«, was Ihnen alle Bergführer und Skilehrer bestätigen werden, da hier das neue Lebensgefühl beginnt, sich gegen das alte durchzusetzen, und wir zu diesem Zeitpunkt oftmals sehr unkonzentriert und nachlässig werden. Den Blick (unbewußt) nach innen gerichtet, widmen wir äußeren Anforderungen oder Gefahren zu wenig Aufmerksamkeit. Nehmen Sie sich am dritten Tag auf jeden Fall also Zeit für sich – auch wenn Sie an diesem Tag bereits wieder zuhause sind!

Die zweite Möglichkeit besteht darin, aus der Tabelle im Kapitel »Die Analytische Steinheilkunde« Mineralien entsprechender Bildung auszuwählen. Vielleicht entdecken Sie dabei sogar Mineralien, die Sie bereits kennen und zu denen ein Bezug bereits existiert. Wenn nicht, dann wählen Sie entsprechend den Darstellungen im Teil 3 das passende Mineral aus. Tragen Sie dieses Mineral ständig bei sich. Da die Einwirkung hier nicht so stark ist, wie bei einem Aufenthalt auf entsprechendem Grundgestein, kann die Wirkung etwas langsamer spürbar werden. Beachten Sie jedoch auch hier besonders den dritten und zusätzlich den siebten Tag.

Diese Tage haben sich in unseren Forschungen als besondere Schwerpunkte herauskristallisiert. Offenbar scheinen Erneuerungsprozesse Dreier- und Siebener-Rhythmen zu unterliegen. Denken Sie z. B. auch an die Tatsache, daß alle Zellen unseres Körpers sich im Zeitraum von sieben Jahren einmal erneuern. Und sicherlich ist es auch kein Zufall, daß in alter Zeit für den Wochenrhythmus ein Zyklus von genau sieben Tagen gewählt wurde.

Doch wenden wir uns nun einem ganz anderen Aspekt unseres Lebens zu: So wie die Bildungsprinzipien der Mineralien Licht auf (und in) unsere momentane Lebenssituation werfen, so gibt es ein zweites Prinzip im Reich der Mineralien, das unseren Lebensstil beleuchtet. Dieses Prinzip offenbart sich uns in den Kristallen.

1.2 Die Kristalle

Die Entdeckung der Kristalle

Aufgefallen ist es den Menschen zu allen Zeiten, daß Mineralien und Edelsteine schon in ihrem natürlichen Wachstum recht auffällige und faszinierend regelmäßige Erscheinungsformen zeigen. Lange Zeit wurden diese sonderbar exakten Formen daher als Beweis für das unmittelbare Eingreifen der Götter bei der Bildung der Edelsteine gewertet. Wer sonst wäre in der Lage

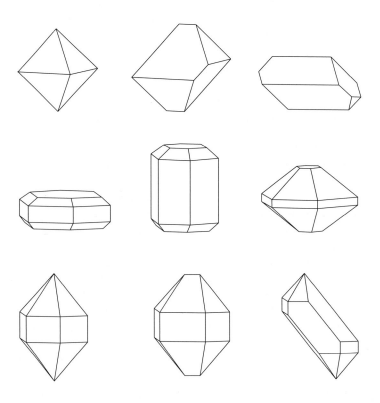

Abb.14: Die Kristallformen eines Minerals können unterschiedlich aussehen, die Winkel zwischen den einzelnen Flächen bleiben jedoch immer dieselben.

gewesen, so etwas zu erschaffen? Erst vor etwas mehr als 300 Jahren, im Jahr 1669, veröffentlichte der dänische Naturforscher Nils Stensen, genannt Nicolaus Steno, erste Untersuchungen über die mathematischen Gesetzmäßigkeiten der Kristalle. Stensen entdeckte, daß die Winkel zwischen den Flächen eines bestimmten Minerals unabhängig von Größe, Erscheinungsform oder Fundort immer gleich sind, und formulierte daraus das »Gesetz der Winkelkonstanz«.

Von diesem Zeitpunkt an war offenbar, daß nicht zufällige Einwirkungen des Entstehungsortes einem Mineral seine Gestalt geben, sondern daß es eine ihm innewohnende Eigenschaft sein muß, die das Mineral immer und immer wieder veranlaßt, nur ganz bestimmte Formen auszubilden. Es stellte sich sogar heraus, daß die jeweils typische Form mitunter sogar ein verläßlicheres Merkmal für ein bestimmtes Mineral war, als z.B. seine durchaus veränderliche Farbe. Damit waren die Kristalle entdeckt, und im bis heute gültigen Sinn definiert:

Ein Kristall ist ein fester, geometrisch regelmäßig geformter Körper.

Der Name »Kristall« wurde übrigens schon früher dem Bergkristall entwendet, den die Griechen »krystallos = Eis« getauft hatten, da sie ihn für tief gefrorenes Wasser hielten, das nicht mehr auftauen kann. Dieser Glaube herrschte zur Zeit Nils Stensens immer noch! Er wurde erst vier Jahre später, 1673, durch den Briten Robert Boyle erstmals angezweifelt. Nichtsdestotrotz wurde nun mit Eifer nach den Gesetzen geforscht, die dem Phänomen »Kristall« zugrundeliegen mußten. Doch es sollte noch mehr als 100 Jahre dauern, bis der französische Lehrer Rene-Just Hauy 1784 seine Theorie über die Struktur der Kristalle veröffentlichte. Ihm war ein sog. »Zufall« zu Hilfe gekommen: Beim Betrachten des Calcit-Kristalls eines Freundes fiel dieser zu Boden und zersprang. Dies war einerseits sicher sehr ärgerlich, andererseits gelang so eine sehr wichtige Entdeckung: Die Einzelteile des zersprungenen Kristalls zeigten nämlich alle eine auffallend ähnliche Form! Hauy folgerte daraus, daß Kristalle schon in ihren kleinsten »Elementarzellen«, also im Bereich der Atome und Moleküle (der kleinsten Bauteilchen der Materie) bestimmte geometrische Formen aufweisen müssen.

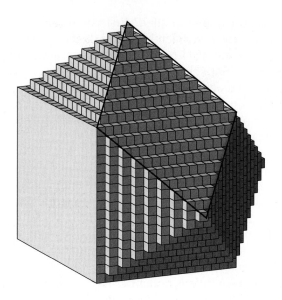

Abb.15: Nach der Vorstellung Hauys, kann sowohl der Würfel, als auch der Rhombendodekaeder (Zwölfflächner mit rautenförmigen Seiten) aus würfelförmigen Teilchen gebildet werden.

Das Kristallgitter

Damit war er der Wirklichkeit sehr nahe gekommen. Zwar sind nicht die Atome und Moleküle selbst geometrisch geformt, wie Hauy vermutete, sie sind jedoch räumlich in exakten geometrischen Mustern angeordnet, den sog. »Kristallgittern«. Diese perfekte Ordnung liegt darin begründet, daß die einzelnen, meist unterschiedlich großen Atome und Moleküle des Minerals beim Wachstum so eng wie möglich aneinandergelagert werden. Teils deshalb, weil sie durch starke elektromagnetische Kräfte zueinandergezogen werden, teils, weil der äußere Druck keine Platzverschwendung zuläßt. (Denken Sie zurück an die mitunter doch ziemlich herben Entstehungsbedingungen eines Minerals!). Ein streng geordnetes System bietet dabei immer eine bessere Raumausnutzung, als ein wahlloses Durcheinander!

Ein kleines Beispiel soll die Natur der Kristallgitter etwas veranschaulichen: Stellen Sie sich vor, sie müßten eine leere, weiße Fläche wie diese hier in viele gleiche Felder einteilen, ohne daß dazwischen irgendwelche Lücken entstehen. (Die Ränder

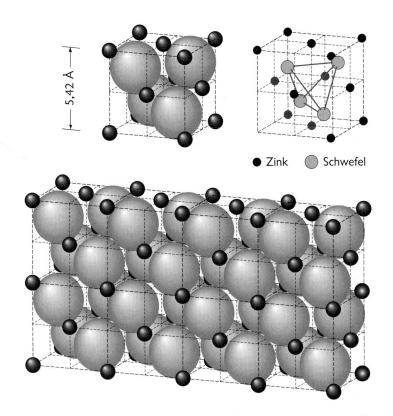

Abb16: Links: Kristallstruktur von Schalenblende; nicht die Atome selbst sind eckig, doch ihre Anordnung im Kristall ergibt ein streng geometrisches Gitter. Rechts: Um das Gitter zu verdeutlichen, werden die Atome hier nicht in ihrem Größenverhältnis, sondern nur als »Massepunkte« dargestellt. Unten: Größerer Ausschnitt des Kristallgitters; das Gitter ist in allen drei Raumrichtungen fortgesetzt zu denken.

brauchen Sie nicht zu beachten.) Mit welchen geometrischen Formen ist das möglich?

Wenn Sie es eine Weile versuchen, werden Sie feststellen, daß Sie nur die folgenden sieben geometrischen Formen verwenden können: Quadrat, Sechseck, Dreieck, Rechteck, Raute, Parallelogramm und Trapez.

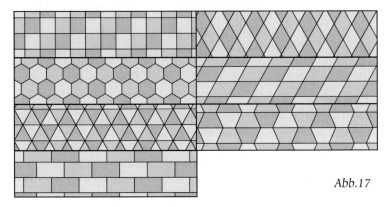

Abb.17

Nur mit diesen Formen gelingt es Ihnen, die Fläche lückenlos auszufüllen. Bei Fünfecken, Siebenecken, Achtecken, Zwölfecken oder gar Kreisen entstehen immer Lücken zwischen den Feldern, also freier Raum, den es in einem vollständig ausgefüllten Kristall natürlich nicht geben darf! Aus diesem einfachen Grund gibt es nur Kristallgitter mit den Grundstrukturen Quadrat, Sechseck, Dreieck, Rechteck, Raute, Parallelogramm und Trapez. Keine anderen!

Diese Grundstrukturen bewirken nun, daß Kristalle immer nur ganz bestimmte Formen zeigen. So führt die Grundstruktur des Quadrats z.B. typischerweise zu Formen wie Würfel, Oktaeder, Rhombendodekaeder, das Sechseck zu sechseckigen Säulen etc. Alle Kristalle, nicht nur die der Mineralien, auch Kristalle der organischen Welt, wie z.B. die schon früher erwähnten Zucker-Kristalle, unterliegen dieser Gesetzmäßigkeit. Daher lassen sich die Kristalle nach ihrer inneren Struktur in sieben Systeme gruppieren, die sog. »sieben Kristallsysteme«.

Die Kristallsysteme

Das **kubische Kristallsystem** faßt alle Kristalle mit einer *quadratischen inneren Struktur* zusammen. Das Wort »kubisch« leitet sich dabei von lat. »Kubus = Würfel« ab. Kubische Mineralien bilden als Kristalle mitunter tatsächlich auch Würfel (z. B. Diamant, Fluorit, Pyrit), Oktaeder (Diamant, Fluorit, Magnetit), Rhombendodekaeder (Granat, Lapislazuli), Tetraeder (Pyrit, Zinkblende), Pentagondodekaeder (Pyrit) und andere ...

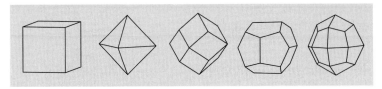

Abb.18: Kubische Kristallformen

Das **hexagonale Kristallsystem** faßt alle Kristalle mit einer *sechseckigen inneren Struktur* zusammen. Das Wort »hexagonal« leitet sich dabei von griech. »Hexagon = Sechseck« ab. Hexagonale Mineralien bilden als Kristalle in der Regel auch sechseckige Säulen, wie z. B. Apatit, Aquamarin, Beryll, Morganit und Smaragd.

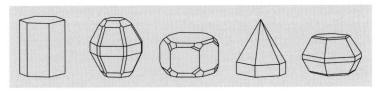

Abb.19: Hexagonale Kristallformen

Das **trigonale Kristallsystem** faßt alle Kristalle mit einer *dreieckigen inneren Struktur* zusammen. Das Wort »trigonal« leitet sich dabei von griech. »Trigon = Dreieck« ab. Trigonale Mineralien bilden als Kristalle entweder dreieckige Säulen (Turmalin) oder ebenfalls sechseckige Säulen, die jedoch nicht so gleichmäßig sind, wie die hexagonalen (Bsp: Amethyst, Bergkristall, Citrin, Rauchquarz, Rubin, Saphir, Turmalin) oder rhomboedrische Formen (Calcit, Dolomit, Magnesit, Rhodochrosit). Besonders schön wird die innere trigonale Struktur bei Turmalinscheiben sichtbar, die dreieckige oder dreizackige Farbzonen zeigen.

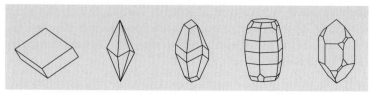

Abb.20: Trigonale Kristallformen

Das **tetragonale Kristallsystem** faßt alle Kristalle mit einer rechteckigen inneren Struktur zusammen. Das Wort »tetragonal« leitet sich dabei von griech. »Tetragon = Viereck« ab. Tetragonale Mineralien bilden als Kristalle in der Regel rechteckige Säulen, manchmal flach begrenzt, manchmal mit viereckigen Spitzen. Bsp: Apophyllit, Rutil, Zirkon (Hyazinth).

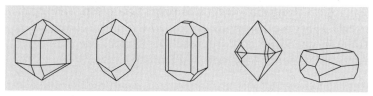

Abb.21: Tetragonale Kristallformen

Das **rhombische Kristallsystem** faßt alle Kristalle mit einer rautenförmigen inneren Struktur zusammen. Das Wort »rhombisch« leitet sich dabei von griech. »Rhombus = Raute« ab. Rhombische Mineralien bilden entweder rautenförmige Kristalle, Bsp. Aragonit, Peridot (Olivin) oder Topas, manchmal jedoch auch sechseckige, da drei zusammengefügte Rauten ein Seckseck ergeben. Dieses Wachstum nennt sich dann ganz treffend »pseudohexagonal«, Bsp. Aragonit.

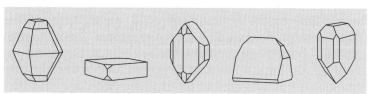

Abb.22: Rhombische Kristallformen

Das *monokline Kristallsystem* faßt alle Kristalle mit der *inneren Struktur in Form eines Parallelogramms* zusammen. Das Wort »monoklin« bedeutet dabei soviel wie »mit einem geneigten Winkel« (griech.: »mono« = »eins« und »klinein« = »neigen, beugen«). Monokline Kristalle zeigen auch diesen schiefen Winkel: Am deutlichsten sichtbar wird er beim Gips, der oftmals schiefe Kristalle mit wunderbar sichtbarer Parallelogramm-Form zeigt (als solcher Kristall dann auch Selenit genannt). Weitere monokline Mineralien sind Azurit, Epidot, Jade, Kunzit, Lepidolith, Malachit, Mondstein und Nephrit.

Abb.23: Monokline Kristallformen

Das *trikline Kristallsystem* faßt alle Kristalle mit der *inneren Struktur in Form eines Trapezes* zusammen. Das Wort »triklin« bedeutet dabei soviel wie »mit drei geneigten Winkeln« (griech.: »tri« = »drei« und »klinein« = »neigen, beugen«). Tatsächlich gibt es auch nichts schieferes, als trikline Kristalle, die keinen rechten Winkel mehr kennen. Die innere Struktur dieses Kristallsystems offenbart sich am deutlichsten bei Amazonit-Kristallen, die die Form zweier aneinandergefügter Trapeze bilden. Weitere trikline Mineralien sind Disthen (Cyanit), Labradorit, Rhodonit, Sonnenstein und Türkis.

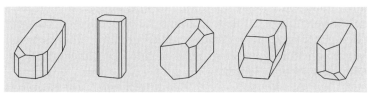

Abb.24: Trikline Kristallformen

Keine Regel ohne Ausnahme! So ist es auch hier. Manchmal kommt es vor, daß aufgrund besonderer Entstehungs- bedingungen ein Mineral keine Möglichkeit hat, kri- stalline Strukturen auszubilden. Diese Mineralien wer- den dann **amorph** genannt (griech. »gestaltlos«), sie besitzen *keinerlei innere Struktur*. Die Ursachen liegen in der zu schnellen Entstehung, wie z. B. bei Moldavit und Obsidian, wo keine Zeit blieb, Kristalle zu bilden, oder in der Tatsache, daß zu viele ver- schiedene Stoffe ineinandergemischt sind, wie z. B. bei Bernstein und Opal.

Abb.25: Erscheinungsbild amorpher Mineralien

Die Entdeckung der Kristallstruktur als Lebensstil

Für mich waren die Kristalle mit ihren regelmäßigen Formen immer das interessanteste Phänomen im gesamten Mineralreich, waren es doch die sonderbar geraden Kristallflächen meines Granats, mit denen die Entdeckung der Mineralien für mich be- gonnen hatte. Diese Struktur und Ordnung faszinierte mich, und so warf ich bereits als Zehnjähriger munter mit Begriffen wie »Gitterstruktur«, »Kristallsystem«, »Symmetrieachsen« und ähnlichem um mich. Ich will nicht behaupten, damals alles richtig verstanden zu haben, zumal vielen modernen Büchern über Mineralogie noch derselbe Makel anhaftet, über den sich Franz von Kobell in seiner »Geschichte der Mineralogie« im Jahr 1864 schon beklagte:

»Es hat sich ferner zu jeder Zeit gezeigt, wie wohl einzelnen Forschern ein unbefangener scharfer Blick und eine Gabe für klare Darstellung zukommt, anderen aber zum Hemmniß des Fortschritts ein noch größeres Talent verliehen ist, das Einfach- ste möglichst compliciert wiederzugeben und Schwierigkeiten aller Art zu sehen und zu schaffen, wo gar keine vorhanden sind!«

Ob also damals verstanden oder nicht, auf jeden Fall waren mir die Kristallsysteme so vertraut, daß ich mich in den Anfängen meiner steinheilkundlichen Studien sehr wunderte, daß kaum ein Forscher oder Autor von ihnen Notiz nahm, geschweige denn, sie in seine Überlegungen zur Heilkraft von Mineralien und Edelsteinen miteinbezog. Nur sieben Kristallsysteme auf der ganzen Welt (zuzüglich der amorphen Ausnahme)! Das roch doch geradezu nach kosmischer Gesetzmäßigkeit. Gottseidank bewahrte mich jedoch der letzte verbliebene Rest naturwissenschaftlichen Mißtrauens davor, sogleich eine Tabelle anzufertigen, um die Kristallsysteme in eine Reihe mit den sieben Planeten, sieben Chakren, sieben Tönen etc. einzuordnen. Stattdessen begann ich zu beobachten, welche Menschen sich zu bestimmten Mineralien besonders hingezogen fühlten, und welche Wirkungen diese Mineralien dann hervorriefen.

Eines der eindrücklichsten Erlebnisse hierbei war der Besuch in der Wohnung eines Bekannten, der im ganzen Freundeskreis für seine Exaktheit, Genauigkeit, Gründlichkeit, aber auch für seine außergewöhnliche Ausdauer, Disziplin, Lernfähigkeit, sein immenses Wissen und seine unermüdliche Besserwisserei bekannt war. In seiner Wohnung stieß ich unvermutet auf ein Regal voller Mineralien – ich wußte zu diesem Zeitpunkt noch nicht, daß er überhaupt Mineralien sammelte. Dieses Regal beherbergte ausschließlich Fluorite. Insofern muß ich mich auch korrigieren, denn er sammelte nicht Mineralien, sondern Fluorite. Nur Fluorite! Nun, Fluorite gehören zu den kubischen Mineralien ... Als ich dann später beim Essen außerdem feststellen mußte, daß ich noch nie jemanden beobachtet hatte, der sich mehr Salz (auch kubisch!) ins Essen schüttet, als er, begann ein Verdacht in mir zu keimen ...

Könnte es sein, daß es zwischen den Kristallstrukturen der Mineralien und dem Lebensstil der Menschen eine Beziehung gibt? Daß die innere Ordnung eines Minerals sich in der Art und Weise unserer Lebensführung widerspiegelt?

Als ich mich gerade mit dieser Idee auseinandersetzte, wurde mir von einer Stuttgarter Buchhandlung angeboten, dort regelmäßig Edelstein-Beratungen durchzuführen. In diesem Angebot sah ich eine Herausforderung, zum einen, das bisher erarbeitete Wissen zu überprüfen, zu sehen, ob es auch praktisch anwendbar ist, und zum anderen, durch den Kontakt mit vielen

Menschen neue Erfahrungen zu sammeln. Damit begann eine sehr fruchtbare Phase in meiner Arbeit mit Mineralien und Edelsteinen. Rückblickend bin ich heute dankbar, daß es zu dieser Zeit (1988 / 89) noch vergleichsweise wenig Informationen über Heilsteine gab. So waren nur wenige Meinungen vorgegeben, und wir waren gezwungen, die passenden Steine in den Beratungen immer gemeinsam in intensiven Gesprächen zu erarbeiten.

Im Laufe dieser Beratungen konnte ich sehr schön beobachten, daß es tatsächlich eine Verbindung zwischen Kristallstruktur und Lebensstil gibt. Mineralien mit bestimmten Kristallsystemen wurden immer von ganz bestimmten Menschen ausgewählt. Im Laufe der Zeit wurden mir die Ähnlichkeiten dadurch zunehmend bewußter, bis ich schließlich von der Art zu gehen, zu reden, sich zu bewegen, vom ersten Auftreten im Raum auf ein bestimmtes Kristallsystem tippen konnte, das sich in vielen Fällen dann unter den intuitiv ausgewählten Mineralien auch wiederfand. So kristallisierte sich im Laufe der Zeit die Beobachtung heraus, daß es in der Fülle menschlicher Lebensweisen tatsächlich ebenfalls acht Grundstrukturen gibt, die den Kristallsystemen und dem amorphen Zustand entsprechen. Die Ursache dafür liegt in der individuellen Realität jedes Einzelnen.

Die menschliche Realität

Jeder von uns lebt in seiner eigenen Realität. Diese ist bestimmt von unseren Erfahrungen und Kenntnissen, von unseren Meinungen und Betrachtungen und von den für uns gültigen Wertvorstellungen. Die von uns selbst definierte Realität schafft nun Gemeinsamkeiten mit anderen Menschen oder grenzt uns von ihnen ab. Wenn Sie mit jemandem gemeinsame Erfahrungen teilen, haben Sie dieselbe Realität. Was machen z. B. alte Freunde? – Sie reden über »vergangene Zeiten«, sprich: gemeinsame Erlebnisse.

Wenn Sie jemanden finden, der dieselben Kenntnisse hat wie Sie, haben Sie ebenfalls ein und dieselbe Realität. Zwei Experten auf demselben Gebiet beginnen sehr schnell zu fachsimpeln, auch wenn sie sich erst seit fünf Minuten kennen. Ein Außenstehender (interessantes Wort!), der diese Kenntnisse nicht hat, wird von einer solchen Konversation wahrscheinlich kaum etwas verstehen, ihm fehlt diese Realität.

Dieselbe Meinung oder Betrachtung schafft Realität, so finden sich politisch, weltanschaulich oder religiös Gleichgesinnte schnell zusammen. Und umgekehrt gibt es auch kaum etwas, das tiefere Gräben zieht. So zeigen z.B. Glaubenskriege, daß verschiedene Realitäten sogar dazu führen können, daß Menschen in der Lage sind, sich gegenseitig umzubringen, ohne daraus in irgendeiner Form einen Vorteil zu erzielen.

Doch auch im Alltag kennen wir diese Problematik: Interviewen Sie die Zeugen eines Verkehrsunfalls, so werden Sie erstaunt sein, auf wieviele verschiedene Realitäten Sie treffen! Insofern können auch gemeinsame Erlebnisse durchaus verschiedene Realitäten zur Folge haben: Die gemeinsame Schulstunde wird für den Musterschüler eine andere Realität darstellen, als für den Prügelknaben!

Oder kennen Sie die verschiedenen Realitäten von Optimisten und Pessimisten? Für die einen ist ein zur Hälfte gefülltes Glas halb voll, für die anderen halb leer.

Realität ist also etwas Subjektives, das der Einzelne jedoch als absolut und gültig erlebt! Das ist sehr wichtig zu wissen und zu beachten. Gerade in der Heilkunde ist es sehr wichtig, die persönliche Realität des anderen anzuerkennen. Wir helfen niemandem, wenn wir seine Realität angreifen, verneinen oder abwerten. Nur wenn wir sie als gegeben akzeptieren, können wir ihm helfen, sie zu verändern, sofern er Schwierigkeiten oder Probleme damit hat und diese verändern möchte.

Um solche Veränderungen herbeizuführen oder zu fördern, können wir uns in der Steinheilkunde der Kristalle bedienen. Interessanterweise zeigt sich nämlich in der Beobachtung der menschlichen Realitäten ein interessantes Phänomen: Wenn wir alle Gemeinsamkeiten, die durch gemeinsame Erlebnisse, Erfahrungen, Kenntnisse, Meinungen, Betrachtungen und Wertvorstellungen entstanden sind, ignorieren, zeigen sich trotzdem immer noch bestimmte Grundstrukturen. Auch dann lassen sich die Menschen aufgrund ihrer Art immer noch in verschiedene »Typen« unterscheiden.

Diese »Grundstrukturen der menschlichen Realität« wurden zu allen Zeiten beobachtet, und viele Systeme wurden geschaffen, diese Strukturen zu beschreiben: Die Temperamente, die Jungschen Archetypen, die Prinzipien der Astrologie, die Bilder des Tarots, u.v.m. Alle diese Beschreibungen haben in ihrem Rahmen ihre Gültigkeit, und im jeweiligen System angewendet, lassen sie sich sehr gut handhaben.

Schwierig wird es immer nur dann, wenn man versucht, die jeweiligen Definitionen auf ein anderes System zu übertragen. Hier kommt man in Konflikt mit den verschiedenen Realitäten der Systeme selbst. Als Beispiel mag das typische Problem der Ethnologen gelten, die in einen fremden Kulturkreis kommen, diesen untersuchen und dann beschreiben, aber nur äußerst selten die »Brille« der eigenen Kultur, die mitgebrachten Betrachtungen ablegen können. Doch eben dann fehlt ihnen die notwendige Realität.

Aus diesem Grund war ich trotz intensiver Studien vieler verschiedener Systeme immer sehr vorsichtig, in anderen Bereichen gewonnene Erkenntnisse vorschnell auf die Steinheilkunde zu übertragen. Die Entdeckung der »Lebensstile« als »Grundstrukturen menschlicher Realität« in Korrespondenz mit den Kristallsystemen war daher einer der glücklichsten Momente der vergangenen zehn Jahre, hatte ich damit doch ein einfaches System in der Hand, das mit einer enormen Präzision handhabbar war.

Kristallstruktur und Lebensstil

Die Beschreibungen der verschiedenen »Lebensstile« zeigen acht grundlegende Möglichkeiten des menschlichen Verhaltens, des persönlichen Erlebens und der individuellen Lebensführung auf. Diese Möglichkeiten sind unabhängig von Alter, Herkunft, Geschlecht, Weltanschauung oder Lebenserfahrung. Es sind Grundmuster, aus denen wir eines als Überlebensstrategie für unser gesamtes Leben oder unsere momentane Situation gewählt haben. Da diese Grundmuster im Zusammenhang zu den Kristallsystemen der Mineralien stehen, sind jene Mineralien, die die uns entsprechende Kristallstruktur besitzen, in besonderer Weise als Heilsteine für uns geeignet.

Der kubische Lebensstil

Beginnen wir mit dem kubischen Lebensstil, der im vorangegangenen Beispiel des »Fluorit-Sammlers« schon etwas angedeutet wurde. So wie das kubische Kristallsystem sich durch eine quadratische Struktur kennzeichnet und dadurch sehr regelmäßig wird, so kennzeichnet sich auch der entsprechende Lebensstil durch geregelte Strukturen.

Wenn wir unser Leben im kubischen Stil führen, werden wir nichts dem Zufall überlassen. Ordnung und Überschaubarkeit ist uns sehr wichtig. Um alles »im Griff« zu behalten, schaffen wir Strukturen in allen Bereichen: Unser Lebensraum wird strukturiert, indem z. B. alle Dinge ihren Platz erhalten. Wir wissen z. B. sowohl zuhause als auch am Arbeitsplatz genau, wo sich was befindet. Zumindest in den Aufgabenbereichen, die wir als »unsere Bereiche« definieren oder anerkennen.

Auch die Zeit hat ihre Struktur: Bestimmte Gewohnheiten nehmen einen festen Platz in unserem Tageslauf ein. Wir pflegen die täglichen Rituale, seien es der gleichbleibende Ablauf morgendlicher Waschungen, festgelegte Mahlzeiten, die Abendnachrichten oder irgendetwas anderes. In der Regel ist auch der Terminkalender eine wichtige Angelegenheit für uns, und wir sind in der Regel auch pünktlich. Pünktlich auf die Minute oder immer um genau dieselbe Zeit verspätet, was auch eine Art Pünktlichkeit ist! Wir planen gerne weit voraus, um schon früh detaillierte Vorkehrungen für die Zukunft treffen zu können.

Unsere Handlungen sind generell sehr regelmäßiger Natur. Wir lieben es, wohlüberlegt und bedacht zu handeln, und sind daher auch in der Lage, die Konsequenzen unseres Tuns zu überblicken. Zumindest so weit, wie uns diese Konsequenzen auch interessieren. Wir verschaffen uns schnell einen Überblick in allen Situationen, und schaffen überall Ordnung – unsere Ordnung – wo nötig. Bestimmte Vorgänge und Abläufe, die wir als sinnvoll und effektiv erkannt haben, behalten wir bei, so wie wir Bewährtes generell unüberlegten Experimenten vorziehen. Sicherheit ist sehr wichtig für uns.

Logisches Denken fällt uns sehr leicht. Meist ist es auch kein Problem, Überblick in komplexen Systemen zu bewahren oder systematisch nach der Ursache bestimmter Phänomene zu forschen. Auch in unseren Überlegungen sind wir sehr präzise und genau, was uns Sicherheit verschafft und in Auseinandersetzungen unseren Standpunkt stärkt. Wir sind sehr vorsichtig bei allzu freien Assoziationen oder waghalsigen Spekulationen. Die kausale Folge von Ursache und Wirkung muß in allen Vorstellungen schon erkennbar sein. Auch Risiko sollte kalkulierbar sein.

Gefühle haben ihren Platz. Wir haben zwar tiefe Gefühle gegenüber den Menschen, die wir lieben, auch je nach Neigung gegenüber Tieren, Pflanzen, Steinen oder auch Ideen, die uns begeistern. Doch wir lassen uns ungern von Gefühlen in unseren Handlungen leiten. Zu unsicher ist der Boden dabei, zu wenig überschaubar, und die Gefahr ist zu groß, durch Gefühle zu unüberlegten Handlungen hingerissen zu werden. Außerdem ist uns auch Objektivität zu wichtig, als daß wir sie aus einer Laune heraus aufgeben würden. Daher sind wir in der Lage, unsere Gefühle zu kontrollieren und Herr darüber zu bleiben.

Äußerlich lieben wir ebenfalls ein gleichbleibendes Erscheinungsbild: Wir haben bestimmte Lieblingsfarben, bevorzugte Kleidungsstücke, die wir u. U. bis zur völligen Abnutzung tragen können, wir lieben ein bestimmtes Ambiente und treten eher konservativ als extravagant auf. Ähnliches gilt für die Pflege unseres Körpers: Natürlich sind wir bestrebt, ihn gesund zu erhalten, daher lassen wir uns regelmäßig untersuchen, versäumen nicht den halbjährlichen Zahnarztbesuch und halten eine geregelte Körperpflege bei. Doch leider sind unsere schlechten Angewohnheiten genauso beständig. Der Haupterkrankungsgrund des kubischen Lebensstils sind die Gewohnheiten: Fehlernährung, Rauchen, Alkohol, ungesunder Lebensrhythmus u.v.m. Dinge, von denen wir uns mitunter kaum trennen können, auch wenn der Arzt uns noch so bedrängt.

Unsere größte Schwäche ist die mangelnde Flexibilität. Auch geistig macht uns am meisten Probleme, daß wir zu sehr am Bekannten hängen und zuwenig Spontaneität zeigen, wenn Unvorhergesehenes dazwischenkommt. Ein Zusammenbruch eines wohlüberlegten Plans kann eine schwere Krise nach sich ziehen und vorübergehende Orientierungslosigkeit hervorrufen. Solche Niederlagen verstärken den Drang nach Sicherheit und Kontrolle außerdem so sehr, daß die Gefahr besteht, völlig »verkopft« zu werden, Ratio und Logik überzubetonen und Intuition, Gefühle und Empfindungen so sehr zu verdrängen, daß ihre Existenz gar nicht mehr wahrzunehmen ist. Doch damit beginnt erst recht der Teufelskreis, der sich nach unten dreht.

Gewohnte Verhaltensmuster loszulassen, wird uns dann völlig unmöglich, da wir nun gar keine andere Möglichkeit zu handeln mehr sehen. Unsere Vorstellungen und Meinungen werden so festgefügt, daß ihr Erhalt uns wichtiger wird, als die Wirklichkeit selbst. Unter Umständen sind wir sogar bereit, die Realität zu zwingen, sich unserer Vorstellung anzupassen, statt umgekehrt. Im Extremfall scheuen wir dafür auch keine Mittel. Je nach Charakter entsteht ein starker missionarischer Drang oder gar die Bereitschaft, Gewalt zur Durchsetzung der eigenen Vorstellungen einzusetzen. Auch der Wunsch, unsere Ordnungssysteme aufrechtzuerhalten, kann hier zu unnötigen Komplikationen führen: Statt nach offensichtlichen Fakten eine Situation zu regeln, müssen wir planen, überlegen, erfassen, registrieren, analysieren, strukturieren, Prioritäten definieren, delegieren, verwalten und absichern: Aus einer Gartenparty wird ein Staatsempfang ...

Noch problematischer werden unsere ganzen Regeln und Gesetze, wenn wir sie so überbetonen, daß wir wirklich nur noch in den vorgefertigten Mustern lebensfähig sind. Dann wird jede von außen bedingte Veränderung zur Bedrohung, jede Kritik zum persönlichen Angriff, alle anderen Lebensformen oder Weltanschauungen zur Gefahr, die wir bekämpfen müssen. Unser Denken wird dadurch extrem negativ gepolt: Wir sehen nur noch die Fehler, Schwierigkeiten, Mißerfolge und Gefahren, und unsere Logik und Ratio verwenden wir ausschließlich dazu, diese Betrachtungen durch das Sammeln »passender« Informationen zu stützen. Selbst angebotene Hilfe weckt dann Mißtrauen. Der Standpunkt »Die Welt ist schlecht (zu mir)« läßt sich ausbauen, wodurch zwangsläufig die eigenen Denk- und Verhaltensmuster zu (»kleinkarierten«) Festungen werden.

Der Gipfel ist schließlich erreicht, wenn wir bereit sind, uns selbst zu töten, nur um eine Vorstellung, Weltanschauung oder Ideologie aufrecht zu erhalten. Damit ist jetzt nicht der Kamikaze-Einsatz oder die Bereitschaft, für eine gute Sache zu sterben, gemeint, sondern der millionenfache alltägliche Fehler, aufgrund der Verhaftung an bestimmte Verhaltens- oder Denkmuster sein Leben wegzuwerfen: Aufgrund von Vorurteilen als Schwerkranker z. B. wirkungsvolle »alternative« Therapien abzulehnen; trotz Schmerzen nicht zum Arzt zu gehen; die Ernährung nicht zu ändern, weil man nicht glaubt, daß das hilft; betrunken Auto zu fahren, weil man ganz sicher ist, daß man alles unter Kontrolle hat; sich zu Tode zu arbeiten, weil einem Geld, Stellung oder Karriere wichtiger ist als Gesundheit oder Leben u.v.m. Viele dieser Dinge geschehen aus dem einfachen Grund heraus, daß man an bestimmten Betrachtungen stur festhält bzw. neue Perspektiven nicht zuläßt. Und das ist eben »typisch kubisch«.

Doch keine Sorge: So muß man als »kubische Persönlichkeit« nicht enden. Ebenso wie diese negative Entwicklung läßt der kubische Lebensstil auch eine Entwicklung zum Positiven zu! Dann entwickeln sich vor allem die Eigenschaften, die es uns ermöglichen, »groß zu denken«. Darin ist z. B. die Fähigkeit eingeschlossen, viele verschiedene Abläufe im Überblick behalten zu können: Die Arbeitszusammenhänge einer großen Firma z.B., die Komplexität eines Computer-Programms oder auch die vielen sog. »Zufälle« des eigenen Lebens, die sich in ihrer Gesamtheit oftmals sehr deutlich als Fingerzeige des Himmels entpuppen, wenn man diesen Zusammenhang eben sieht ... Wir haben dann die Chance, uns wirklich als Teil eines größeren Plans zu sehen. Nicht zu spüren oder zu empfinden, wie andere Lebensstile dies vermitteln, sondern tatsächlich zu sehen.

Das beginnt damit, daß wir die eigenen Lebens»muster« als Teil übergeordneter Strukturen erkennen. Mit der Bereitschaft, uns nicht an die eigenen Vorstellungen zu hängen, gewinnen wir die Möglichkeit, uns einzuordnen in die Strukturen unserer Familie, unserer Gemeinschaften, der menschlichen und irdischen Existenz sowie den Gesetzen des physikalischen und geistigen Universums. Abgrenzung, Absicherung, Mißtrauen und gewaltsame Veränderung verlieren so jegliche Notwendigkeit. Natürlich vertrauen wir nicht blind auf Gott und die Welt, doch sind wir bereit, uns von neuen Möglichkeiten stets überzeugen zu lassen. Wir bleiben offen für neue Erfahrungen. Und – typisch kubisch – wir werden extrem lernfähig. Jedes neue Erlebnis, jede neue Information wird sofort in Verbindung gebracht mit dem Bekannten, eingeordnet, verknüpft und ist sofort wieder anwendbar.

Unsere Fähigkeit, Ordnung zu schaffen und größere Zusammenhänge zu überschauen, können wir nun auch hilfreich für andere einsetzen. Da wir weit vorausdenken können, sind wir in der Lage, schon die richtigen Weichen zu stellen, wenn andere noch gar nicht erkennen, was auf sie zukommt. Unsere Prognosen sind in der Regel sehr fundiert und zuverlässig. Egal, in welchem Aufgabengebiet wir tätig sind, werden wir bestrebt sein, die Arbeit zu effektivieren, Abläufe zu optimieren und die Ergebnisse zu verbessern. Große Ziele sprechen uns an, daher gelangen wir sehr schnell in verantwortliche Positionen und füllen diese auch aus. Schwierigkeiten sind Herausforderungen für uns, die sich meistern lassen, und an Problemen lernen und wachsen wir. Erfüllung gewinnen wir mit der erfolgreichen Umsetzung jeder Idee und – für eine kubische Persönlichkeit, die die Konsequenzen und Ergebnisse Ihrer Handlungen schon zum Zeitpunkt der Tat sieht, ist Erfolg ein Naturgesetz!

Der hexagonale Lebensstil

Unter den sieben genannten Formen ist das Sechseck die Form mit dem geringsten Umfang im Verhältnis zum eingeschlossenen Flächeninhalt. Diese Effizienz bewegte schon die Bienen dazu, ihre Waben als hexagonales Strukturgitter anzulegen, und solche Effizienz ist auch ein zentrales Thema des hexagonalen Lebensstils. Als »hexagonaler« Mensch sind wir sehr zielstrebig. Das gilt für langfristige Ziele ebenso wie für die einzelnen »Tagesetappen«: Was wir anstreben, erreichen wir auch. Unser Lebensstil ist sehr konsequent: Wir wählen unsere Ideale bewußt, wissen genau um unsere Vorbilder und setzen das, was wir für richtig erkannt haben, Schritt für Schritt in die Tat um. Wir lieben Geradlinigkeit und Aufrichtigkeit. Der kürzeste Weg ist uns der liebste, Ablenkungen und Umwege dagegen ein Greuel.

Zeit ist eines unserer kostbarsten Güter: Wir sind bestrebt, sie so sinnvoll wie möglich einzuteilen, Zeitverschwendung kennen wir nicht. Da uns das Erreichen des Ziels wichtiger ist als der Weg, unterscheiden wir genau zwischen Notwendigem und Überflüssigem. Ersterem widmen wir uns, letzteres ignorieren wir. Unsere Tage sind ausgefüllt, Leerzeiten oder gar Langeweile ist uns fremd. In der Regel haben wir immer noch etliches vor, d.h. »vor uns«, und ist ein Ziel erreicht, so suchen und finden wir schnell ein anderes.

Unsere Handlungen sind wohl überlegt und gut vorbereitet. Für unser Ziel, das persönlicher, gesellschaftlicher, politischer oder religiöser Natur sein kann, materiell wie ideell, arbeiten wir unermüdlich, eifrig und fleißig. Dieses Ziel verlieren wir nie aus den Augen, und daraus beziehen wir die Kraft, immer weiter zu gehen, mögen die Treppen auch lang und die Stufen hoch sein. Auch wenn es unterwegs Schwierigkeiten und Widerstände gibt, ist die Kraft, sich wieder und wieder zu überwinden, stets vorhanden. Wir machen gerne Karriere. Etwas zu erreichen, spornt uns an, und was wir erreicht haben, erfüllt uns mit Stolz.

Unser Denken ist klar und analytisch. Wir besitzen eine schnelle Auffassungsgabe und eine starke Absicht. Daher bestimmen wir in der Regel selbst, was unser Interesse findet, und lassen uns kaum ablenken. Sinn und Nutzen aller Angelegenheiten verstehen wir rasch, so daß wir sie in unsere Pläne miteinbeziehen können, wenn es angebracht ist. Doch auch wenn wir Strategien oder Taktiken bei Bedarf schnell wechseln können, so bleiben wir unseren Grundüberzeugungen doch treu. Wir sind sehr gründlich, manchmal penibel, und nur zufrieden, wenn alles bis ins kleinste Detail stimmt. In der Regel ist uns das Beste gerade gut genug.

Unser Leben ist deutlich rational betont. Wir können Gefühle sehr intensiv erleben, uns jedoch auch sofort von ihnen lösen, wenn sie uns behindern oder handlungsunfähig machen. Auch hier ist die angeborene Fähigkeit zur Überwindung ein großer Gewinn. Außerdem sind wir sehr individualistisch. Auch die Tatsache, daß wir uns ungern von anderen einschränken lassen, und schon gar nicht bremsen oder unterdrücken, ist mit der Grund für den »Drang nach oben«, den Wunsch nach einer Position im Leben, in der wir über uns selbst bestimmen können.

Interessanterweise machen wir jedoch meistens kurz vor dem obersten Ende der Leiter halt. Offenbar ist es uns lieber, noch ein Ziel vor Augen zu behalten, als ohne weitere Richtschnur ganz an der Spitze zu stehen. Der beste Schüler eines Lehrers oder die rechte Hand des Chefs zu sein, ist in vielem doch angenehmer, als Lehrer oder Chef selbst. Viele Staatssekretäre bleiben im Amt, auch wenn der Minister geht ... Der heimliche Herrscher regiert länger!

Auch unser Körper zeigt unser Ideal an. Wir lieben einen trainierten, funktionsfähigen Leib, treiben genau so viel Sport wie nötig, achten in der Regel auf unsere Gesundheit und eine ordentliche Ernährung. Allerdings nur, solange nicht andere Dinge wichtiger werden. Wenn die Zeit zum Erreichen eines gesteckten Ziels knapp wird, haben wir keine Probleme damit, Essen auch mal (mehrmals) ausfallen zu lassen. Der Kaffee im Stehen und der Imbiß zwischendurch sind dann schnell angewöhnt. Askese fällt uns leicht, wenn sie zweckdienlich ist; auf die Idee, vier Wochen Urlaub für eine Fastenkur zu opfern, kommen wir dagegen sicherlich nie.

Werden wir körperlich krank, dann ist Hauptursache meist Überarbeitung, zuwenig Rücksicht und zu hohe Anforderungen an uns selbst. Im Genesungsprozeß sind wir sehr ungeduldig, und die Gefahr, eine Krankheit zu verschleppen, Rückfälle zu erleiden oder durch Unterdrückungsversuche akute Erkrankungen in chronische zu verwandeln, ist bei keinem Lebensstil größer, als beim hexagonalen. Auch an die vielen Tabletten gegen Müdigkeit oder für den Schlaf, für den Magen oder zur Beruhigung gewöhnen wir uns ebenfalls leicht, solange sie uns Funktionsfähigkeit garantieren.

Gerade unsere größten Stärken sind auch unsere größten Schwächen! Zu leicht fixieren wir uns auf ein einziges Ziel, wodurch wir nicht mehr nach rechts oder links schauen. Eine Scheuklappen-Mentalität entsteht, die unser Leben verarmen läßt, und wir werden getrieben von dem Gefühl, ständig zuwenig Zeit zu haben. Hektik, Ungeduld und Streß nimmt zu. Es fehlt dann die aus Muße, Erholung und Abwechslung bestehende seelische Ernährung, sowie die Kraft, die daraus erwächst. Selbst Urlaub kommt oft zu kurz, oder wird wiederum zum leistungsorientierten Erfolgsprogramm. Das fällt lange Zeit nicht auf, da wir dieses Manko durch unsere Willenskraft eine gewisse Zeit überbrücken können, bis unsere letzten Reserven aufgebraucht sind. Dann allerdings kommt der Zusammenbruch.

Genauso sicher kommt die Krise, wenn es uns gelingt, eines der »großen Ziele« unseres Lebens zu erreichen. Dann nämlich fehlt uns plötzlich etwas: Der Sinn, die Aufgabe, das Gefühl, gebraucht zu werden oder wichtig zu sein. Wir brauchen Ziele vor uns, nicht hinter uns. Daher wird der Erfolg oft gar nicht gefeiert, die Früchte der Arbeit werden nicht genossen. Statt Erholung, Pause, Entspannung folgt sofort die Suche nach einem neuen Ziel, einer neuen Ausrichtung, der nächsten Dimension. Ist dieses nicht schnell genug zu finden, wird die innere Leere durch äußere Aktivitäten überbrückt, so lange zumindest, bis der Körper »die Notbremse zieht«.

Aus diesem Grund werden »hexagonale« Ziele oder Ideale oft so hoch angesetzt, daß sie mit Sicherheit nie erreicht werden. Dann besteht zwar die Gefahr der »großen Leere« nicht, aber wehe allem, was »im Wege« steht. In »Orientierungs-Krisen« finden vor allem hohe Ideale oder Heilslehren einen fruchtbaren Nährboden bei uns: Die Erleuchtung, das Nirvana, die Unsterblichkeit oder die ewige Seligkeit. Wo immer das versprochen wird, setzt die uns eigene Kritikfähigkeit plötzlich aus: Wir übernehmen die angebotene Lehre ungeprüft, erheben sie zu unserem neuen Ziel, identifizieren uns damit, und finden zu unserer Kraft und unseren gewohnten Fähigkeiten zurück. Dabei fällt uns oftmals nicht auf, daß nur die Tatsache, ein neues Ziel zu haben, diese positiven Wandlungen in Gang setzt, das Ziel selbst dabei jedoch zweitrangig ist.

Schreiben wir die positiven Veränderungen dem Inhalt unseres neuen Ideals zu, so wird die Fixierung auf das neue Ziel sehr stark. Je nachdem, welchen Inhalten wir uns nun verpflichtet fühlen, kann unsere hexagonale Neigung zu Fanatismus verschiedenster Abstufungen führen. Auf eine gewisse Art ist Fanatismus jedoch immer zerstörerisch, da wir beginnen, unsere eigenen Bedürfnisse und Grenzen zu ignorieren, und es nur eine Frage der Zeit ist, bis wir dies auch von anderen erwarten. Was bisher freiwillige Disziplin und Treue zu den eigenen Prinzipien war, wird nun verwechselt mit Rücksichtslosigkeit und Dogmatismus. Und auch hier besteht im Extremfall die Bereitschaft, unser eigenes Leben und auch das anderer zu riskieren oder zu opfern, nur um einer Idee oder einer Fahne zu folgen.

Die positive Entwicklung des hexagonalen Lebensstils beginnt mit dem einfachen »Walk your talk!« – »Tu, was Du sagst!«. Die uns von klein auf eigene Konsequenz führt ja automatisch dazu, daß wir bei der Umsetzung unserer Ideale Erfahrungen sammeln, die uns auf unserem Weg bestätigen oder Zeichen setzen, daß eine Veränderung notwendig ist. Hier ist nun wichtig, daß wir immer dazu bereit bleiben, auch unsere Ziele anhand unserer Erfahrungen zu überprüfen. Ziele sind wandelbar. Je näher wir einem Berggipfel kommen, desto deutlicher sehen wir ihn. Und vielleicht entspricht er gar nicht mehr dem Bild, das wir von ferne hatten. Daher ist es wichtig, daß wir uns täglich die Möglichkeit einräumen, entweder unser altes Bild aufgrund neuer Tatsachen zu korrigieren, oder einen anderen Weg einzuschlagen. Beides macht uns freier.

Der zweite Aspekt, der eine positive hexagonale Entwicklung ermöglicht, ist die innere Gewißheit, daß wir unser Ziel erreichen. Als hexagonale Persönlichkeiten liegt das einfach in unserer Natur. Wir müssen uns also gar nicht besonders anstrengen. Das oft vorhandene »Getriebensein«, die Unruhe und die Selbstüberforderung entstehen oft aus der Angst, das gesteckte Ziel nicht zu schaffen. Wenn wir innerlich sicher wissen, daß wir die nötigen Fähigkeiten besitzen, können wir das ganze gelassen angehen! Und diese Gelassenheit ist eine bessere Erfolgsgarantie, als jegliche Anstrengung. Natürlich müssen wir auch etwas tun, aber das können wir ja sowieso nicht lassen ...

Befreit von Scheuklappen und gewappnet mit Konsequenz, innerer Sicherheit und Gelassenheit legen wir ein enormes Tempo an den Tag. Karriereleitern erobern wir im Sturm und auch die von uns gewünschte persönliche Entwicklung geht zügig voran. Individualismus und Gemeinschaftssinn sind keine Widersprüche mehr, sondern ergänzen sich. Ebenso zeigt sich, daß Toleranz und Akzeptanz anderer in ihrer eigenen Art die eigene Selbstverwirklichung keineswegs hemmt, sondern im Gegenteil geradezu fördert. Weitsicht und Rundumblick vereint bieten eine solche Fülle von Erfahrungen, daß uns allmählich bewußt wird: Der Weg ist das Ziel!

Der trigonale Lebensstil

Das Dreieck ist die einfachste geometrische Form – und ebenso ist auch der trigonale Lebensstil im Grunde genommen sehr einfach. Ist uns dieser Lebensstil zu eigen, so führen wir ein schlichtes, unkompliziertes Leben, sehr beständig und geruhsam. Zwar schätzen wir die Bequemlichkeit eines gewissen Luxus durchaus, sofern er bezahlbar ist, doch sind wir nie bereit, für Reichtum oder Macht einen überhöhten Preis zu bezahlen. Unsere Lebensprinzipien sind sehr pragmatisch und realistisch, die Devise »minimaler Aufwand – maximaler Erfolg« dominiert dabei unser Handeln, weshalb uns Nachlässigkeit viel besser bekannt ist als Ehrgeiz. Wo möglich, wählen wir den Weg des geringsten Widerstandes, können jedoch in einer bestimmten Position oder Meinung sehr lange verharren und geduldig abwarten, bis unsere Stunde gekommen ist. Generell lassen wir die Dinge eher auf uns zukommen, übereilte Schritte sind uns fremd.

Wir haben alle Zeit der Welt. In Eile geraten wir selten, meistens lassen wir Arbeit und andere Vorhaben gemütlich angehen und erledigen alles Anfallende nach dem einfachen Motto: »Eines nach dem anderen ...« Wird nicht Unmögliches von uns verlangt, so sind wir meist zuverlässig. Ein gewisser Rhythmus ist uns dabei das liebste: Pausen müssen sein – pünktlicher Feierabend ist sehr wichtig. Nichts nervt uns mehr, als unnötige Hektik und Menschen, die Streß verbreiten.

Auch im Handeln sind wir sehr pragmatisch veranlagt. Wir lernen gerne über Anschauung und sind sehr geschickt, Dinge oder Abläufe zu vereinfachen. Manchmal wird uns eine gewisse Faulheit nachgesagt, doch sei daran erinnert, daß die größten Erfindungen aus Faulheit entwickelt wurden: Aus dem Wunsch heraus, sich das Leben einfacher zu machen. Daher sind wir auch meist überzeugte Praktiker. Komplizierte Theorien sind nicht unser Fall, was zählt, ist die einfache Tatsache, ob etwas funktioniert oder nicht. Gerade dadurch werden wir oft Meister unseres Fachs oder Berufs, da unsere Ergebnisse verwertbar und anwendbar sind.

Grundsätzlich schaffen wir keine unnötigen Komplikationen. Meistens gelingt es uns, ohne großes Nachdenken akzeptable Lösungen auf unsere Schwierigkeiten und Probleme zu finden. Dafür werden wir in der Regel auch von anderen sehr geschätzt, die sich gerne praktischen Rat oder Beistand bei uns holen. Ist eine sofortige Lösung nicht gleich in Sicht, hilft uns in der Regel die Überzeugung »es wird schon werden« dazu, trotzdem ruhig zu schlafen und entspannt zu bleiben, bis der rettende Einfall kommt.

Wir lieben den Genuß und »lassen uns auch gerne einmal gehen«. Auseinandersetzungen versuchen wir jedoch so gut es geht zu vermeiden, Streit und heftige Emotionen sind uns zuwider. Wir sind glücklich, wenn der häusliche Frieden gewahrt bleibt, und wir unser Leben so eingerichtet haben, daß wir zufrieden sein können. Die Atmosphäre, in der wir uns am wohlsten fühlen, ist die Gemütlichkeit.

Das sieht man uns mitunter auch körperlich an: Leistungssport gehört nur selten zu unseren Neigungen, daher sind wir oft runder als der Bevölkerungsdurchschnitt oder besitzen zumindest einen gewissen Hang zu Fettpölsterchen oder Bauchansatz. Damit läßt sich jedoch meistens gut leben, ist das Aufrechterhalten der Traumfigur in der Regel doch eine viel zu anstrengende Sache. Allerdings werden Bequemlichkeit und Nachlässigkeit mitunter auch zu Krankheitsfaktoren oder behindern die Genesung: Eine aufwendige Diät oder ein anstrengendes Behandlungsprogramm rufen nicht gerade Begeisterung bei uns hervor. Eine gemütliche Kur ist da schon was ganz anderes.

So besteht generell die Tendenz, uns die Dinge zu einfach zu machen. Um »unseren Frieden zu haben«, ziehen wir uns oft in ein gewisses »Inseldasein« zurück, dessen Horizont vom eigenen Gartenzaun begrenzt ist. Schlechte oder beunruhigende Nachrichten halten wir uns durch Desinteresse vom Leib, Konflikte werden unterdrückt, komplizierte Personen oder Situationen gemieden. Daraus resultiert eine zunehmende Oberflächlichkeit, der heutzutage durch die sog. »Telekommunikation« noch Vorschub geleistet wird: Telefonieren ist einfacher als hinfahren, Faxen bequemer als reden, Abenteuer werden relaxt im Ohrensessel per TV erlebt und die Schreckensmeldungen der Nachrichten bleiben in genügend Distanz, daß der Appetit auf die Chips nebenher nicht vergeht.

Ein leiser Egoismus stellt sich ein: Nur noch das eigene Wohlbefinden ist von Belang, nur die eigenen Interessen zählen, gegenseitige Hilfe oder das Engagement für eine »gute Sache« nimmt kontinuierlich ab. Es ist einfacher, an der Haustüre hin und wieder ein paar Mark zu spenden. Die Probleme anderer nehmen wir sowieso immer weniger wahr. Zum einen »gehen die uns ja nichts an«, zum anderen reduziert sich unsere Betrachtung immer stärker auf die Funktion unseres Gegenübers: Statt von Mitmenschen sind wir nun von Kunden, Verkäufern, Schaffnern, Beamten, Chefs, Untergebenen, Klienten oder Patienten umgeben, oder wie in manchen Krankenhäusern üblich, nur noch von »Blinddärmen«, »Frakturen« o.ä.

Steigert sich diese Oberflächlichkeit schließlich zur Gleichgültigkeit, so wird's noch schlimmer: Das Gefühlsleben verkümmert dann vollständig, das Leben wird gleichförmig und leer. Ohne Empfindung halten wir nur die wichtigsten Funktionen unseres Lebens aufrecht: Aus Ernährung wird Sättigung, aus Beruf Beschäftigung, aus Familienleben soziale Absicherung. Statt Ideen und Interessen gibt es Ablenkung, statt Kommunikation einseitige Unterhaltung, statt Lebenssinn Langeweile. Das (geistige) Sterben beginnt langsam und lautlos hinter unseren wohlverschlossenen Türen.

Das muß nicht sein! Wenn wir unseren Mitmenschen gegenüber offen und hilfsbereit bleiben, und selbst das Interesse an einem reichen, sinnerfüllten Leben bewahren, wird die Gabe der Einfachheit für uns und andere beglückend: Unsere Fähigkeit, einfache Lösungen zu finden, macht uns zu geschätzten Beratern mit einem treffsicheren Realismus. Erfahrung und Tradition sind dabei die Grundlagen, auf die wir uns stützen. Es fällt uns leicht, Hirngespinste von Tatsachen zu trennen, wo wir also Kritik üben, erweist sich diese als fundiert, wo wir eine Empfehlung aussprechen, ist darauf Verlaß!

Was uns auszeichnet, ist der gesunde Menschenverstand, eine natürliche Klarheit im Denken, direkt und aufrichtig, die sich so leicht nicht täuschen läßt. Im Gegenteil, es ist uns möglich, neutral zu sein. Ohne Wertung hinzuhören und zu verstehen, was ein anderer zu sagen hat. Und gerade daher können wir anderen auch optimal helfen. Aus dieser Neutralität heraus entwickelt sich schließlich Toleranz, die Fähigkeit, den anderen so anzunehmen, wie er ist, egal, ob wir mit seinem Reden und Handeln übereinstimmen, oder nicht. Aufgrund dieser spürbaren Toleranz fassen viele Menschen auch Vertrauen zu uns, und unser Wort wiegt mehr, als die Aussagen eines eifrigen Verfechters bestimmter Meinungen.

Das Resultat dieser Entwicklung ist für uns die Ausgeglichenheit: Tun und Denken, Verstand und Gefühl harmonieren auf einfache Weise miteinander. Wir fühlen uns wohl und sind mit unserem Leben zufrieden. Unser Familien-, Gemeinschafts- und Berufsleben ist erfüllt, gute Freunde gesellen sich zu uns, und ohne daß wir uns in großen Aufwand stürzen, ist immer etwas geboten – Langeweile ist uns fremd. Gottvertrauen und Gelassenheit fördern auch in unsicheren Zeiten eine gesunde Zuversicht, ist uns eines doch sicher: In der Einfachheit liegt die Wahrheit!

Der tetragonale Lebensstil

In seiner Form ist das Rechteck dem Quadrat ähnlich – doch nur ähnlich. So mag bei oberflächlicher Betrachtung des tetragonalen Lebensstils dieser dem kubischen ähneln, doch im Kern sind sie grundverschieden. Wenn wir unser Leben »tetragonal gestalten«, so erwecken wir für andere oft den Anschein, als wären wir immer sicher in unserem Tun und hätten alles im Griff, in Wirklichkeit sind wir davon oft weit entfernt. Was anderen geplant erscheint, ist tatsächlich ein spontaner Einfall, dennoch sind wir jederzeit in der Lage, absolut logisch zu begründen, was eigentlich rein aus dem Gefühl heraus entschieden wurde. Das »tetragonale Leben« hat zwei Gesichter: ein inneres und ein äußeres.

So werden eifrig Zeitpläne aufgestellt, und im nächsten Moment wieder verworfen. Teils aufgrund spontaner Änderungen, teils aufgrund von Fehleinschätzungen über den realen Zeitaufwand bestimmter Unternehmungen. Um eine gewisse Ordnung ins Leben zu bringen, planen wir gerne weit voraus, doch ist von vornherein sicher, daß alles anders kommt, als gedacht. Persönlich fallen uns diese ständigen Veränderungen auch leicht, doch unsere Umgebung tut sich oft schwer damit, da wir nach außen einfach mehr Stabilität und Verläßlichkeit ausstrahlen.

Wir lieben das Neue und Unbekannte. Jeder Tag ist anders, stetige Wiederholungen sind uns zuwider. Was einmal abgeschlossen ist, ist abgeschlossen! Daher sind wir auch in der Lage, unbrauchbare Konzepte sofort fallen zu lassen und durch neue zu ersetzen. Wir sind bereit, aus jeder Handlung zu lernen und sie beim nächsten Mal zu verbessern. Für uns selbst stellt sich diese Eigenschaft als enorme Entwicklungsfähigkeit dar, andere empfinden es oft als Unberechenbarkeit.

Diesem Handeln liegen die analytische Fähigkeit unseres Denkens und die sprunghafte Natur unseres Gefühlslebens zugrunde: Wir sind in der Lage, Informationen sehr schnell auszuwerten und zu interpretieren, wobei die Interpretation stark von unserem momentanen Gefühl geprägt wird. Daher haben wir keine Mühe, das, was wir als richtig empfinden, umgehend auch logisch zu begründen. Wir ändern unsere Meinung im Bedarfsfall sehr schnell, wobei wir die neue Meinung jedoch sofort mit derselben Intensität vertreten, wie am Vortag noch die alte ... Was immer auch geschieht, wir haben auf jede Frage eine Antwort.

Im Prinzip fühlen wir uns immer sicher, doch bleiben wir am liebsten stets selbst in der Position, zu bestimmen, ob und wem wir unsere Gefühle und Gedanken enthüllen und offenbaren. Wenn notwendig, sind wir in der Lage, Empfindungen und Launen zu verbergen, um der jeweiligen Situation entsprechend aufzutreten und angemessen handeln zu können. Wir können auch bewußt täuschen und problemlos mehrere Identitäten nebeneinander leben.

Das spiegelt sich auch in unserem Äußeren wider, das sehr veränderlich ist. Nur durch den Wechsel von Kleidung und Haarschnitt z. B. sind wir in der Lage, unsere Erscheinungsweise und unser Image extrem zu variieren. Selbst unser Körpergewicht verändert sich je nach Lebenssituation schnell. Unseren Körper pflegen wir bewußt so, daß erwünschte Eigenschaften unterstrichen, unerwünschte verborgen werden. Daher ist unser Auftreten meistens eine Demonstration, sei es die Darstellung von Wohlbefinden, Interesse, Reichtum, Macht, Protest, Provokation oder was auch immer ...

Diese kontrollierte Selbstdarstellung birgt jedoch auch eine Gefahr: Wenn wir nicht achtgeben, entwickeln wir eine undurchdringbare Fassade, die uns einen gewissen Schutz bietet, mitunter jedoch auch mühsam aufrechterhalten werden muß. Dadurch werden wir unehrlich, selbst den Menschen gegenüber, die uns am nächsten stehen. Wir hüten unsere kleinen Geheimnisse, die wir mit niemandem teilen, und laufen dadurch jedoch Gefahr, innerlich zu vereinsamen, obwohl wir nach außen hin als gesellig und leutselig erscheinen.

Der tetragonale Lebensstil ist prädestiniert für das Doppelleben. Aus dem Zwiespalt heraus, einerseits jedem Gefühl nachgeben zu wollen, andererseits die Kontrolle über das eigene Leben in der Hand zu behalten, können Situationen entstehen, in denen wir gezwungen sind, zu lügen und zu betrügen. Hinzu kommt oft eine gewisse Feigheit, weshalb die Geliebte dann lieber verschwiegen wird, der Fehler vertuscht oder die schlechte Angewohnheit verheimlicht. Da wir Dinge tun, die wir selbst schlecht bewerten, entwickelt sich Scham, die verborgen werden muß.

Die Katastrophe bricht herein, wenn wir gezwungen werden, uns zu offenbaren oder wenn eines unserer Geheimnisse entdeckt wird. Zunächst werden wir sehr rege, um schnell eine neue Fassade zu errichten, ein Gedankengebilde zu entwerfen, das alles rechtfertigt, oder mit großer Überzeugungskunst alle offenliegenden Indizien wieder umzuinterpretieren und zu verschleiern. Nicht selten haben wir damit Erfolg. Scheitern wir jedoch, dann sind wir so überwältigt, daß der vollständige Zusammenbruch erfolgt: Wir verlieren unser Selbstwertgefühl, schämen uns, fühlen uns minderwertig und werten alles ab, auch die bisher positiven Errungenschaften unseres Lebens.

Dieser »Gesichtsverlust« wirkt zerstörerisch: Zurückgehaltene Aggression richtet sich nun entweder nach außen, so daß wir demjenigen, der uns »aufgedeckt« hat, Rache schwören und alles erdenkliche Leid an den Hals wünschen, oder nach innen, als Niedergeschlagenheit, Selbstbestrafung und im Extremfall als Flucht in eine »bessere« Welt. Sogar Schizophrenie kann die Folge eines solchen Zusammenbruchs sein; eine »typisch tetragonale« Krankheit: das Leben in mehreren Realitäten gleichzeitig.

Wird dieses Tief nun im negativen Sinne überwunden, so errichten wir in der Folge umso stärkere Mauern, die uns schützen sollen, und werden für unsere Umgebung zum Unterdrücker: Wenn wir neben uns niemanden stark werden lassen, ist die Gefahr für uns selbst ja geringer. Allerdings bleiben wir so auf ewig in einer Sackgasse, im Grunde nämlich für immer einsam. Wenn wir jedoch erkennen, um wieviel freier wir ohne künstliche Fassade doch sind, dann öffnen sich ganz neue Chancen für unser Leben.

Die dem tetragonalen Lebensstil eigene Kombination von Gefühl, Spontaneität und analytischem Denken ermöglicht nämlich eine positive Entwicklung unseres Lebens, in der wir unsere Kraft nicht darin investieren, Fassaden zu errichten und aufrechtzuerhalten, sondern zu durchdringen und dahinterliegende Geheimnisse zu entdecken. Da wir aus unserer eigenen Lebenserfahrung wissen, daß der oberflächliche Schein der Dinge noch lange nicht alles ist, sind wir immer bestrebt, tieferliegenden Sinn und verborgene Zusammenhänge zu finden.

Unser Interesse gilt dem »Warum?«, der Funktion und der Absicht hinter allen Erscheinungen. Positiv gelebt stellt der tetragonale Lebensstil das Leben eines Forschers dar. Wir geben uns nicht zufrieden mit dem bisher Erreichten, sondern sind bereit, Dinge erneut in Frage zu stellen, Ergebnisse zu überprüfen, neue Interpretationen zu wagen und stets neue Experimente zu versuchen. Unsere Gefühle sind dabei oft der Motor: Wenn wir das Gefühl haben, auf der richtigen Fährte zu sein, dann bleiben wir hartnäckig daran und lassen uns von keinem Fehlschlag entmutigen.

Mit demselben Engagement, mit dem im negativen Fall das Verbergen betrieben wurde, wird nun die Wahrheitssuche vorangebracht. Als besondere Begabung erweist sich hier die Phantasie, der Sinn der Sichtbarmachung (griech. »phainein« = »sichtbar machen«). Ohne Vorstellungsvermögen sind Entdeckungen und Erfindungen auch schlicht unmöglich. In diese Wahrheitssuche wird auch unser eigenes Leben mit einbezogen: Oberflächliche Zufriedenheit genügt uns nicht, der tiefere Sinn unseres Daseins ist es, der uns interessiert. Vom Gefühl her wissen wir, daß wir in unserem Leben eine Aufgabe haben, wie diese auch immer aussehen mag. Sie zu entdecken und zu erfüllen, fordert unsere Fähigkeiten heraus und bringt uns ein freudiges, glückliches Leben.

Aufgrund unserer eigenen Vielseitigkeit fällt es uns auch leicht, anderen in diesem Punkt zu helfen. Mit scharfem Verstand können wir Probleme analysieren und durch Phantasie kreative Lösungen entwickeln. Unsere Hilfe ist dabei oftmals einfallsreich und unkonventionell, aber schließlich sind uns ja neue Wege stets lieber als ausgetrampelte Pfade. Und daher gilt auch: Je größer die Herausforderung für uns ist, desto bereitwilliger nehmen wir sie an!

Der rhombische Lebensstil

 Auch die Raute besitzt eine gewisse Ähnlichkeit mit dem Quadrat, daher erscheint auch der rhombische Lebensstil Außenstehenden als ein Zustand, bei dem alles stets in Ordnung ist. Das Leben ist ein langer, ruhiger Fluß, so könnte man unsere Empfindung definieren, wenn wir selbst diesen Lebensstil führen. Das Leben entwickelt sich in der Regel kontinuierlich und ohne besondere Vorkommnisse, nur gelegentlich erleben wir massive Einbrüche oder Ausbrüche:

So kann in einem langen Zyklus gleichbleibender Tagesabläufe plötzlich und unvermittelt ein Stimmungstief auftauchen, scheinbar grundlos und von ungeahnten Ausmaßen. Angst-Attacken, Depressionen oder einfach Übellaunigkeit, die unter Umständen genauso sang- und klanglos wieder verschwinden, wie sie aufgetaucht sind. Ausbrüche können dergestalt auftreten, daß Dinge, die uns bisher sehr wichtig waren, plötzlich völlig an Wert verlieren und wir mit Leichtigkeit tiefgreifende Entscheidungen treffen, die in unserer Umgebung auf völliges Unverständnis stoßen: So werden ohne Reue Beziehungen beendet, Arbeitsplätze gekündigt, Wohnorte spontan gewechselt oder Sicherheiten über Bord geworfen. »Einfach so« beginnen wir plötzlich ein neues Leben.

Dieser eigenwillige Gegensatz von langen, gleichbleibenden Phasen einerseits, und unerwarteten Veränderungen andererseits bestimmt den ganzen Lebensrhythmus. Im Grunde richten wir uns immer darauf ein, daß alles auf ewig so bleibt, wie es ist. Daher planen wir auch nie weit voraus. Es besteht keine Notwendigkeit dazu. Zeit ist für uns ein immer wiederkehrendes Phänomen, jeden Tag geht die Sonne auf, das war schon immer so, warum sollte sich daran je etwas ändern. Ändert sich nun doch plötzlich etwas, wie z.B. in den o.g. Beispielen, dann kehrt schon am nächsten Tag diese ewige Selbstverständlichkeit wieder: Zwar war vor kurzem alles anders, doch so wie jetzt, so wird es von nun an bleiben.

Aus dieser Selbstverständlichkeit heraus treffen wir Entscheidungen sehr leicht: In eine neubezogene Wohnung wird schnell viel Geld investiert, auch wenn man nicht weiß, wie lange man bleibt. Aus einer Beziehung wird recht spontan eine Ehe, aus einer einmal übernommenen Aufgabe häufig eine dauerhafte Verpflichtung. In allem besitzen wir auch ein enormes Durchhaltevermögen, von den gelegentlichen Ein- oder Ausbrüchen mal abgesehen. In unseren Unternehmungen sind wir sorgfältig und unauffällig, leisten in Teams oft den Großteil der Arbeit, ohne uns jedoch in den Vordergrund zu drängen. Wir sind sehr genügsam und auf Aufmerksamkeit, Lob oder Anerkennung nicht angewiesen.

Für eine gute Sache lassen wir uns leicht begeistern und zeigen in der Regel auch großes soziales Engagement. Wir sind grundsätzlich hilfsbereit und daher oftmals in der Funktion, die eigentliche Kleinarbeit zu leisten. Zwar stammen die »großen Ideen« oft von anderen, doch ohne unsere akribische Umsetzung aller kleinen Details würden nur wenige davon realisiert. Gründlichkeit und Genauigkeit ist generell unsere Stärke, wir denken uns alle Unternehmungen ruhig und sachlich durch, ohne jedoch in unnützes Grübeln zu verfallen.

Außerdem sind wir sehr einfühlsam. Die Stimmungen anderer nehmen wir sehr schnell wahr und können uns leicht darauf einstellen. Daher sind wir als Gastgeber beliebt und finden uns oft in umsorgenden Funktionen wieder. Wir sind glücklich, wenn auch andere sich wohlfühlen, und daher immer bestrebt, eine angenehme Atmosphäre zu schaffen. Unter Freunden sind wir als gute Zuhörer bekannt, nach dem Grundsatz: »Geteiltes Leid ist halbes Leid, geteilte Freude ist doppelte Freude!« Unsere eigenen Interessen können wir daher problemlos dem übergeordneten Ziel einer Gemeinschaft unterordnen, sofern wir uns mit dieser Gemeinschaft identifizieren.

Da wir keinen großen Staat aus uns machen, ist auch unser Auftreten und unsere äußere Erscheinung eher unauffällig. Wir stehen selten im Rampenlicht, sondern halten uns lieber im Hintergrund. Dabei besteht allerdings die Gefahr, übersehen zu werden, so daß wir mitunter nach einer Party gefragt werden: »Warst Du eigentlich auch da?« oder vielleicht die Karriereleiter nicht so schnell erklimmen, wie ein großmäuliger Kollege. Auf der anderen Seite ist jedoch im zweiten Fall auch die Absturzgefahr nicht so groß.

Bedenklich wird es allerdings, wenn wir uns zu sehr anpassen, und anderen zuliebe auf die Erfüllung unserer eigenen Interessen verzichten. Manchmal resultiert dieser Anpassungsdrang in einer inneren Leere oder Haltlosigkeit, die wir durch einen äußeren Halt, durch einen Partner, eine Gemeinschaft oder eine berufliche Stellung zu festigen versuchen. Doch gerade die Mißachtung unserer eigenen Wünsche verstärkt die innere Leere immer mehr, bis der plötzliche Ein- oder Ausbruch erfolgt.

Einbrüche erfolgen, wenn wir uns der inneren Leere plötzlich bewußt werden, ohne jedoch zur eigentlichen Ursache vorzudringen. Dann verlieren wir den Boden unter den Füßen, es folgt das berühmte »Loch«. Da die Ursache nicht erkannt wird, hält dieser Zustand so lange an, bis wir unser bisheriges Leben wieder für akzeptabel halten und uns erneut unserer Umwelt anpassen. Dann plötzlich »funktionieren« wir wieder, und wir können unser Leben fast an demselben Punkt fortführen, an dem der Einbruch erfolgte. Sperren wir uns jedoch unbewußt gegen das »alte Spiel«, so folgt unweigerlich die Depression. Jegliche Hilfe verschlimmert dabei die Niedergeschlagenheit erst recht, Mitleid, kluge Ratschläge oder gar Psychopharmaka sind dann nur geeignet, den Zustand zu verlängern. Eine echte Hilfe wäre lediglich die Erkenntnis der Ursache unseres Problems.

Diese Erkenntnis kann jedoch zum Ausbruch führen: Erkennen wir nämlich, daß wir schon lange nicht mehr unser eigenes Leben gelebt haben, sondern (je nachdem) das unserer Partner, Eltern, Kinder, Freunde, Vorgesetzten, Kollegen, Gurus oder wessen Leben auch immer, dann werden diese Bande in der Regel schnell zerrissen. Der Wunsch, die Fremdbestimmung loszuwerden, kann allerdings dazu führen, daß »das Kind manchmal mit dem Bade ausgeschüttet wird«. Indem wir unser ganzes Leben auf den Kopf stellen, verlieren wir auch das, was wir uns an Positivem erarbeitet haben. Dann laufen wir Gefahr, in neue (zunächst unerkannte) Abhängigkeiten zu flüchten, einen neuen Halt zu suchen, bis das alte Spiel von neuem beginnt.

Der wirkliche Ausweg, bzw. der Beginn einer positiven Entwicklung, besteht beim rhombischen Lebensstil darin, das eigene Leben zu fördern, die eigenen Interessen zu stärken und die eigenen Ziele an die erste Stelle zu setzen. Das kann in der typischen »rhombischen« Unauffälligkeit beginnen, was oft sogar empfehlenswert ist: »Die junge Pflanze muß geschützt werden, bis ihr Stamm stark genug ist, dem Wind standzuhalten.« In dem Maß, in welchem so ein innerer Halt geschaffen und Selbstvertrauen gewonnen wird, sind wir dann auch in der Lage, Veränderungen sichtbar werden zu lassen.

Interessanterweise sind Angriffe dabei meist viel seltener, als erwartet. Im Gegenteil: Oft wird unsere neue Erscheinungsweise sogar bewundert (»Das hätte ich nie gedacht ...«) und gestärkt (»Klasse, wie Du Dich entwickelt hast...«), und falls Angriffe tatsächlich auftreten, so fällt es uns nun leichter, Freund und Feind zu unterscheiden. Und dort schließlich Trennungen zu vollziehen, wo Menschen uns übel wollen oder sich als falsche Freunde erweisen, schadet uns sicherlich nicht!

In dieser Entwicklung fällt es uns dann leicht, unsere Fähigkeiten gewinnbringend für uns und andere einzusetzen. Unser

Einfühlungsvermögen macht uns zu guten Helfern und evtl. Heilern, ohne unsere eigene Identität dabei zu verleugnen, Gastfreundschaft werden wir auch weiterhin bewahren und uns am Wohlbefinden anderer freuen. Doch gleichzeitig dienen alle diese Eigenschaften auch unserer eigenen Selbstverwirklichung. Wir gewinnen so eine dauerhafte Stabilität und Erfüllung, so stark, daß kein Wunsch nach Veränderung mehr besteht. In diesem Zustand werden wir vielleicht erneut unauffällig, so wie es Menschen oftmals geht, die mit sich selbst im reinen sind: Auch dann drängt es uns nicht ins Rampenlicht, wir sind ja sowieso glücklich ...

Der monokline Lebensstil

Das Parallelogramm erweckt in der Betrachtung oft den Eindruck, als würde es gleich zur Seite kippen. Diese Unbeständigkeit ist auch eines der Wesensmerkmale des monoklinen Lebensstils, der in erster Linie von einem fortwährenden Auf und Ab geprägt ist. In beinahe regelmäßigen Rhythmen verändert sich unser Leben: Stimmungen schwanken, Meinungen wandeln sich, selbst Tatsachen offenbaren immer wieder ein neues Gesicht. Was uns heute gefällt, sehen wir morgen nicht mehr an, und von dem, was nächste Woche kommen mag, machen wir uns am liebsten gar keine Vorstellung.

Diese permanente Veränderung hat schon wieder etwas Beständiges in sich: Sie ist schon so gewiß, daß wir sie einplanen können. Daher treffen wir Verabredungen gewöhnlich unter Vorbehalt, planen niemals exakte Zeitpunkte, sondern generell gewisse Zeiträume für unsere Vorhaben, und sind immer bereit, notfalls alles über den Haufen zu werfen. Äußerst ungern nur geben wir ein Versprechen, bei dem wir ohne Hintertür gebunden sind, doch wenn dies der Fall ist, halten wir es auch, egal ob es enormen Aufwand in letzter Minute erfordert. Zukunftsprognosen faszinieren uns einerseits, denn nichts wäre uns lieber, als sicher zu wissen, was morgen auf uns zukommt, auf der anderen Seite glauben wir sie jedoch nicht. Unserer Lebenserfahrung nach kommt einfach alles anders, als man denkt.

Unser Ideal ist es eigentlich, umsichtig und bedacht zu handeln. Trotzdem agieren wir meist sehr spontan und aus dem Bauch heraus. Je nach Stimmungslage sind wir an manchen

Tagen zu größten Risiken bereit, während wir zu anderen Zeiten übergroße Vorsicht walten lassen. Für unsere Mitmenschen werden wir auf diese Weise völlig unberechenbar, wir selbst sind dagegen daran gewöhnt: Wir sind halt so, wie wir sind, und das sieht eben täglich anders aus.

Wenn uns etwas einleuchtend dargestellt wird, lassen wir uns leicht von der Meinung anderer überzeugen, aus uns selbst heraus plagen uns jedoch oft größte Entscheidungsschwierigkeiten. Wenn wir die Wahl zwischen zwei gleichwertigen Möglichkeiten haben, dann können wir uns meist in beide Situationen so gut hineinversetzen, daß wir Vorzüge und Nachteile in beiden Varianten erkennen. Und je länger wir die Angelegenheit betrachten, umso schwieriger wird die Qual der Wahl. Auch unsere ausgeprägte Phantasie nützt hier nichts, im Gegenteil, ist schließlich die Entscheidung zugunsten der einen Seite gefällt, treten die Vorzüge der anderen umso deutlicher hervor. Und schon beginnt der Zweifel, der sowieso oftmals unser Begleiter ist.

Wesentlich spontaner ist der Umschwung unserer Gefühle: Hier genügt oft ein (nichteinmal ernst gemeintes) falsches Wort, um für eine gründliche Talfahrt zu sorgen, während eine andere Begebenheit genausoschnell wieder für einen Höhenflug sorgen kann. Dabei würden wir uns selbst nie als launisch bezeichnen, gibt es doch immer ganz konkrete Auslöser für unsere Stimmungswechsel. Und schließlich hat diese Flexibilität ja auch ihre guten Seiten: Ärger und Wut verrauchen schnell, ebenso verfliegen Trauer und Gram. Wir sind in der Regel nie nachtragend, jedenfalls solange nicht, solange wir unsere Gefühle frei äußern können.

Unbeständigkeit gilt auch für unsere körperliche Verfassung: Unsere Schlaf- und Essensrhythmen wechseln ständig, mal benötigen wir viel davon, mal wenig. Ebenso steht es mit unserer Gesundheit, mal sind wir die Gesundheit in Person, mal wirft uns der leiseste Windhauch ins Bett. Sportliche Zeiten und Trägheit wechseln einander ab. Unser gesamtes Erscheinungsbild kann sich so sehr verändern, daß wir des öfteren zu hören bekommen, »jemand hätte uns fast nicht erkannt!«

Diese Unbeständigkeit ist es auch, die uns beständig Probleme bereitet. Vor allem Auseinandersetzungen mit anderen, die Schwierigkeiten haben, uns zu verstehen, sind an der Tagesordnung. Je nachdem, wie heftig diese Auseinandersetzungen sind, reagieren wir sehr unterschiedlich darauf: Klare, direkte Konfrontationen sind viel besser geeignet, unsere Art verständlich zu machen, wieder Vertrauen zu erwerben und verschiedene Standpunkte (auch die verschiedenen Standpunkte in uns selbst) zu klären. Solche Auseinandersetzungen sind oftmals für unsere Selbsterkenntnis sogar notwendig, und wenn wir gleichzeitig die Möglichkeit haben, unseren Gefühlen Ausdruck zu verleihen, bringen sie uns großen Gewinn.

Reines Gift sind dagegen Sticheleien und Intrigen, die aufgrund unserer Beeinflußbarkeit langsam an unserem Selbstwertgefühl nagen und die Selbstzweifel verstärken. Wir beginnen, jegliche Sicherheit zu verlieren, bewerten die wechselnden Seiten unserer Charakters mit »richtig« oder »falsch«, wodurch unsere Angst, Fehler zu machen, beständig wächst. Dadurch verlieren wir erst recht die nötige geistige Distanz, die wir brauchen, um über unser Leben den Überblick zu bewahren, und versinken in heillosem Durcheinander. Die Dinge wachsen uns über den Kopf, und durch wachsenden Zweifel und Entscheidungsschwierigkeiten werden wir immer handlungsunfähiger.

Dadurch bleibt erst recht immer mehr unerledigt, bis sich schließlich ein Berg offener Zyklen vor uns auftürmt, der unüberwindbar scheint. Hier besteht nun die Gefahr, daß wir endgültig wegschauen, obwohl uns dies die Last nicht von den Schultern nimmt. Lediglich die Resignation nimmt zu, was den wechselnden Gefühlen und Stimmungsschwankungen auch ein Ende setzt, leider jedoch am unteren Ende der Emotionsskala.

Auch hier hilft nur, sich der Situation, wie sie ist, zu stellen. Nicht weg-, sondern hinschauen. Auf jeden Fall sind Gespräche mit Freunden sinnvoll, wenn diese uns wirklich und von Herzen unterstützen wollen. Gewinnen wir dadurch unser Selbstwertgefühl zumindest ein Stück weit zurück, dann wird es allerdings Zeit, anzupacken und alles Unabgeschlossene Schritt für Schritt abzuarbeiten. Jede Kleinigkeit, die erledigt ist, bringt uns dabei ein Stück vorwärts. Und schließlich kommt uns unsere »monokline Natur« sogar zu Hilfe: Sind nämlich die ersten kleinen Erfolge erreicht, gibt uns das wieder einen solchen Aufschwung, daß der Rest immer leichter bewältigt wird. Die Stimmung steigt rapide, und wir müssen nur sicherstellen, daß wir dranbleiben und nicht eher aufhören, als bis ein freies Lebensgefühl wiedergewonnen ist. Bestes Zeichen hierfür ist die Wiederkehr einer ruhigen Gelassenheit, die weiß: »Auf Regen folgt Sonnenschein …«

Damit sind wir wieder vollständig handlungsfähig, was übrigens der beste Schutz gegen Zweifel ist: Handeln bringt Erfahrung, Erfahrung beugt Zweifeln vor. Eigene Erfahrung ist die sichere Insel in der wechselhaften monoklinen Realität, der feste Standpunkt. Wenn wir uns angewöhnen, bei Entscheidungen schnell und ohne Zögern zu handeln, werden wir feststellen, daß gelegentliche Fehlentscheidungen schneller und leichter zu korrigieren sind, als Versäumnisse durch Zurückhaltung. Das stärkt unser Selbstwertgefühl erneut, was uns ermöglicht, einen neuen Aspekt in unseren Gefühlen zu entdecken, nämlich ihnen zu vertrauen.

Es existieren für unsere Gefühle ja immer Auslöser, Dinge, auf die es durchaus angemessen sein kann, einmal mit Ärger, Abwehr oder Wut oder andererseits mit Freude, Vertrauen oder Begeisterung zu reagieren. Da diese Auslöser sich unserer bewußten Wahrnehmung oftmals entziehen, können wir unsere Gefühle als feinabgestimmtes Stimmungsbarometer verwenden lernen, das uns genau anzeigt, ob ein Mensch oder eine Situation vertrauenswürdig ist, oder nicht. Ob etwas Erfolg haben wird, oder nicht. Wenn wir darauf achten, werden wir unsere Gefühle immer wieder bestätigt finden. Damit entsteht Sicherheit, und was sich entwickelt, ist nichts anderes als Intuition! – Intuition, die gerade im monoklinen Lebensstil ihre Perfektion erreichen kann.

Der trikline Lebensstil

Das Trapez als Form mit einer breiten Basis symbolisiert einerseits eine stabile, feststehende Natur, die zur Füllung der Fläche jedoch immer wieder auf den Kopf gestellt werden muß. In dieser Position erscheint die Form dann eher wacklig und unsicher. Beide Realitäten sind dem triklinen Lebensstil gleichermaßen zu eigen, was sich extremer noch als beim monoklinen Lebensstil, als Schwankung zwischen extremen Polen äußert. Sprunghaft, spontan und auch für uns selbst unberechenbar verläuft unser Leben hier, immer wieder überraschend greift das Schicksal ins Leben ein und bringt neue Herausforderungen mit sich.

Dieser Lebensstil beinhaltet ein interessantes Zeitphänomen: Die subjektive Zeit. Ohne daß wir einen bestimmten Anlaß dafür feststellen können, verfliegt die Zeit am einen Tag im Nu, am anderen dehnt sie sich zu unerträglicher Dauer aus. Das erschwert jegliche Planung nicht nur, es macht sie beinahe unmöglich. Und sie ist auch gar nicht nötig. Aufgrund fehlender objektiver Maßstäbe sind wir es ohnehin gewohnt, Zeiträume und -punkte einfach abzuschätzen, und landen damit oftmals erstaunliche Treffer. In unserer Umgebung wird das meist mit großem Staunen beobachtet, zumal unsere Schätzungen trotz unvorhergesehener Zwischenfälle präziser eintreffen, als aufwendig erstellte Berechnungen.

Ähnlich verhält es sich auch mit unserem Tun: Es gibt Tage, da geht alles »einfach von der Hand«, die Arbeit fällt uns so leicht, wie nie zuvor, alles gelingt, Probleme sind weit und breit keine in Sicht. Doch schon am nächsten Tag kann alles ganz anders sein. Schon der Frühstückskaffee geht daneben, und der restliche Tag läuft entsprechend ab. Offensichtlich sind wir »mit dem falschen Fuß aufgestanden«, und wenn wir es dennoch riskieren, das Haus zu verlassen, dann wünschen wir uns spätestens um die Mittagszeit nichts sehnlicher, als wären wir an diesem Tag doch überhaupt nicht aufgestanden. Es ist, als gäbe es ein Schicksal oder eine Vorsehung, die einem gute und schlechte Tage einfach beschert. Ob bestellt oder nicht.

Unser Denken ist ebenso sprunghaft und unbeständig. Zwar sind wir sehr kreativ und voller Ideen, doch müssen diese Einfälle beim Erscheinen sofort festgehalten oder umgesetzt werden. Ein paar Minuten gezögert, und schon kann es vorbei sein! Und auch hier wechseln Tage nichtzubremsender Inspirationen mit Tagen vollständiger Ideenlosigkeit ab, an denen jegliche Bemühung vergebens und frustrierend ist. Solange jedoch der Bilder- und Ideenstrom anhält, können wir mühelos ein Vielfaches der allgemein üblichen Arbeitsleistung bewältigen, ohne hinterher erschöpft zu sein.

Unsere Emotionen bewegen sich in einem unbeeinflußbaren Auf und Ab. Was sich beim monoklinen Lebensstil jedoch noch als eine Art Wellenbewegung darstellt, wird hier zum harten Zickzack-Kurs. Jeder Stimmungswechsel kommt unverhofft und ohne äußeren Auslöser oder Ankündigung. Es ist im Gegenteil so, daß Stimmungen immer an ihrem Höhepunkt unvermutet umkippen: Am Höhepunkt des eigenen Geburtstagsfestes werden wir plötzlich todtraurig, bei der Beerdigung eines lieben Freundes finden wir alles plötzlich absurd und lächerlich. »Heute himmelhoch jauchzend – morgen zu Tode betrübt!« Es scheint keinerlei Handhabe dafür zu geben.

Selbst unser Körper ist eine Äußerung von Gegensätzen: Entweder wir sind zäh und kräftig, wirken jedoch eher zart und schwach, oder wir sind eine Erscheinung ähnlich »Mr. Universum«, sind bei weitem jedoch nicht so sportlich und stark, wie es scheint. Ansonsten spiegelt unsere Erscheinung meist unsere Stimmungslage wieder: Von todschick bis völlig abgerissen beherrschen wir jede Nuance, was jeden, der uns nicht näher kennt, gelegentlich wunderschön in Erstaunen oder Entsetzen versetzt.

Interessanterweise haben all diese wechselhaften Erscheinungen jedoch nichts damit zu tun, ob wir mit unserem Leben glücklich sind, oder nicht. Diese Grundstimmung ist das eigentlich Beständige unseres Daseins, der stabile Aspekt des Trapezes. Und je nachdem, ob wir im Grunde positiv und freudig dem Leben begegnen, oder negativ und abwertend, erleben wir unser tägliches Auf und Ab entweder als wundervoll abwechslungsreich oder als schrecklicher Höllentrip.

Der negative Aspekt beginnt oft mit Gleichgültigkeit. Da sich alles ständig verändert, und wir offenbar keinen Einfluß auf das Geschehen in uns und um uns nehmen können, entwickeln wir als Schutzmechanismus den Mantel der Gleichgültigkeit. Der bewahrt uns zwar davor, daß uns die Ereignisse allzusehr »an die Nieren« gehen, treibt uns jedoch umso mehr in die Passivität, in eine Haltung, wo wir alles eben durchleiden und über uns ergehen lassen müssen.

Die Folge kann daraufhin die totale Opferhaltung sein: Es ist das Schicksal, das uns übel mitspielt, wir sind eben Pechvögel, und grundsätzlich sind es »die anderen«, die böse zu uns sind, uns schaden wollen und uns auf irgendeine Weise attackieren. Alles Negative kommt von außen, wir werden bedroht, beschickt oder gar magisch angegriffen. Und schließlich brauchen wir diese vermeintlichen Feinde sogar, um unseren schlechten Zustand rechtfertigen zu können.

Spätestens an diesem Punkt zeigen wir kein Interesse an irgendwelcher Verbesserung mehr, und angebotene Hilfe schlagen wir aus, da wir dahinter erneut eine böse Absicht vermuten. Schließlich ist auch Hilfe und Heilung eine Form der Manipulation, und wer kennt schon die wahren Beweggründe eines Helfers oder Heilers? Der Moment der Verbitterung ist dann erreicht, die Tiefs der ursprünglichen Auf- und Ab-Bewegung stabilisieren sich, die Hochs bleiben aus. Ein höllischer Zustand.

Dabei birgt hier allein die Entscheidung, einen positiven Neuanfang zu starten, die Chance zu ungeahnten Höhenflügen in sich. Die Sprunghaftigkeit des triklinen Lebensstils ermöglicht auch den Sprung aus den tiefsten Tiefen heraus. Es ist allein die Entscheidung, statt Opfer Täter im eigenen Leben zu sein, und die schlichte Idee »es gibt keinen Zufall«, die ein »triklines Leben« grundlegend verwandeln kann. Im Gegensatz zum monoklinen Lebensstil kennt der trikline keine Entscheidungsschwierigkeiten. Jeder geistige Beschluß wird konsequent durchgeführt, so eben auch der Beschluß, eine negative oder positive Lebenseinstellung zu pflegen.

In der positiven Entwicklung ändert sich zwar ebenfalls nichts an den manchmal verschlungenen Pfaden unseres Lebens, doch fördert gerade diese Unsicherheit die Entwicklung der sog. »hellen Sinne«. Da ständig neues auf uns zukommt, bleiben wir wach und aufmerksam. Es gibt keine einlullenden Sicherheiten in unserem Leben. Daher prägt sich als erstes der Instinkt wieder aus, eine sehr zielsichere Form des Handelns, die uns oftmals nicht bewußt ist, uns jedoch immer im richtigen Moment zum richtigen Ort führt. So verwandeln wir uns in den Glückspilz, dem viele Dinge »zufallen«, wenn wir bereit sind, sie zu ergreifen.

In dem Maß, in dem wir anerkennen, daß diese Momente viel zu auffällig werden, um noch zufällig zu sein, wird uns unsere Begabung immer bewußter. Aus Instinkt entwickelt sich Hellsichtigkeit, zunächst vielleicht in Form undeutlicher Ahnungen, im Laufe der Zeit jedoch in immer klarerer Vorausschau. Wenn wir diese schulen, entwickeln wir eine fruchtbare Medialität, die uns jedoch auch gleichzeitig stabiler macht.

Denn nun erkennen wir einen Sinn in unserem bewegten Leben und verstehen, daß das Schicksal nichts Böses mit uns im Sinn hat. Das Auf und Ab wird zum Hin und Her eines Serpentinenwegs, der beständig bergan führt. Wir erkennen, daß wir auf diesem Weg geführt sind, was unsere Fähigkeiten erneut erweitert: Wir gewinnen ein Gottvertrauen, das Wunder ermöglicht …

Der amorphe Lebensstil

Gestaltlosigkeit zu beschreiben, ihr also eine Gestalt zu geben, ist keine leichte Aufgabe, dennoch soll es gewagt werden, gibt es doch dankbarerweise in unserer Sprache ein paar ebenso gestaltlose Worte, die alles oder nichts mit einem Begriff beschreiben können. So z. B. das Wort: Vielseitigkeit. Vielseitigkeit prägt unseren Lebensstil, wenn er amorph ist, alles ist ständig neu und unwiederholbar. Man kann es nicht Veränderung oder Verwandlung nennen, denn beides beinhaltet eine Vergangenheit oder Zukunft, eine kausale Entwicklung, eine zusammenhängende Linie. Und das alles gibt es im amorphen Lebensstil nicht. Oder zumindest nicht immer.

Jeder Moment ist neu. Jeder Moment ist einzigartig. Weder der Urknall interessiert uns, noch das Ende des Universums, denn beides hat nie stattgefunden oder wird nie stattfinden, zumindest nicht jetzt. Zeit ist ein Punkt, nämlich genau der, an dem wir gerade verweilen. Vielleicht existiert Zeit auch gar nicht, vielleicht ist sie nur eine Erfindung der Physik. Es macht letztendlich keinen Unterschied.

Daher ist Spontaneität nicht eine Eigenschaft des amorphen Lebensstils, sondern seine einzig mögliche Ausdrucksform. Zwischen dem Impuls, der uns motiviert und der vollzogenen Handlung vergeht keine Zeit. Alles was uns einfällt, wird sofort getan, und sofort beendet, wenn es uns wieder entfällt. Dadurch besitzen wir die Freiheit der Kinder, unser momentanes Spiel in vollen Zügen zu genießen, auszuleben und, wenn das »Aus« erreicht ist, ohne zurückzuschauen loszulassen. Wir sind immer hundertprozentig bei der Sache.

Jede Idee ist ein Ereignis. Dabei sind wir in der Lage, alles Erdenkliche auch tatsächlich zu denken. Unser Reservoir an Kreativität scheint unerschöpflich. Manchmal gebären wir Ideen schneller, als wir sie festhalten, aussprechen oder aufschreiben können, und das ist das einzige Erlebnis, bei dem wir mit dem Phänomen Zeit in Berührung kommen: Denken scheint schneller zu gehen, als Reden, Reden schneller als Handeln, und das paradoxerweise im gleichen Moment.

Wir sind in der Lage, alle möglichen Gefühle zu erleben, doch immer nur eines gleichzeitig. Auch hier sind wir hundertprozentig. In einer bestimmten Situation existiert kein anderes Gefühl, außer dem, das wir erleben. Dieses Gefühl zeigen wir auch, Verbergen ist nicht möglich, sonst gäbe es ja doch zwei Gefühle gleichzeitig (innen und außen). Gestaltlosigkeit bedeutet auch, in jedem Gefühl aufgehen zu können. Wir können in jede Situation »hineinfließen«, uns damit identifizieren und sie wieder verlassen. Und wir können uns hundertmal über dasselbe freuen!

Körperlich besitzen wir natürlich eine Gestalt, und diese ist immer beweglich. Wir sind im Normalfall rege und geschäftig, »schwirren« umher, ähnlich unserem Idol, dem Schmetterling, können jedoch auch endlos ruhig sein, ähnlich dessen naher Verwandter, der Blume. Das Bunte lieben wir, kommt es doch unserer Vielseitigkeit am nächsten, ebenso die Freiheit und Ungebundenheit.

Gefährlich wird es für uns nur, wenn wir einen bestimmten Moment festhalten wollen. Dann geht das immer Neue verloren und wir versuchen, uns Vergangenheit und Zukunft fernzuhalten, indem wir die Augen davor verschließen. Dadurch verlieren wir jedoch auch die bunte Welt des Augenblicks und verlieren uns in Dunkelheit und Nebel.

Wir wissen nicht mehr, wer wir sind, und erleben nun die Schattenseite des Gestaltlosen. Die Ideen bleiben aus, Kreativität verschwindet, Leere kehrt ein, nichts motiviert uns, nichts freut uns, nichts lockt und verlockt uns. Aus dem reichhaltigen Leben im Hier und Jetzt, wird »no future«, eine Gegenwart, die uns nicht gefällt, und die wir aus verständlichen Gründen nicht in die Zukunft verlängern wollen. Lieber zerstören wir sie sofort, und damit beginnen wir unserer amorphen (Nicht-) Struktur entsprechend auch umgehend. Wir werden destruktiv, zerstörerisch und aggressiv, im Endstadium schließlich apathisch.

Gottseidank ist das nur eine der Möglichkeiten, in die wir als »Amorphe« schnell geraten können, die wir jedoch auch schnell wieder verlassen, sobald etwas auftaucht, das uns wieder begeistert. Auch das tiefste Tief ist nur ein Moment, der abgelöst werden kann von einem anderen. Gerade weil es im amorphen Lebensstil nichts Endgültiges gibt (wo keine Entwicklung ist, ist auch kein Ende), besteht immer Hoffnung, immer eine neue Chance.

Positiv gelebt, entspricht dem Amorphen die Genialität: Denken zu können, was noch nie gedacht wurde, kreieren zu können, was noch nie gesehen wurde, erfinden zu können, was noch nie geschaffen wurde. Das ist nur möglich, wenn wir spielerisch und frei sind, nicht gebunden an eingleisige Wege, Konventionen und Regeln. Vielleicht mögen wir als Exzentriker oder Eigenbrötler gelten, doch läßt sich leicht nachweisen, daß in der Geschichte von solchen Menschen bedeutendere Einflüsse auf die Menschheit ausgingen, als vom Gros der Angepaßten. Doch das ist für uns sowieso nicht wichtig ...

Anmerkung

Bitte erwarten Sie nach all den vielen Ausführungen zu den Kristallsystemen und dem korrespondierenden Lebensstil nun jedoch nicht, daß Ihnen von heute an ausschließlich Menschen begegnen, deren Leben 100%ig den hier beschriebene Darstellungen entspricht. Zum einen sind »Bilderbuch-Exemplare« immer die Ausnahme, zum anderen war ich natürlich gezwungen, die Charakteristika überspitzt bis fast klischeehaft darzustellen, um die Unterschiede deutlich hervorzuheben. Beobachten Sie daher genau! Oft sind es nur einzelne Merkmale im Leben oder Verhalten eines Menschen, die Ihnen schließlich den richtigen Hinweis geben. Oder um es frei nach Samuel Hahnemann, dem Begründer der Homöopathie zu formulieren:

▶ Drei auffällige, eigentümliche und sonderbare Merkmale eines persönlichen Lebensstils genügen in der Regel, um die Übereinstimmung mit den hier beschriebenen Darstellungen zu belegen.

Kleines Experiment

Um sich der Wirkung der Kristallstrukturen auf sehr einfache Weise zu vergewissern, betrachten Sie eine Minute lang eine der geometrische Formen oder ein mit diesen Formen erfülltes Feld und lesen Sie anschließend den obigen Text über die Beschreibung der Lebensstile nochmal. Betrachten Sie anschließend eine andere Form oder ein anderes Feld und lesen Sie den Text erneut. Sie werden feststellen, daß Sie sich nach der Betrachtung einer bestimmten Form oder eines bestimmten Felds plötzlich viel besser mit dem Lebensstil des jeweils entsprechenden Kristallsystems identifizieren können. Welch immense Wirkung diese einfachen Strukturen doch zeigen!

Die Wirkung der Kristallstrukturen

Wie die bisherigen Darstellungen deutlich gezeigt haben, ist jeder der beschriebenen Lebensstile im Prinzip neutral. Es gibt hier kein »Besser« oder »Schlechter«, lediglich ein »Anders«. Jeder Lebensstil beinhaltet grundsätzlich zwei Entwicklungsmöglichkeiten: Entweder eine Entwicklung der Persönlichkeit zum Negativen, d.h. zur Ausbildung bestimmter Schwierigkeiten, Probleme und ggf. auch Krankheiten hin, oder eine Entwicklung zum Positiven, also hin zur Ausbildung spezifischer Fähigkeiten und zur Selbstverwirklichung.

Der Unterschied ist ganz einfach: Die negative Entwicklung setzt ein, wenn wir von der jeweiligen »inneren Struktur« beherrscht werden. Wenn wir nicht anders leben können, also völlig abhängig von einem bestimmten Lebensstil sind. Die positive Entwicklung setzt ein, wenn wir selbst Herr über unser Leben sind, wenn wir die entsprechende Veranlagung zu nutzen wissen und unseren Lebensstil sinnvoll handhaben können!

Die erste Voraussetzung für eine positive Entwicklung ist dabei: Daß wir sie wollen! Daß wir unseres eigenen Glückes Schmied sein wollen, bereit sind, die Verantwortung für unser Leben selbst zu übernehmen und damit beschließen, von nun an die positive Seite unserer Natur zu leben. Punkt.

Es ist wirklich sehr einfach: Der Aufwand und die benötigte Energie zur Ausbildung aller negativen Phänomene eines bestimmten Lebensstils ist genauso groß wie der Aufwand und die benötigte Energie zur Ausbildung der positiven Phänomene. Die Frage ist lediglich, wohin wir unsere Aufmerksamkeit und damit unsere Energie lenken. Wenn Sie sich also mit einer der vorangegangenen Beschreibungen besonders identifizieren können, dann beschäftigen Sie sich bitte vor allem mit den beschriebenen positiven Eigenschaften. Schon dadurch werden diese gefördert.

Und glücklicherweise haben wir ja zusätzlich noch unsere kleinen Helfer: Die Steine! Als verkörperte Strukturen besitzen die Mineralien eine enorme Wirkung. Unauffällig, aber sehr massiv, regen sie den jeweils korrespondierenden Lebensstil an, was zweierlei Wirkungen zeigt:

Heilung durch Kristallstrukturen

Wenn wir aufgrund unseres Lebensstils bestimmte Schwierigkeiten oder Probleme geschaffen haben, bzw. aufgrund dieses Lebensstils erkrankt sind, können uns Mineralien mit der entsprechenden Kristallstruktur helfen, diese Schwierigkeiten und Probleme zu lösen, bzw. die entstandene Krankheit zu heilen.

Durch die Einwirkung des Minerals können wir die Verhaftungen an den jeweiligen Lebensstil lösen und werden frei, ihn bewußt zu handhaben. Das Mineral wirkt hier entsprechend dem homöopathischen Prinzip: »Ähnliches heilt ähnliches!«

Dieser Heilungsprozeß geht sehr schnell. Wenn wir genau den richtigen Stein mit der passenden Struktur getroffen haben, kann eine starke Wirkung schon nach wenigen Momenten, Stunden oder Tagen einsetzen. Es dauert zwar eine Weile, bis der neugewonnene Zustand sich stabilisiert hat, doch die ersten Veränderungs-Phänomene sind sehr schnell sichtbar.

Lernen durch Kristallstrukturen

Darüberhinaus bietet sich noch eine weitere Möglichkeit: Bestimmte Lebensstile sind uns völlig fremd, das haben Sie sicherlich schon beim Lesen der einzelnen Beschreibungen festgestellt. Dennoch bietet der jeweilige Lebensstil mitunter Eigenschaften oder Fähigkeiten, die für uns durchaus interessant oder nützlich wären. Mithilfe von Mineralien der korrespondierenden Kristallstruktur können wir diesen Lebensstil kennenlernen.

Durch die Einwirkung des Minerals können wir den uns unbekannten Lebensstil entwickeln. Ähnlich einem Kristallisationsprozeß entstehen im Laufe der Zeit die Eigenschaften und Fähigkeiten des jeweiligen Lebensstils, was umso bewußter geschieht, je mehr wir darauf achten.

Dieser Lernprozeß dauert jedoch seine Zeit. Kristalle entstehen selten an einem einzigen Tag, und auch ein Musikinstrument wird selten in einer einzigen Woche erlernt. Daher müssen wir uns hier Zeit lassen: In der Regel dauert es einen oder mehrere Monate, bis die Wirkung des Minerals sichtbar wird. Und dann ist es wie beim Gehenlernen: Wir müssen die neuerworbene Fähigkeit anwenden und üben, bis sie Teil von uns ist und nicht mehr verloren geht.

Sinn und Ziel der Heilungs- und Lernprozesse

Die Voraussetzung für einen Heilungsprozeß, bei dem wir das Mineral mit der unserem Lebensstil entsprechenden Kristallstruktur wählen, ist eine Situation, in der wir nicht mehr Herr über unser Leben sind. Wenn wir vor Schwierigkeiten oder Problemen stehen, und keinen Ausweg mehr sehen, oder wenn wir uns körperlich, seelisch oder geistig krank fühlen. Wir selbst sind dabei der alleinige Maßstab: Wenn wir nicht mehr zufrieden sind mit unserem Leben, dann ist Heilung notwendig.

▶ Das Ziel eines *Heilungsprozesses* ist, uns die verlorengegangene Kontrolle über unser Leben wiederzubringen, so daß wir gesunden, unsere Schwierigkeiten und Probleme lösen und mit unserem Leben zufrieden sind.

Die Voraussetzung für einen Lernprozeß ist, daß wir mit unserem Leben zufrieden sind, jedoch neue Perspektiven und Fähigkeiten kennenlernen möchten. Der Wunsch, die eigenen Möglichkeiten zu erweitern, sich selbst weiterzuentwickeln. In der Regel ist es hierbei notwendig, zuerst das eigene Leben in den Griff zu bekommen, ggf. also Heilungsprozesse anzuregen. Sich in neue Erfahrungen zu stürzen, bevor die alten verarbeitet sind, kann eine Flucht sein und zu noch größeren Problemen oder Verwirrung führen.

Auf der anderen Seite ist es oftmals notwendig, an einen abgeschlossenen Heilungsprozeß einen Lernprozeß anzufügen, um das durch die Heilung freigewordene innere Potential in die richtige Richtung zu lenken. Wenn wir geistig lange Zeit mit bestimmten Problemen beschäftigt waren, geschieht es sehr oft, daß wir uns, aus einer sonderbaren Gewohnheit heraus, nach deren Lösung neue Probleme ähnlicher Natur schaffen, um weiterhin geistig beschäftigt zu sein. Als Arzt oder Therapeut hört man dann oft: »Eine Zeitlang war alles gut, dann ging das Ganze plötzlich von neuem los!«

Dies läßt sich vermeiden, wenn wir uns gleich Neuem zuwenden, wodurch sich die alten »Spielchen« erübrigen. Aus diesem Grund ist es auch sehr wichtig, genau zu beobachten, wann ein Heilungsprozeß abgeschlossen ist, das alte Thema dann nicht mehr anzusprechen und in einen Lernprozeß zu wechseln.

▶ Das Ziel eines *Lernprozesses* ist es, unseren geistigen Horizont zu erweitern und damit unsere Fähigkeiten und Möglichkeiten zu vergrößern. Das Ziel ist letztendlich die Freiheit! Die Freiheit, im Denken, Kommunizieren und Handeln uneingeschränkt zu sein.

Stellen Sie sich einfach vor, sie können jeden der beschriebenen acht Lebensstile nach Belieben auswählen: Sie können bei der

Arbeit z. B. »kubisch« sein, wenn es dort erforderlich ist, im Urlaub »amorph«, als Gastgeber »rhombisch«, im Studium »hexagonal« usw. usf. Sie können alle Möglichkeiten erleben und handhaben, nichts schränkt Sie ein: Sie sind frei!

Das wär doch was, oder?

Die Anwendung der Kristallstrukturen

Lern- und Heilsteine

In erster Linie sollen die in diesem Kapitel beschriebenen Kristallstrukturen und die korrespondierenden Lebensstile dabei helfen, den für eine bestimmte Person zum aktuellen Zeitpunkt förderlichen Heilstein zu finden. Durch die Bestimmung der Kristallstruktur schränkt sich die Auswahl der Mineralien schon so weit ein, daß die Analyse der Lebenssituation und des Bildungsprinzips, wie sie im Kapitel 1 beschrieben ist, meist Anhaltspunkte genug bietet, den richtigen Stein auszuwählen. Wo dennoch mehrere zur Auswahl stehen, können die in den folgenden Kapiteln beschriebenen Mineralstoffe und Farbwirkungen schließlich den entscheidenden Ausschlag geben.

Der so ermittelte Stein sollte für einige Zeit, je nachdem, ob es sich um einen Heilungs- oder Lernprozeß handelt, länger oder kürzer, getragen werden. Nach Möglichkeit auch, ohne durch anderen Schmuck beeinflußt zu werden. Hat sich das gewünschte Ergebnis stabilisiert, ist der Stein nicht mehr notwendig.

In Heilungsprozessen ist es möglich, daß eine oberflächliche Struktur durch eine »tieferliegende« abgelöst wird. Das zeigt sich in der Regel sehr deutlich durch einen markanten Wechsel im Lebensstil des Betroffenen. Verschwinden mit dieser Veränderung jedoch die ursprünglichen Probleme oder Krankheitssymptome noch nicht, so verliert der verwendete Stein seine Wirksamkeit, es muß der neue, passende ermittelt werden.

Selbstreflektion

In zweiter Linie können die hier beschriebenen Darstellungen zur Interpretation eines intuitiv ausgewählten Steins dienen, was dabei helfen kann, den eigenen Lebensstil zu reflektieren und sich über die eigenen Schwächen und Stärken bewußt zu werden. Wie sagt das Sprichwort doch so schön: »Selbsterkenntnis ist der erste Weg zur Besserung!«

Die Beobachtung der Menschen in der eigenen Umgebung und das Entdecken ihrer Strukturen und Lebensstile wird außerdem das Verständnis für unsere Mitmenschen deutlich verbessern. Es wird plötzlich klar, daß der andere seine eigene Vorstellung von richtig oder falsch hat, seine eigene Vorstellung, wie er sein Leben lebt, und wie er glücklich wird. Und es wird deutlich, daß diese »andere Vorstellung« unsere eigene keineswegs bedroht, sondern daß jeder in seiner Realität recht hat, und daß es leicht möglich ist, beides nebeneinander stehen zu lassen. Verständnis, Respekt und Toleranz anderen gegenüber werden selbstverständlicher.

1.3 Die Mineralstoffe

Die Stoffkunde

Nach Entstehung und Kristallstruktur ist es nun an der Zeit, auch der stofflichen Natur der Mineralien Aufmerksamkeit zu schenken. Um ein bestimmtes Mineral zu bilden, müssen bestimmte Stoffe im richtigen Mengenverhältnis und unter den richtigen Umgebungsbedingungen zueinanderfinden. Jeder dieser Stoffe hat seine spezifischen Eigenschaften, die gemeinsam die Eigenschaften des Minerals begründen und auch auf dessen Heilwirkung spürbar Einfluß nehmen.

Um diese Zusammenhänge verstehen zu können, ist zunächst ein kleiner Ausflug in die Welt der Chemie notwendig. – Bitte hören Sie hier nun nicht auf zu lesen, es ist alles wirklich ganz einfach. Die Chemie hat leider einen sehr schlechten Ruf. Ich kann mich noch genau daran erinnern, wie ich mich zu Beginn der neunten Schulklasse wirklich fürchtete vor diesem Fach, von dem ich immer nur gehört hatte, es sei schwierig, kompliziert und ekelhaft. Umso erstaunter war ich, als ich feststellen mußte, daß es eines der leichtesten Fächer ist, wenn man das Glück hat, einen Lehrer zu haben, der in der Lage ist, die Grundlagen der Chemie anschaulich zu erklären. Und dieses Glück hatte ich.

Chemie ist absolut logisch und real. Das ist eine feine Sache, muß man hier doch nicht einfach glauben, was einem erzählt wird – man kann die Dinge wirklich ausprobieren. Das tat ich als Schüler dann auch ausgiebig; ich richtete im Heizungskeller meiner Eltern ein kleines Labor ein und versetzte meine Eltern dann gelegentlich durch Explosionen, Rauchwolken oder Chlorgaswolken etwas in Aufregung, die jedoch durch meine guten Noten in Chemie wieder besänftigt wurde.

Chemie bedeutet »Stoffkunde«, oder wie es im Wörterbuch etwas ausführlicher erklärt wird: »Naturwissenschaft, die die Eigenschaften, die Zusammensetzung und die Umwandlung der Stoffe und ihrer Verbindungen erforscht.« Stoff wird in diesem Zusammenhang dann als »in einheitlicher Form vorliegende, durch charakteristische Eigenschaften gekennzeichnete

Materie« definiert. Insofern ist Chemie auch in Ihrem Leben real! Kochen ist ein chemischer Vorgang, bei dem verschiedene Stoffe mit charakteristischen Eigenschaften zusammengesetzt, verbunden und umgewandelt werden, ebenso ist es beim Backen, Kleben, Heizen und Autofahren (Verbrennung im Motor). Chemie ist also eigentlich etwas ganz Alltägliches.

Der Aufbau der Materie

Die Atome

Um nun zu verstehen, warum Stoffe verschiedene Eigenschaften haben, warum sie sich zusammensetzen, verbinden und wieder umwandeln lassen, muß man ein paar Grundprinzipien der Materie kennen: Alle uns bekannte Materie setzt sich aus drei »Bausteinchen«, den sog. »Elementarteilchen« zusammen: Aus den sogenannten Protonen (griech. »proton« = »das Erste, Wichtigste«), den Elektronen (griech: »elektron« = »Bernstein«, hier verwendet als Synonym für »Anziehungskraft«, da Bernstein durch Reiben eine Anziehungskraft auf andere Stoffe entwickelt) und den Neutronen (lat. »neuter« = »keiner von beiden«). Diese drei Teilchen haben nun ein interessantes Verhältnis zueinander:

Die Protonen und Elektronen ziehen sich gegenseitig an, daher definiert die Physik, daß beide eine sog. »elektrische Ladung« besitzen, d.h. beide sind »geladen mit Anziehungskraft« (griech. »elektron« = »Anziehungskraft«, s.o.). Um die gegensätzlichen Anziehungskräfte zu unterscheiden, wird weiterhin definiert, das Proton sei »positiv« geladen (p^+), das Elektron hingegen »negativ« (e^-). Um nun gemeinsam einen neutralen, d.h. ausgeglichenen Zustand zu erreichen, sind Proton und Elektron in der Regel immer in Gesellschaft miteinander. Sollten sich Proton und Elektron aus irgendwelchen Gründen einmal »aus den Augen verlieren«, dann ist ihnen auch nichts wichtiger, als sofort einen neuen »Partner« zu finden. Das Proton ist ein schweres, träges Teilchen, das Elektron dagegen ein leichtes, schnell bewegliches. Aus diesem Grund bildet in ihrer Beziehung das Proton immer den ruhigen Kern, um den das Elektron blitzschnell herumschwirrt, ähnlich einem Planeten, der von Satelliten umrundet wird.

Hinzu kommt nun das Neutron (n), das eigentlich im Grunde neutral ist (wie der Name sagt), sich also weder zum Proton (p⁺), noch zum Elektron (e⁻) besonders hingezogen fühlt. Da es jedoch dem Proton ähnlicher ist (fast genauso schwer und träge), gesellt es sich zum Proton hinzu, und das dynamische Elektron umschwirrt sie beide ...

So einfach ist das, und auf dieser simplen Grundlage sind alle Stoffe aufgebaut: Es gibt einen Kern mit Protonen und Neutronen, die umschwirrt werden von Elektronen. Ein solches Teilchen nennt sich dann Atom (griech. »atomos« = »unteilbar«) und bildet die kleinste Einheit der Materie.

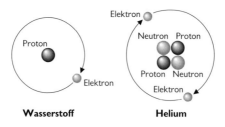

Abb.26: Innerer Aufbau der Atome am Beispiel Wasserstoff und Helium

Die Elemente

In der Natur finden wir nicht mehr als 81 verschiedene stabile Atome, die sich lediglich in der Anzahl ihrer Elementarteilchen voneinander unterscheiden! Diese 81 verschiedenen Atome werden auch die »chemischen Elemente« genannt (lat. »elementum« = »Grundstoff, Urstoff«), sie bilden die »reinen Stoffe«, aus denen sich alle uns bekannten Verbindungen zusammensetzen.

Das Proton hat seinen Namen »Das Wichtigste« nun deshalb erhalten, da die Anzahl der Protonen in einem Atom bestimmt, um welches Element es sich handelt. So enthält z.B. ein Wasserstoff-Atom ein einziges Proton, Sauerstoff dagegen acht, Eisen 26 und Gold enthält gar 79 Protonen. Sobald sich im Kern des Atoms nur ein einziges Proton mehr oder weniger befindet, liegt schon ein völlig neues Element, ein neuer Stoff vor, der ganz

Anzahl Protonen	Chem. Kürzel	Name des Elements	Anzahl Protonen	Chem. Kürzel	Name des Elements
1	H	Wasserstoff	42	Mo	Molybdän
2	He	Helium	44	Ru	Ruthenium
3	Li	Lithium	45	Rh	Rhodium
4	Be	Beryllium	46	Pd	Palladium
5	B	Bor	47	Ag	Silber
6	C	Kohlenstoff	48	Cd	Cadmium
7	N	Stickstoff	49	In	Indium
8	O	Sauerstoff	50	Sn	Zinn
9	F	Fluor	51	Sb	Antimon
10	Ne	Neon	52	Te	Tellur
11	Na	Natrium	53	J	Jod
12	Mg	Magnesium	54	Xe	Xenon
13	Al	Aluminium	55	Cs	Cäsium
14	Si	Silicium	56	Ba	Barium
15	P	Phosphor	57	La	Lanthan
16	S	Schwefel	58	Ce	Cer
17	Cl	Chlor	59	Pr	Praseodym
18	Ar	Argon	60	Nd	Neodym
19	K	Kalium	62	Sm	Samarium
20	Ca	Calcium	63	Eu	Europium
21	Sc	Scandium	64	Gd	Gadolinium
22	Ti	Titan	65	Tb	Terbium
23	V	Vanadium	66	Dy	Dysprosium
24	Cr	Chrom	67	Ho	Holmium
25	Mn	Mangan	68	Er	Erbium
26	Fe	Eisen	69	Tm	Thulium
27	Co	Kobalt	70	Yb	Ytterbium
28	Ni	Nickel	71	Lu	Lutetium
29	Cu	Kupfer	72	Hf	Hafnium
30	Zn	Zink	73	Ta	Tantal
31	Ga	Gallium	74	W	Wolfram
32	Ge	Germanium	75	Re	Rhenium
33	As	Arsen	76	Os	Osmium
34	Se	Selen	77	Ir	Iridium
35	Br	Brom	78	Pt	Platin
36	Kr	Krypton	79	Au	Gold
37	Rb	Rubidium	80	Hg	Quecksilber
38	Sr	Strontium	81	Tl	Thallium
39	Y	Yttrium	82	Pb	Blei
40	Zr	Zirkonium	83	Bi	Wismut
41	Nb	Niob			

andere Eigenschaften hat. So hat Fluor z. B. nur ein Proton mehr, als Sauerstoff, und schon haben wir statt einem lebensspendenden Stoff ein aggressives Giftgas vor uns.

Das Neutron dagegen kann in unterschiedlicher Anzahl in den Atomen vorliegen, ohne die chemischen Eigenschaften zu verändern. Es beeinflußt die Natur eines Elements nicht, erweist sich also auch hier als neutral.

Elektronen besitzt ein Atom immer in genau derselben Anzahl, wie Protonen. Das ist ja eigentlich logisch, fühlt sich zu jedem Proton doch immer genau ein Elektron »hingezogen«. Der Raum, in dem die Elektronen den Atomkern umkreisen, wird dabei die »Elektronenhülle« genannt. Diese Hülle hat nun einen bestimmten Aufbau, der dafür verantwortlich ist, daß sich Atome miteinander verbinden können: Sie besteht aus einzelnen Schalen, in denen immer nur eine bestimmte Anzahl von Elektronen Platz finden. Bei den meisten Atomen nämlich maximal acht.

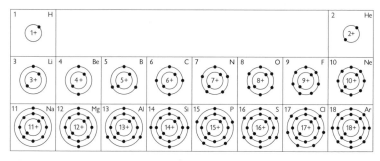

Abb.27: Schalenförmiger Aufbau der Elektronenhülle

Die chemische Verbindung

Ist eine Elektronenschale mit acht Elektronen besetzt, dann ist diese Schale stabil. Das hat zur Folge, daß in diese Schale weder weitere Elektronen aufgenommen, noch Elektronen daraus abgegeben werden können. Ist nun die äußerste Schale eines Atoms mit genau acht sog. Außenelektronen besetzt, so ist auch das Atom in sich selbst stabil, es wird also keinerlei chemische Reaktionen zeigen. Diesen Zustand besitzen jedoch von Natur aus nur die Edelgase (Helium, Neon, Argon etc.), die auch prompt in keiner chemischen Verbindung zu finden sind (sie sind sich zu »edel« dafür …).

So lange ein Atom jedoch eine geringere Anzahl von Außenelektronen besitzt, wird es immer wieder Verbindungen eingehen, gerade weil es selbst den o.g. stabilen Zustand erreichen möchte. Es versucht nun, seine äußerste Schale durch »fremde« Elektronen entweder zu füllen, oder durch Abgabe der »eigenen« vollständig zu leeren, damit die darunterliegende Schale, die bereits mit acht Elektronen vollständig gefüllt ist, zur äußersten wird.

Die Ionenbindung

Das kann so vor sich gehen: Das Chlor-Atom z. B. hat auf seiner äußersten Schale nur sieben Elektronen. Es fehlt ihm also genau eines, um einen stabilen Zustand zu erreichen. Das Natrium-Atom dagegen hat auf der äußersten Schale nur ein Elektron, nichts ist ihm also lieber, als dieses loszuwerden. Begegnen sich nun Natrium und Chlor, beginnt ein einfacher Handel: Das Natrium gibt sein Elektron an das Chlor ab, beide haben nun ihre gewünschten acht Außenelektronen und sind glücklich. Doch der Handel hat seine Konsequenzen: Da die Anziehungskraft des ausgetauschten Elektrons bestehen bleibt, ist das Natrium nun positiv, das Chlor dagegen negativ geladen. Nun ziehen sich die beiden an und kommen nicht mehr voneinander los! Natrium und Chlor verbinden sich: Es entsteht aus den beiden Elementen die Verbindung »Natriumchlorid«, unser Kochsalz!

Da die Atome in einer solchen Verbindung nun elektrische Ladungen (»Anziehungskräfte«) besitzen, werden sie nun »Ionen« (= »geladene Teilchen«) genannt. Natriumchlorid besteht also aus einem positiv geladenen Natrium-Ion (Na^+) und einem negativ geladenen Chlorid-Ion (Cl^-). Diese Angaben finden Sie z. B. auch auf einer Flasche Mineralwasser, wo in der Regel zuerst immer die im Wasser gelösten positiv geladenen Ionen, die sog. »Kationen«, und anschließend die negativen Ionen, die sog. »Anionen«, aufgelistet sind. Die Bindung, die aufgrund ihrer Anziehungskraft nun zwischen Kationen und Anionen besteht, wird entsprechend auch »Ionenbindung« genannt.

Atombindung

Eine weitere Verbindungsmöglichkeit entsteht, wenn zwei Atome sich begegnen, denen wenige Elektronen zum Auffüllen ihrer äußersten Schale fehlen, die jedoch nicht bereit sind, selbst etwas abzugeben. In diesem Fall sieht der Handel so aus, daß beide Atome sich darüber einigen, bestimmte Elektronen gemeinsam zu »verwenden«, so daß jedes in den Genuß von acht Außenelektronen kommt. Die gemeinsam verwendeten Elektronen befinden sich dann immer paarweise zwischen den Atomen und werden gleichermaßen zum einen, wie zum anderen hingezogen. Dadurch entsteht wiederum eine Bindung, die sog. »Elektronenpaar-Bindung« oder »Atombindung«. Der letztere Name entsteht daher, da hier ja keine Ionen (geladene Teilchen) entstehen, sondern beide Atome an sich neutral bleiben, lediglich aneinandergebunden durch ihren »gemeinsamen Besitz«.

Ein Beispiel mag dies veranschaulichen: Dem Chlor-Atom mit seinen sieben Außenelektronen fehlt, wie bereits besprochen, nur noch ein Elektron zu seinem Glück. Treffen sich nun zwei dieser Atome, so schließen sie, aufgrund ihres gemeinsamen Mangels, die Vereinbarung, daß jedes ein Elektron zur Verfügung stellt, welches vom anderen »mitbenutzt« werden kann. Damit haben beide acht Elektronen zur Verfügung, und der stabile Zustand ist erreicht. Allerdings bewirkt das gemeinsam »benutzte« Elektronenpaar, daß beide Atome hübsch beieinander bleiben und von nun an aneinander gebunden sind (bis daß ein anderer chemischer Eingriff sie scheide ...).

Die Metallbindung

Der dritte Trick, den bestimmte Atome, die sog. »Metalle« (griech. »metallon« = »Mine, Erzader«), sich ihrer geliebten Stabilität wegen einfallen lassen, ist die entsprechend genannte »Metallbindung«. Hier werden die überzähligen Außenelektronen einfach großzügig der Gemeinschaft zur Verfügung gestellt. Das Atom distanziert sich von seinen äußersten »Anhängseln«, fühlt sich dadurch stabil, während jene Elektronen sich nun frei zwischen den Atomen bewegen können. Der Zusammenhalt entsteht hier aus der gemeinsamen Elektronenwolke. Er ist nicht so fest, wie in den Ionen- und Atombindungen, es werden nicht einzelne Atome miteinander verknüpft, sondern das Gesamtgefüge zusammengehalten. Aus diesem Grund sind die Metalle auch biegbar und formbar, und aufgrund der »freien Elektronen« leiten sie den elektrischen Strom. (»Elektrischer Strom« = »Fluß bzw. Wanderung von Elektronen«).

Metalle und Nichtmetalle

Aufgrund der oben beschriebenen Bindungs-Eigenschaften lassen sich alle Elemente nun in zwei große Gruppen aufteilen: in die Gruppe der Metalle, das sind jene Elemente, die Elektronen abgeben (können und wollen). Sie stellen daher in Ionenbindungen mit Nichtmetallen die »Kationen« (positive Ladung), gehen untereinander Metallbindungen ein und sind nur selten in Atombindungen zu finden.

Die andere Gruppe ist die der Nichtmetalle. Diese können Elektronen aufnehmen, stellen in Ionenbindungen mit Metallen die »Anionen« (negative Ladung) und verbinden sich untereinander in der Regel über Atombindungen. Nichtmetalle gehen keine Metallbindungen ein!

Zwischen beiden gibt es noch eine gewisse Grauzone, die sog. »Halbmetalle«, die den jeweiligen Bedingungen entsprechend mal zur Elektronen-Abgabe, mal zur Elektronen-Aufnahme fähig sind und das gesamte Bindungsrepertoire inne haben.

Die Mineralstoffe

Nicht alle Elemente des Chemiebuchs finden wir in den Mineralien wieder. Manche fehlen, weil sie keine Verbindungen bilden (Edelgase), manche, weil sie erst vom Menschen in Labors und Atomkraftwerken erschaffen wurden (Plutonium etc.). Um jene Elemente einzugrenzen, die tatsächlich auch natürliche Mineralien bilden, werden diese in der Folge »Mineralstoffe« genannt. Eingeteilt in die o.g. Klassifizierung »Metall – Nichtmetall – Halbmetall« stellt die folgende Aufstellung die wichtigsten Mineralstoffe dar:

Metalle: Aluminium, Antimon, Beryllium, Blei, Calcium, Chrom, Eisen, Gold, Kalium, Kobalt, Kupfer, Lithium, Magnesium, Mangan, Natrium, Nickel, Silber, Titan, Vanadium, Wismut, Zink, Zinn und Zirkonium.

Nichtmetalle: Bor, Chlor, Fluor, Kohlenstoff, Phosphor, Sauerstoff und Schwefel.

Halbmetalle: Das wichtigste Halbmetall und im Mineralreich einer der wichtigsten und häufigsten Stoffe überhaupt ist das Silicium.

Aus den Verbindungen dieser wenigen Elemente setzt sich nun der Großteil (über 95%) der viertausend bekannten Mineralien zusammen und mengenmäßig stellen diese Elemente sogar über 99,9% der gesamten festen Erdkruste. Jedes davon hat seine speziellen Eigenschaften, aus deren Verbindung wiederum die charakteristischen Merkmale der Mineralien entstehen. Auch für die Heilkunde sind diese Eigenschaften grundlegend für die Wirkung der Mineralien auf unseren Körper, auf Seele, Verstand und Geist.

Die Eigenschaften der Mineralstoffe

Mineralien bestehen in der Regel aus zwei Komponenten, aus einem metallischen und einem nichtmetallischen Anteil – äußerst selten nur finden wir Metall oder Nichtmetall »allein« in der Natur. Diese Polarität bestimmt maßgeblich sowohl die mineralogischen, als auch die heilkundlichen Eigenschaften eines Minerals. Immerhin fällt auf, daß die Natur viel mehr Metalle als Nichtmetalle bietet, und bei noch genauerem Hinsehen zeigt sich denn auch, daß der nichtmetallische Anteil eines Minerals dessen Grundeigenschaften festlegt, während der metallische Teil individuelle Variationen hervorbringt.

Bei allen Mineralien, die denselben nichtmetallischen Anteil enthalten, zeigen sich Gemeinsamkeiten, wie in einer Art Verwandschaftsverhältnis. Frei auf unsere menschliche Welt übertragen könnte man sagen: Der nichtmetallische Anteil ist der »Familienname« des Minerals (er steht in der chemischen Formel auch prompt immer hinten).

Entsprechend stellen die Metalle des Minerals den »Vornamen« dar: Sie unterscheiden die verschiedenen Mitglieder der Familie voneinander und wandeln die o.g. Grundeigenschaften deutlich voneinander ab. Die Metalle sind es auch in der Regel, die dem Mineral die Farbe geben, wie wir später noch sehen werden.

Die Mineralklassen und ihre Eigenschaften
Ähnlich, wie die Biologie das Verwandschaftsverhältnis zwischen Tiergattungen und Pflanzenarten klärt, geht nun auch die Mineralogie vor: Sie teilt alle Mineralien in acht große Klassen ein, bestimmt nach den häufigsten nichtmetallischen Anteilen und den daraus resultierenden Gemeinsamkeiten. Diese Mineralklassen verdeutlichen auch für die Steinheilkunde das erste Wirkungsspektrum der Mineralstoffe, daher sollen im folgenden

mineralogische und heilkundliche Aspekte gleichzeitig dargestellt werden:

Mineralklassen		Nichtmetallischer Anteil	Chem. Kürzel
I	Natürliche Elemente	Besteht nur aus einem einzigen Element	Kürzel d. Elements
II	Sulfide	Schwefel	S
III	Halogenide	Elemente Fluor, Chlor, Brom. Jod	F, Cl, Br, J
IV	Oxide	Sauerstoff	O
V	Carbonate	Kohlensäure	CO_3
VI	Sulfate	Schwefelsäure	SO_4
VII	Phosphate	Phosphorsäure	PO_4
VIII	Silikate	Kieselsäure	Si_nO_m

I. Die Mineralien aus der Klasse der ***Natürlichen Elemente***
bestehen nur aus einem einzigen Mineralstoff, aus einem einzigen Element. Das ist in der Natur selten, da nur wenige chemische Elemente in der Lage sind, in reiner Form zu bestehen,
ohne sich mit anderen zu verbinden. Unter den Nichtmetallen
gelingt dies nur dem Kohlenstoff in Form von Graphit oder Diamant (Formel: C_n) und dem Schwefel (S_8). Bei den Metallen liegen nur die Edelmetalle, wie Gold (Au), Silber (Ag), Kupfer
(Cu) etc. mitunter in reiner Form vor. Man spricht dann von ge-
diegenen Metallen.

Die natürlichen Elemente repräsentieren die Reinheit und
die Fähigkeit, unbeeinflußt zu bleiben. Sie helfen uns dabei,
unsere Persönlichkeit ohne äußere Einmischung zu entwickeln.
Daher regen sie uns an, uns in allen Bereichen von dem zu
trennen, was nicht zu unserem eigentlichen Wesen gehört. Sie
fördern die Erkenntnis davon, was uns nützt oder schadet. Je
nachdem, welches Element dabei vorliegt, werden bestimmte
korrespondierende Lebensbereiche dabei besonders angesprochen. (Dazu später mehr.)

II. Die Mineralien aus der Klasse der ***Sulfide*** sind Abkömmlinge des Schwefels (lat. »sulfur« = »Schwefel«), genauer genommen des Schwefelwasserstoffs. Dieses hochgiftige Gas ist oft ein
Fäulnisprodukt, und verursacht z. B. den bekannten »Duft«
faulender Eier. Schwefelwasserstoff tritt bei vulkanischen Akti-

97

vitäten oder bei der Verwesung organischer Stoffe auf, ist daher in unterschiedlicher Menge fast überall auf der Erde anzutreffen. Die aus der Verbindung mit Metallen entstehenden Sulfide sind meist undurchsichtig und kennzeichnen sich durch metallischen Glanz, ähnlich einem Spiegel. Ihre chemische Formel endet mit S = Schwefel, z.B. Pyrit: FeS_2 = Eisen-sulfid.

Sulfide sind Spiegel des Verborgenen. Sie helfen, Verdrängtes und Vergessenes aufzudecken und Unklarheiten zu beseitigen. Dabei kommen besonders jene Bereiche unseres Lebens ans Licht, wo »etwas stinkt«, wo etwas »faul« ist. Sulfide werden auch gerne als die »gnadenlosen Bewußtmacher« bezeichnet, da sie zwar einerseits unseren Blick dorthin lenken, wo Veränderungen dringend notwendig sind, andererseits jedoch keine Hilfestellung darin geben, diese Veränderungen auch in Gang zu setzen. Doch immerhin sagt ja auch schon der Volksmund: »Selbsterkenntnis ist der erste Weg zur Besserung!«

Als Heilsteine sind derzeit folgende Sulfide in Verwendung: Antimonit, Bojis, Chalkopyrit, Covellin, Jamesonit, Markasit, Pyrit und Schalenblende (Sphalerit).

III. Die Mineralien aus der Klasse der *Halogenide* (griech. »halos genes« = »Salz bildend«) sind Abkömmlinge einer Gruppe von Elementen, den Halogenen, zu denen u.a. auch Fluor und Chlor gehören. Die Halogene sind in Reinform Giftstoffe, die sich jedoch sehr leicht verbinden, und dann zu wertvollen Salzen werden (daher der Name). In Verbindung mit Wasserstoff bilden sie z.B. die Flußsäure (Fluorwasserstoff: HF) und die Salzsäure (Chlorwasserstoff: HCl). Beide Säuren sind sehr aggressiv, Flußsäure ist sogar in der Lage, Quarz zu ätzen und Glas aufzulösen. Kommen diese Säuren mit Metallen in Kontakt, so bilden sie transparente Mineralien, wie z.B. Fluorit (CaF_2) oder Steinsalz (NaCl).

Halogenide wirken auflösend, treu den Eigenschaften der Säuren, aus denen sie entstanden sind. So wie sie in der Lage sind, die Metalle, mit denen sie sich verbinden wollen, aus bestehenden Verbindungen herauszulösen, so können sie auch uns helfen, Gebundenheit zu lösen und Verhaftungen zu beenden. Denk-, Verhaltens- und Lebensmuster, die uns nicht mehr fördern, sondern behindern, können mit ihrer Hilfe aufgelöst werden. Dem Salz wurde im Mittelalter nachgesagt, es »treibe die Dämonen aus!« – Und was sind »Dämonen« denn anderes, als Lebensumstände, die nicht wir selbst beherrschen, sondern welche uns beherrschen.

Als Heilsteine aus der Mineralklasse der Halogenide sind derzeit nur Fluorit und Halit (Steinsalz) in Verwendung.

IV. Die Mineralien aus der Klasse der *Oxide* sind Sauerstoff-Abkömmlinge (griech. »oxys genes« = »Säurebildner, Sauerstoff«), sie können prinzipiell überall entstehen, da sich Sauerstoff sowohl im Magma, im Wasser und auch reichlich in der Luft befindet. Diese Mineralbildung vollzieht sich mitunter direkt vor unseren Augen, z.B. bei der Bildung von Rost (Eisenoxid) aus dem Blech unseres Lieblingsautos und Luftsauerstoff. Sauerstoff ist der verbreitetste Mineralstoff der Erde: 50% der festen Erdkruste bestehen aus diesem Element. Die Formel der Oxide endet mit O = Sauerstoff, z.B. Hämatit: Fe_2O_3 = Eisenoxid.

Oxide wirken umwandelnd und überführen instabile in stabile Zustände. Sauerstoff ist das Element, das Verbrennungsvorgänge unterhält: Vom Lagerfeuer bis zur Energiegewinnung in unseren Körperzellen. Dabei werden immer energiereiche und instabilere Verbindungen überführt in energieärmere, jedoch stabilere Verbindungen (aus Holz entsteht Asche). Dort, wo wir also beständig Energie investieren müssen, um einen instabilen Zustand aufrechtzuerhalten, dort werden Oxide ansetzen und diesen Zustand in eine stabile Form umwandeln. Die gebundene (und dadurch fehlende) Energie wird dann frei, und steht uns zur Verfügung. Daher fördern Oxide auch die Vollendung aller »halbfertigen« Vorgänge in unserem Leben, die uns sonst beständig Kraft abziehen.

Als Heilsteine aus der Klasse der Oxide sind vor allem Hämatit, Magnetit und Tigereisen, Alexandrit und Chrysoberyll, Spinell, die Korund-Gruppe mit Rubin und Saphir, die Quarz-Verwandten Obsidian und Opal, und vor allem natürlich die Quarzgruppe selbst in Verwendung; Kristallquarze: Amethyst, Bergkristall, Citrin, Rauchquarz, Rutilquarz und Turmalinquarz; derbe Quarze: Aventurin, Baumquarz, Blauquarz, Prasem, Rosenquarz, Falkenauge und Tigerauge; faserige Quarze: Chalcedon, Chrysopras, Karneol, Heliotrop, Moosachat, Onyx, Sardonyx und versteinertes Holz; körnige Quarze: Jaspis und Mookait; sowie der Achat, der verschiedene Quarze in Lagen in sich vereint.

V. Die Mineralien aus der Klasse der *Carbonate* sind Abkömmlinge der Kohlensäure (von lat. »carbo« = »Kohle«). Kohlensäure (H_2CO_3) ist eine sehr labile Verbindung aus Flüssigkeit (H_2O = Wasser) und Gas (CO_2 = Kohlendioxid), die sich in flüssiger Form sehr leicht zersetzt. Das ist uns ja bekannt beim »Sprudel«, wo beim Öffnen des Deckels das freiwerdende

Kohlendioxid sofort entweicht. Erst durch die Verbindung mit Metallen entsteht Stabilität, d.h. eine feste Bindung. Doch auch hier bleibt eine gewisse Reaktionsfähigkeit erhalten: Carbonate sind selten ein stabiles Endprodukt, eher eine vorübergehende Zwischenstufe, die sich bei Einwirkung neuer Einflüsse weiterentwickelt. Ihre chem. Formel endet mit CO_3 = Carbonat, z.B. Calcit: $CaCO_3$ = Calciumcarbonat.

Carbonate nehmen Einfluß auf Entwicklungsprozesse. Dabei wirken wasserhaltige Carbonate wie z.B. Azurit und Malachit initiierend, d.h. sie regen neue Entwicklungen an. So wie das Kohlendioxid-Gas aus der Flüssigkeit des Sprudels entweicht, so lassen sie unbewußte Inhalte plötzlich ins Wachbewußtsein aufsteigen. »Entwässerte«, trockene Carbonate dagegen stabilisieren Entwicklungsprozesse, die aus dem Gleichgewicht gerieten, weil sie entweder zu schnell (Bsp.: Aragonit) oder zu langsam (Bsp.: Calcit) waren. Das gemeinsame Thema ist in allen Fällen jedoch die permanente Veränderung.

Von den Carbonaten finden derzeit Aragonit, Azurit, Azurit-Malachit, Calcit, Dolomit, Magnesit, Malachit, Rhodochrosit und Smithsonit als Heilsteine Verwendung.

VI. Die Mineralien aus der Klasse der **Sulfate** sind Abkömmlinge der Schwefelsäure (lat. »sulfur« = »Schwefel«). (Nicht zu verwechseln mit den Sulfiden!) Schwefelsäure besteht aus der Verbindung von Wasserstoff mit einen Schwefel-Sauerstoff-Molekül (H_2SO_4) und ist eine sehr dichte Flüssigkeit, die auf Bewegungen viel schwerfälliger reagiert, als z.B. Wasser, und auch kaum flüchtig ist, d.h. sie verdunstet kaum, wenn sie offen aufbewahrt wird. Schwefelsäure-Verbindungen sind sehr stabil und beständig. Das macht sich auch die Pharmazie zunutze, indem z.B. instabile Medikamente als Sulfat auskristallisiert werden, was sie beständiger und haltbarer macht. Die Formel der Sulfate endet mit SO_4 = Sulfat, z.B. Angelit (Anhydrit): $CaSO_4$ = Calciumsulfat.

Sulfate machen beständig. Sie fixieren einen bestimmten Zustand und halten ihn über längere Zeit aufrecht. Außerdem wirken sie isolierend, bilden also einen Schutz gegen äußere Einflüsse. Je nachdem, ob der fixierte Zustand nun angenehm oder unangenehm für uns ist, kann daraus natürlich sowohl Himmel, als auch Hölle für uns entstehen. Auf Entwicklungsprozesse wirken sie hemmend, weshalb sie uns zwar manche Ruhepause verschaffen können, bei längerem Gebrauch jedoch mit Vorsicht zu genießen sind!

Von den Sulfaten finden derzeit Angelit (Anhydrit), Coelestin und Gips in Form von Marienglas und Selenit als Heilsteine Verwendung.

VII. Die Mineralien aus der Klasse der **Phosphate** sind Abkömmlinge der Phosphorsäure (H_3PO_4), deren zentrales Atom das Element Phosphor ist (von griech. »phosphoros« = »lichttragend«). Tatsächlich ist das Phosphat auch in unserem Organismus der Energieträger (s.u.). Darüberhinaus ist Phosphat ein wichtiger »Puffer«, d.h. ein Stoff, der in der Lage ist, sowohl Säuren als auch Basen (Laugen) zu neutralisieren. Die Formel der Phosphate endet mit PO_4 = Phosphat, z.B. Variscit: $AlPO_4$ = Aluminiumphosphat.

Phosphate wirken ausgleichend und mobilisieren Energiereserven. Die Puffer-Wirkung des Phosphats fördert ein neutrales Milieu in unseren Körperflüssigkeiten und sorgt so für gesundheitliche Stabilität und Stimmungsausgleich. Lagert sich außerdem Phosphat in unserem Körper an bestimmte organische Verbindungen an, so wird deren Energieniveau erhöht, wird es davon abgespalten, wird diese Energie wieder frei. Phosphatverbindungen sind daher die Energieträger in unseren Zellen. Angeregt durch die Verwendung von Phosphaten wird daher der Energie-Umsatz erhöht, dadurch werden wir wach, belebt, aktiv und handlungsfreudig.

Als Heilsteine finden aus der Mineralklasse der Phosphate derzeit Apatit, Türkis, Variszit und Vivianit Verwendung.

VIII. Die Mineralien aus der Klasse der **Silikate** sind Abkömmlinge der Kieselsäure ($H_xSi_yO_z$). Kieselsäure ist eine der vielseitigsten Säuren, weshalb ihre Struktur nicht mit einer einzigen Formel wiedergegeben werden kann. Die kleinste Kieselsäure-Einheit besteht aus einem Silicium-Atom, das von vier Sauerstoffen umgeben ist, an welchen wiederum vier Wasserstoffe gebunden sind (H_4SiO_4). Unter Wasser-Abspaltung können sich nun jedoch mehrere dieser Einheiten zu Gruppen, Ketten, Ringen, Schichten und Gerüstformationen verbinden, so daß es im Prinzip nicht nur »eine«, sondern »viele verschiedene« Kieselsäuren gibt.

Bsp.: $2\ H_4SiO_4 \rightarrow H_6Si_2O_7 + H_2O$
          $3\ H_4SiO_4 \rightarrow H_8Si_3O_{10} + 2\ H_2O$ etc...

Silikate besitzen daher vielseitigste Kristallgitter, die eine allgemeine Beschreibung ihrer Eigenschaften unmöglich, weitere Unterscheidungen dagegen dringend notwendig machen:

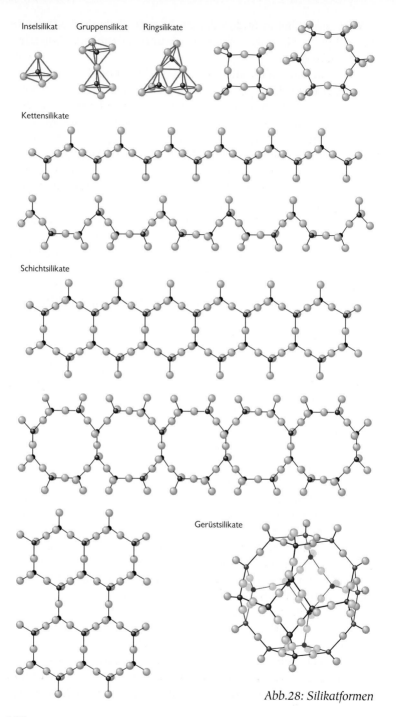

Inselsilikat Gruppensilikat Ringsilikate

Kettensilikate

Schichtsilikate

Gerüstsilikate

Abb.28: Silikatformen

VIII – 1. Das Kristallgitter der **Inselsilikate** beinhaltet einzelne Silikatmoleküle, einzelne Tetraeder wie »Inseln« zwischen den Metall-Ionen. Ihre Formel endet daher mit SiO_4, z. B. Zirkon: $ZrSiO_4$ = Zirkoniumsilikat). Die Bauweise der Inselsilikate bringt sehr kompakte Mineralien mit großer Dichte hervor.

Inselsilikate fördern die Widerstandskraft und den Wunsch, das eigene Leben nach eigenen Vorstellungen zu gestalten. Die einzelnen Silikat-Inseln repräsentieren die Individualität, den Weg, den man alleine geht. Insel-Silikate stärken die Gesundheit und sind Helfer in Krisen und Notlagen, damit wir auch unter großen Belastungen unseren Überzeugungen treu bleiben.

Als Heilsteine sind derzeit folgende Inselsilikate in Verwendung: Andalusit und Chiastolith, Disthen (Cyanit), Dumortierit, die Granatfamilie mit Andradit, Almandin, Hessonit, Grossular, Melanit, Pyrop, Rhodolith, Spessartin, Tsavorit und Uwarowit, sowie Peridot (= Olivin oder Chrysolith), Sillimanit, Sphen (Titanit), Topas und schließlich die Zirkon-Familie mit der Varietät Hyazinth.

VIII – 2. Das Kristallgitter der **Gruppensilikate** beinhaltet paarweise oder zu kleinen Gruppen verbundene Silikat-Moleküle, in der Regel also zwei bis vier aneinanderhängende Tetraeder. Die Endung ihrer Formel läßt sich wie folgt herleiten: Si_nO_{3n+1}, wobei »n« die Anzahl der Silizium-Atome bzw. der Silikat-Tetraeder ist. Bsp.: Prehnit: $Ca_2Al_2[(OH)_2/Si_3O_{10}]$ = Calcium-Aluminium-Hydroxid-Silikat, ein basisches (OH) Gruppensilikat aus drei miteinander verknüpften Silikat-Tetraedern.

Gruppensilikate stärken die Regenerationskraft. Sie bringen Erholung nach Krankheiten und helfen, zurückzufinden zu den ursprünglichen Wünschen, Zielen und Absichten, die uns bewegen. Sie sind hilfreich, wenn wir uns neu orientieren müssen, oder an einem neuen Anfang stehen. Sie regen den Energiefluß in uns und die Geschwindigkeit von Heilprozessen an.

Von den Gruppensilikaten sind derzeit nur Epidot, Prehnit, Vesuvian (Idokras) und die Zoisit-Familie mit Tansanit, Thulit und Zoisit in Verwendung. Die Zoisit-Mineralien enthalten sowohl Inselsilikat-, als auch Gruppensilikat-Moleküle und verbinden daher schön die Eigenschaften beider Klassen.

VIII – 3. Das Kristallgitter der **Ringsilikate** beinhaltet Ringe aus drei bis zwölf zum Kreis geschlossenen Silikat-Tetraedern. Die Endung ihrer Formel lautet Si_nO_{3n}, z. B. Beryll: $Al_2Be_3[Si_6O_{18}]$ = Aluminium-Beryllium-Silikat. Sind diese Ringe im Mineral nun zu »säulenartigen« Strukturen geordnet, werden die Ringsilikate zu sehr guten elektrischen Leitern, sind die Ringe ungeordnet, so entsteht eine »schwammartige« Struktur, die undurchsichtige, opake Mineralien hervorbringt.

Ringsilikate mit Säulenstruktur leiten und lenken Energieflüsse; Ringsilikate mit Schwammstruktur wirken stark absorbierend. Die ersteren können verwendet werden, wenn Energiebahnen unseres Körpers gestört sind, oder wenn allgemein Energiemangel vorliegt. Ringsilikate mit Säulenstruktur wirken belebend, machen aktiv und dynamisch. Ringsilikate mit Schwammstruktur nehmen Energie-Überschüsse auf. Sie wirken beruhigend, ernüchternd und lindern Fieber, Hitze und Schmerzen.

Zu den Ringsilikaten mit Säulenstruktur zählen folgende Heilsteine: Die Beryll-Familie mit Aquamarin, Beryll, Bixbit, Goldberyll, Heliodor, Morganit und Smaragd, sowie Cordierit (Iolith), Dioptas und die Turmalin-Familie mit Dravit (brauner T.) Indigolith (blauer T.), Rubellit (roter T.), Schörl (schwarzer T.), Verdelith (grüner T.) und all ihren bunten Mischkristallen.

Zu den Ringsilikaten mit Schwammstruktur zählen nur die Heilsteine Chrysokoll und Sugilith.

VIII – 4. Das Kristallgitter der *Kettensilikate* beinhaltet zu langen Ketten verbundene Silikat-Tetraeder, deren Formel mit demselben Verhältnis endet, wie bei den Ringsilikaten: Si_nO_{3n}, jedoch wird aufgrund der Länge der Ketten (die oftmals gar nicht genau bestimmbar ist) nur das Mengenverhältnis zwischen Silizium und Sauerstoff angegeben (2:6), wodurch sich Ketten- und Ringsilikat doch an der Formel unterscheiden lassen: Bsp.: Kunzit: $LiAl[Si_2O_6]$ = Lithium-Aluminium-Silikat.

Kettensilikate regen den Energiefluß in uns und die Geschwindigkeit von Heil- und Entwicklungsprozessen an. Sie sorgen für eine ausgeglichene Energieverteilung im Organismus und wirken dadurch auch emotional ausgleichend und harmonisierend. Gleichzeitig verbessern sie die geistige und körperliche Flexibilität und fördern die geistige Ausrichtung auf Ziele und Ideale.

Unter den Kettensilikaten finden die Mineralien Aktinolith und Nephrit, Bronzit, Chromelanit, Diopsid (auch Chromdiopsid), Jadeit, die Spodumenfamilie mit Hiddenit und Kunzit, sowie Rhodonit als Heilsteine Verwendung.

VIII – 5. Das Kristallgitter der *Schichtsilikate* besteht aus Silikat-Tetraedern, die sich zu Flächen verbunden haben. Ihre

Formel endet mit: Si_nO_{2n+2}, z.B. Apophyllit: $KCa_4[F/(Si_4O_{10})_2]$. 8 H_2O = wasserhaltiges Kalium-Calcium-Fluorid-Silikat. Diese Schichten zeigen einen sehr starken Zusammenhalt. Sie sind zwar leicht voneinander zu lösen, aber sehr schwer nur zu durchtrennen. Mit dem Verlauf der Schichten läßt sich ein Schichtsilikat als gut spalten, quer dazu gar nicht!

Schichtsilikate wirken schützend und stärken die Abgrenzung. Sie zeigen tatsächlich quer zur Schichtung eine sehr schlechte Energie- und Wärmeleitfähigkeit (werden daher auch in der Technik als Isolatoren verwendet). Daher sind sie geeignet, von außen auf uns einwirkende Energieformen abzuschirmen, während der Energiefluß in uns selbst unbeeinträchtigt bleibt.

Zu den Heilsteinen unter den Schicht-Silikaten zählen Apophyllit, Biotit, Charoit, Lepidolith und Serpentin.

VIII – 6. Das Kristallgitter der *Gerüstsilikate* bildet dreidimensionale Gerüste aus Silikat-Tetraedern, verbunden meist mit dem Einbau weiterer Mineralstoffe, wie Aluminium (Al), Beryllium (Be) oder Bor (B) ins Silikatgitter. Diese Gitterstrukturen sind zu komplex, um sie auf eine einfache, allgemeingültige Summenformel zu reduzieren. Hierzu muß also im Zweifelsfall mineralogische Fachliteratur zum betreffenden Stein zu Rate gezogen werden.

Gerüstsilikate wirken als Filter, der bestimmtes aufnimmt und anderes reflektiert. Ihre dreidimensionale Struktur wirkt entweder absorbierend und bringt dann opake Mineralien hervor, die ähnliche absorbierende Eigenschaften zeigen, wie die »ungeordneten« Ringsilikate. Sie wirken ebenfalls beruhigend, ernüchternd und lindern Fieber, Hitze und Schmerzen. Hierzu gehören die Heilsteine Amazonit (Feldspat-Familie), Lapislazuli und Sodalith.

Bleibt das Mineral transparent, so ergeben sich oft Teil-Absorptionen und Lichtreflexionen, die zur Folge haben, daß unsere Wahrnehmung verändert wird: Unser »gewohnter Filter« wird neu eingestellt: Plötzlich werden unsere Wertungen anders, wir betrachten die Welt »mit neuen Augen« und erlauben uns, neue Perspektiven einzunehmen, die wir bisher nicht für möglich hielten. Gerüstsilikate fördern die Erweiterung unseres Horizonts. Zu diesen Heilsteinen gehören die Mineralien Goldorthoklas, Labradorit, Mondstein und Sonnenstein (alles Feldspat-Familie).

Der Mineralstoffwechsel

Das zweite wichtige Wirkungsspektrum der Mineralstoffe begründet sich in ihrer unmittelbaren Wirkung auf unseren Organismus. Viele Mineralstoffe haben in unserem Körper wichtige Schlüsselfunktionen inne: Sie sind notwendig bei der Bildung vieler Enzyme, das sind Stoffe, die chemische Prozesse im Körper ermöglichen und steuern, und regulieren damit unseren gesamten Stoffwechsel. Außerdem spielen einige eine wichtige Rolle bei der Reizleitung unserer Nerven, also bei der Weiterleitung von Sinneseindrücken, in der Tätigkeit unseres Gehirns und bei der Steuerung der Muskel- und Organfunktionen. Auch die Regulierung des Wasserhaushaltes hängt unmittelbar mit ihnen zusammen, damit auch die Qualität des Blutes und der Körperflüssigkeiten.

Mineralstoffe können vom Körper nicht selbst gebildet werden, sondern müssen mit der Nahrung aufgenommen werden. Man könnte sie als die »anorganischen Vitamine« bezeichnen – lebenswichtige Stoffe, deren kontinuierliche Zufuhr von außen immer gewährleistet werden muß. Mineralstoffmangel kann also entstehen, wenn entweder zuwenig Mineralstoffe in der Nahrung enthalten sind, z.B. durch Fehlernährung mit der sog. »Zivilisationskost« aus Fast-Food (Beinahe-Essen) und Konserve, oder wenn der Dünndarm die notwendigen Mineralstoffe nicht aufnimmt! Das letztere ist dabei der weitaus häufigere Fall!

Unser Dünndarm ist ein sensibles Organ. Belastungen durch permanente Fehlernährung setzen ihm genauso zu, wie emotionale Spannungen, Horrorvisionen oder negative Lebenseinstellungen, schlicht: eine ungesunde Lebensqualität. Durch diese Einflüsse wird er in seiner Funktion, Vitamine, Nähr- und Mineralstoffe aufzunehmen, deutlich beeinträchtigt. Solange er ungestört arbeiten kann, besitzt der Dünndarm ein diffiziles System vieler biochemischer Mechanismen, die dafür zuständig sind, daß genau jene Stoffe ins Blut aufgenommen werden, die der Körper benötigt, während alle überflüssigen oder gar schädlichen Stoffe möglichst draußen bleiben. Unter der o.g. Belastung jedoch geraten diese Mechanismen »durcheinander«: Dringend benötigte Stoffe werden plötzlich nicht mehr aufgenommen, andere dagegen im Übermaß. Zwar können die Nieren den Überschüssen oft noch entgegensteuern, in dem sie die entsprechenden Stoffe vermehrt ausscheiden, doch wo zuwenig aufgenommen wurde, entsteht ein Mangel, der körpereigene Reserven allmählich aufbraucht und auf Dauer nicht ausgeglichen werden kann!

Die Folgen sind zu Beginn eher unauffällig, zeigen sich zunächst in bestimmten wiederkehrenden Gedanken, Ideen, Gefühlen, Stimmungen und Emotionen, Müdigkeit oder Überaktivität und Nervosität, und erst allmählich dann in gravierender werdenden körperlichen Erscheinungen bis hin zu physischen Erkrankungen. Speziell die Folgen von Mineralstoffmangel können überall auftreten, was die o.g. Darstellung der Funktionsbereiche von Mineralstoffen zweifelsfrei zeigt. Hier hat sich nun gezeigt, daß Mineralien, die bestimmte Mineralstoffe enthalten, deren Aufnahme im Dünndarm und ihren Stoffwechsel im Organismus anregen. Das Problem der Aufnahme-Störungen im Dünndarm kann mit ihrer Hilfe gelöst werden. Solange die Nahrung die notwendigen Stoffe bietet, ist der Körper auch in der Lage, sie in ausreichendem Maße aufzunehmen. Allein schon dadurch fördern Mineralien grundlegend unsere Gesundheit.

Da Mineralien jedoch alle Stoffwechselfunktionen anregen, die mit dem entsprechenden Mineralstoff verknüpft sind, wird auch die Ausscheidung überflüssiger oder schädlicher Stoffe aus dem Organismus aktiviert. So können typische Reiz- und Vergiftungserscheinungen bis hin zu allergischen Reaktionen gelindert werden. Dieser Aspekt ist sehr wichtig, da der Steinheilkunde somit Möglichkeiten offenstehen, auch Mineralien, deren Mineralstoffe im menschlichen Organismus nicht vorhanden sind, zu Heilzwecken einzusetzen.

Säuren und Basen

Mineralien entstehen selten direkt aus den reinen Elementen. Meist bilden sich zunächst Säuren und Basen (auch Lauge genannt), aus deren Reaktion dann das Mineral entsteht. Säuren und Basen entstehen aus der Verbindung eines Mineralstoffs mit Wasser (H_2O), das dabei in die Ionen H^+ und OH^- gespalten wird ($H2O \rightarrow H^+ + OH^-$). Enthält die entstehende Verbindung nun H^+ – Ionen bzw. ist sie in der Lage, diese abzugeben, so spricht man von einer Säure, z. B.:

$$\text{Salzsäure HCl} \rightarrow H^+ + Cl^-$$
$$\text{Kohlensäure } H_2CO_3 \rightarrow 2\,H^+ + CO_3^{2-}$$
$$\text{Phosphorsäure } H_3PO_4 \rightarrow 3\,H^+ + PO_4^{3-}.$$

Enthält die entstehende Verbindung nun OH^--Ionen, oder ist sie in der Lage H^+-Ionen aufzunehmen und zu binden, so spricht man von einer Base oder Lauge, z. B.:

Natronlauge $NaOH + H^+ \rightarrow Na^+ + H_2O$
gelöschter Kalk $Ca(OH)_2 + 2 H^+ \rightarrow Ca^{2+} + 2 H_2O$

Die Reaktion einer Säure mit einer Lauge nennt man Neutralisationsreaktion, da ein neutraler Stoff entsteht, wenn beide in entsprechender Menge vorliegen:

Natronlauge + Salzsäure $\rightarrow$ Kochsalz + Wasser:
$NaOH$ + HCl $\rightarrow$ $NaCl$ + H_2O.

Die Natur ist kein steriles Labor. Daher geschieht es hier selten, daß Säuren und Basen sich in exakt der Menge begegnen, die zur völligen Neutralisierung notwendig wäre. Meist bleibt eines von beidem in einem gewissen Maß übrig und wird oftmals dann mit in das Kristallgitter des entstehenden Minerals eingebaut. Dadurch erhält das Mineral einen sauren oder basischen Charakter. Saure Mineralien neigen dazu, transparent oder durchsichtig zu werden, basische dagegen sind eher dunkel und undurchsichtig (opak).

Dieser Charakter eines Minerals ist für die Heilkunde sehr wichtig, da es auch in unserem Organismus eher saure (Magen), basische (Dünndarm) oder neutrale Bereiche (Blut) gibt. Mineralien wirken nun entsprechend ihrem Charakter auf das Milieu der Körperflüssigkeiten ein, machen diese entweder saurer oder basischer. Das entscheidet u. a. auch darüber, welche Krankheiten im Körper überhaupt entstehen können, da diese meist ein bestimmtes Milieu zum »Gedeihen« benötigen. Rheumatische Erkrankungen oder Viren benötigen z. B. ein saures, Bakterien ein neutrales und Pilze ein basisches Milieu.

Außerdem korrespondiert auch unser Seelenleben mit dem Milieu der Flüssigkeiten. Nicht umsonst leitet sich das Wort »Humor« von lat. »humor« = »Feuchtigkeit« und das Wort Temperament von lat. »temperamentum« = »das richtige Mischungsverhältnis« her, unter welchem im Mittelalter die »Mischung der vier Körpersäfte« verstanden wurde, denen die Temperamente »cholerisch, sanguinisch, melancholisch und phlegmatisch« entsprechen. Tatsächlich fördert ein saurer Stoffwechsel eher das cholerische (man ist sauer!), ein basischer Stoffwechsel eher das phlegmatische Temperament. Dementsprechend sind auch saure Mineralien eher anregend, basische eher beruhigend.

Besonders interessant sind deshalb Stoffe, wie z. B. Phosphate, die in der Lage sind, sowohl H^+-Ionen aufzunehmen, als auch abzugeben. Sie werden Puffer genannt, da sie Säuren und Basen lange Zeit im Gleichgewicht halten können:

$$NaH_2PO_4 + OH^- \rightarrow NaHPO_4^- + H_2O$$
Pufferreaktion bei Basenzufuhr
$$NaH_2PO_4 + H^+ \rightarrow H_3PO_4 + Na^+$$
Pufferreaktion bei Säurezufuhr

Aufgrund dieser Eigenschaft stabilisieren Mineralien, die Puffer enthalten, das Säure-Basen-Gleichgewicht im Körper, und fördern den Ausgleich der Emotionen und des Temperaments.

Das Wirkungsprinzip der Mineralstoffe

Die Aufnahme und der Stoffwechsel von Mineralstoffen, die eine wichtige Funktion in unserem Organismus besitzen, wird durch Mineralien angeregt, die dieselben Mineralstoffe enthalten. Dadurch werden Mangelerscheinungen behoben und die Organfunktionen verbessert.

Mineralstoffe, die im Organismus überflüssig oder schädlich sind, werden unter dem Einfluß jener Mineralien, die dieselben oder ähnliche Stoffe enthalten, vermehrt ausgeschieden. Dadurch wird die Entschlackung und Entgiftung angeregt, was Reiz- und Vergiftungserscheinungen sowie allergische Reaktionen lindert oder heilt.

Der saure oder basische Charakter eines Steins beeinflußt das Milieu der Körperflüssigkeiten in entsprechender Weise. Da sowohl körperliche Erkrankungen als auch seelisches Empfinden direkt mit dem Milieu der Körperflüssigkeiten korrespondieren, beeinflussen Mineralien so die allgemeine Krankheitsneigung, die Emotionen und das Temperament.

Diese beiden Prinzipien bleiben jedoch nicht auf den Körper allein begrenzt. So wie geistige und seelische Einwirkungen das körperliche Befinden beeinflussen, so stimulieren auch physische Veränderungen bestimmte Emotionen, innere Bilder, Gedanken und Absichten. »Wie oben, so unten – wie innen, so außen«, so lautet die uralte hermetische Weisheit, die auch hier erneut ihre Gültigkeit beweist:

Mineralstoffe aktivieren ebenfalls das seelische und geistige Erleben, fördern auch hier die notwendigen Aufnahmeprozesse, die innere »Verdauung«, sowie die »Ausscheidung« von Gedanken, Ideen, Bildern, Stimmungen und Emotionen, die uns belasten oder schaden. Ob ein Mineral nun primär auf der körperlichen, der seelisch-mentalen oder der geistigen Ebene wirksam wird, das entscheidet ein wichtiger Faktor: Die Menge des im Mineral enthaltenen Mineralstoffs.

Das Prinzip der Verdünnung

Unterschieden wird hierbei in »große oder häufige« Mengen, »geringe« Mengen oder sog. »Spurenbestandteile«. Je größer die Menge eines Mineralstoffs im Mineral, desto umfassender ist seine Wirkung, sie reicht von der stofflichen bis zur geistigen Ebene. Je geringer die Menge und je feiner seine Verteilung ist, desto mehr werden ausschließlich feinstoffliche oder geistige Wirkungsebenen erreicht. Diese Einteilung hilft zum einen, das für die jeweilige Situation passende Mineral präziser auswählen zu können, zum anderen zeigt sie auch, auf welcher Ebene die erste Reaktion auf die Anwendung des Minerals hin zu erwarten ist. Die Betonung liegt hier auf »erste Reaktion«, da letztendlich alle Ebenen miteinander korrespondieren und im Laufe der Zeit ja gerade die ganzheitliche Heilung erreicht werden soll.

Von einem *häufigen* Bestandteil spricht man, wenn der betreffende Mineralstoff (X) tatsächlich mengenmäßig so stark im Mineral vertreten ist, daß er zu den »mineralbildenden Stoffen« zählt und auch in der chemischen Formel dargestellt wird (X_nY_m). Rosenquarz (SiO_2) z. B. enthält Silizium und Sauerstoff als häufige Bestandteile. Die Mineralogie zählt in der Formel nicht alle im Mineral enthaltenen Stoffe auf, da jedes Mineral eine Vielzahl von Einschlüssen und sog. »Fremdstoffen« enthält, deren Einbeziehung zu verwirrend wäre. Diesen Umstand kann die Steinheilkunde sich nun zunutze machen, um an der Formel sofort festzustellen, welche Mineralstoffe »häufig« vorhanden sind. Deren Wirkung erfolgt dann primär über den Körper, entsprechend dem Vorkommen im eigenen Stoffwechsel bzw. der momentanen Belastung durch Gift- oder Schlackenstoffe, schließt jedoch seelisch-mentale und spirituelle Wirkungen mit ein.

Von einem *geringen* Bestandteil spricht man, wenn der Mineralstoff (Z) so gering im Mineral vertreten ist, daß er nicht mehr zur Formel zählt, jedoch noch gut nachweisbar ist. Auch hier gibt es eine entsprechende Einteilung aus der Mineralogie: »Gut nachweisbar« bedeutet, daß der Stoff über chemische

Analysen identifizierbar ist. Er muß also mengenmäßig noch ausreichend vorhanden sein, um energetisch wirksam zu werden und chemische Reaktionen auszulösen. Da diese geringen Bestandteile in der gängigen mineralogischen Literatur leider nur selten Erwähnung finden, werden sie bei den chemischen Formeln der Steine in diesem Buch wie folgt hinzugefügt: $X_n Y_m + Z$. Rosenquarz (SiO_2 + Fe) enthält z. B. Eisen in geringen Mengen. Dessen Wirkung erfolgt dann primär über den seelisch-mentalen Bereich. Dabei zeigen sich für jeden Mineralstoff typische emotionale, mentale (das Denken betreffende) und auch spirituelle Eigenschaften.

Ein Bestandteil ist **nur in Spuren** vorhanden, wenn die Menge des Mineralstoffs (A) nur an der Nachweisbarkeitsgrenze vorhanden ist. »Nachweisbarkeitsgrenze« bedeutet, daß viele chemische Methoden diesen Stoff nicht mehr identifizieren können, er also nur mithilfe moderner physikalischer Anlagen (Spektralanalyse, Röntgenfluoreszenz-Analyse, Elektronen-Sonde etc.) noch aufgespürt werden kann. Trotzdem sind diese Stoffe oft von großer Bedeutung, da es mitunter gerade diese Spurenbestandteile sind, die verantwortlich sind z. B. für die Farbe eines Steins. In der älteren mineralogischen Literatur finden wir oft gar keine Hinweise auf diese Mineralstoffe, da erst die vergangenen Jahre manche Entdeckungen mit sich brachten. Die Spurenbestandteile sind daher in diesem Buch ebenfalls den chemischen Formeln hinzugefügt: $X_n Y_m + (A)$. Wiederum das Beispiel Rosenquarz: SiO_2 + Fe + (Mn), in dem als Spurenbestandteil Mangan enthalten ist. Die Wirkung erfolgt hier nur über die geistige (spirituelle) Ebene durch Veränderung der Lebens-, Gedanken- und Verhaltensmuster, der geistigen Strukturen und des Charakters.

Die Heilwirkungen der Mineralstoffe

Die im folgenden aufgezählten Wirkungen lassen sich beobachten, wenn ein Mineral am Körper (ideal: Hautkontakt) getragen wird, das den angesprochenen Mineralstoff enthält. Auf keinen Fall dürfen die hier angegebenen Eigenschaften auf den reinen chemischen Stoff ungeprüft übertragen werden. Und ebenfalls ist von einer inneren Einnahme vieler Mineralstoffe abzuraten, da sie in höheren Dosierungen als Gift genau das Gegenteil der erwünschten Wirkung hervorrufen können. Eine gesunde, vollwertige Ernährung bietet dem Körper die benötigten Mineralstoffe zur Genüge und auch in genau der Form, wie es der Organismus verarbeiten kann: Organisch gebunden. Um die hier gewünschten Wirkungen zu erzielen, genügt es, das entsprechende Mineral zu tragen!

Zur Identifikation des Mineralstoffs in der chemischen Formel eines Minerals wird nochmals das chemische Kürzel angegeben. Für chemisch Interessierte zudem die Zahlen der positiven oder negativen Ladungen des Elements in den Ionenbindungen der Mineralien.

Aluminium (Al^{3+})

Körperlich: Aluminium fördert basischen Stoffwechsel. Es lindert so alle Leiden, die durch Übersäuerung entstehen (z. B. Rheuma und Gicht) oder vermindert z. B. übermäßige Säurebildung im Magen. Es unterstützt die Aufnahme von Eisen im Darm und normalisiert die Leitfähigkeit der Nerven. Dadurch hilft es bei Schwächezuständen, verlangsamter Wahrnehmung und Bewegung, ja selbst bei Lähmungen.

Seelisch/mental: Aluminium wirkt stark beruhigend bei Nervosität, Ängsten und Schuldgefühlen. Typische Indikation ist das Gefühl, verrückt zu werden. Es fördert die Fähigkeit, Gefühle auszudrücken, sowie Verhaltensmuster des Festhaltens und der Zurückhaltung abzulegen. Aluminium fördert den Wunsch nach Abwechslung und Veränderung.

Spirituell: Aluminium hilft bei Identitätsverlust, wiederzuentdecken, wer man ist und wo die eigene Aufgabe im Leben liegt. Es fördert Realitätssinn, Nüchternheit und Wachheit im Augenblick. Aluminium hilft, die Verführungen unserer modernen Illusionswelten als solche zu erkennen und zu handhaben.

Antimon (Sb^{3+})

Körperlich: Antimon fördert die Verdauung und lindert Magenbeschwerden, insbesondere Sodbrennen, Übelkeit und Erbrechen. Es hilft bei Hautkrankheiten, bei trockener, rissiger Haut, Ausschlägen aller Art, Ekzemen und dauerndem Juckreiz. Antimon reguliert die Ausscheidung über Haut und Darm.

Seelisch/mental: Antimon fördert sachliches, logisch-rationales Denken und hilft, Ärger, Verdruß, Unzufriedenheit, Trauer und belastende Gefühle zu überwinden. Es hilft, sich sentimentalen Gefühlen, Liebeskummer oder Weltschmerz zu entziehen. Antimon dämpft übermäßiges sexuelles Verlangen und hilft, Gewohnheiten aufzugeben, die nur Ersatzbefriedigung für nichterfüllte Wünsche sind (z.B. Essen aus Frust).

Spirituell: Antimon fördert ein schöpferisches, kreatives Dasein. Es erleichtert, der eigenen inneren Stimme zu folgen und begrenzende Vorstellungen zu überwinden. Antimon hilft, daß persönliche Interessen und höhere Ideale in Einklang kommen, das Leben also sinnerfüllt und beglückend wird.

Beryllium (Be^{2+})

Körperlich: Beryllium lindert Allergien, Ekzeme und Geschwüre. Es hilft bei rheumatischen Erkrankungen und Hormonstörungen.

Seelisch/mental: Beryllium fördert Weitsicht, klare Wahrnehmung und Konzentration.

Spirituell: Beryllium hilft, sich Ziele zu setzen, und fördert die Disziplin und Konsequenz, diese Ziele auch zu erreichen.

Blei (Pb^{2+})

Körperlich: Blei fördert die Schwermetall-Entgiftung im Körper und lindert dadurch Erkrankungen von Schadstoffen belasteter Organe, insbesondere des Magens, des Darms, des Bluts und der Nerven. Es hilft bei Austrocknung, Verhärtung (Sklerose), Steinbildung in den Organen, Abmagerung, Muskelschwund und starken, lokalen Schmerzen.

Seelisch/mental: Blei fördert den Lebensmut, insbesondere, wenn man bedrückt ist von einer aussichtslosen persönlichen oder gesellschaftlichen Situation (das Gefühl, alles ist »bleischwer«). Es stoppt Halluzinationen und Wahnideen und hilft aus einschränkenden Gewohnheiten und unterdrückerischen Dogmen.

Spirituell: Blei gibt Struktur im Leben und fördert Selbstbeherrschung, Pflichtbewußtsein, Beständigkeit und Treue.

Bor (B^{3-})

Körperlich: Bor hilft bei vielen Erkrankungen des Magen-Darm-Traktes: Bei Übelkeit, Erbrechen, Krämpfen, Koliken und Durchfall. Es löst energetische Blockaden und führt so Entspannung in diesen Organen herbei. Es lindert Beschwerden der Haut, z. B. bei Kontakt mit Gift- oder Reizstoffen, und des Nervensystems, z. B. bei Epilepsie oder Wahrnehmungsstörungen.

Seelisch/mental: Bor wirkt ausgleichend bei Nervosität und Schreckhaftigkeit, fördert den Gleichgewichtssinn und bewahrt davor, zu stolpern oder Dinge fallen zu lassen. Es hilft bei Panikzuständen und großer Angst, fördert Harmonie und Vertrauen.

Spirituell: Bor hilft, Kontrolle über das eigene Leben zu gewinnen, d.h. das Leben »im Griff« zu haben.

Calcium (Ca^{2+})

Körperlich: Calcium fördert den Zellstoffwechsel, die Stoffaufnahme an den Zellmembranen und die Energiegewinnung in der Zelle. Es ist notwendig zur Bildung der DNS (Träger der genetischen Information) und RNS (Botenstoff, der die genetische Information zur Bildung von Eiweißen, Enzymen und Hormonen überbringt).

Calcium fördert den Aufbau, die Festigkeit und die Flexibilität von Knochen, Zähnen und Gewebe. Es ist wichtig zur Regulierung des Säure/Base-Haushalts und bewirkt die Ausscheidung von Flüssigkeit (Gegenspieler des Natriums). Es fördert die Blutgerinnung (Gegenspieler des Magnesiums).

Schließlich ist Calcium wichtig für die Bildung der Überträgerstoffe in der Reizleitung vom Nerv zum Organ oder Muskel. Es normalisiert den Herzrhythmus und stärkt das Herz.

Seelisch/mental: Calcium fördert die Aufnahmefähigkeit, die Unterscheidungsfähigkeit und das Gedächtnis. Es wirkt emotional stabilisierend, gibt Selbstvertrauen und hilft bei Furcht, insbesondere vor Unglück und Krankheit. Calcium gibt inneren Antrieb bei Lethargie und klärt Verwirrung.

Spirituell: Calcium reguliert die Entwicklung der Persönlichkeit. Es wirkt beschleunigend bei verlangsamter Entwicklung und normalisierend bei übereilten und dadurch chaotischen Entwicklungsprozessen. Calcium fördert geistiges Wachstum.

Chlor (Cl⁻)

Körperlich: Chlor hilft bei Schwächezuständen bis hin zu Ohnmachtsanfällen. Es erhöht den Blutdruck und reguliert die Ausscheidung über die Nieren. Außerdem fördert es die Einlagerung von Wasser im Gewebe, erhöht dadurch dessen Flexibilität (gegen »Steifheit«) und fördert die Entschlackung, den Abtransport von Abbauprodukten der Zellen. Chlor regt die Sekretion der Salzsäure im Magen an und fördert so die Verdauung. Mit Natrium und Kalium reguliert es die Reizleitung der Nerven.

Seelisch/mental: Chlor löst Spannungen und durch Streß, Einengung, Kummer oder Furcht verursachte Erkrankungen. Es macht unempfindlicher gegen äußere Einflüsse, vermindert die Reizbarkeit. Chlor schenkt Ruhe und fördert die Geschicklichkeit.

Spirituell: Chlor bedingt oder fördert eine positive, optimistische Lebenseinstellung. Es hilft, sich selbst freier und innerlich ungebunden zu entfalten.

Chrom (Cr^{3+}, Cr^{4+}, Cr^{6+})

Körperlich: Lindert Diabetes im ersten Stadium, da Chrom das Insulin dabei unterstützt, das Blutzuckergleichgewicht aufrechtzuerhalten und Zucker in den Muskeln zu speichern. Chrom regt den Fettstoffwechsel an, senkt den Cholesterinspiegel und beugt so Arteriosklerose vor. Es wirkt wachstumsfördernd, da es die Bildung des Wachstumshormons beeinflußt.

Chrom wirkt entzündungshemmend, insbesondere bei den inneren Organen Leber, Herz, Magen, Darm und Nieren, sowie bei Infekten der Nase und Nebenhöhlen. Es regt die Entgiftung des Organismus an, entsäuert und fördert Fieber als Heilreaktion. Es reguliert den Energie- und Wärmehaushalt des Körpers und wirkt schmerzlindernd, vor allem bei wandernden Schmerzen oder Kopfschmerzen, verursacht durch Schwächezustände. Chrom hilft, Trübungen der Hornhaut zu klären.

Seelisch/mental: Chrom fördert die seelische Regeneration und Erholung. Es nimmt das Gefühl, unter Druck zu stehen. Der eigene Reichtum der inneren Bilderwelt wird entdeckt, vielseitige Ideen und Begeisterung sind die Folge. Chrom bringt Farbe ins Leben (griech. »chromos« = »Farbe«!).

Spirituell: Chrom fördert den Wunsch nach Selbstbestimmung und Individualität. Es regt an, die eigenen Fähigkeiten zu entdecken und zu entwickeln und die »großen« Lebensträume zu verwirklichen. Chrom fördert alle Prozesse geistiger Heilung.

Eisen (Fe^{2+}, Fe^{3+}, Fe^{4+})

Körperlich: Eisen fördert die Eisenaufnahme im Darm, sowie die Bildung von Hämoglobin und der roten Blutkörperchen. Dadurch gewährleistet es den Transport von Sauerstoff zu den Zellen der Muskeln und Organe, einen guten Energieumsatz und körperliche Vitalität. Es hilft bei Schwäche, Müdigkeit und Kraftlosigkeit. Die Funktionen von Leber, Milz, Darm und Knochenmark werden durch Eisen angeregt. Außerdem fördert es das Immunsystem, in Silikat-Verbindungen überwiegend die unspezifische, als Oxid die spezifische Immunabwehr.

Seelisch/mental: Eisen wirkt anregend bis antreibend, fördert Tatkraft, Initiative, Dynamik, Ausdauer, Willenskraft, Durchsetzungsvermögen und Begeisterungsfähigkeit. Eisen fördert die kriegerische Natur in uns, den Drang zu forschen und zu erobern. Es stärkt Aufrichtigkeit und Ehrlichkeit.

Spirituell: Eisen fördert innere Ruhe und Unanfechtbarkeit. Es reinigt das Bewußtsein von schmerzlichen und unangenehmen Inhalten, bringt Wachsamkeit und vertieft die Meditation. Eisen regt die geistige Verarbeitung von Wahrnehmungen und Erlebnissen an und hilft dadurch, offene Zyklen zu schließen.

Fluor (F^-)

Körperlich: Fluor fördert die Festigkeit der Knochen und Zähne und bessert Steifheit und Gelenkbeschwerden, auch bei Arthritis (Gelenkentzündung). Es fördert die Regeneration von Haut und Schleimhäuten, insbesondere in den Atemwegen und der Lunge. Fluor fördert die Tätigkeit des Nervensystems, insbesondere des Großhirns und hilft, Allergien psychischer Herkunft zu lindern.

Seelisch/mental: Fluor hilft, sich von eingefahrenen Verhaltensmustern, fixen Ideen, »kleinkariertem Denken«, Engstirnigkeit und allgemein verkrampftem Auftreten zu lösen. Es fördert Flexibilität, schnelles Denken, Konzentration und Lernfähigkeit.

Spirituell: Fluor fördert die geistige Freiheit.

Gold (Au)

Körperlich: Gold fördert die Energieverteilung und Vitalität des Körpers. Es erwärmt und fördert die Leistungsfähigkeit des Kreislaufs. Es lindert Beschwerden und Erkrankungen der Geschlechtsorgane, fördert allgemein die Drüsentätigkeit und hilft, Knochen- und Gewebsschäden zu heilen. Gold reguliert die Leitfähigkeit der Nerven.

Seelisch/mental: Gold hilft aus Depressionen, Todesangst und bei starker Selbstmordneigung. Es bringt Lebendigkeit, Geselligkeit und Freude an der Sexualität. Gold fördert das Selbstbewußtsein und das Selbstvertrauen, macht frei von destruktiver Beeinflussung.

Spirituell: Gold bringt unseren innersten Wesenskern ans Licht. Es hilft, dem Leben Sinn zu geben und große Taten und Vorhaben zu verwirklichen. Gold repräsentiert Großzügigkeit und Edelmut.

Kalium (K$^+$)

Körperlich: Kalium verbessert die Löslichkeit fast aller Verbindungen in den Körperflüssigkeiten, beeinflußt dadurch den Stoffaustausch an den Zellmembranen und bestimmt so den Druck in den Zellen und im Blut. Dadurch stimuliert es die Nierenfunktion. Es ermöglicht weiterhin (zusammen mit Natrium) die elektrische Nervenreizleitung, sowie die Muskelerregung und -kontraktion. Besonders die Reizleitung des Herzmuskels wird durch Kalium beeinflußt. Es ist außerdem beteiligt am Transport der Nährstoffe (Traubenzucker) zu den Zellen und wichtig für die Synthese von Eiweiß. Die Zirbeldrüse (Epiphyse) wird durch Kalium in ihrer Funktion, äußere Lichtqualitäten in innere hormonelle Impulse zu »übersetzen«, gefördert.

Seelisch/mental: Kalium hilft, sich von Ängsten, Melancholie, Depressionen und dem Gefühl des Versagens zu befreien. Es fördert Zufriedenheit und Ruhe, vor allem bei Empfindlichkeit gegen Schmerz, Lärm und Unruhe (Geheimtip auch für Morgenmuffel). Kalium fördert das Selbstwertgefühl und beseitigt die Vorstellung, Opfer des Schicksals oder äußerer Anfeindungen zu sein.

Spirituell: Kalium verbessert die Wahrnehmungsfähigkeit, insbesondere die Lichtwahrnehmung. Dadurch fördert es die

Intuition und hilft, Illusionen und Einbildung als solche zu erkennen. Kalium hilft, eine freie Religiosität ohne Dogmen und Unterdrückung zu entwickeln.

Kobalt (Co^{3+})

Körperlich: Kobalt steigert die Bildung der roten Blutkörperchen im Knochenmark durch die Bildung eines Hormons in den Nieren. Es beschleunigt die Reifung und verlängert die Lebensdauer der Blutzellen. Kobalt steigert die Eisenaufnahme im Dünndarm.

Seelisch/mental: Kobalt fördert ähnlich Chrom den Wunsch nach Abwechslung und neuen Erfahrungen. Es weckt Neugier und Lebensfreude, lindert Melancholie und starke Sehnsucht und fördert Witz und List. Nicht von ungefähr wird es nach dem Kobold benannt.

Spirituell: Kobalt hilft, die Sicht zu entwickeln, daß alles Sein geistiger Natur, beseelt und von unsichtbaren Wesenheiten belebt ist. Es fördert die Erkenntnis des geistigen Universums.

Kupfer (Cu, Cu^{2+}, Cu^{3+}, Cu^{4+})

Körperlich: Kupfer fördert die Aufnahme von Eisen im Dünndarm und bewirkt die Umwandlung des gespeicherten Eisens in eine vom Blut zu transportierende Form. Es wirkt als Katalysator bei der Bildung von Hämoglobin mit und ist verantwortlich für die Bildung von Enzymen, die die Blutgefäße elastisch halten. Kupfer fördert die Entwicklung der weiblichen Geschlechtsorgane und lindert Menstruationsbeschwerden.

Kupfer fördert das Zellwachstum, die Zellatmung und die Pigmentierung von Haut und Haaren. Es hat seine stärkste Konzentration in den Organen Leber, Gehirn und Blut, deren Tätigkeit es anregt. Kupfer wirkt fiebersenkend, krampflösend, entzündungshemmend und entgiftend.

Seelisch/mental: Kupfer regt die Traumtätigkeit an und fördert die innere Bilderwelt und den daraus resultierenden inneren Reichtum. Kupfer hilft, die Phantasie zu entwickeln und Verwirrung zu lösen. Es schafft Neutralität und Stimmungsausgleich und fördert freien Gefühlsausdruck. Kupfer ermöglicht, Sinnlichkeit und Sexualität zu leben und zu genießen.

Spirituell: Kupfer fördert den Sinn für Ästhetik und Schönheit, sowie die Entwicklung der Geisteskultur. Es stärkt den Gerechtigkeitssinn und fördert die Freundschaft und Liebe zu allen Wesen.

Lithium (Li^+)

Körperlich: Lithium wirkt blutdrucksenkend und vermindert die Reizleitung sensibler und motorischer Nerven, lindert dadurch auch Unruhe, Zittern und Nervenschmerzen, z.B. bei Ischiasbeschwerden oder Neuralgien. Es senkt den Cholesterinspiegel und beugt Ablagerungen in den Gefäßen und Gelenken vor. Dadurch lindert Lithium auch Nierenbeschwerden, Rheumatismus und Gicht.

Seelisch/mental: Lithium ist allgemein beruhigend, wirkt stark antidepressiv und verbessert das Erinnerungsvermögen. Es fördert das Vertrauen in sich selbst.

Spirituell: Lithium fördert Hingabe und Demut, die Akzeptanz dessen, was unabänderlich ist. Es lehrt, sich beugen zu können und sich trotzdem treu zu bleiben.

Magnesium (Mg^{2+})

Körperlich: Magnesium dämpft die Erregbarkeit der Nerven und Muskeln. Dadurch wirkt es krampflösend und muskelentspannend z.B. bei Migräne, krampfartigen Kopfschmerzen, Gefäßkrämpfen, Magen- und Darmkrämpfen, sowie Gallenkoliken. Es ist der Gegenspieler des Calciums.

Als solcher hemmt es die Blutgerinnung und alle Erregungs- und Sekretionsvorgänge. Es steigert die Durchblutung, dichtet die Gefäßwände ab, erweitert die Herzkranzgefäße und verbessert so die Leistung des Herzmuskels. Magnesium fördert die Festigkeit und Härte der Knochen. Es ist beteiligt am Kohlehydrat-, Fett- und Eiweiß-Stoffwechsel und beugt Gewebs- und Gefäßverkalkung vor.

Seelisch/mental: Magnesium beruhigt und entspannt. Es verleiht ein friedliches Gemüt und wirkt gegen Nervosität, Ängstlichkeit, Hypochondrie, Schizophrenie und dämpft Erregung, Gereiztheit und Aggressivität. Magnesium erhöht die Belastbarkeit.

Spirituell: Magnesium fördert eine lebensbejahende Gesinnung. Es hilft, uns selbst anzunehmen und zu lieben. Dadurch gewinnen wir die Gabe, andere aufzumuntern und zu fördern, allein durch die Atmosphäre, die wir verbreiten.

Mangan (Mn^{2+}, Mn^{3+}, Mn^{4+})

Körperlich: Mangan wirkt schmerzlindernd und stärkt die körpereigenen Abwehrkräfte, indem es Abwehr- und Entgiftungsenzyme aktiviert. Die Fruchtbarkeit wird gefördert, da Mangan die Bildung der Geschlechtshormone stimuliert. Es beeinflußt das Herz und die Herztätigkeit und regt das Wachstum und die Entwicklung des Skeletts an. Mangan fördert den Fettstoffwechsel und senkt den Blutzuckerspiegel. Es hemmt die Aufnahme von Eisen (und umgekehrt).

Seelisch/mental: Mangan fördert die Empfindsamkeit, evtl. auch die Empfindlichkeit. Es bringt Herzenswärme und Herzlichkeit hervor. Mangan läßt seelische Wunden und Verletzungen ausheilen, vermindert Streit, Rachegefühle und Groll, fördert Vertrauen und Zuneigung, sowie inneres Wachstum und Reife.

Spirituell: Mangan fördert das Verständnis der eigenen Realität und der unserer Umwelt. Es regt die Klärung unseres Bewußtseins und unserer Beziehungen an.

Natrium (Na^+)

Körperlich: Natrium reguliert den Wasserhaushalt, bindet Wasser im Körper und steuert so den osmotischen Druck in Zellen und Körperflüssigkeiten. Auf diese Weise steigert es den Blutdruck, regt Stoffwechsel und Kreislauf an und lindert Schwindelgefühle. Natrium regt die Nierenfunktion an und gleicht damit den Säure-Basen-Haushalt aus. Zusammen mit Kalium gewährleistet es die Erregbarkeit von Muskeln und Nerven.

Seelisch/mental: Natrium gibt Struktur. Es bindet freie Energie in festgelegte Ziele, regelmäßige Abläufe und innere Ordnung. Natrium hilft, das eigene Potential und die innere Kraft nicht zu verschleudern, sondern zu kanalisieren. Es hilft, Zustände, Erkenntnisse und innere Bilder festzuhalten und zu bewahren.

Spirituell: Natrium fördert das Traditionsbewußtsein, Beharrlichkeit und Standfestigkeit.

Nickel (Ni^{2+}, Ni^{3+})

Körperlich: Nickel fördert die Aufnahme und Verwertung des Eisens. Es regt die Aktivität der Leber und die Entgiftung des Organismus an. Nickel lindert periodisch auftretende Schmerzen, insbesondere Kopfschmerzen.

Seelisch/mental: Nickel fördert das Gefühl der Geborgenheit in sich selbst und hilft so bei Ängstlichkeit, Traurigkeit und Gereiztheit. Es hilft, belastende Bilder loszulassen, insbesondere auch bei wiederkehrenden Alpträumen. Nickel stärkt die Regenerationskraft.

Spirituell: Nickel fördert die Kreativität und Erfindungsgabe. Nickel hält geistig jung und fördert ein verspieltes Wesen.

Phosphor (P^{3-}, P^{5+})

Körperlich: Phosphor ist Baustein von Knochen und Zähnen. Kalzium kommt stets an Phosphor gebunden vor und wird im Darm nur mit seiner Hilfe aufgenommen. Er ist beteiligt am Aufbau der genetischen Trägersubstanzen DNS und RNS und der Zellmembranen. Dadurch steigert er grundlegend die Regenerationsfähigkeit aller Zellen, Gewebe und Organe. Im Lezithin fördert Phosphor die Gehirnfunktionen und die Nerventätigkeit.

Phosphorverbindungen spielen die Hauptrolle im Energiestoffwechsel aller Zellen. Ohne sie gibt es kein Wachstum, keine Vermehrung, keine Muskelkraft, Wärmeerzeugung oder Sinneswahrnehmung. Besonders das letztere ist wichtig: Phosphor hilft bei vielen Beschwerden der Augen, Ohren und des Geruchsinns. Im Blut bildet Phosphorsäure den Puffer, der den Säure-Basen-Spiegel ausgeglichen hält.

Seelisch/mental: Phosphor wirkt stimmungsaufhellend und aufmunternd bei Müdigkeit, Niedergeschlagenheit und Erschöpfungszuständen. Er gleicht aus bei Ärger und Reizbarkeit und schützt bei Überempfindlichkeit gegen äußere Einflüsse. Wo Gleichgültigkeit und Empfindungslosigkeit bereits als

Schutzmechanismen ausgebildet wurden, bringt Phosphor Offenheit und Anteilnahme.

Spirituell: Phosphor ist der Lichtbringer. Es fördert die Bewußtheit, Wahrnehmung und die hellen Sinne. Phosphor hilft, ein selbstbestimmtes Leben zu verwirklichen.

Sauerstoff (O^{2-})

Körperlich: Sauerstoff ist das Element, das die Verbrennungsvorgänge des Organismus unterhält. Es ist daher der Energielieferant in allen Zellen, Geweben und Organen. Sauerstoff wird aus der Luft über die Lunge aufgenommen, im Blut an Eisen (im Hämoglobin) gebunden transportiert und schließlich an die Zellen abgegeben. Sauerstoff ist daher die Voraussetzung aller Stoffwechselvorgänge.

Seelisch/mental: Sauerstoff bringt Vitalität und Wachheit, fördert die Kreativität und den Wunsch, Ideen Wirklichkeit werden zu lassen. Er bringt erstarrte Gemütszustände wieder in Bewegung und eröffnet so die Möglichkeit zur Veränderung.

Spirituell: Sauerstoff repräsentiert das Lebensprinzip. Er fördert die Lebensfreude und die Fähigkeit, schöpferisch tätig zu sein. Sauerstoff sichert das Überleben im Sinne einer stetigen Weiterentwicklung hin zu optimaleren Lebensbedingungen.

Schwefel (S^{2-})

Körperlich: Schwefel ist der formgebende Baustoff vieler Eiweiße, Enzyme und Hormone. Er ist Bestandteil des Keratins (»Hornstoffs«), eines für die Bildung der Haare, Nägel und obersten Hautschicht wichtigen Eiweiß. Daher entwickelt er Heilwirkungen bei Hautkrankheiten, Schuppenflechte und Pilzinfektionen.

Schwefelverbindungen (Sulfate) sind maßgeblich beteiligt am Aufbau von Bindegewebe und an Entgiftungsprozessen. Daher ist Schwefel auch hilfreich bei Rheumatischen Erkrankungen, Gicht und Leberleiden. Schwefel ist insbesondere ein Gegenmittel bei Schwermetallvergiftungen, fördert Ausscheidungsprozesse und stärkt die Körperabwehr.

Seelisch/mental: Schwefel deckt Unklarheiten, Illusionen und verborgene Bewußseinsinhalte auf. Er klärt Krankheitsbilder, indem er Folgesymptome beseitigt und die ursächliche seelisch/ mentale Symptomatik hervorhebt. Schwefel hilft bei Vergeßlichkeit, Faulheit, Desinteresse und launischem Gemüt.

Spirituell: Schwefel weckt unsere Schattenseiten und hilft, sich ihnen zu stellen und sie zu überwinden. Dann zeigt sich der lichte Kern darin, was uns ermöglicht, das vormals Abgelehnte anzunehmen und zu integrieren.

Silber (Ag, Ag$^+$)

Körperlich: Silber wirkt kühlend und leitet Hitze und Schmerzen ab, typische Indikation ist z. B. Hitzeunverträglichkeit. Es regt das vegetative Nervensystem an, harmonisiert so die Funktion der inneren Organe und fördert die Fruchtbarkeit bei Frauen. Durch den Ausgleich der Organfunktionen werden auch viele vor allem linksseitige Kopfschmerzen aufgelöst. Silber regt die Aktivität der Körperflüssigkeiten an, verbessert die Lichtverträglichkeit der Haut, fördert die Sehkraft und den Gleichgewichtssinn und behebt Schwindelgefühle.

Seelisch/mental: Silber befreit die Emotionen und fördert den Gefühlsausdruck. Es fördert Herzlichkeit und Einfühlungsvermögen. Silber hilft, geistig flexibel zu werden bzw. zu bleiben und sich von Beeinflussungen und Abhängigkeiten zu lösen, vor allem, wenn diese mit dem Gefühl der Hilflosigkeit einhergehen. Phantasie und Vorstellungskraft werden durch Silber angeregt. Mondsüchtigkeit wird gelindert. Silber hilft, auch auf der psychischen Ebene Kontrolle und Balance zu bewahren.

Spirituell: Silber fördert die empfängliche, mediale Seite des Wesens. Es fördert den Gemeinschaftssinn und das Interesse an überlieferten und traditionellen Werten. Silber fördert die Fähigkeit, Lichtqualitäten wahrzunehmen und den inneren Lebensrhythmus mit den Zyklen der Natur abzustimmen.

Silicium (Si^{4+})

Körperlich: Silicium stärkt die Haut mit Haaren und Nägeln und festigt das Bindegewebe und die Knochen, letztere indem es den Calcium-Stoffwechsel anregt. Es unterstützt die Immunreaktionen in Blut und Körperflüssigkeiten und fördert die

Tätigkeit von Lymphknoten, Milz und Lunge. Besonders hilfreich ist es bei ständiger Erkältungsneigung.

Silicium wirkt anregend auf Zellstoffwechsel und die Zellteilung, fördert dadurch die Wundheilung, verhindert Narbenbildung und beugt allgemein der Alterung vor. Es verbessert die Elastizität der Blutgefäße und wirkt entzündungshemmend. Silicium stärkt die Sinnesorgane.

Seelisch/mental: Silicium macht warmherzig. Es fördert ein inneres Wohlgefühl, das unabhängiger macht von äußeren Annehmlichkeiten. Daher wirkt es auch gegen Ängstlichkeit, Überempfindlichkeit und Erschöpfung. Silicium gibt innere Stabilität, Sicherheit und Entschlossenheit. Es hilft, fixe Ideen loszulassen und sich für Inspirationen und neue Anregungen zu öffnen.

Spirituell: Silicium hilft, in allen Situationen geistesgegenwärtig zu sein. Es fördert die Fähigkeit, sich einzufügen in die Gesetzmäßigkeiten des physikalischen und geistigen Universums und im Einklang damit schöpferisch zu wirken.

Strontium (Sr^{2+})

Körperlich: Strontium ist mit Calcium verwandt, geht jedoch stärkere, nicht mehr lösbare Verbindungen ein, wirkt daher stofflich im Körper schädigend. Im Mineral wirkt es daher auflösend bei Verhärtungen in Knochen, Geweben und Organen, auch bei Gefäßverengungen. Strontium hilft bei Nervenentzündungen und Operations-Schock, löst chronische Verspannungen und beschleunigt die Heilung von verstauchten Gelenken.

Seelisch/mental: Strontium lindert das Gefühl von Enge, auch Erstickungsgefühle. Es bringt Erleichterung, wenn alles im Leben in Unordnung scheint. Es hilft, Ohnmachtsgefühle zu überwinden und Zuversicht zu gewinnen.

Spirituell: Strontium hilft, gesunde geistige Strukturen zu errichten, die das Leben stabilisieren, ohne es einzuengen.

Titan (Ti^{4+})

Körperlich: Titan hat eine höchste Konzentration in Muskeln und Knochen. Dort unterstützt es das Größenwachstum und die aufrechte Haltung. Es wirkt außerdem entzündungshemmend, insbesondere bei Schnupfen, Bronchitis, Lungen- und Nierenentzündung. Titan stärkt weiterhin das Herz und die Regenerationsfähigkeit des Organismus.

Seelisch/mental: Titan wirkt aufmunternd und befreiend bei Engegefühl, Angst und Unterdrückung. Es fördert eine erfüllte Sexualität, hilfreich insbesondere bei Potenzproblemen und vorzeitigem Samenerguß.

Spirituell: Titan vermittelt Aufrichtigkeit, Unabhängigkeit und geistige Größe.

Vanadium (V^{5+})

Körperlich: Da Vanadium selbst ein starkes Reizgift ist, wirkt es im Mineral entzündungshemmend, insbesondere bei Hauterkrankungen, Augenleiden (z. B. Hornhaut- oder Bindehautentzündung) und entzündlichen Erkrankungen der Atemwege.

Seelisch/mental: Vanadium hilft, Gefühle frei auszudrücken und Zurückhaltung abzulegen.

Spirituell: Vanadium ermöglicht es, destruktive Einstellungen in eine konstruktive Lebensweise zu transformieren.

Wismut (Bi^{3+})

Körperlich: Wismut wirkt desinfizierend und zusammenziehend, wird daher bei Verletzungen und zur Wundheilung verwendet. Es fördert im Mineral die Regeneration der Schleimhäute, ist daher auch bei Gastritis und Magengeschwüren hilfreich.

Seelisch/mental: Wismut fördert die kindliche Unbefangenheit und eine spielerische Lebenseinstellung. Es hilft, unser irdisches Dasein zu akzeptieren, wenn starke Aversionen dagegen vorhanden sind und das Gefühl vorherrscht, einsam und auf diesem Planeten nicht zuhause zu sein.

Spirituell: Wismut hilft, durch äußere Einflüsse gestoppte geistige Entwicklungen wiederaufzunehmen und zuende zu führen.

Zink (Zn^{2+})

Körperlich: Zink aktiviert verschiedenste Hormone und Enzyme. Es verbessert daher die Insulinwirkung und lindert Diabetes, unterstützt das Abwehrsystem und fördert die Ausschüttung der Wachstums- und Keimdrüsenhormone. Die Funktion der männlichen Geschlechtsorgane (Bildung der Samenbläschen) wird angeregt, Prostataleiden und Beschwerden der Eierstöcke werden gelindert.

Zink regt außerdem die Entwicklung des Gehirns und der Sinneswahrnehmung an. Es ist sehr wichtig für die Augennetzhaut (Dämmerungssehen), sowie den Geruchs- und Geschmackssinn. Es fördert Regeneration und Wundheilung, die Knochenbildung und die Verhornung der Oberhaut, der Haare und Nägel. Zink schützt den Organismus vor Schadstoffen und Strahlung.

Seelisch/mental: Zink fördert die Entwicklung der Intelligenz (des abstrakten Denkens). Es hilft gegen Erschöpfung, Schwäche, Mutlosigkeit und Ängstlichkeit, bei Unruhe in den Beinen, Konzentrationsmangel und schlechtem Schlaf. Insbesondere bei Schwierigkeiten, einzuschlafen, weil einem andauernd zu viele Gedanken und Ideen in den Sinn kommen. Zink fördert die Spontaneität und Intuition.

Spirituell: Zink initiiert große Veränderungen im Leben. Es bricht veraltete Strukturen auf und hilft dabei, diese Umwälzungen sinnvoll zur Gestaltung besserer Lebensumstände zu nutzen. Es bringt Idealismus und intensiviert unser Leben. Zink fördert die Fähigkeit, zu kommunizieren.

Zinn (Sn^{4+})

Körperlich: Zinn fördert die Entwicklung und Tätigkeit des Großhirns und harmonisiert das Nervensystem. Es fördert die Heilung von Spasmen, Schwächezuständen und Lähmungen, die auf ein gestörtes Nervensystem zurückzuführen sind. Zinn hilft insbesondere bei chronischen Beschwerden, vor allem im Bereich der Atemwege, in zweiter Linie auch bei Leber- und Gallenleiden (Koliken). Zinn steuert den Geschmackssinn.

Seelisch/mental: Zinn fördert die Konkretisierung gefühlsmäßiger Empfindungen. Es hilft, Erspürtes mit Worten zu formulieren. Zinn fördert Begeisterung, Toleranz, Vertrauen, freundliche Gesinnung und gibt den Mut, die alltäglichen Schwierigkeiten zu meistern. Es löst Trauer in Erleichterung auf.

Spirituell: Zinn regt an, den eigenen Lebenstraum zu verwirklichen. Es wirkt inspirierend und bringt unsere innersten Veranlagungen hervor. Zinn bringt Geselligkeit und Gastfreundschaft. Es fördert die musischen Talente, insbesondere das Musizieren.

Zirkonium (Zr^{4+})

Körperlich: Zirkonium wirkt krampflösend, insbesondere bei Menstruationsbeschwerden, die mit einer Verzögerung der Monatsregel einhergehen. Es regt die Syntheseprozesse der Leber an.

Seelisch/mental: Zirkonium hilft, sich von materiellen Sorgen und Verhaftungen zu befreien und unterdrückte und zurückgehaltene Ängste loszulassen. Es fördert symbolisches und bildhaftes Denken und bringt tiefe Erkenntnisse im Traum.

Spirituell: Zirkonium erinnert an den Sinn unseres Daseins. Es hilft, eine geistige Sicht der Dinge zu entwickeln und die Scheinwerte des Materialismus als solche zu durchschauen.

Die Anwendung der Mineralstoffe

Der Mineralstoffgehalt eines Edelsteins oder Minerals entwirft schon ein sehr deutliches Bild von dessen Heilwirkungen. Welche Aspekte im Einzelfall nun jedoch in den Vordergrund treten, wird von der jeweiligen Übereinstimmung mit den Eigenschaften aus Bildungsprinzip und Kristallstruktur bestimmt. Ein Mineral kann ja aus einer Vielzahl von Mineralstoffen zusammengesetzt sein. Davon werden bei einer heilkundlichen Anwendung meist jedoch nur jene wirksam, die wir von unserer körperlichen, seelischen, mentalen oder geistigen Situation her tatsächlich benötigen. Die vorherige Betrachtung der Lebenssituation (Bildungsprinzip) und des Lebensstils (Kristallstruktur) sind daher bei der Wahl des passenden Steins auf jeden Fall sinnvoll.

Ist dies nicht möglich, oder soll das Mineral in erster Linie aufgrund seiner stofflichen Eigenschaften verwendet werden, empfiehlt sich folgende Vorgehensweise:

1. Die Ermittlung der passenden Mineralklasse hilft, im Vergleich mit dem momentan zentralen Lebensthema (siehe dort) eine Vorauswahl zu treffen.

2. Die Entsprechung des sauren bzw. basischen Charakters mit dem persönlichen Temperament hilft, die erste Auswahl weiter einzugrenzen.

3. Der Grad der Verdünnung definiert dann, ob im folgenden gezielt nach Mineralstoffen häufiger oder geringer Konzentration, bzw. nach Spurenbestandteilen geforscht werden muß.

4. Die Mineralstoffe selbst zeigen schließlich die wesentlichen Eigenschaften der in Frage kommenden Mineralien. Das passendste kann nun ausgewählt werden.

Dieses Mineral – und es empfiehlt sich, tatsächlich nur ein einziges auszuwählen – sollte nun möglichst mehrere Wochen getragen werden. Da es sich bei der Wirkung der Mineralstoffe um substantielle Veränderungen auf allen Ebenen handelt, wird ein gewisser Zeitraum benötigt. Beendet kann die Anwendung des Minerals in dem Moment werden, wo das ursprüngliche Problem eindeutig gelöst ist oder wenn plötzlich eine Aversion gegen weiteres Tragen zu spüren ist.

Sollte sich keinerlei Veränderung zeigen, so empfiehlt es sich, auf ein anderes Mineral mit demselben Mineralstoff zurückzugreifen oder zu überprüfen, ob nicht ein anderer, ähnlicher Mineralstoff der besser passende ist.

Sollte es schließlich vom ausgewählten Mineral mehrere Farbvariationen geben, so kann das folgende Kapitel helfen, auch hier die richtige Wahl zu treffen.

1.4 Die Farbe der Mineralien

Es ist schon eigentümlich, daß aus dem Inneren der Erde, dem vermeintlichen ewigen Dunkel, so farbenprächtige Dinge wie Mineralien und Edelsteine hervorgebracht werden. Gerade das faszinierte die Menschen zu allen Zeiten, zumal die Mineralien in ihrer Farbenpracht den Blumen und Blüten keineswegs nachstehen. Im Gegenteil: Während jene vergänglich sind, welken und zerfallen, ist die Farbe edler Steine (meistens) unvergänglich. Ebenso, wie die früher unerklärlichen Formen der Kristalle, wurde auch die Farbe als unmittelbar göttliche Erscheinungsform betrachtet. Unzählige mythologische Betrachtungen, Zuordnungen zu Elementen und Kräften, sowie mannigfache Wirkungen wurden den Farben zugeschrieben.

Die Moderne zerstörte auch diesen Märchenschleier. Heute gelten Farben als spezifische Spektren des Lichts und sind definiert als Strahlung mit in einer bestimmten Frequenz und Wellenlänge. Sie werden analysiert in Farbton, Sättigung und Helligkeit, eingeteilt in das Farbsystem DIN 6164, können jederzeit in jeder Variante produziert werden, und sind einfach nichts Besonderes mehr. Oder doch? – Wenn im Frühjahr das Grün der Bäume hervorbricht, dann ist das nicht nur ein Farbton, sondern ein Erlebnis! Wenn wir ein harmonisches Bild in leuchtenden Farben betrachten, wird dieses nicht nur mit dem Auge, sondern unserer ganzen Seele empfunden. Und wenn Sie jemand beobachten, der einen funkelnden Edelstein ins Licht der Sonne hebt, dann können Sie selbst in Greisengesichtern plötzlich wieder leuchtende Kinderaugen sehen!

Das soll vorausgeschickt sein, bevor wir uns der physikalisch-wissenschaftlichen Seite der Farben zuwenden. Farben sind ein Erlebnis, dessen Tiefe Gefahr läuft, gemindert zu werden, wenn zu viele Worte darüber verloren werden. Farben gehören zur Realität der Seele, weniger zu der des Verstandes, daher versuche ich, mich in diesem Kapitel kurzzufassen.

Licht und Farbe

Farben sind Teile des Lichts, so könnte man es vereinfacht ausdrücken. Oder andersherum: Unser Sonnenlicht enthält alle

129

Farben. »Licht« bedeutete in seinem germanischen Ursprung »das Erhellende, Sicht verleihende« und bezeichnete jenes Phänomen, aufgrund dessen wir sehen können (vgl. den Begriff »Augenlicht«). Das ist uns heute so gegenwärtig, daß wir nicht mehr darüber nachdenken – ist ja schließlich auch logisch: Um sehen zu können, muß Licht da sein, ist das Licht aus, wird's dunkel ...

Licht ist nach dem modernen Verständnis eine Energieform, die sich als Strahlung (= »geradlinige Fortbewegung«; westgerman. »stral« = »Pfeil«) von einer Lichtquelle aus in alle möglichen Richtungen ausbreitet. Trifft der Lichtstrahl dann auf einen Körper, so wird er reflektiert (»zurückgestrahlt«) oder absorbiert (»aufgenommen, verschluckt«). Durch das reflektierte Licht können wir nun auch Dinge sehen, die selbst nicht leuchten. Es gibt also immer etwas, das aus sich selbst heraus leuchtet (Lichtquellen, wie Sonne, Sterne, Kerze und Glühbirne) und etwas, das beleuchtet wird (alles andere, Sichtbare). Diese im Moment sehr simpel klingende Aussage wird wenige Zeilen später noch von großer Bedeutung, um die verschiedenen Farbspiele umfassend zu verstehen.

»Farbe« (althochdeutsch »farawa«) bezeichnete ursprünglich »die Eigenschaft eines Wesens oder Dinges«, was sich in der Redewendung »Farbe bekennen« = »die Wahrheit sagen« noch erhalten hat. Licht ist also die Voraussetzung, daß wir etwas sehen, Farbe dagegen vermittelt einen Inhalt, kennzeichnet, was wir sehen.

Der Zusammenhang ist recht einfach: Zerlegen wir einen Lichtstrahl der Sonne in seine einzelnen Bestandteile, so erhalten wir wunderschöne Farben, aufgefächert von rot über orange, gelb, grün, blau bis violett. Die Natur bietet uns dies als Regenbogen (Lichtstrahlen werden durch feinverteilte Wassertröpfchen in der Atmosphäre gebrochen und »aufgefächert«), nachmachen können wir es mit einem Glas-Prisma.

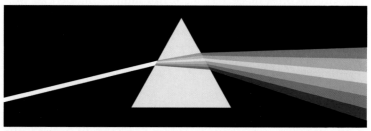

Abb.29: Prisma

Umgekehrt entsteht durch die Überlagerung dieser farbigen Lichtstrahlen wieder weißes Licht. Weißes Licht ist also die Summe aller Farbstrahlen und enthält alle Farben!

Schwarz ist dementsprechend die Abwesenheit von Licht (Licht aus = dunkel!) und damit die Abwesenheit aller Farbstrahlen.

Farben bilden sich auf einem materiellen Körper nun dadurch, daß dieser einen Teil des auftreffenden weißen Lichts absorbiert, den Rest dagegen reflektiert. Das reflektierte Licht sehen wir dann und erkennen es als die entsprechende Farbe. So entsteht Farbe auch auf einem Mineral oder Edelstein, und so kennen wir es von den Malfarben, mit denen wir Bilder malen oder unsere Zimmerwände streichen.

Hier haben wir nun jedoch einen ganz anderen Mischungseffekt: Mischen wir z. B. im Malkasten Pigmente (lat. »pigmentum« = »Farbstoff«) aller Farben, so erhalten wir die Farbe Schwarz, nicht weiß! Das liegt daran, daß nun Stoffe in allen Farben vereint sind, die folglich alles Licht absorbieren. Daher wird nichts reflektiert, wir können also nichts sehen und erkennen die Abwesenheit von Licht als Schwarz.

Weiße Farbe ist dementsprechend ein Stoff, der nichts aufnimmt, sondern alles Licht reflektiert. Weiße Körper enthalten also keine Farbstoffe, schwarze dagegen alle Farbstoffe.

Dieser scheinbare Widerspruch zum oben Genannten begründet sich in der zuvor so simplen Aussage, daß wir unterscheiden müssen zwischen selbst leuchtenden Körpern (Lichtquellen) und beleuchteten Körpern. Ich möchte es daher nochmals kurz zusammenfassen:

▶ Durch die Überlagerung aller farbigen Lichtstrahlen, die von entsprechenden Lichtquellen ausgehen, entsteht weißes Licht (additive Farbmischung; lat. »addere« = »hinzufügen«). Weißes Licht enthält alle Farben. Schwarz entsteht hier durch die völlige Abwesenheit von Licht.

▶ Durch Mischung aller Farbstoffe entsteht auf einem Körper die Farbe schwarz, da so alles Licht absorbiert wird. Ein schwarzer Körper entzieht dem Licht also alle Farben (subtraktive Farbmischung, lat. »subtrahere« = »entziehen«). Weiß entsteht hier durch die Abwesenheit von Farbstoffen und die Reflektion allen Lichts.

131

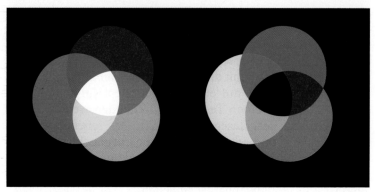

Abb.30: Links: Additive Farbmischung, rechts: Subtraktive Farbmischung

Diese einfache physikalische Gesetzmäßigkeit, soll in einer Farbgrafik nocheinmal verdeutlicht werden:

Links sehen Sie die Überlagerung von Lichtstrahlen und die daraus entstehenden Farbstrahlen, rechts die Mischung von Farbstoffen und die daraus resultierenden Farben. Aufgrund dieser einfachen physikalischen Gesetzmäßigkeit müssen wir die Farbstrahlen einer Lichtquelle und die reflektierten Farben eines Körpers stets als zwei grundverschiedene Phänomene erfassen. Bei der sichtbaren Farbe der Mineralien und Edelsteine haben wir es mit dem zweiten Phänomen zu tun: In Mineralien entsteht die Farbe durch Absorption bestimmter Anteile des Lichts und Reflektion des »Rests«.

Damit lassen sich die Farben der Mineralien auch nicht gleichsetzen mit den Farben der menschlichen Chakren und der Aura, deren Lichtquelle wir selbst sind. Diese Farberscheinungen sind Farbstrahlen, die durch innere Prozesse in uns freigesetzt werden und von der Reflektions-Farbe eines Steins nicht beeinflußt werden! Zwar sind entsprechende Tabellen in der Literatur weit verbreitet, und ich möchte Ihnen dringend empfehlen, diese tabellarischen Zuordnungen einmal auszuprobieren: Sie werden selbst feststellen, daß das nicht funktioniert. – Es gibt einen anderen Zusammenhang zwischen Steinen, Chakren und Aura, nämlich das »Eigenlicht«, die Strahlung der Steine (vgl. auch das Kapitel »Das Phänomen Licht« im Teil 2). Dieser Zusammenhang wird in einem späteren Buch noch ausführlich besprochen.

Farbvariationen

Wie die vorangegangene Grafik der »subtraktiven Farbmischung« zeigt, gibt es drei Grundfarben, aus deren Mischung sich weitere Farben ergeben. Die drei Grundfarben sind Rot, Gelb und Blau, aus denen die Mischfarben Orange (Rot + Gelb), Grün (Gelb + Blau) und Violett (Blau + Rot) entstehen. Diese sechs Farben ergeben einen Kreis, der auch den Betrachtungen zur Mineralfarbe zugrunde gelegt werden soll. Nun begegnen uns in der Natur jedoch nicht nur »reine« Farben, sondern verschiedenste Variationen jeder Farbe, je nachdem, wie groß die Beimischung von Weiß oder Schwarz (oder anderen Farben) ist. Rot wird durch einen großen Weiß-Anteil zu Rosa, durch einen großen Schwarz-Anteil zu Braun. So entsteht aus dem Farbkreis eine Farbkugel:

Abb.31: Die Farbkugel

Stellen Sie sich vor, es gäbe den Planeten der Farben. Dessen innere Achse läuft von Norden nach Süden kontinuierlich von Weiß über alle Graustufen nach Schwarz. Um den Äquator herum liegen dagegen die »reinen« Farben, entsprechend dem Farbkreis: Rot - Orange - Gelb - Grün - Blau - Violett. Die Farben des Äquators sind rein und ungebrochen, da sie am weitesten von der Achse entfernt sind. Je mehr sich die Farben im Norden und Süden dagegen der Achse nähern, desto mehr werden sie mit Hellgrau oder Weiß (Norden) bzw. Dunkelgrau oder Schwarz (Süden) gebrochen. So entstehen um einen weißen Nordpol Pastelltöne, während um den dunklen Südpol dunkle Farbtöne liegen.

Die obige Grafik zeigt diese Farbverteilung, einmal in der Ansicht der sog. »warmen« Farben (Rot - Orange - Gelb), das zweite Mal in der Ansicht der »kalten« Farben (Grün - Blau - Violett). Zur Handhabung für die Steinheilkunde-Praxis soll diese dreidimensionale Darstellung stark vereinfacht in eine zweidimensionale übersetzt werden, wodurch der »Nordpol« in die Mitte rückt, während der »Südpol« sich als Ring rund um den »äquatorialen« Farbkreis legt. Diese Darstellung wird im Folgenden nun als »Farbenrad« bezeichnet:

Das Farbenrad

Das Farbenrad gibt eine vereinfachte Übersicht über die Farbentwicklung, wie wir sie auch bei Mineralien antreffen: Vom äußeren Schwarz, das alle Farben absorbiert, über das Dunkelgrau zum mittleren Farbkreis und weiter zu Silber, Farblos,

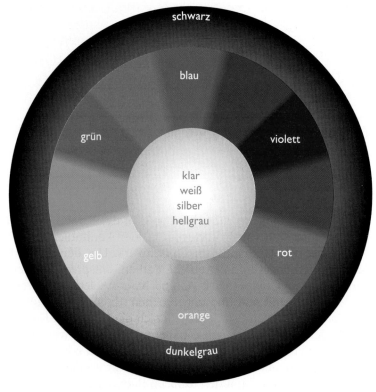

Abb.32: Das Farbenrad

Weiß und Klar, die alle Farben reflektieren. Die obere Hälfte des mittleren Farbkreises zeigt dabei die »kalten« Farben Grün, Blau und Violett, die untere Hälfte entsprechend die »warmen« Rot, Orange und Gelb. Diese Farbempfindungen sind übrigens real: Ein rötlicher Raum wird bei derselben Zimmertemperatur als wärmer empfunden als ein blauer Raum. – Dies ist schon ein kleiner Hinweis darauf, daß Farbe nicht nur von den Augen auf- und wahrgenommen wird ...

Die Komplementärfarbe

Weiterhin zeigt das Farbenrad in den gegenüberliegenden Farben die jeweiligen Komplementärfarben (lat. »complere« = »vervollständigen, ergänzen«), das sind jene Farben, die sich gemeinsam als Farbstrahlen zu Weiß bzw. als Farbstoffe zu Schwarz ergänzen. Bei einem Mineral z. B., das violett erscheint, bedeutet dies, daß der Stein die gelbe Farbe absorbiert und die violette reflektiert. Ein orangener Stein dagegen absorbiert Blau und reflektiert Orange etc... Die Komplementärfarbe spielt in der Steinheilkunde bei der Farbbehandlung mit Mineralien eine wichtige Rolle und wird daher an späterer Stelle eingehender besprochen.

Die Entstehung der Mineralfarbe

Zur Ausbildung einer bestimmten Farbe muß ein Mineral die Möglichkeit besitzen, bestimmte Anteile des weißen Lichts zu absorbieren. Diese Möglichkeit ist gegeben, wenn sog. »Farbzentren« im Mineral vorhanden sind. Farbzentren entstehen entweder durch Mineralstoffe mit elektrischer Ladung (meist Metalle), durch im Kristallgitter eingeschlossene freie Elektronen oder aufgrund bestimmter struktureller Beschaffenheiten, an welchen das einfallende Licht gebrochen und teilweise absorbiert wird. In allen Fällen wird die Lichtenergie des einfallenden Lichts von Elektronen aufgenommen, die dadurch angeregt werden, d.h. diese Energie in Bewegungsenergie umsetzen.

Verlangsamt sich die Bewegung der Elektronen anschließend wieder, so wird die Energie wieder frei, und in Form von Wärmestrahlung (Infrarot), sichtbarem Licht und Mikrowellen wieder abgegeben. Diese Eigenstrahlung ist jedoch so schwach, daß sie kaum wahrgenommen wird. Lediglich die Infrarot-Strahlung ist bemerkbar, indem ein in der Sonne liegender Stein sich nach einiger Zeit warm anfühlt. Fluoreszenz (sichtbare Leuchtkraft) besitzen einige Mineralien, doch ist sie mit dem bloßen Auge fast nur in abgedunkelten Räumen bei UV-Bestrahlung sichtbar. Mikrowellen schließlich entziehen sich unserem Auge gänzlich. So bleibt nur sichtbar, daß ein Teil des auftreffenden weißen Lichts »verschwindet«, der zurückgestrahlte Rest gibt dem Stein die Farbe.

Farbzentren durch elektrisch geladene Mineralstoffe

Dies ist der häufigste Fall: Viele Metalle, insbesondere Chrom, Eisen, Kupfer, Kobalt, Mangan und Nickel sind in der Lage, bestimmte Farbanteile des Lichts zu absorbieren. Sie werden aus diesem Grund auch Farbträger oder »Chromophore« (griech. »chroma« = »Farbe« und »phoros« = »tragend«) genannt. Gehören diese Metalle nun zu den »häufigen« Bestandteilen eines Minerals, d.h. sie sind auch in der chemischen Formel aufgeführt, so spricht die Mineralogie von einer »Eigenfarbe« oder »idiochromatischen Färbung« (griech. »idio« = »eigen«): Die Farbe ist durch die dem Mineral eigenen Mineralstoffe verursacht. Sind es dagegen geringfügige Beimengungen oder Spurenbestandteile, die die Farbe verursachen, so wird dies eine »Fremdfarbe« genannt, verursacht durch »Fremdstoffe«.

Eigenfarbe und Fremdfarbe lassen sich durch die sog. »Strichprobe« unterscheiden. Dazu wird das Mineral auf einem rauhen Porzellantäfelchen gerieben bzw. das Täfelchen damit geritzt. Sehr harte Mineralien werden pulverisiert. Der so entstehende feine Abrieb hinterläßt nur dann einen farbigen Strich, wenn die Mineralfarbe eine Eigenfarbe ist. Nur dann enthält der Abrieb genügend Farbzentren, so daß die Farbe noch immer sichtbar bleibt. Im Fall einer Fremdfarbe sind nicht genügend färbende Stoffe enthalten, der Strich erscheint weiß.

Damit ist die Strichprobe auch eine zuverlässige Methode zur Bestimmung von Mineralien. Eigenfarben sind seltener: Hämatit zeigt z.B. einen roten, Malachit einen grünen, Azurit einen blauen und Pyrit einen schwarzen Strich. Der vielfarbige Fluorit, aber auch die bunten Quarze zeigen dagegen alle einen weißen Strich – hier liegen Fremdfarben vor. Gerade Farbvarietäten ein und desselben Minerals entstehen meist durch Fremdfarben.

Farbzentren durch freie Elektronen im Kristallgitter

Insbesondere durch die Einwirkung ionisierender, d.h. radioaktiver Strahlung bei der Entstehung eines Minerals können Elektronen aus einem Atom herausgeschleudert und an anderer Stelle im Kristallgitter eingelagert werden. Das fertig gebildete, kompakte Kristallgitter verhindert dann die Rückkehr des Elektrons an seinen angestammten Platz. Diese freien Elektronen nehmen Lichtenergie besonders leicht auf, und werden so zu Farbzentren. In manchen Fällen wird so sogar das gesamte Lichtspektrum absorbiert, was den Stein dunkelbraun bis schwarz erscheinen läßt. Bestes Beispiel hierfür ist der Rauchquarz.

Durch freie Elektronen gefärbte Mineralien zeigen logischerweise ebenfalls eine weiße Strichfarbe. Außerdem wird die Färbung in der Regel durch Erhitzen wieder zerstört, da die Hitze die Kristallstruktur in Schwingung versetzt, was dem Elektron ermöglicht, wieder an seinen Ursprungsort zurückzukehren.

Farben aufgrund struktureller Eigenschaften

An mikroskopisch feinen Strukturen im Inneren der Mineralien kommt es mitunter zur Lichtbrechung und Entstehung von Färbungen. Bekannt ist hier der sog. »Tyndall-Effekt«, benannt nach seinem Entdecker, dem irischen Physiker John Tyndall: An sehr kleinen Teilchen, wie z.B. mikroskopisch kleinen Tröpfchen oder Fasern wird Licht gestreut und in die verschiedenen Farbstrahlen zerlegt, wobei meist der Rot-Anteil absorbiert, der Blau-Anteil hingegen reflektiert wird. So entsteht z.B. an den feinfaserigen Kristallen des Chalcedons dessen blaue Färbung.

Innere Risse, Spalten, Lamellen oder unregelmäßige Oberflächen können ebenfalls zu farbigen Lichtreflexen führen. Bestes Beispiel ist hier der Opal, der aus winzigen SiO_2-Kügelchen besteht. Das an diesen Kügelchen reflektierte Licht bricht sich nun in allen Farben und verleiht dem Opal sein einzigartiges Farbenspiel. Ähnliches geschieht an der feinen Lamellenstruktur des Mondsteins und des Labradorits. Auch hier wird das Licht gebrochen und reflektiert, was zur Erscheinung der blauen und bunten Lichtspiele führt.

Farben aufgrund von Einschlüssen

Einschlüsse sind Einlagerungen fester, flüssiger oder gasförmiger Art in Mineralien. Auch diese Einschlüsse können einfallendes Licht beeinflussen und verändern. So sorgen in vielen Mineralien enthaltene feine Rutil-Nädelchen für Lichtbrechungseffekte, die sich als Asterismus (Sternbildung) z. B. beim Sternrubin, Sternsaphir oder Sternrosenquarz zeigen, oder z. B. im Blauquarz zum Tyndall-Effekt und damit zur Blaufärbung führen. Feinverteilte Gas- und Wassereinschlüsse lassen wiederum den Obsidian in goldenem oder silbernem Schimmer (Gas) bzw. in allen Regenbogenfarben (Wasser) erstrahlen.

So zeigt sich interessanterweise, daß Farbe nicht ein Phänomen der Reinheit und Vollkommenheit ist, sondern gerade bevorzugt an Einlagerungen von Fremdstoffen oder Störungen der Gitterstruktur auftritt. Offensichtlich entspricht die unvollständige Absorption bzw. Reflektion des Lichts der Unvollkommenheit des Minerals. – Und damit wären wir wieder bei der ursprünglichen althochdeutschen Bedeutung des Wortes »farawa«: Farbe zeigt tatsächlich die Eigenschaft eines Wesens oder Dinges, fragt sich nur, welche Eigenschaft oder Qualität die einzelne Mineralfarbe nun jeweils besitzt?

Die Wirkungen der Mineralfarben

Farben sind elementare und umfassende Erlebnisse: Ob wir »rot sehen«, »vor Neid erblassen« oder »völlig blau sind«, schon unsere Sprache zeigt, daß wir den Farben weitaus mehr Qualitäten zugestehen, als das Physikbuch erlaubt. Dabei sind die Heilwirkungen von Farben heute nichts Neues mehr. Die Farbtherapie behandelt erfolgreich Allergien, chronische Beschwerden und psychische Erkrankungen, mit Resultaten, von denen die Schulmedizin nur träumen kann. Die Ursache für diese umfassenden Erfolge ist dabei ganz einfach:

Der Farbausgleich

Alle unseren inneren Prozesse spielen zusammen und erzeugen energetische Phänomene. So beeinflussen unsere geistigen Aktivitäten das seelische Erleben und umgekehrt, letzteres verursacht bestimmte Emotionen, die wiederum in Wechselwirkungen stehen mit den körperlichen Empfindungen, der Funktion der Nerven und dem endokrinen System (Hormonhaushalt). Daher geht jeder Gedanke und jedes Gefühl einher mit bestimmten Stoffwechselvorgängen und chemischen Reaktionen im Körper. Und dabei entsteht Energie oder wird verbraucht – je nachdem. Langer Rede kurzer Sinn: Unser gesamtes Erleben führt zu einer »Farbbildung« (Farbe = Licht = Energie) im Körper, die einen Ausgleich sucht, um den neutralen Zustand »Weiß« (bzw. »Schwarz«) zu erreichen. Und dieser Ausgleich geschieht ganz einfach über das äußere Zuführen einer anderen Farbe, nämlich der ergänzenden, der Komplementärfarbe!

Aus diesem Grund wechselt unser Farbgeschmack: Ein Kleidungsstück, das wir heute unbedingt brauchen, kann uns an einem anderen Tag völlig unmöglich erscheinen. Eine andere Farbe bringt uns heute völlig durcheinander, war vor wenigen Tagen jedoch noch beruhigend und ausgleichend. Meistens folgen wir unbewußt sowieso diesen Impulsen, indem wir uns entsprechend kleiden oder, ohne es zu bemerken, an bestimmte »farbige« Orte begeben bzw. den Blick auf bestimmten Farben ruhen lassen.

Dabei ist es beileibe nicht nur das Auge, das Farben aufnimmt. Wie im vorangegangenen Beispiel der unterschiedlichen Temperaturempfindung bei kalten und warmen Farben bereits angedeutet, ist es die Haut selbst als unser größtes Sinnesorgan, die Farbe aufnimmt und ins Körperinnere weiterleitet. Nehmen wir auf diesem Weg nun die Farbe auf, die unseren bestehenden inneren Zustand ausgleicht, so erreichen wir ein umfassendes Wohlbefinden. Spannungen verschwinden, Disharmonien lösen sich auf und entsprechend können wir seelische Probleme bewältigen und körperliche Beschwerden heilen.

Umgekehrt läßt sich anhand der Farben, die uns ansprechen und Wohlbefinden verursachen, auch der innere Zustand ermitteln und verstehen: So wie das Frühlingsgrün das durch den erhöhten Energiebedarf im Winter entstandene Rot ausgleicht, so zeigt die Betrachtung der Komplementär-Farbe immer, weshalb ein bestimmter Farb-Mangel entstanden ist. Dabei ist das Farbenrad hilfreich: Fühlen wir uns zu zweien oder mehreren Farben hingezogen, so können wir zunächst die Mischfarbe ermitteln, die genau in der Mitte zwischen beiden Farben liegt. Deren Komplementärfarbe entspricht dann unserem inneren Zustand.

Durch das Tragen oder Auflegen farbiger Mineralien und Edelsteine können wir in der Steinheilkunde diesen Farbausgleich ebenfalls erreichen. Tragen wir ein bestimmtes Mineral dabei längere Zeit direkt auf der Haut, so breitet sich die Farbeinstrahlung allmählich im ganzen Organismus aus. Legen wir den Stein dagegen nur kurz an einer bestimmten Stelle auf, so bleibt die Wirkung lokal begrenzt. Auf diese Weise läßt sich die Farbbehandlung je nach Wunsch genau dosieren.

Im folgenden nun möchte ich die Wirkung der Mineralfarben zusammenfassen, wie ich sie im Laufe der letzten Jahre selbst erlebt habe. Das bedeutet, daß diese Aufstellung längst nicht alle in der Farbtherapie bekannten Heilwirkungen umfaßt, und in manchen Punkten Aussagen der Farbtherapie evtl. auch widerspricht. Gespräche mit Farbtherapeuten haben mir jedoch gezeigt, daß verschiedene Farbanwendungen durchaus verschiedene Resultate hervorbringen. Und wenn zwischen farbigen Tüchern, farbigen Folien und farbiger Bestrahlung schon ein Unterschied besteht, so können wir wohl annehmen, daß auch die z.T. sehr speziellen Farben der Mineralien eigene Wirkungen zeigen.

■ Schwarze Mineralien

Schwarze Mineralien absorbieren alles Licht und sind daher geeignet, Energieüberschüsse »abzuziehen«. Besonders deutlich wird diese Wirkung bei Schmerzen: Schmerz entsteht – energetisch betrachtet – immer dort, wo eine Blockade und damit ein Energiestau vorliegt. Schwarze Mineralien, wie z.B. Rauchobsidian, Rauchquarz oder schwarzer Turmalin nehmen diesen Energie-Überschuß nun auf, worauf der Schmerz verschwindet und Entspannung eintritt. Nicht immer ist damit auch die Ursache behoben, auf jeden Fall jedoch ist Schmerzfreiheit die beste Voraussetzung für eine weitergehende Behandlung.

Schwarz spricht daher kein Organ im besonderen an, sondern bewirkt Entspannung im ganzen Organismus. Entsprechend ist auch das seelische Erleben: Auch hier werden Spannungen abgebaut, was uns widerstandsfähiger, ausdauernder und belastbarer macht. Schwarze Mineralien geben Sicherheit und Stabilität.

Geistig hält Schwarz Ablenkungen fern und konzentriert unsere Aufmerksamkeit auf das Wesentliche. Schwarz bringt verborgene Dinge hervor, angenehme wie unangenehme, und führt dazu, daß wir, aufgrund der Abwesenheit äußeren Lichts, unsere eigene Lichtquelle entdecken.

■ Rote Mineralien

Rote Mineralien sind stark anregend, erhitzend und beschleunigend. Sie stimulieren den Kreislauf, die Blutgefäße und das Blut selbst. Dunkles Rot regt die Herztätigkeit an, helles Rot (Rosa) dagegen harmonisiert das Herz. Rote und rotbraune Mineralien stimulieren den Dünndarm und verbessern so die Aufnahme von Nährstoffen, Vitaminen und Mineralstoffen. Auch das kommt dem Blut zugute, dessen Qualität verbessert wird.

Entsprechend intensiviert sich auch das seelische Erleben: Die innere Bilderwelt wird gestärkt und Gefühle treten deutlicher hervor. Vor allem elementare Emotionen wie Liebe oder Haß werden verstärkt. Rote Mineralien machen impulsiver und extrovertierter. Sie stärken die Willenskraft und das Durchhaltevermögen. Rosa unterscheidet sich hier etwas: Durch den großen Weiß-Anteil wirkt es friedlicher, macht empfindsamer, manchmal auch etwas empfindlicher.

Rot regt das innere Feuer an. Es fördert alle Lernprozesse, die geistige Verarbeitung von Lebenserfahrungen und beschleunigt auf diese Weise unser geistiges Wachstum. Rot weckt die Bereitschaft zur Hilfeleistung als Grundvoraussetzung für das Zusammenleben aller Wesen. Rosa Mineralien fördern das Mitgefühl.

■ Orange Mineralien

Orange Mineralien sind belebend und vitalisierend. Sie regen den Kreislauf an, stärken die Blutgefäße und fördern eine gleichmäßige Energieverteilung im ganzen Körper. Die Funktion und Empfindungsfähigkeit der Geschlechtsorgane wird verbessert. Dunkles Orange und Braun fördern das Körperempfinden und regulieren Stoffwechsel und Gewebewachstum. Der ganze Organismus wird so gekräftigt und geschützt.

Auf seelischer Ebene fördert Orange die Lebensqualität und stimmt heiter und fröhlich. Raum für Sinnlichkeit und Spontaneität entsteht. Orange Mineralien helfen aus apathischen Zuständen und fördern die Kreativität. Dunkles Orange und Braun führen zu innerer Sammlung, Geborgenheit, Ruhe, Erholung und einem bodenständigen Realismus.

Orange bringt Lebensfreude und die Gewißheit im Einklang mit einer höheren Ordnung und auf dem richtigen Kurs im Leben zu sein. Orange Mineralien helfen, die Harmonie und Balance zu finden und fördern den Sinn für Gerechtigkeit.

Gelbe Mineralien

Gelbe und goldfarbene Mineralien wirken aufmunternd und lebensbejahend. Sie regen die Verdauung an und stimulieren die Tätigkeit der Organe Magen, Milz und Bauchspeicheldrüse. Gelb verbessert die Aufbereitung der Nahrung und die Versorgung des Körpers mit Energie. Das vegetative Nervensystem (jene Nerven, die die inneren Organe steuern) wird in seiner Funktion unterstützt, ebenso das Immunsystem.

Gelb schenkt Glück, Sorglosigkeit und Tatkraft. Es macht unsere Bedürfnisse und Wünsche bewußt und hilft, Schaden abzuwehren. Gelbe und goldfarbene Mineralien helfen, Depressionen zu überwinden, und schenken Selbstbewußtsein, Vertrauen und den Glauben an den eigenen Erfolg.

Auf geistiger Ebene fördert Gelb das Verstehen unseres täglichen Erlebens (die geistige Verdauung). Daraus erwächst die Sicherheit, das eigene Leben selbst gestalten zu können, also die Fähigkeit, Verantwortung zu übernehmen. Gelbe Mineralien helfen, den Sinn im eigenen Dasein zu entdecken und führen dadurch zu geistiger Reife.

Grüne Mineralien

Grüne Mineralien wirken harmonisierend und neutralisierend. Sie stimulieren Leber und Galle und fördern so die Entgiftung und Regenerationskraft des Körpers. Zentrale Funktion hat hier die Leber, die als Organ des Aufbaus (Eiweiß-Synthese, Blutbildung, Bildung von Enzymen etc.), der Speicherung (Energie- und Nährstoffspeicher) und Reinigung die wichtigsten Stoffwechsel-Funktionen reguliert.

Grün befreit die Gefühle und intensiviert insbesondere die Emotionen Wut und Zorn, führt durch deren Entladung jedoch langfristig zu innerem Frieden. Grüne Mineralien steigern die Schnelligkeit und Reaktionsfähigkeit und wecken Interesse und Begeisterung. Sie regen die innere Bilderwelt an, klären das Traumerleben und fördern die Phantasie.

Grün bringt Initiative und Lebenswillen. Es fördert die Sinne und die Wahrnehmungsfähigkeit und lenkt unsere Aufmerksamkeit auf die materielle Welt. Grüne Mineralien helfen, sich mit »Geistesgiften«, d.h. negativen Betrachtungen auseinanderzusetzen und fördern einen gesunden Optimismus. Grün ist tatsächlich die Farbe der Hoffnung.

■ Blaue Mineralien

Blaue Mineralien wirken kühlend und beruhigend. Sie regulieren die Tätigkeit von Niere und Blase und damit den Flüssigkeits-Hormon-, Säure/Basen- und Mineralstoffhaushalt. Blau aktiviert die Ausscheidung und die Bewegung der Körperflüssigkeiten.

Auf seelischer Ebene fördert Blau Entspannung, Offenheit und Ehrlichkeit, beschleunigt instinktive Reaktionen und hält in Bewegung. Blaue Mineralien helfen, Angst zu überwinden und Mut zu fassen. Sie fördern die Fähigkeit zur Partnerschaft.

Blau bringt in Fluß, indem es hilft, Verhaftungen und äußere Beeinflussungen zu erkennen und loszulassen. Blaue Mineralien helfen, Stärke und inneres Gleichgewicht zu entwickeln. Sie fördern das Streben nach Erkenntnis und die Wahrheitssuche.

■ Violette Mineralien

Violette Mineralien wirken reinigend und befreiend. Sie fördern die Tätigkeit des Gehirns, der sensiblen und motorischen Nerven, der Haut und der Lunge mit den Atemwegen. Dadurch regulieren sie die Atmung (auch die Zellatmung), die Sauerstoffaufnahme und die Entsäuerung über die Kohlendioxid-Abgabe. Im Dickdarm stimuliert Violett die Wasserresorption und Ausscheidung.

Violett bringt Erleichterung bei Trauer und hilft, Traumata aufzulösen. Es fördert Erinnerung, Ideenreichtum und Bewußtheit, sowie die Kommunikation, den Austausch mit anderen. Violette Mineralien fördern das Verständnis für die Probleme anderer, auch wenn diese unserer Natur fremd sind. Violett schützt uns vor energetischen und geistigen Fremdeinwirkungen.

Violett bringt geistige Freiheit. Es weckt unser Urwissen, fördert die Informationsaufnahme und hilft, Nützliches von Schädlichem zu unterscheiden. Violette Mineralien fördern geistige Ruhe und Gelassenheit, damit wir erkennen können, wer wir sind.

▢ Klare, weiße und silberne Mineralien

Ihnen allen ist zu eigen, daß sie kein Licht und keine Farbe annehmen, sondern alles reflektieren. Sie sind also neutral und führen uns das Licht zu, das alle Möglichkeiten enthält. Damit unterstützen und verstärken sie das Vorhandene. Klare, weiße und silberne Mineralien sind geeignet, bei Mangelerscheinungen (Kälteempfindung, Gefühllosigkeit, Schwäche, Lähmungen)

Energie zuzuführen oder die Wirkung anderer Mineralien zu fördern.

Auf der seelischen Ebene fördern diese Mineralien genau die Eigenschaft, die man in ihnen sieht: Klare Mineralien fördern Klarheit und Reinheit, weiße Mineralien Neutralität, silberne Mineralien wirken als Spiegel: Sie fördern die Selbsterkenntnis.

Geistig repräsentieren Klar, Weiß und Silber Reinheit und Schöpferkraft, die alle Möglichkeiten besitzt und alle Dinge verwirklichen kann. Klare, weiße und silberne Mineralien bringen Fülle und Vollkommenheit (wären sie nicht vollkommen, hätten sie ja eine Farbe ...).

▨ Bunte und farbig schillernde Mineralien

In diesen Mineralien offenbart sich die spielerische Seite der Natur. Mineralien wie Opal, Labradorit oder Regenbogen-Obsidian offenbaren Farbspiele, die mehr sind, als lediglich die Summe der beteiligten Farben. Sie regen Aktivität im gesamten Organismus an und beschleunigen Heilungs-Prozesse.

Seelisch wirken bunte und farbig schillernde Mineralien aufmunternd. Sie bringen Lebensfreude, Lust und Vergnügen, wecken teils alte Erinnerungen oder bieten Erholung durch angenehme Zerstreuung. Bunte und farbig schillernde Mineralien sind Urlaubssteine ...

Auf geistiger Ebene bringen bunte und farbig schillernde Mineralien die Fähigkeit, zu spielen. Das bedeutet, daß wir freiwillig einer bestimmten Idee, einem Vorhaben oder einer Aufgabe unsere ganze Aufmerksamkeit widmen und völlig darin aufgehen. In einem solchen spielerischen Leben sind wir selbst Ursache unseres Schicksals, und das birgt ungeahnte Möglichkeiten ...

Farbheilung mit Mineralien

Nach den vorangegangenen Beschreibungen läßt sich auf zwei Wegen die für uns passende Mineralfarbe ermitteln:

1. Wenn eine der Darstellungen genau den Zustand beschreibt, den wir gerne erleben möchten, so genügt es, einen Stein mit der passenden Farbe auszuwählen und möglichst direkt auf der Haut zu tragen. Bei der Wahl sollten Sie allerdings sehr sorgfäl-

tig sein: Unter den vielen verschiedenen Farbnuancen sollten Sie genau die Wahl treffen, bei der sie das beste Gefühl haben. Aufgrund der Gesetzmäßigkeit des Farbausgleichs treffen Sie so garantiert exakt den richtigen Farbton. Die Richtigkeit Ihrer Wahl wird Ihnen in diesem Fall schon bald durch die Verbesserung Ihres Wohlbefindens bestätigt.

2. Wenn sie sich in einer oder zwei dieser Beschreibungen wiedererkennen, Ihr Leben jedoch verändern möchten, aber nicht wissen, wie, so wählen Sie die Komplementärfarbe zum bestehenden Zustand. Finden Sie sich in zwei Beschreibungen wieder, so ermitteln Sie zunächst die sich daraus ergebende Mischfarbe und wählen Sie dann die entsprechende Komplementärfarbe. Den auf diese Weise ermittelten passenden Stein sollten Sie ebenfalls möglichst direkt auf der Haut tragen.

In diesem zweiten Fall kann es sein, daß Ihnen die Komplementärfarbe überhaupt nicht gefällt. Das bedeutet, daß Sie eine innere Abneigung gegen die Farbe und damit leider auch gegen manche der damit verknüpften Qualitäten und Eigenschaften besitzen. Diese Abneigung, woher immer sie auch kommen mag, hindert sie daran, die momentanen Lebensumstände, die Ihnen nicht gefallen, zu verändern.

Durch das Konfrontieren der Komplementärfarbe mithilfe eines entsprechenden Steins wird diese Abneigung im Laufe der Zeit überwunden und Ihr Leben verändert sich in der gewünschten Weise. Es ist in diesem zweiten Fall sehr wahrscheinlich, daß Sie sich zunächst überhaupt nicht wohlfühlen, doch, um es ganz direkt anzusprechen, da müssen Sie durch! Es ist sehr wichtig, daß Sie in dieser Phase einfach beobachten, was geschieht: Was Sie wollen, empfinden, denken und tun, woran Sie sich erinnern und was Ihnen begegnet. Bewerten Sie sich auf keinen Fall, akzeptieren Sie sich in dieser Zeit so, wie Sie sich erleben! Dann vollzieht sich die Verwandlung am schnellsten.

Mit dem letzten Aspekt der Farbe ist die Welt der Steine nun umfassend beschrieben. Von der Entstehung über Struktur und Mineralstoffe bis zur Farbe sind Ihnen die wichtigsten Grundbegriffe sowohl aus der Mineralogie als auch der Steinheilkunde nun bekannt. Wenn Sie den Inhalt dieses ersten Teils für sich so weit erarbeiten, daß Sie ihn verstehen und anwenden können, dann sind Sie in der Lage, für praktisch jedes Mineral die Grundprinzipien der innewohnenden Heilwirkungen zu ermitteln. Ich möchte jedoch betonen: Die Grundprinzipien!

Denn jeder Stein ist ein Individuum. Das bisher beschriebene zeigt die Gemeinsamkeiten einer bestimmten Steinsorte, die einzelnen Steine können durchaus noch unterschiedlich sein. Ich möchte es einmal in einem Bild verdeutlichen:

Wenn wir bei uns Menschen die Embryonalentwicklung studieren, uns in Anatomie, Physiologie und Biochemie einarbeiten und sogar noch das Lebensumfeld kennen, dann wissen wir, daß der Mensch im Prinzip ein aufrechtgehender Zweibeiner ist, der Werkzeuge benutzt, seinen Lebensraum selbst gestaltet und sprechen kann. Das sind wichtige Grundprinzipien, doch sie verraten uns noch nicht, was der nächste Mensch uns erzählen wird, wenn wir ihm begegnen.

Und in diesem Sinne ist mit dem Abschluß des ersten Teils nun das wichtigste gesagt, was sich über Mineralien und Heilsteine beschreiben läßt. Den weitaus wichtigeren Rest werden Ihnen die Steine selbst erzählen, wenn Sie sie tragen, sich damit umgeben oder für Heilzwecke verwenden. Diese Erfahrungen sind dann das wirklich lebendige Erleben der Welt der Steine, und zu diesem Erleben möchte der zweite Teil dieses Buchs nun anregen.

2.1 Das Phänomen Licht

Die Ursache der Heilwirkung von Mineralien

Wie Sie vielleicht durch die Anregungen des ersten Teils bereits selbst erlebt haben, besitzen Mineralien und Edelsteine tatsächlich eine Heilwirkung, deren mineralogische Zusammenhänge erforscht und bekannt sind. Doch noch immer ist die Frage offen, wie und wodurch Mineralien ihre Heilwirkungen nun tatsächlich entfalten können. Worin besteht die Kommunikation zwischen Stein und Mensch? Wie kann ein solches Stück Materie auf unseren Organismus einen Einfluß ausüben? Könnte man einen Stein einnehmen, inhalieren oder auf eine andere Weise in den Körper einbringen, wäre eine Wirkung schon denkbar, aber nur aufgelegt oder als Schmuckstück getragen – wie geht das vor sich?

Verständlich wird die Heilwirkung eines Steins leicht, wenn wir einmal die Ansicht hinter uns lassen, daß wir dort aufhören, wo die Begrenzungen unseres physischen Körpers sind. Dem ist nämlich beileibe nicht so. In der Physik ist bereits seit einem guten Jahrhundert bekannt, daß jeder Körper, jeder Organismus, ja jedes »materielle Ding«, sei es ein Stein, eine Pflanze oder ein Plastikeimer, eine Ausstrahlung besitzt. Viele physikalischen und alle chemischen Prozesse gehen einher mit der Aufnahme (Absorption) und Abgabe von Strahlung, d.h. was immer auch geschieht, immer wird dabei Wärme, Licht oder eine andere elektromagnetische Strahlung aufgenommen, oder es wird Wärme, Licht bzw. eine andere elektromagnetische Strahlung abgegeben.

So sind wir selbst und alles um uns herum ständig von einem energetischen Feld umgeben. Und daher stehen wir auch ständig mit unserer Umgebung in einem energetischen Austausch. Das beginnt beim Sonnenlicht, das wir aufnehmen und als Wärme wieder abstrahlen, und geht bis zu den energetischen Einflüssen von Stromleitungen, Radiosendern und Mikrowellen. Vielleicht können Sie sich noch an die Ära der Zimmerantennen erinnern, die früher manches Fernsehgerät zierten. Da gab es dann die verflixten Abende, wo das säuberlich eingestellte Fernsehbild durch unsere eigene Anwesenheit permanent gestört wurde. Nicht immer, doch an manchen Tagen hatten wir Mühe, die richtige Position im Raum zu finden, um den Fernsehgenuß nicht zu beeinträchtigen.

Daß es sich dabei nicht allein um eine materielle Abschirmung handelte, bewies die wiederholte Erfahrung, daß mitunter ein anderer problemlos den Platz im Sessel einnehmen konnte, von dem aus wir den gesamten Empfang lahmgelegt hatten. Es war also tatsächlich unsere eigene Strahlung, die hier in Interaktion mit dem Flimmerkasten geriet.

An diesem Beispiel wird deutlich, daß wir selbst ständig Sender und Empfänger von Strahlung sind. Weitere, heute bekannte Beispiele sind der »Elektrosmog«, die inzwischen nachgewiesene krankheitserregende Wirkung elektrischer Ströme und Radiosender, oder der Einfluß von Wasseradern und Verwerfungen im Boden.

Steine strahlen

Eine ähnliche Ausstrahlung besitzen nun auch Steine, wie im Teil 1, Kapitel »Die Mineralfarbe«, bereits ausgeführt wurde. Eine Ausstrahlung, die durch die Umwandlung aufgenommenen Lichts entsteht und überwiegend im Bereich der Infrarot-Strahlung und sehr geringfügig nur im Spektrum des sichtbaren Lichts und der Mikrowellen liegt. Dennoch sind gerade die letzteren von großer Bedeutung. Infrarot-Strahlung wird nämlich schon in den obersten Hautschichten vom Körper aufgenommen, daher empfinden wir sie dort als Wärme. Mikrowellen dringen jedoch durch den ganzen Organismus hindurch, erreichen also im Prinzip alle Gewebe und Organe.

Daß wir den sichtbaren Anteil der Ausstrahlung von Edelsteinen und Mineralien normalerweise nicht mit bloßem Auge sehen, liegt ganz einfach an der geringen Intensität (Stärke; lat. »intensus« = »heftig«) dieser Strahlung. Die Ausstrahlung unseres Körpers z. B. ist vergleichbar mit dem Lichtschimmer einer Kerze in ca. 20 km Entfernung. Das ist tagsüber natürlich nicht zu sehen, doch in absoluter Dunkelheit würden wir dieses Licht allmählich wahrnehmen. Daher ist diese Ausstrahlung tatsächlich real; und daß die Wissenschaft Schwierigkeiten hat, diese feine Strahlung zu messen, liegt nicht an der Strahlung selbst, sondern an der Begrenztheit der Meßgeräte.

Licht im Organismus

Schließlich weiß heute ja jedes Kind, daß die Sterne auch tagsüber am Himmel stehen, obwohl sie nicht sichtbar sind, weil das Sonnenlicht sie überstrahlt. Dasselbe gilt auch für uns: Wir sind im Prinzip eigene Lichtquellen. Unser Organismus leuchtet: Jede Zelle, jedes Gewebe, jedes Organ hat seine spezifische Ausstrahlung und erzeugt dadurch auch ganz spezifische magnetische Felder. Diese werden in der Medizin längst zur Diagnose von Krankheiten verwendet. Die sog. Kernspin-Tomografie mißt die den Körper umgebenden energetischen Felder und kann so perfekte dreidimensionale Abbildungen unserer inneren Organe erzeugen, die wesentlich genauer und präziser sind als jede Röntgen-Aufnahme.

Doch es geht noch weiter: Neueste, erst 1993 veröffentlichte Ergebnisse biochemischer Forschungen weisen nach, daß diese Ausstrahlung sogar zur Kommunikation dient. Jeder Zellkern sendet Photonen (kleinste Licht-Teilchen) in hoher Intensität aus und kommuniziert so mit den umliegenden Zellen. So wird im Organismus der Stoffwechsel, das Wachstum sowie die Entwicklung und Spezifizierung von Zellen, Geweben und Organen koordiniert. Nervensystem und Hormone greifen nur steuernd in Vorgänge ein, die sich im Prinzip selbständig regeln. Die »Unterhaltung« von Zelle zu Zelle, das »Gespräch über den Gartenzaun« vollzieht sich tatsächlich über das Licht.

Strahlung als Informationsträger

Was kann Licht nun eigentlich? Was wir als »Licht« bezeichnen, ist nur ein kleiner Teil der gesamten existierenden elektromagnetischen Strahlung. Eben jener Teil, den wir mit unseren Augen wahrnehmen können. Man nennt diesen Teil auch das »sichtbare Spektrum« (lat. »spectrum« = »Erscheinung«). Neben diesem sichtbaren Spektrum existieren noch weitere Strahlungsarten wie z. B. Radiowellen, Infrarot-Strahlung (Wärmestrahlung), ultraviolettes Licht (UV-Licht), Mikrowellen oder radioaktive Strahlung (Gamma-Strahlung). All denen ist eines gemeinsam: Jede Form der Strahlung ist Informationsträger!

Das machen wir uns im Alltag bereits häufig zunutze: Ob bei den Informationen der Radio- und Fernsehsender, ob mit den modernen »Handys« oder bei den vielfach gebrauchten Fernsteuerungen aller Art, immer wird die gewünschte Information auf eine bestimmte Strahlung übertragen, so daß sie unsichtbar vom Sender zum Empfänger gelangt.

Steinheilkunde als Informationstherapie

Und genau das geschieht auch zwischen Stein und Mensch! Auch Steine strahlen und, da sie sehr beständige Existenzen sind (zumindest in der Regel), meist auch sehr konstant dieselbe Information. Man könnte sie vergleichen mit Radiosendern, die immer dasselbe Programm aussenden. So hat jeder Stein sein spezifisches Licht bzw. seine spezifische Strahlung, die natürlich auf unseren Organismus einwirken kann. Bringen wir einen Stein mit unserem Körper in Berührung, wird das einstrahlende Licht zwangsläufig die »Licht-Kommunikation« zwischen den Zellen beeinflussen und bestimmte Reaktionen hervorrufen.

Eine Wirkung ist also in jedem Falle gegeben. Daß diese Wirkung zur Heilwirkung wird, hängt nun von zwei Faktoren ab: 1. von dem, was wir im Moment benötigen und 2. von dem, was der Stein bzw. die von ihm abgestrahlte Information bietet. Paßt beides zusammen, vollzieht sich die Heilung. Damit gehört die Steinheilkunde wie die Homöopathie, die Bach-Blütentherapie oder die Aromatherapie zu den Informationstherapien. Nicht der chemische Stoff wirkt, sondern die von ihm vermittelte Information.

Welche Informationen die Steine uns nun im einzelnen mitteilen, wurde im Teil 1 bereits ausführlich besprochen. Anhand ihrer mineralogischen Daten über Kristallsystem, Bildungsprinzip, Mineralklasse, Mineralstoffgehalt und Farbe wissen wir nun, um welches Programm es sich im jeweiligen Fall grundsätzlich handelt. Damit haben wir eine exakte Anleitung in der Hand, wie wir aus unserem persönlichen Lebensstil, der aktuellen Situation, der gewünschten Veränderung etc. genau den richtigen »Informanten«, sprich das richtige Mineral für uns ermitteln können. Die hierzu notwendige Systematik finden Sie im nächsten Kapitel, der »Analytischen Steinheilkunde«.

2.2 Die analytische Steinheilkunde

Die im ersten Teil geschilderten Grundprinzipien der Steinheilkunde: Bildungsprinzip/Lebenssituation, Kristallsystem/Lebensstil, Mineralstoff- und Farbwirkungen ermöglichen es, für jedes Vorhaben, jedes Problem oder jede Krankheitssituation das exakt passende Mineral zu analysieren. Dadurch unterscheidet sich die Analytische Steinheilkunde erheblich von den in der Literatur üblichen symptomatischen Zuordnungen. Die gründliche Untersuchung des Wesens und der Situation ermöglicht das Verständnis, weshalb ein bestimmtes Problem oder eine bestimmte Erkrankung entstanden ist, und hilft so, die Ursache zu heilen.

Das auf diese Weise ermittelte Mineral aktiviert die eigenen Selbstheilkräfte und kann daher in Situationen helfen, zu denen in der Literatur – auch in diesem Buch – keinerlei Hinweis zu finden ist. Es wird, wenn die Analyse sorgfältig durchgeführt wurde, mit großer Wahrscheinlichkeit helfen, da es in allen Bereichen genau die passende Information vermittelt. Vertrauen Sie daher Ihrer Wahl, auch wenn sie auf ein ungewöhnliches oder scheinbar untypisches Mineral fallen sollte. Bedenken Sie bitte auch, daß die moderne Steinheilkunde noch so jung ist, daß mit Sicherheit nur ein geringer Bruchteil aller Möglichkeiten bisher erforscht ist.

Aus diesem Grund sind in die folgende Tabelle nicht nur die in diesem Buch beschriebenen Heilsteine aufgenommen, sondern alle derzeit erhältlichen Mineralien, von welchen bekannt ist, daß sie zu therapeutischen Zwecken verwendet werden. Eine Kurzbeschreibung aller dieser Mineralien finden Sie im »Lexikon der Heilsteine« (Im Osterholz Verlag, Ludwigsburg 1997). Im Rahmen des vorliegenden Buchs möchte ich jedoch nur jene Mineralien beschreiben, deren Heilwirkungen bereits sehr gründlich erforscht und auf allen Ebenen mehrfach bestätigt sind. Es ist mir wichtig, hier ausschließlich authentische Informationen weiterzugeben, d.h. Heilwirkungen von Mineralien zu beschreiben, die ich selbst persönlich oder beobachtend erlebt habe. Aus diesem Grund fehlen im Teil 3 manche der unbekannteren Heilsteine – ich bitte hierfür um Verständnis.

Grundsätzlich gibt es für die Analytische Steinheilkunde jedoch keine Grenze zwischen Heilsteinen und »gewöhnlichen Mineralien«. Jedes Mineral ist aufgrund seiner innewohnenden Eigenschaften in der Lage, eine Wirkung auf uns zu entfalten. Ob daraus eine Heilwirkung wird, hängt lediglich davon ab, was wir in diesem Moment benötigen. Sie können die im Teil 1 beschriebenen Prinzipien daher noch weiter ausdehnen und auf alle bekannten Mineralien anwenden. Wichtig ist jedoch die sehr gründliche und genaue Ausarbeitung jedes einzelnen Prinzips. Je präziser das ausgewählte Mineral zum jeweiligen Menschen in der aktuellen Situation paßt, desto enormer sind die Erfolge.

Die folgende Tabelle soll nun dazu dienen, zunächst schnell und übersichtlich durch die Analyse der Kristallsysteme, Bildungsprinzipien und Mineralklassen das für den jeweiligen Fall passende Mineral zu finden. Sind mehrere Mineralien zur Auswahl, so kann anhand der Mineralstoffe und der Farbe noch weiter differenziert werden. Da Mineralien mitunter auf verschiedene Weise gebildet werden können, werden einzelne mehrfach genannt. Allerdings wurden nur die häufigsten Bildungsprinzipien aufgenommen, eben jene, die auch tatsächlich den im Handel erhältlichen Steinen entsprechen. Angaben in der mineralogischen Literatur können daher von dieser Tabelle abweichen.

Die chemischen Formeln sind in der derzeit gültigen chemischen Nomenklatur aufgeführt, zusätzlich werden die Mineralstoffe angefügt, die in geringen Mengen (+ X) oder in Spuren (+ (X)) im Mineral enthalten sein können. In der Tabelle sind außerdem auch Heil-Gesteine eingereiht (Granit, Marmor, Porphyrit, Obsidian, Oolith, Rhyolith), die dem Kristallsystem des Hauptbestandteils zugeordnet werden.

Analytische Steinheilkunde: Systematik der bekannten Heilsteine

(Stand: Juli 1999)

KS	BP	Mineralklasse	Mineral / Chem. Formel & Mineralstoffe	Farbe
Kub	I	Nat. Elemente	Meteoreisen $Fe + Ni,Co + (C,Cu,P,S)$	Graumetallisch
			Gold $Au + Ag + (Cu)$	Goldmetallisch
			Kupfer $Cu + Fe + (Ag,Bi,Sb)$	Kupferrot bis braun
			Pallasit (Meteorit) $Fe + ca\ 5\%\ (Mg,Fe)_2[SiO_4]$ (Olivin)	Silbergrau + olivgrün
			Silber $Ag + As,Au,Bi,Cu,Hg,Pb,Sb,Te$	Silber, gelblich, schwarz
		Sulfide	Galenit $PbS + Ag,Cu,Fe,Sb,Zn,Bi$	Bleigrau metallisch
			Pyrit (divers) $FeS_2 + Co,Ni,Sb + (Cu,Au,Ag,Zn)$	Goldmetallisch
			Schalenblende $ZnS + Mn + (Cu,Sb,Sn,Pb)$	Silber/gelbbraun gebändert
		Halogenide	Fluorit $CaF_2 + (C,Cl,Fe,Ce,Y)$	Klar, gelb,grün, blau, violett
		Oxide	Magnetit $Fe_3O_4 + Al,Co,Cr,Ni,Ti,V$	Schwarz, grau, metallisch
			Spinell $MgAl_2O_4 + Fe,Cu,Cr,Mn,Zn$	Rot, rosa, orange, rotviolett
		Gerüst-Silikate	Analcim $Na[AlSi_2O_6] \cdot H_2O + K,Ca,Mg + (OH,P)$	Grau, rötlich, grün
			Hauyn $(Na,Ca)_{8\text{-}4}[(SO4)_{2\text{-}1}/(AlSiO_4)_6]$	Dunkelblau, grünblau, gelb
			Sodalith $Na_8[Cl_2/(AlSiO_4)_6] + Be, K, Mg$	Dunkelblau
	II	Sulfide	Galenit $PbS + Ag,Cu,Fe,Sb,Zn,Bi$	Bleigrau metallisch
			Pyrit (Würfel) $FeS_2 + Co,Ni,Sb + (Cu,Au,Ag,Zn)$	Goldmetallisch
			Bojis $FeS_2 + FeOOH \cdot n\ H_2O$	Grau bis braun
		Oxide	Cuprit $Cu_2O + Fe$	Rot bis grau
		Halogenide	Halit (Salz) $NaCl + K,Mg + (Mn)$	Weiß, rosa, braun, blau

153

Kub		Gerüst-Silikate	Analcim	Grau, rötlich, grün
			$Na[AlSi_2O_6] . H_2O + K,Ca,Mg + (OH,P)$	
	III	Nat. Elemente	Diamant	Klar, rosa, gelb, grün, blau
			$C_n + (Al,Ca,Cr,Fe,Mg,Mn,Si,Sr,Ti)$	
		Sulfide	Pyrit (Sonne)	Goldmetallisch
			$FeS_2 + Co,Ni,Sb + (Cu,Au,Ag,Zn)$	
		Oxide	Magnetit	Schwarz, grau, metallisch
			$Fe_3O_4 + Al,Co,Cr,Ni,Ti,V$	
			Spinell	Rot, rosa, orange, rotviolett
			$MgAl_2O_4 + Fe,Cu,Cr + (Mn,Zn)$	
		Insel-Silikate	Granat Almandin	Rot, braun bis schwarz
			$Fe_3Al_2(SiO_4)_3 + Ca,Mg,Mn,Ti$	
			Granat Andradit	Khaki, braun, schwärzlich
			$Ca_3Fe_2(SiO_4)_3 + Al$	
			Gran. Grossular	Grau, grün bis rosa
			$Ca_3Al_2(SiO_4)_3 + Fe,Mn$	
			Granat Hessonit	Rot, gelb, orange, braun
			$Ca_3(Al,Fe)_2(SiO_4)_3$	
			Granat Melanit	Schwarz
			$(Ca,Na)_3(Fe,Ti)_2(SiO_4)_3$	
			Granat Pyrop	Dunkelrot
			$Mg_3Al_2(SiO_4)_3 + Fe,Ti$	
			Granat Rhodolit	Dunkelrot bis rotviolett
			$(Mg,Fe)_3 Al_2(SiO_4)_3 + Ti$	
			Gran. Spessartin	Gelb, rotbraun, braun
			$Mn_3Al_2(SiO_4)_3 + Fe$	
			Granat Uwarowit	Smaragdgrün
			$Ca_3Cr_2(SiO_4)_3$	
		Gerüst-Silikate	Lapislazuli	Lasurblau
			$(Na,Ca)_8[(SO_4/S/Cl)_2/(AlSiO_4)_6] + Fe$	

KS	BP	Mineralklasse	Mineral Chem. Formel & Mineralstoffe	Farbe
Hex	I	Phosphate	Apatit	Grau, gelb, grün, blau
			$Ca_5[(F,Cl,OH)/(PO_4)_3] + Mg,Mn,Si,Sr$	
		Ring-Silikate	Aquamarin	Grün bis hellblau
			$Be_3Al_2(Si_6O_{18}) + K,Li,Na + (Fe)$	
			Beryll	Farblos bis gelb
			$Be_3Al_2(Si_6O_{18}) + K,Li,Na$	
			Bixbit	Dunkelrot
			$Be_3Al_2(Si_6O_{18}) + K,Li,Mn,Na$	
			Goldberyll	Goldgelb
			$Be_3Al_2(Si_6O_{18}) + K,Li,Na + (Fe, U)$	

154

Hex		Ring-Silikate	Heliodor	Gelb, grün bis blaugrün
			$Be_3Al_2(Si_6O_{18})$ + K,Li,Na,Fe	
			Morganit	Rosa
			$Be_3Al_2(Si_6O_{18})$ + K,Li,Na + (Cu,Mn,Ni)	
			Smaragd	Smaragdgrün
			$Be_3Al_2(Si_6O_{18})$ + K,Li,Na + (Cr)	
			Sugilith	Violett
			$(K,Na)_2/(Fe,Ti)_2(Li,Al)_3[Si_{12}O_{30}]$	
	II	Sulfide	Covellin	Schwärzlich-blau
			CuS + Fe + (Ag,Pb,Se)	
		Phosphate	Apatit	Grün, blau
			$Ca_5[(F,Cl,OH)/(PO_4)_3]$ + Mg,Mn,Si,Sr	
			Pyromorphit	Weiß,rot,braun,orange,grün
			$Pb_5[Cl/(PO_4)_3]$ + Ca,As + (Cr,V)	
		Ph./Vanadate	Vanadinit	Braun, orange, gelb
			$Pb_5[Cl/(VO_4)_3]$ + P + (Zn)	
	III	Phosphate	Apatit	Grün, blau
			$Ca_5[(F,Cl,OH)/(PO_4)_3]$ + Mg,Mn,Si,Sr	
		Ring-Silikate	Smaragd	Smaragdgrün
			$Be_3Al_2(Si_6O_{18})$ + K,Li,Na + (Cr)	

			Mineral	**Farbe**
KS	**BP**	**Mineralklasse**	**Chem. Formel & Mineralstoffe**	
Trig	I	Nat. Elemente	Wismut	Silberweiß, gelblich, bunt
			Bi + (Fe,S,Sb)	
		Sulfide	Proustit	Dunkelrot, zinnoberrot
			Ag_3AsS_3 + Sb + (Co,Ni,Pb,Zn)	
		Oxide	Hämatit	graumetallisch, Pulver: rot
			Fe_2O_3 + Mg,Ti + (Al,Cr,Mn,Si, H_2O)	
			Oolith	Braun mit rötl. Einsprengs.
			Fe_2O_3 + FeOOH	
			Rubin	Rot
			Al_2O_3 + Cr,Ti	
			Saphir	Farblos, gelb, blau, schwarz
			Al_2O_3 + Fe,Ti	
		Oxide, Quarze	Achat	Graublau, braun, rot, gelb
			SiO_2 + Al, Ca,Fe,Mn	
			Amethyst	Violett
			SiO_2 + (Al,Fe,Ca,Mg,Li,Na)	
			Ametrin	Violette & gelbe Zonen
			SiO_2 + (Al,Fe,Ca,Mg,Li,Na)	
			Aventurin	Grün schillernd
			SiO_2 + $KAl_2[(OH,F)_2/AlSi_3O_{10}]$ + (Cr)	
			Baumquarz	Weiß mit moosigen Einschl.
			SiO_2 + Fe,Mn,Si	

Trig △	Oxide, Quarze	Bergkristall	Klar
		SiO_2	
		Blauquarz	Hell- bis dunkelblau
		$SiO_2 + TiO_2$	
		Cacoxenit	Violett m. goldgelb. Einschl.
		$SiO_2 + FeOOH + (Al,Fe,Ca,Mg,Li,Na)$	
		Chalcedon, blau	Hellblau
		SiO_2	
		Chalc., Dendriten-	Hellblau, schwarze Einschl.
		$SiO_2 + Mn,O$	
		Citrin	Gelb
		$SiO_2 + (Al,Fe,Ca,Mg,Li, Na,)$	
		Falkenauge	Blauschwarz
		$SiO_2 + Na_2(Mg,Fe,Al)_5(OH/Si_4O_{11})_2$	
		Feuerachat	Braun, bunt schillernd
		$SiO_2 + SiO_2 (Opal) + Fe$	
		Hämatitquarz	Klar mit roten Einsprengseln
		$SiO_2 + Fe_2O_3$	
		Karneol	Braun, rot, orange, gelb
		$SiO_2 + (Fe,O,OH)$	
		Onyx	Schwarz
		$SiO_2 + C,Fe$	
		Prasem, kristallin	Lauchgrün
		$SiO_2 + Ca_2(Mg,Fe)_5[(OH,F)/Si_4O_{11}]_2$	
		Rauchquarz	Hell- bis dunkelbraun
		$SiO_2 + (Al,Li,Na)$	
		Rosenquarz	Rosa
		$SiO_2 + Na,Al,Fe,Ti + (Ca,Mg,Mn)$	
		Rutilquarz	Klar mit gelben/roten Ein.
		$SiO_2 + TiO_2$	
		Sarder	Braun
		$SiO_2 + (Fe,O,OH)$	
		Sardonyx	Schwarz-weiß-rotbraun
		$SiO2 + C + (Fe,O,OH)$	
		Schneequarz	Weiß
		SiO_2	
		Turmalinquarz	Klar mit schwarzen Einschl.
		$SiO_2 +NaFe_3(Al,Fe)_6[(OH)_4(BO_3)_2Si_6O_{18}]$	
	Oxide/Silikate	Granit (Gestein)	Gesprenkelte Farbkombin. m. weiß, rot, braun, schwarz
		$SiO_2 + (Ca,K,Na)[AlSi_3O_8] +$ $(K,Mg,Fe,Mn)_{2-3}[(OH,F)_2/(Al,Fe)Si_3O_{10}]$	
		Rhyolith (Gestein) (Leopardenfell- und Augen-Jaspis)	Weiß, grau, grünlich, rötlich mit deutlich sichtbaren Ein- sprengseln
		$SiO_2 + (Ca,K,Na)[AlSi_3O_8] +$ $Ca2NaK(Mg,Fe)_3(Fe,Al)_2[(O,OH,F)_2/Al_2Si6O_{22}]$	

Trig △	Carbonate	Calcit	Weiß, rosa, gelb, grün, blau
		$CaCO_3$ + Fe,Mn + (Co,Pb,Sr)	
		Dolomit	Braun, rot, weiß
		$CaMg(CO_3)_2$ + Fe,Mn + (Pb,Zn,S)	
	Insel-Silikate	Phenakit	Weiß, rosa, gelb, grün
		Be_2SiO_4 + (Al)	
	Ring-Silikate	Benitoid	Blau
		$BaTi[Si_3O_9]$ + Na,Fe	
		Turmalin allg.	Alle Farben
		$(Na,K,Li,Ca)(Li,Mg,Fe,Mn,Al)_3$	
		$(Al,Fe,Cr,Ti,V)_6[(OH,O,F)_4(BO_3)_2Si_6O_{18}]$	
		Turmalin, Dravit	Braun, gelb, grün, grau
		$NaMg_3(Al,Fe,Cr)_6[(OH,F)_4(BO_3)_2Si_6O_{18}]$	
		Turmalin, Elbait	Alle Farben incl. farblos
		$Na(Li,Al)_3Al_6[(OH,F)_4(BO_3)_2Si_6O_{18}]$	
		Turm., Indigolith	Blau
		$Na(Fe,Li,Al)_3(Fe,Al)_6[(OH,F)_4(BO_3)_2Si_6O_{18}]$	
		Turm., Rubellit	Rot, rosa
		$Na(Li,Mn,Al)_3Al_6[(OH,F)_4(BO_3)_2Si_6O_{18}]$	
		Turm., Verdelith	Grün
		$Na(Li,Al)_3(Al,Cr,V)_6[(OH,F)_4(BO_3)_2Si_6O_{18}]$	
		Turmalin, Schörl	Schwarz
		$NaFe_3(Al,Fe)_6[(OH,F)_4(BO_3)_2Si_6O_{18}]$	
		Turmalin, Uvit	Hell- bis dunkelbraun
		$CaMg_3(Al_5Mg)[(OH,F)_4(BO_3)_2Si_6O_{18}]$	
II	Oxide	Hämatit	graumetallisch, Pulver: rot
		Fe_2O_3 + Mg,Ti + (Al,Cr,Mn,Si, H_2O)	
	Oxide, Quarze	Aventurin	Grün schillernd
		SiO_2 + $KAl_2[(OH,F)_2/AlSi_3O_{10}]$ + (Cr)	
		Chalcedon, blau	Hellblaue Rosetten
		SiO_2	
		Chalc., Kupfer-	Blaugrün, Kupfer-Einschl.
		SiO_2 + Cu + (Cu)	
		Chalcedon, rosa	Rosa, rosa-violett
		SiO_2 + (Mn)	
		Chalcedon, rot	Dunkelrot
		SiO_2 + Fe	
		Chrysopras	Apfelgrün
		SiO_2 + (Ni)	
		Goldquarz	Gelbbraun
		SiO_2 + FeOOH	
		Heliotrop	Grün m. roten/gelben Ein.
		SiO_2 + Al,Fe,Mg, OH,Si	
		Jaspis gelb	Gelb, sandfarben, braun
		SiO_2 + Fe,O,OH	
		Jaspis grün	Hell- bis dunkelgrün
		SiO_2 + Fe,Si	

Trig	Oxide, Quarze *(Fortsetzung)*	Jaspis rot	Ziegelrot
		SiO_2 + Fe,O	
		Mookait	Rot-gelb-beige marmoriert
		SiO_2 + Fe,O,OH	
		Moosachat	Hellblau m. grünen Einschl.
		SiO_2 + Al,Ca,F,Fe,K,Mg,Na,OH,Si	
		Pietersit	Blauschwarz/braun gefleckt
		SiO_2 + $Na_2(Mg,Fe,Al)_5(OH/Si_4O_{11})_2$	
		Pyritachat	Grau mit gelben Einschlüssen
		SiO_2 + FeS_2 + Co,Ni,Sb + (Cu,Au,Ag,Zn)	
		Tigerauge	Goldbraun
		SiO_2 + FeOOH	
		Versteiner. Holz	Braun, rötlich, gelb
		SiO_2 + C,Fe,O,OH	
	Carbonate	Calcit	Weiß, rosa, gelb, grün, blau
		$CaCO_3$ + Fe,Mn + (Co,Pb,Sr)	
		Dolomit	Braun, rot, weiß
		$CaMg(CO_3)_2$ + Fe,Mn + (Pb,Zn,S)	
		Gaspeit	Hellgrün
		$MgCO_3$ + Ni,Ca,Fe,Mn	
		Koralle	Weiß, rot, braun, schwarz
		$CaCO_3$ + Fe	
		Magnesit	Weiß, grau, gelb, braun
		$MgCO_3$ + Ca,Fe,Mn	
		Paua-Muschel, Perlmutt	Weiß, bunt schillernd
		$CaCO_3$	
		Perle	Silbrig weiß
		$CaCO_3$	
		Rhodochrosit	Himbeerrot bis rosa
		$MnCO_3$ + Ca,Fe,Zn	
		Septarien	Gelb in grau
		$CaCO_3$ (Calcitdrusen in Tongestein)	
		Siderit	Gelb, braun, schwarz
		$FeCO_3$ + Al,C,Ca,Mg,Mn,Zn	
		Smithsonit	Weiß, gelb, grün, blau
		$ZnCO_3$ + Ca,Cu,Fe,Mg,Mn,Pb	
	Ring-Silikate	Dioptas	Dunkelgrün
		$Cu_6(Si_6O_{18})$. 6 H_2O	
III	Oxide	Hämatit	graumetallisch, Pulver: rot
		Fe_2O_3 + Mg,Ti + (Al,Cr,Mn,Si, H_2O)	
		Rubin	Rot
		$Al2O_3$ + Cr,Ti	
		Saphir	Farblos, gelb, blau, schwarz
		Al_2O_3 + Fe,Ti	
		Tigereisen	Grau/rot/gelb gebändert
		Fe_2O_3 + $SiO2$ + Al,Na,Fe,Mg	

		Mineralklasse	Mineral Chem. Formel & Mineralstoffe	Farbe
		Oxide, Quarze	Aventurin	Grün schillernd
			$SiO_2 + KAl_2[(OH,F)_2/AlSi_3O_{10}] + (Cr)$	
			Prasem, derb	Lauchgrün
			$SiO_2 + Ca_2(Mg,Fe)_5[(OH,F)/Si_4O_{11}]_2$	
		Carbonate	Marmor (Gestein)	Weiß, gelb, braun, schwarz
			$CaCO_3 + Fe,Mn$	

KS	BP	Mineralklasse	Mineral Chem. Formel & Mineralstoffe	Farbe
Tetr	I	Sulfide	Bornit	Rotbraun, bunt anlaufend
			$Cu_5FeS_4 + Ag$	
			Chalkopyrit	Braun, gelb, schwarz metall.
			$CuFeS_2 + (Ag,Au)$	
		Oxide	Kassiterit	Braun bis schwarz
			$SnO_2 + Fe,Mn,Ti,Zr$	
			Pyrolusit	Eisengrau
			$MnO_2 + Fe,Si$	
			Rutil	Rot, gelb, braun, schwarz
			$TiO_2 + Cr,Fe,Sn$	
		Sulf./Wolframat	Scheelit	Grau, gelb, grünlich
			$Ca(WO_4) + Cu,Pb$	
		Insel-Silikate	Zirkon	Rot, orange, braun, gelb
			$ZrSiO_4 + Al,Ca,Fe,P,Y,Ce,Hf,Th,U$	
		Schicht-Silikate	Apophyllit	Weiß, gelblich, blaugrün
			$KCa_4[F/(Si_4O_{10})_2] . 8 H_2O$	
		Gerüst-Silikate	Skapolith	Farblos, gelb, rosa, blau
			$(Na,Ca)_8[(Cl_2,SO_4,CO_3)_{1-2}/Al_{1-2}(Si_{2-3}O_8)_6] + F,OH$	
	II	Sulfide	Ckalkopyrit	Braun, gelb, schwarz, metall.
			$CuFeS_2 + (Ag,Au)$	
		Sulf./Molybdate	Wulfenit	Gelb bis orange
			$Pb(MoO_4) + Ca + (Cu,Cr,Mg,V)$	
	III	Sulfide	Chalkopyrit	Braun, gelb, schwarz metall.
			$CuFeS_2 + (Ag,Au)$	
		Gruppen-Silikate	Vesuvian (Idokras)	Braun, gelb, grün, violett
			$Ca_{10}(Mg,Fe)_2Al_4[(OH)_4/(SiO_4)_5/(Si_2O_7)_2] +$	
			$B,Be,Co,Cr,Cu,F,Li,K,Na,Ni,Mn,Sr,Ti,Zn$	

KS	BP	Mineralklasse	Mineral Chem. Formel & Mineralstoffe	Farbe
Rho ◇	I	Nat. Elemente	Schwefel	gelb, grünlich, bräunlich
			$S_8 + Al,C,Se,Te,Tl$	
		Sulfide	Antimonit	Grau
			$Sb_2S_3 + Fe,Cu,Pb,Zn + (Co,Ag,Au)$	

Rho ◇	Sulfide (Fortsetzung)	Markasit FeS_2 + Co,Ni,Sb + (Cu,Au,Ag,Zn)	Grau, gelb mit Grünstich
	Halogenide	Atacamit $Cu_2(OH)_3Cl$	Hellgrün, schwärzlichgrün
	Oxide	Chrysoberyll Al_2BeO_4 + Ti	Braun, gelb, grünlich
	Carbonate	Aragonit kristall. $CaCO_3$ + Fe,Mn,Pb,Sr,Zn	Weiß, braun
	Phosphate	Wavellit $Al_3[(OH)_3/(PO_4)_2]$. 5 H_2O + Fe,V,Zn	Grünlichweiß
	Sulfate	Baryt $BaSO_4$ + Ca,Pb,Sr + (Al,C,Fe,Ra)	Farblos, braun, gelb, grünlich
	Insel-Silikate	Andalusit $Al_2[O/SiO_4]$ + Ca,Cr,Fe,K,Mg,Mn,Ti	Rot, rosa, gelb, grün, braun
		Dumortierit $(Al,Fe)_7[O_3/BO_3/(SiO_4)_3]$ + Mn	Blau, violettblau, braun
		Peridot, Olivin, Chrysolith $(Mg,Fe)_2[SiO_4]$ + Al,Ca,Mn,Ni,Co,Cr,Ti	Farblos, flaschengrün, olivgrün, grüngelb
		Topas $Al_2[F_2/SiO_4]$ + OH + (Cr, Mn)	Klar, bräunlich, hellblau
		Topas Imperial $Al_2[F_2/SiO_4]$ + P	Goldgelb
	Gruppen-Silikat	Prehnit $Ca_2Al[(OH)_2/AlSi_3O_{10}]$	Farblos, grünlich
	Ketten-Silikate	Bronzit $(Mg,Fe)_2[Si_2O_6]$ + Al,Ca,Mn, Ni	Bronzefarben
		Enstatit $Mg_4[Si_2O_6]_2$ + Al,Ca,Fe,Mn,Ni	Farblos, grauweiß, grünlich
	Gerüst-Silikate	Danburit $Ca[B_2Si_2O_8]$	Farblos, beige
		Natrolith $Na_2[Al_2Si_3O_{10}]$. 2 H_2O + Ca,K,Fe	Weiß, rötlich, gelb, grün
		Stellerit $Ca[Al_2Si_7O_{18}]$. 7 H_2O + Fe,Na	Weiß, grau, gelblich, braun
II	Nat. Elemente	Schwefel S_8 + Al,C,Se,Te,Tl	gelb, grünlich, bräunlich
	Sulfide	Markasit FeS_2 + Co,Ni,Sb + (Cu,Au,Ag,Zn)	Grau, gelb mit Grünstich
	Oxide	Psilomelan $(Ba,Mn)_3(O,OH)_6Mn_8O_{16}$ + K,Ca,Sr,Pb	Schwarz, silber
	Carbonate	Aragonit gebänd. $CaCO_3$ + Fe,Mn,Pb,Sr,Zn	Rosa, gelb, grün, braun
		Cerrusit $PbCO_3$ + S,Sr,Zn	Weiß, grau, schwarz
	Carb./Borate	Sinhalit $Mg(Al,Fe)[BO_4]$ +Mn	Gelbbraun, grünlichbraun

160

			Mineral	Farbe
			Chem. Formel & Mineralstoffe	
Rho		Phosphate	Variscit	Farblos, grau, grün
			$AlPO_4 . 2 H_2O + Cu,Fe, Mg$	
		Sulfate	Angelit/Anhydrit	Weiß, grau, hellblau
			$CaSO_4 + (Sr)$	
			Baryt	Klar, rot, braun, bläulich
			$BaSO_4 + Ca,Pb,Sr + (Al,C,Fe,Ra)$	
			Coelestin	Weiß, hellblau
			$SrSO_4 + Ba,Ca$	
		Gruppen-Silikat	Hemimorphit	Grau, gelb, braun, grün, blau
			$Zn_4[(OH)_2/Si_2O_7] . H_2O + Al,Ca,Fe,Mg,Ti$	
		Schicht-Silikate	Sepiolith	Weiß, beige
			$Mg_4[(OH)_2Si_6O_{15}] . 2 H_2O+4 H_2O+Fe,Na$	
	III	Oxide	Alexandrit	Grün, im Kunstlicht rot
			$Al_2BeO_4 + Cr,Ti$	
			Chrysoberyll	Braun, gelb, grünlich
			$Al_2BeO_4 + Ti$	
		Phosphate	Purpurit	Rosa, purpur, violett
			$(Mn,Fe)PO_4 + Li,Be,Al$	
		Insel-Silikate	Andalusit	Rot, rosa, gelb, grün, braun
			$Al_2[O/SiO_4] + Ca,Cr,Fe,K,Mg,Mn,Ti$	
			Chiastolith	Braun, grau mit schw. Kreuz
			$Al_2[O/SiO_4] + C,Ca,Cr,Fe,K,Mg,Mn,Ti$	
			Sillimanit	Grau, hellbraun, blaßgrün
			$Al[AlSiO_5] + Ca,Cr,Fe,K,Mg,Mn,Ti$	
			Staurolith	Braun
			$FeAl_4[O/OH/SiO_4]_2 + Fe,Mg,Mn,Ti$	
		Gruppen-Silikat	Tansanit	Blau, braun
			$Ca_2(Al,Fe)_3[O/OH/SiO_4/Si_2O_7] + Mg,Sr$	
			Thulit	Rötlich, rosa
			$(Ca,Mn)_2Al_3[O/OH/SiO_4/Si_2O_7] + Mg,Cr$	
			Zoisit	Grün
			$Ca_2Al_3[O/OH/SiO_4/Si_2O_7] + Mg,Cr,Sr,V$	
		Ring-Silikate	Cordierit, Iolith	Blau/gelber Farbwechsel
			$(Mg,Fe)_2Al_3[AlSi_5O_{18}] + Mn,Na,Zr$	

			Mineral	Farbe
KS	**BP**	**Mineralklasse**	**Chem. Formel & Mineralstoffe**	
Mon	I	Sulfide	Jamesonit	Grau
			$Pb_4FeSb_6S_{14} + Cu,Ag$	
		Phosphate	Brasilianit	Gelbgrün
			$NaAl_3[(OH)_2/PO_4]_2$	
			Lazulith	Blau
			$(Mg,Fe)Al_2[OH/PO_4]_2 + Ca$	
		Sulfate	Creedit	Farblos
			$Ca_3Al_2[(F,OH)_{10}/SO_4] . 2 H_2O$	

161

Mon			

Mon ◇

	Insel-Silikate	Sphen, Titanit	Braun, rot, rosa, gelb, grün
		$CaTi[O/SiO_4]$ + Al,Cr,Fe,Mg,Mn,Sn,Ti,Zr	
	Gruppen-Silikat	Epidot	Pistaziengrün, schwarz, grau, selten gelb
		$Ca_2(Fe,Al)Al_2[O/OH/SiO_4/Si_2O_7]$ + K,Mg,Mn,Sr,Ti	
	Ketten-Silikate	Augit	Schwarz, braun, grün
		$(Ca,Mg,Fe_2+,Fe_3+,Ti,Al)_2[(Si,Al)_2O_6]$	
		Hiddenit	Gelbgrün
		$LiAl[Si_2O_6]$ + Ca,Cr,Mg,Na	
		Hornblende	Schwarz, braun, dunkelgrün
		$Ca_2(Na,K)(Mg,Fe)_3(Fe,Al)_2[(O,OH,F)_2/$ $Al_2Si_6O_{22}]$ + Mn,Ti	
		Kunzit	Rosa bis rosaviolett
		$LiAl[Si_2O_6]$ + Ca,Mg,Mn,Na	
		Aktinolith	Grün
		$Ca_2(Mg,Fe)_5(Si_8O_{22})(OH,F)_4$ + OH,F	
	Schicht-Silikate	Biotit	Schwarz, grau, braun
		$K(Mg,Fe)_3[(OH,F)_2/AlSi_3O_{10}]$ + Mn,Na	
		Euklas	Farblos
		$AlBe[OH/SiO_4]$	
		Fuchsit	Hellgrün
		$KAl_2[(OH,F)_2/AlSi_3O_{10}]$ + Ca,Cr,Fe,Na,Ti	
		Lepidolith	Rosa bis rosaviolett
		$KLi_2Al[(OH,F)_2/Si_4O_{10}]$ + Ca,Fe,Mg,Mn	
		Muskovit	Weiß, farblos
		$KAl_2[(OH,F)_2/AlSi_3O_{10}]$ + Ca,Fe,Na,Ti	
	Gerüst-Silikate	Adular	Klar, weiß
		$K[AlSi_3O_8]$ + Na	
		Goldorthoklas	Goldgelb
		$K[AlSi_3O_8]$ + Na,Fe,Ba	
		Heulandit	Weiß, gelb, ziegelrot (Fe)
		$Ca[Al_2Si_7O_{18}]$. 6 H_2O + Fe,Na,Sr	
		Mondstein	Weiß, bräunlich, bläulich
		$K[AlSi_3O_8]$ + Na,Fe,Ba	
		Petalit	Farblos, rosa
		$Li[AlSi_4O_{10}]$ + Na,Ca	
		Skolezit	Farblos
		$Ca[Al2Si_3O_{10}]$. 3 H_2O + K,Na	
		Stilbit	Weiß, gelblich, rötlich
		$Ca[Al_2Si_7O_{18}]$. 7 H_2O + Fe,Na	
II	Carbonate	Azurit	Azurblau
		$Cu_3[(OH)_2/(CO_3)_2]$	
		Azurit-Malachit	Blau/grün marmoriert
		$Cu_3[(OH)_2/(CO_3)_2]$ + $Cu_2[(OH)_2/CO_3]$	
		Malachit	Hell- bis dunkelgrün
		$Cu_2[(OH)_2/CO_3]$ + H_2O + (Ca,Fe)	

162

Mon	Phosphate	Vivianit	Grün, blau, braun
		$Fe_3(PO_4)_2$. 8 H_2O + Ca,Mg,Mn	
	Ph./Arsenate	Erythrin	Pfirsichblütenrot
		$Co_3[AsO_4]_2$. 8 H_2O + Bi,Ni	
	Sulfate	Gips	Klar, grau, gelblich
		$CaSO_4$. $2H_2O$ + (Al,C)	
		Sandrosen	Braune Rosetten
		$CaSO_4$. $2H_2O$ + $BaSO_4$ + SiO_2	
	Sulf./Chromate	Krokoit	Rot, gelb
		$Pb[CrO_4]$ + S,Zn	
	Insel-Silikate	Howlith	Weiß, elfenbeinfarben
		$Ca_2[(BOOH)_5/SiO_4]$	
	Ring-Silikate	Chrysokoll	Grün bis türkisfarben
		$CuSiO_3$. 2 H_2O + Al,Fe,P	
III	Gruppen-Silikat	Epidot (Unakit)	Pistaziengrün, schwarz, grau, selten gelb
		$Ca_2(Fe,Al)Al_2[O/OH/SiO_4/Si_2O_7]$ + K,Mg,Mn,Sr,Ti	
	Ketten-Silikate	Aktinolith	Grün
		$Ca_2(Mg,Fe)_5(Si_8O_{22})(OH,F)_4$ + OH,F	
		Augit	Schwarz, braun, grün
		$(Ca,Mg,Fe_2+,Fe_3+,Ti,Al)_2[(Si,Al)_2O_6]$	
		Diopsid	Schwarz, grau, grün
		$CaMg[Si_2O_6]$ + F,Fe,Mn,Na,Ti,V,Zn	
		Chromdiopsid	Dunkelgrün
		$CaMg[Si_2O_6]$ + Cr,Fe,Mn,Ti,V	
		Chloromelanit	Dunkelgrün
		$Na_2CaMgFeAl[(Si_2O_6)_3]$	
		Hornblende	Schwarz, braun, dunkelgrün
		$Ca_2(Na,K)(Mg,Fe)_3(Fe,Al)_2[(O,OH,F)_2/Al_2Si_6O_{22}]$ + Mn,Ti	
		Jadeit	Weißlich, grün
		$NaAl[Si_2O_6]$ + Ca,Mg,Fe	
		Lavendel-Jade	Fliederfarben, violett
		$NaAl[Si_2O_6]$ + Ca,Fe,Mg,Mn	
		Nephrit	Grün
		$Ca_2(Mg,Fe)_5(Si_8O_{22})(OH,F)_4$ + OH,F	
	Schicht-Silikate	Biotit-Linsen	Schwarz, grau, braun
		$K(Mg,Fe,Mn)_3[(OH,F)_2/(Al,Fe)Si_3O_{10}]$	
		Charoit	Grau, violett, rosa
		$(Ca,Na)_4(K,Sr,Ba)_2[(OH,F)_2Si_9O_{22}]$. H_2O	
		Lepidolith	Rosa bis rosaviolett
		$KLi_2Al[(OH,F)_2/Si_4O_{10}]$ + Ca,Fe,Mg,Mn	
		Serpentin	Grün, gelbgrün, silbrig
		$Mg_6[(OH)_8/Si_4O_{10}]$ + Al,Cr,Fe,Mn,Ni	
		Verdith	Grün
		$Mg_6[(OH)_8/Si_4O_{10}]$ + Al,Cr,Fe,Na,Ti	

KS	BP	Mineralklasse	Mineral / Chem. Formel & Mineralstoffe	Farbe
Trikl	I	Ketten-Silikate	Larimar, Pektolith	Weiß, hellblau
			$NaCa_2[OH/Si_3O_8]$ + Fe,Mn	
		Gerüst-Silikate	Albit (Natronfeldspat)	Weiß, rötlich, grünlich, bläulich
			$Na[AlSi_3O_8]$ + Ca,Ba,K,Fe,Sr	
			Amazonit	Blaugrün, grün
			$K[AlSi_3O_8]$ + Cu	
			Anorthit (Kalkfeldspat)	Farblos, weiß, grau, braun
			$Ca[AlSi_3O_8]$ + Ba,K,Fe,Na,Sr	
			Labradorit	Weiß, grau, graugrün, farbig schillernd
			$NaCa[AlSi_3O_8/Al_2Si_2O_8]$ +	
			Ba,Fe,K,Mn,P,Sr,Ti + (Cu,Ga,Nb,Ni,Pb,Zn,Zr)	
			Sonnenstein (Oligoklas-S.)	Orange-braun schillernd
			$Na[AlSi_3O_8]Ca[Al_2Si_2O_8]$ + Ba,Fe,K,Sr	
			Sonnenstein (Labradorit-S.)	Rot, pink, orange, gelb, grün, blaugrün bis farblos, wenig Aventurisieren
			$Ca[AlSi_3O_8]Na[AlSi_3O_8]$ +	
			Cu,Fe,K,Mn,P,T + (Ba,Ga,Nb,Ni,Pb,Rb,Sr,Zn,Zr)	
			Spektrolith (Labradorit-Varietät)	Schwarz, farbig schillernd
			$NaCa[AlSi_3O_8/Al_2Si_2O_8]$ +	
			Ba,Fe,K,Mn,P,Sr,Ti + (Cu,Ga,Nb,Ni,Pb,Zn,Zr)	
		Silikate divers	Porphyrit	Schwarz, grau, rötlich, braun mit grünen oder hellen Einsprengseln
			$Na[AlSi_3O_8]Ca[Al_2Si_2O_8]$ + SiO_2 +	
			$Ca_2NaK(Mg,Fe)_3(Fe,Al)_2[(O,OH,F)_2/ Al_2Si_6O_{22}]$	
	II	Carbonat/Borat	Ulexit	Weiß
			$NaCaB_5O_9$ + K,Mg	
		Phosphate	Türkis	Grün bis türkis
			$CuAl_6[(OH)_2/PO_4]_4 . 4 H_2O$ + Fe	
		Sulfate	Chalkanthit	Blau
			$CuSO_4 . 5 H_2O$ + Co,Fe,Mg,V,Zn	
		Gerüst-Silikate	Amazonit	Blaugrün, grün
			$K[AlSi_3O_8]$ + Cu	
	III	Insel-Silikate	Disthen, Cyanit	Blau, blaugrau
			$Al_2[O/SiO_4]$ + C,Ca,Cr,Fe,Mg,Ti + (Ga,K)	
		Ketten-Silikate	Rhodonit	Rosa
			$CaMn_4[Si_5O_{15}]$ + Al,Ca,Fe,Li,K,Na	
		Gerüst-Silikate	Amazonit	Blaugrün, grün
			$K[AlSi_3O_8]$ + Cu	

164

KS	BP	Mineralklasse	Mineral Chem. Formel & Mineralstoffe	Farbe
Am	I	Oxide	Girasol SiO_2 (Opal)+ SiO_2 (Chalcedon) + Ti	Farblos
			Naturglas SiO_2 + Al, Ca,K,Na,Fe	Gelb bis grünlich
			Obsidian SiO_2 + Fe_2O_3 + H_2O + Al,C,Ca,K,Na,Fe	Schwarz, grau, braun, silbrig oder bunt schillernd
			Opal, Feueropal SiO_2 + H_2O + Fe	Rot, orange, gelb
			Opal, Hyalith SiO_2 + H_2O	Klar
	II	Oxide	Flint, Feuerstein SiO_2 + C,Ca,Fe,O,OH,CO_3,PO_4	Schwarz, braun, grau
			Hornstein SiO_2 + C,Ca,Fe,O,OH,CO_3,PO_4	Braun, rot, gelb, grau
			Opal, Boulder SiO_2 + H_2O + Ca,Fe	Blau, bunt schillernd
			Opal, Chrysopal SiO_2 + H_2O + Cu	Grün, blaugrün
			Opal, Jaspopal SiO_2 + H_2O + Fe	Rot, braun
			Opal, Milchopal SiO_2 + H_2O + Ca,Mg	Weiß, bunt schillernd
			Opal, Prasopal SiO_2 + H_2O + Ni	Grün
			Opal, Pinkopal SiO_2 + H_2O + Mn	Rosa
			Opal, schwarz SiO_2 + H_2O + C,Fe	Schwarz, bunt schillernd
			Opalisiertes Holz SiO_2 + H_2O + C,Ca,Fe,Mg	Rot, gelb, braun
			Opalith SiO_2 + H_2O + Fe,Ni	Braun, gelb, grün
		Organ. Steine	Bernstein $C_{10}H_{16}O$ + S (vereinfacht!)	Weiß, goldgelb, braun, rot
			Gagat (Jett) C (Kohlenwasserstoffe)	Schwarz
	III	Oxide	Moldavit SiO_2 + Al,Ca,Fe,K,Na	Flaschengrün
			Tektit SiO_2 + Al,Ca,Fe,K,Na	Schwarz

Zur Ermittlung des richtigen Minerals empfiehlt es sich, die Tabelle von links nach rechts »durchzuarbeiten«, d.h. unabhängig vom gegenwärtigen Problem zuerst den individuellen Lebensstil (Spalte 1) und die aktuelle Lebenssituation (Spalte 2) zu ermitteln. Dadurch wird die Auswahl der möglichen Heilsteine schon deutlich begrenzt.

Die Grundcharakteristik des aktuellen Problems führt anschließend zur Mineralklasse (Spalte 3): Muß etwas aufgelöst, verwandelt, gestärkt oder stabilisiert (etc.) werden? – Die nun zur Auswahl stehenden Mineralien (Spalte 4) können dann aufgrund ihres Mineralstoffgehalts (Spalte 5) und der Farbwirkung (Spalte 6) noch weiter differenziert werden, bzw. gerade durch die Wahl der passenden Farbvarietät wird die Wirkung des Minerals »abgerundet«.

Das ermittelte Mineral sollte dann möglichst in direktem Hautkontakt (siehe Kapitel »Praktische Anwendungen«) so lange getragen werden, bis sich eine deutliche Veränderung der Lebenssituation, des Lebensstils, eine Lösung des vorliegenden Problems oder eine Besserung der Krankheit einstellt. Es können »Erstverschlimmerungen« auftreten, die jedoch den Zeitraum von ein bis drei Tagen selten, den Zeitraum einer Woche praktisch nie überschreiten.

Sollte keine Wirkung eintreten oder eine Erstverschlimmerung das akzeptable Maß bzw. den akzeptablen Zeitraum überschreiten, so sollte die Analyse überprüft und ggf. korrigiert werden. Dazu empfiehlt sich der Grundsatz: »Erfolg durch minimale Veränderung«, also die Tabelle »rückwärts«, von rechts nach links durchzuarbeiten:

Bringt dasselbe Mineral in einer anderen Farbe den gewünschten Erfolg (Spalte 6)? Gibt es Varietäten oder verwandte Mineralien mit anderem Mineralstoffgehalt (Spalte 5/4)? Erfordert die Lösung des Problems grundsätzlich eine andere Charakteristik (Mineralklasse Spalte 3)? War die Lebenssituation richtig analysiert (Spalte 2)? War der Lebensstil richtig ermittelt (Spalte 1)? – Wenn Sie sich ihrer Analyse grundsätzlich sicher sind, dann sind es in der Regel nur Kleinigkeiten, die einer Änderung bedürfen, im Extremfall dasselbe Mineral in einer etwas anderen Erscheinungsweise oder von einem anderen Fundort.

Hier stoßen wir auf die Grenzen der analytischen Steinheilkunde. Die beschriebenen Grundprinzipien führen zum grundsätzlich passenden Mineral, doch genau den richtigen Stein auszuwählen, entzieht sich mitunter der Ratio und Logik.

Vertrauen Sie dabei dann auf Ihr Gespür bzw. auf das Gespür des Menschen, für den Sie den Stein bestimmen. Wählen Sie genau den, der »ansprechend« ist, unabhängig von Form, Schönheit oder Qualität. Und beachten Sie bitte, daß eine starke Abneigung ebenso dokumentiert, daß der Stein einen »anspricht«, wie eine starke Anziehung. Völlig unerheblich sind die »neutralen Steine«, jene, die uns völlig gleichgültig lassen, die uns nicht interessieren oder die wir gar einfach übersehen. Ziehen Sie den Stein daher notfalls mit geschlossenen Augen oder verwenden Sie radiästhetische oder kinesiologische Testverfahren, wenn Ihnen diese geläufig sind.

Intuition ist in der Heilkunde immer genauso wichtig wie Ratio und Logik. Logisch kann man nur analysieren, worüber einem Informationen bekannt und bewußt sind. Die Intuition führt oftmals den notwendigen Schritt weiter. Aus diesem Grund soll der »Intuitiven Steinheilkunde« nun auch das nächste Kapitel gewidmet sein.

2.3 Die intuitive Steinheilkunde

Die persönlichen Heilsteine

Bevor Sie beginnen, dieses Kapitel zu lesen, möchte ich Sie zu einem kleinen Test einladen. Sie benötigen dazu lediglich eine Handvoll Mineralien (ca. 15 – 20) und einen Helfer. Ist beides vorhanden, dann gehen Sie bitte genau so vor, wie im folgenden beschrieben:

Breiten Sie die Steine vor sich auf einem Tisch oder auf dem Boden aus. Wählen Sie nun spontan den Stein aus, der Ihnen auffällt. Bewerten Sie nicht, denken Sie nicht über ihn oder seinen Namen nach, schauen Sie einfach hin und greifen Sie zu.

Damit haben Sie den ersten Heilstein intuitiv gewählt: Er wurde mit dem Auge ausgewählt.

Schließen Sie nun die Augen und bitten Sie Ihren Helfer, die Steine neu zu arrangieren, damit sie nicht mehr wissen, wo sich welcher befindet. Bewegen Sie nun Ihre linke Hand bei noch immer geschlossenen Augen über die ausgebreiteten Steine. Gehen Sie so lange darüber hinweg, bis sie den Impuls haben, zuzugreifen. Dann keinesfalls zögern, einfach zugreifen!

Damit haben Sie den zweiten Heilstein intuitiv gewählt: Er wurde per Hand ausgewählt.

Bitten Sie nun Ihren Helfer, zu den vor Ihnen liegenden Steinen einzelne Sichworte zu nennen, die sich auf die Eigenschaft und Heilkraft der Steine bezieht. Es darf für Sie allerdings auf keinen Fall ersichtlich sein, welches Stichwort sich auf welchen Stein bezieht. Fällt ein Stichwort, das Sie spontan berührt (egal, ob angenehm oder unangenehm), dann sagen Sie sofort Bescheid, und lassen sich den Stein geben, auf den sich das Stichwort bezog.

Damit haben Sie den dritten Heilstein intuitiv gewählt: Er wurde über das Wort ausgewählt.

Bitten Sie nun Ihren Helfer, die Steine für Sie unsichtbar (z. B. hinter einer Abdeckung) in eine Reihe zu legen. Lassen Sie sich dann die Anzahl der »aufgereihten« Steine ansagen, und nennen Sie spontan eine Zahl zwischen 1 und der vollen Anzahl. Ihr Helfer gibt Ihnen dann jenen Stein, der an der benannten Stelle in der Reihe liegt.

Damit haben Sie den vierten Heilstein intuitiv gewählt: Er wurde per »Zufall« ausgewählt.

Diese vier Heilsteine sind nun Ihre persönlichen Heilsteine für den aktuellen Zeitpunkt. Jeder dieser Steine repräsentiert natürlich eine andere Qualität bzw. eine andere Seite Ihrer selbst, da jedes Auswahlverfahren bestimmte Bereiche ein- oder ausschließt.

Auswahl mit dem Auge: Der Seelenstein

Wenn wir Dinge betrachen, ziehen wir sofort Vergleiche. In unserem Unterbewußtsein wird der aktuelle Sinneseindruck stets verglichen mit alten Erinnerungen und Erfahrungen. Das geht blitzschnell; viel schneller, als wir bewußt dazu in der Lage wären. Denken Sie einmal daran, was geschieht, wenn Sie einen Weg entlanggehen. Sie nehmen ständig alles um sich herum wahr, und Sie erkennen, was Ihnen begegnet: Baum, Stein, Blume, Gräser, Vögel etc... Stellen Sie sich nun vor, Sie müßten denselben Weg nocheinmal entlang gehen, und alles was Ihnen begegnet, laut mit Namen benennen. Alles! Sie kämen nur wenige Meter weit in der Stunde!

Das zeigt die enorme Leistung unseres Unterbewußtseins bzw. unserer Seele. Die Seele ist unsere innere Bilderwelt (unsere »Innenwelt«), die alle Eindrücke und Erlebnisse gespeichert hat. Die Seele nimmt alles wahr, nichts geht hier verloren, woran manche unvermutete Erinnerungen an »längst vergessen Geglaubtes« uns immer wieder bewußt machen. Dabei wird durchaus nicht nur jeder neue Eindruck willkürlich abgespeichert, vielmehr wird verglichen, Ähnlichkeiten werden ermittelt und Zuordnungen hergestellt: Der neue Sinneseindruck wird säuberlich eingeordnet.

Dabei wird natürlich auch an die alten Erinnerungen gerührt: Die mit den entsprechenden vergangenen Erlebnissen verknüpften Gefühle und Bilder tauchen auf. Daher kommt es, daß wir zu bestimmten Dingen, Menschen oder Situationen Zu- oder Abneigung empfinden. Gibt es ein früheres ähnliches Erlebnis, das wir positiv empfinden, entsteht automatisch Sympathie (Zuneigung, Wohlgefallen), erinnert uns das momentane Erlebnis an etwas, das wir als negativ empfinden, dann entsteht Antipathie (Abneigung, Widerwille). Unser Unterbewußtsein setzt immer gleich! Es reiht ähnliche Erlebnisse aneinander und zieht den Schluß, daß der Ausgang des Geschehens wieder vergleichbar sein wird mit der Erinnerung an die Vergangenheit.

Das vollzieht sich fast ausschließlich unbewußt. Wie schon oben ausgeführt, denken wir nicht darüber nach, sondern reagieren entsprechend: Wir vertrauen der einen Situation und mißtrauen der anderen, wir gehen bestimmten Menschen aus dem Weg und fühlen uns zu anderen hingezogen, manchmal wiegen wir uns in Sicherheit, während in anderen Situationen plötzlich die »innere Alarmglocke« schrillt! Sinn und Zweck dieser seelischen Qualität ist das Überleben: »Aus Erfahrung wird man klug!« sagt der Volksmund, und es steckt eine Wahrheit darin: Durch die gesammelten Erfahrungen der Vergangenheit und durch das rasche Auffassungsvermögen der Seele steigt unsere Überlebenschance: Wir erkennen Gefahren schneller, machen manche Fehler gottseidank nur einmal und haben aufgrund unserer Erinnerung eine Orientierungshilfe im Leben.

Stellen Sie sich nur einmal vor, Sie könnten sich immer nur an die letzten 24 Stunden erinnern, davor wäre alles vergessen! Wie wollten Sie da Ihr momentanes Leben führen? Es gäbe keine reale Möglichkeit, etwas zu lernen, kein soziales Leben, Sie besäßen keine eigene Identität. Zudem steuert unsere Seele unsere unbewußten Körperfunktionen und Handlungen. Denken Sie nur einmal daran, Sie müßten Ihr Auto stets voll bewußt steuern, wie z.B. in der ersten Fahrstunde: Lenken, schalten, kuppeln, gasgeben, bremsen, blinken, umschauen. Sie wären permanent beschäftigt und das Autofahren wäre extrem anstrengend. Sind dagegen all diese Vorgänge sicher gespeichert, fahren sie unbewußt und haben die Aufmerksamkeit frei für den Straßenverkehr.

Zur Seele gehören also auch die Automatismen und jene Vorgänge in uns, die sich der willentlichen Beeinflussung weitgehend entziehen. Damit ist die Seele unser innerer Schatz, unsere gesammelten Fähigkeiten, mit denen wir unser Leben führen. In ihr ist alles gesammelt, was wir aus der Vergangenheit mitbringen: Erlebnisse, Erfahrungen, Erzählungen und Bilder, die uns in irgendeiner Form vermittelt wurden.

Daraus ergibt sich allerdings auch eine Schwachstelle: Manche der von anderen übernommenen Bilder und Erklärungen sind falsch, d.h. entsprechen nicht unserem eigenen Erleben. Solange wir sie in uns bewahren, führen sie immer wieder zu Fehlschlüssen. Das gilt auch z.B. für eigene Erfahrungen aus der Kindheit, die für unser Erwachsenenleben nicht mehr zutreffen. Andere unserer inneren Bilder belasten uns. Sie stellen unerfreuliche Erlebnisse dar und bringen negative Erscheinungen in unserem Leben hervor, sobald wir (bewußt oder unbewußt) daran erinnert werden.

Dazu gehören insbesondere schmerzbehaftete Erinnerungen, sog. Traumata (griech. »trauma« = »Wunde«). Dadurch, daß in unserer Seelenwelt alles gleichgesetzt wird, geschieht in Situationen extremer Belastungen, schwerer Erkrankungen, starker Schmerzen, Schocks, Bewußtlosigkeit (auch Narkose!), unter dem Einfluß von Alkohol, Drogen, starker Medikamente oder während des Schlafs folgendes: Die Unterscheidungsfähigkeit des Verstandes (siehe dort) wird stark vermindert oder fällt ganz aus, nicht jedoch die Aufnahmefähigkeit der Seele, die bleibt immer (!) erhalten! Dadurch werden alle Sinneseindrücke, die wir in einem solchen Moment empfangen, gleichgesetzt.

Mit fatalen Folgen: Wenn wir z. B. auf nasser Fahrbahn vom Fahrrad fallen, mit dem Kopf auftreffen, und dadurch für einen kurzen Moment bewußtlos sind (»Black-out«), verknüpft unser Unterbewußtsein alle Sinneseindrücke mit der Empfindung Schmerz. Der Unfall wird in einer Art Gleichung gespeichert: Schmerz = Nasses Kopfsteinpflaster (Tastsinn) = Fußgänger in Regenmänteln (Gesichtssinn) = Quietschende Autobremsen (Gehörsinn) = Abgasgeruch (Geruchsinn) = Blut im Mund (Geschmackssinn). Das bedeutet, alle Wahrnehmungen in diesem Moment werden miteinander in Verbindung gebracht und für schmerzhaft empfunden. Gerade weil wir uns daran später nicht mehr erinnern, bleibt diese »Fehlspeicherung« erhalten und bestimmt unser zukünftiges Leben. Denn von nun an werden nasses Kopfsteinpflaster, Fußgänger in Regenmänteln, quietschende Bremsen, Autoabgase und der Geschmack von Blut unangenehmste Empfindungen bis hin zu neuerlichen Black-outs auslösen – je nachdem, wie schmerzhaft das Erlebnis war.

Wir werden also in Zukunft alles tun, um diese Sinneseindrücke zu vermeiden: Kein nasses Kopfsteinpflaster mehr betreten, keine Regenmäntel kaufen etc. Vielleicht ist der Überlebenszweck in Punkto »Vorsicht bei nasser Fahrbahn« erreicht, doch all die anderen nun negativ besetzten Eindrücke stellen eine überflüssige Einschränkung unseres Lebens dar und bergen darüberhinaus noch die Gefahr, in einer ähnlichen Situation zu völlig unüberlegtem, reaktivem Handeln zu führen. Reaktives Handeln bedeutet, in Antwort auf einen auslösenden äußeren Reiz mechanisch (ohne Willen oder Aufmerksamkeit)

171

zu handeln. Und genau das führt oft dazu, daß wir negative Erlebnisse immer wieder wiederholen.

Unsere Seele ist daher innerer Schatz und Büchse der Pandora gleichzeitig. In ihr schlummern Erlebnisse, die uns aufbauen, wenn wir daran denken, andere, die uns einschränken und unserer Fähigkeiten und Möglichkeiten berauben oder gar Zeitbomben sind, an die zu rühren gefährlich ist. Unsere Seele ist Kraftquelle und Kriegsschauplatz, je nachdem, mit welchen Bildern wir sie nähren.

Der Stein, den Sie für Ihre Seele ausgesucht haben, indem Sie ihn mit dem Auge ausgewählt haben (irgendeine Erinnerung muß er angesprochen haben, sonst hätten Sie nicht zugegriffen), kann also verschiedenes aussagen:

1. Er kann eine Erinnerung wecken, die für Sie aufbauend und kraftspendend ist, und damit ein Erholungsstein für Sie sein. Das spüren Sie sehr schnell an seiner wohltuenden Wirkung. Bilder und Erinnerungen können auch vermehrt im Traum auftauchen. Viele (nicht alle!) Träume sind ja in erster Linie seelische Bilder-Verarbeitungsprozesse (Sortiervorgänge), aus denen dann auch Erkenntnisse und kreative Ideen hervorgehen können.

2. Er kann Ihnen Vertrauen in die Ihnen innewohnenden Fähigkeiten schenken und Qualitäten, die lange geschlummert haben, wieder ans Licht bringen. Folgen Sie in diesem Fall plötzlich auftretenden Neigungen und Interessen, insbesondere, wenn Sie wissen, daß Sie diese früher gerne und mit Gewinn ausgeübt haben.

3. Der Stein kann eine unangenehme Erinnerung ansprechen, die Sie verdrängt hatten. Dadurch mag er vieles in Ihnen aufwühlen. Auch das spüren Sie schnell; und wichtig ist dabei, daß Sie akzeptieren, was geschieht, und sich den auftauchenden Gefühlen oder Bildern ohne Widerstand stellen. So kann der Stein Ihnen helfen, eine »Fehlspeicherung« oder alten Irrtum aufzulösen. Einen Trost möchte ich hierzu noch geben: Nach meiner bisherigen Erfahrung wird nur das angesprochen, das bereits »reif« ist, bzw. für dessen Konfrontation wir bereits »reif« sind.

4. Der Stein kann etwas repräsentieren, das für Sie vorteilhaft wäre, zu erleben. Er kann Sie an den überfälligen Urlaub erinnern, daran, daß Sie noch dringend etwas erledigen müssen u.v.m. Gönnen Sie Ihrer Seele neue Bilder – der Stein zeigt Ihnen, welche.

Welche dieser vier Möglichkeiten nun zutrifft, demonstriert entweder der Stein selbst, oder Sie finden es heraus, indem Sie ihn einfach ausprobieren: Nachdem Sie ihn ja mit dem Auge ausgesucht haben, genügt es auch, ihn an einen Ort zu legen, wo Sie ihn häufig sehen. Oder Sie meditieren täglich mit dem Stein, indem Sie ihn ruhig betrachten. Der Anblick allein wird seine Wirkung tun ...

Auswahl per Hand: Der Körperstein
Den zweiten Stein wählten Sie, ohne ihn betrachten zu können. Der Impuls, zuzugreifen, kam daher aus Ihrem Körper. Unser Körper besitzt eine sehr feine Empfindungsfähigkeit, die immer vorhanden ist, auch wenn wir sie nicht bewußt wahrnehmen. Wir spüren sehr genau, was uns gut tut und was nicht. Je nach unserer momentanen Befindlichkeit wählen wir automatisch jene Dinge aus, die uns ausgleichen, in diesem Fall also jenen Stein, der einen Ausgleich für einen vorhandenen inneren Mangel oder Überschuß schafft.

In unserem Körper basiert alles auf Gleichgewichtssystemen: Wir nehmen Nahrung und Flüssigkeit auf, wenn sie uns fehlt, und scheiden überflüssige Stoffe oder Flüssigkeiten aus, wenn Überschuß davon vorhanden ist. Mit jedem Atemzug nehmen wir den notwendigen Sauerstoff auf und geben überschüssiges Kohlendioxid ab. Benötigen wir Wärme, so setzen wir sie aus gespeicherten Brennstoffen frei, benötigen wir Kühlung, so erreichen wir dies durch die Verdunstung von Schweiß.

Es ist das Kennzeichen eines lebendigen Systems, daß es in der Lage ist, seine Lebensbedingungen konstant zu halten. Daher besitzen wir auch eine Fülle von Regelmechanismen, die den Energie- und Stoffhaushalt stets im Gleichgewicht halten. Der Nährstoff-, Vitamin-, Mineralstoff-, Hormon- und Säure/ Basen-Haushalt wird durch solche Mechanismen geregelt. Körperliche Gesundheit könnte man daher auch so definieren, daß der Organismus in der Lage ist, das innere Gleichgewicht aller Systeme stets aufrechtzuerhalten.

Durch falsche Lebensgewohnheiten, unausgewogene Ernährung, Belastungen, einseitige Tätigkeit, Giftstoffe, negative Bilder und Gedanken oder auch durch geistige Entwicklungen, die wir so schnell vorantreiben, daß unser Organismus sich nicht im selben Maß darauf einstellen kann, bringen wir unser inneres

Gleichgewicht oftmals durcheinander. Dann geraten unsere Regelmechanismen teilweise außer Funktion und es entstehen Mangel oder Überschüsse in den betroffenen Bereichen.

Durch eine ausgeglichene Lebensführung läßt sich jedes dieser Ungleichgewichte im Laufe der Zeit wieder von selbst einregeln, doch bleibt uns eben diese Zeit manchmal nicht. Manchmal, weil wir sie uns nicht nehmen wollen, manchmal, weil wir bereits in einen lebensbedrohlichen Zustand geraten sind, der rasches Handeln erfordert. Oder weil wir gar nicht mehr wissen, wie die ausgeglichene Lebensführung wiederherzustellen wäre.

In diesen Fällen ist es ratsam, zum passenden äußeren Hilfsmittel zu greifen. Dabei ist jedoch die genaue Bedeutung des Wortes »Hilfsmittel« wichtig: Ein Mittel, das uns hilft, das innere Gleichgewicht wiederherzustellen, und nicht nur einen stetigen äußeren Ersatz für das innerlich Fehlende darstellt. Allein aus dieser Betrachtung heraus können Sie die verschiedenen Medikamente und Therapieformen leicht in sinnvolle und zweifelhafte unterscheiden.

In Notfallsituationen, das möchte ich hier betonen, ist jedes Mittel recht, um das Überleben zu gewährleisten! Doch zur langfristigen und tatsächlichen Heilung eines Leidens gibt es gewaltige Unterschiede. Informationstherapien wie die Homöopathie, die Bach-Blütentherapie, die Aromatherapie oder eben die Steinheilkunde bieten hier große Vorteile: Sie führen dem Körper keinen Stoff, sondern die not-wendige (die Not wendende) Information zu, mit deren Hilfe wir selbst unser inneres Gleichgewicht wiederfinden, also unsere eigenen Selbstheilkräfte in Gang setzen.

Dazu muß die Information jedoch genau passen. Es muß genau der richtige Schlüssel sein, der das verriegelte Schloß öffnet. Die Möglichkeit, den richtigen Schlüssel auf analytischen Wege mithilfe des Verstandes zu finden, bietet das vorangegangene Kapitel »Die Analytische Steinheilkunde«. Hier nun soll ein zweiter, durchaus gleichwertiger Weg aufgezeigt werden, dem eine einfache Gesetzmäßigkeit zugrunde liegt:

Wir suchen »außen« immer das, was uns »innen« fehlt!

Daher führt Sie Ihre Hand, wenn Sie die Augen geschlossen halten, genau zu jenem Stein, der Ihrem Körper die Information bietet, die Ihr Körper braucht. In dem Moment, indem Sie sich dem Stein nähern, kommt diese vom Stein ausgestrahlte Information schon zur Wirkung. Ihr Körper registriert bereits die ersten Anzeichen für die Wiederherstellung des inneren Gleichgewichts und gibt den Impuls »Zugreifen!«. Sie können darauf vertrauen. Es gibt kein feineres Instrument, als den Körper, was schon die zahlreichen Methoden der Radiästhesie (Strahlenwahrnehmung; lat. »radius« = »Strahl«, griech. »aisthesis« = Wahrnehmung) oder Kinesiologie (Bewegungslehre; griech. »kinesis« = »Bewegung«, »logos« = »Lehre«) beweisen, mit deren Hilfe Qualitäten wiederholt gemessen bzw. festgestellt werden können, für die es noch kein physikalisches Meßgerät gibt!

Unser Körper hat grundsätzlich zwei Aufgaben: Er ist unser Wahrnehmungs- (Empfindungs-) und Handlungs-Istrument für die materielle Welt, und für beide Aufgaben ist er perfekt geschaffen (immerhin hatte er eine Entwicklungsdauer von Millionen von Jahren …). Wie perfekt, das zeigen schon die kümmerlichen technischen Versuche, seine Fähigkeiten nachzuahmen. Was wir vorhaben, und was wir erleben wollen, führen wir zum großen Teil mit diesem Körper aus, daher zeigt der von Ihnen ausgewählte Körperstein folgende Möglichkeiten:

1. Der Stein dient Ihrem Körper zur Gesundung, indem er hilft, gestörtes inneres Gleichgewicht wieder einzuregeln. In diesem Fall stellt der Stein langfristig ein besseres Wohlbefinden her, kann im ersten Moment jedoch eine Erstverschlimmerung auslösen. Das bedeutet, daß Ihnen das vorhandene Ungleichgewicht zunächst stärker bewußt wird. Durch die weitere Verwendung des Steins (evtl. mit kurzen Unterbrechungen) löst sich diese Erstverschlimmerung jedoch von alleine.

2. Der Stein hilft, die Fähigkeiten Ihres Körpers zu verbessern. Das geschieht, je nachdem, was anliegt, entweder durch die Verbesserung Ihrer Wahrnehmung oder durch die Erweiterung Ihrer Handlungsmöglichkeiten. Ihr Körper kann mehr, als Sie im Moment glauben. Mit dieser Haltung unterstützen Sie die Wirkung des Steins am besten.

3. Der Stein bringt Sie in besseren Kontakt zu Ihrem Körper. Das allein hat bereits schmerzlindernde und heilende Folgen, führt jedoch auch dazu, daß Sie die Bedürfnisse Ihres Körpers besser wahrnehmen und verstehen. Jedes Instrument und gerade unser Körper möchte gepflegt werden, doch leider lassen wir unserem Auto manchmal mehr Pflege angedeihen, als unserem Körper. Unser Auto bringen wir wenigstens regelmäßig zu Inspektion und fahren nicht einfach drauflos, bis es kaputt geht …

Um Ihren Körperstein zur Wirkung zu bringen, sollten Sie ihn am Körper, möglichst direkt auf der Haut tragen. Sie können sich auch in einem ruhigen Moment hinlegen und in sich hineinspüren, auf welchem Körperbereich der Stein das größte Wohlbefinden auslöst. Legen Sie ihn dorthin, probieren Sie im Zweifelsfall auch zwei oder drei Positionen aus, bis Sie die richtige Stelle haben, und dann genießen Sie einfach!

Auswahl über das Wort: Der Verstandesstein

Bei dieser Wahl war der gewählte Stein weder zu sehen, noch zu spüren, die einzige Verbindung bestand in einem Wort, das Sie veranlaßte, ihn zu wählen. Dies ist keine ungewöhnliche Wahl, sie vollzieht sich immer wieder, wenn Steine z.B. aufgrund der Information durch ein Buch gekauft werden. Hier wählt unser Verstand aus, denn er ist es, der einem Wort, also einer kurzen Lautfolge ein bestimmtes Bild zuordnet. Natürlich ist der Verstand nicht frei von seelischen Einflüssen, denn die tauchen automatisch mit auf, wenn das zum jeweiligen Wort definierte Bild vor unserem inneren Auge auftaucht.

Dennoch ist diese Wahl eine bewußte, im Gegensatz zur Wahl mit dem Auge. Wenn wir einen Stein mit dem Auge auswählen, wissen wir nicht, welche Eigenschaft uns nun tatsächlich angesprochen hat: Die Farbe, die Form oder war es vielleicht eine feinere Wahrnehmung, die Aura o.ä., die knapp unter unserer Bewußtheitsgrenze liegt? Vielleicht glauben wir, zu wissen, was es war, doch es bleibt ein Glaube, eine typische Eigenschaft der Seele.

Bei der Auswahl über das Wort wissen wir, welche Eigenschaft dieses Steins uns anspricht, nämlich eben die genannte, und damit berühren wir schon die grundlegende Qualität des Verstandes: Das Streben nach Wissen. Während die Seele glaubt, die momentane Situation entspricht einer vergangenen, möchte der Verstand wissen. Und dazu benötigt er ein weiteres Instrument, das die Seele nicht besitzt: Die Fähigkeit, zu unterscheiden.

Während die Seele immer gleichsetzt, kann der Verstand gleichsetzen und unterscheiden! Er ist also in der Lage, zu definieren, was in einer Situation z.B. ähnlich ist zu einer anderen, und worin sich die beiden unterscheiden. Der Verstand ist das Instrument, »Fehlspeicherungen« (wie bei der Seele angesprochen) von vorneherein zu vermeiden oder im Nachhinein wieder aufzulösen, indem wir mit seiner Hilfe ein vergangenes Erlebnis bewußt erinnern und analysieren (auflösen, untersuchen; griech. »ana-lyein« = »auflösen«). Der Verstand ist in der Lage, die fälschlicherweise vorgenommenen Gleichsetzungen wieder zu lösen.

Der Verstand entspricht dem Wachbewußtsein. Er hat die Fähigkeit, über die Sprache zu kommunizieren und arbeitet mit Worten, Gedanken und Bildern. Das ist wichtig hervorzuheben, da wir durchaus auch viele Worte benutzen, zu denen wir kein inneres Bild haben! Wissen Sie, was die Worte Transformator, Politik, Index, Studio, Assistent oder Therapeut eigentlich genau bedeuten? Schlagen Sie mal im Wörterbuch nach! Es ist wirklich interessant, was wir den lieben langen Tag so reden: So kommt z. B. das gerade verwendete Wort »interessant« von lat. »inter-esse« = »dazwischen sein«, wenn also etwas interessant ist für Sie, dann existiert etwas zwischen Ihnen und dem Objekt Ihrer Betrachtung. Hätten Sie das gewußt?

Mithilfe des Verstandes denken wir, d.h. mit seiner Hilfe verstehen und beurteilen wir, was geschieht. Der Verstand wiederholt dabei nicht das Vergangene, sondern ist prinzipiell in der Lage, aus völlig verschiedenen Quellen, die teils aus eigener Erfahrung und teils aus Fremdinformationen entspringen, etwas neues zu entwickeln. Damit dient er der Lösung von Problemen (griech. »problema« = »die gestellte Aufgabe, das Vorliegende«). Der Verstand kann dabei logisch (folgerichtig), assoziativ (Gedanken willkürlich verknüpfend) oder inspirativ (Eingebungen folgend) vorgehen, seine Gedankengänge nehmen wir immer wahr, sie sind uns bewußt. Er dient der bewußten Kontrolle unseres Körpers und unseres Lebens

Das Problem des Verstandes liegt darin, daß er wesentlich weniger Aufnahmekapazität hat, als unsere Seele, und auch langsamer arbeitet (denken Sie an das vorangegangene Beispiel mit dem Weg). Offensichtlich nimmt die Fähigkeit zur Unterscheidung mehr Zeit in Anspruch. Das ist einsichtig, da verschiedene Dinge zunächst wirklich verstanden (also in allen Einzelheiten und Zusammenhängen erkannt) sein müssen, bevor man sie voneinander unterscheiden kann. Zuordnen aufgrund von Ähnlichkeiten geht schneller.

Wenn unser Verstand etwas nicht versteht, bleibt er »hängen«. Das bedeutet, seine Aufmerksamkeit verweilt so lange auf der nicht verstandenen Sache, bis wir sie entweder bewußt davon abziehen oder das Unverstandene für uns definieren (lat. »definire« = »abgrenzen«), also eine Erklärung finden, die uns hilft, die Sache von anderen Dingen zu unterscheiden. Je mehr wir Unverstandenes ansammeln, desto mehr zerstreut sich unsere Aufmerksamkeit und desto geringer wird die Aufnahmekapazität des Verstandes. Das beste Bild hierfür ist der zerstreute Professor …

Das kann so weit gehen, daß wir unseren Verstand fast völlig lahmlegen, weil er sich ständig noch mit ungelösten Rätseln beschäftigt und keine Aufmerksamkeit mehr auf die Gegenwart richtet. Auch dann werden wir reaktiv, d.h. handeln rein aus dem Unterbewußtsein heraus. Hier bleibt uns keine andere Möglichkeit, als die offenen Zyklen der Reihe nach abzuschliessen. Jedes gelöste Problem, und wenn es nur die klärende Definition eines Wortes ist, bringt ein Stück Bewußtheit zurück.

Ungeklärte Fragen führen außerdem zu Zweifel. Solange zwei sich widersprechende Informationen vorliegen, findet der Verstand keine Ruhe, bis er unterscheiden kann, welches die richtige, und welches die falsche ist. Zweifel fordert also eine Entscheidung: Entweder durch logisches Abwägen der Argumente oder durch Ausprobieren. Nur so können wir unseren Verstand wieder befreien.

Der Verstand ist unser Instrument zur Weiterentwicklung und Verbesserung unseres Daseins. Daher ist es sehr wichtig, ihn freizuhalten für das gegenwärtige Erleben, und unsere Bewußtheit, so gut es geht, zu vergrößern. Dazu gehört auch jede Form des Lernens, was unsere Fähigkeit, zu denken und zu verstehen ja vergrößert. Demzufolge kann Ihr über das Wort ausgewählter Verstandesstein folgende Bedeutungen haben:

1. Er dient der Steigerung Ihrer Bewußtheit und lenkt Ihre Aufmerksamkeit in die Gegenwart. Die Art des Steins zeigt dabei, worauf Sie Ihr Augenmerk im besonderen lenken sollten. Der Stein hilft Ihnen, Ihr Leben oder Ihren Körper bewußt zu kontrollieren. Dabei werden Ihnen sicherlich einige Mechanismen und gewohnte Routine auffallen, die Sie nun verändern können, wenn Sie es wünschen.

2. Der Stein spiegelt Ihre Art zu denken und zu kommunizieren wieder. Damit repräsentiert er auch Ihr Weltbild, Ihre Ideale und Ihre Vorstellungen. Oft erheben wir etwas zum Ideal, das von unserer Realität besonders weit entfernt ist. Der ausgewählte Stein hilft Ihnen dabei, Ihr Ideal Wirklichkeit werden zu lassen, wird Sie dabei aber zunächst mit der Realität

konfrontieren. Frei nach dem Motto: »Selbsterkenntnis ist der erste Weg zur Besserung!«

3. Der Stein repräsentiert ein aktuelles Problem und hilft Ihnen, eine kreative Lösung zu entwickeln. In diesem Fall können je nach Stein logische Schlußfolgerungen, Ideenketten oder plötzliche Handlungsimpulse auftauchen. Auf jeden Fall dient er dem Verstehen Ihrer Situation oder er zeigt einfach an, welches Vorhaben Sie nun bewußt angehen und umsetzen sollten.

Der Verstandesstein dient dem Fluß von Information. Sie fördern seine Wirkung am besten, indem Sie sich vielfältig mit ihm beschäftigen, ihn bei sich tragen, betrachten, mit ihm meditieren und – ganz wichtig – sich auch Informationen mythologischer, mineralogischer und heilkundlicher Natur über ihn besorgen. Gehen Sie diese Informationen immer unter der Fragestellung an: »Was haben diese Aussagen (symbolisch oder real) mit mir, meiner Situation, dem aktuellen Problem, meiner Aufgabe oder meinem anstehenden Vorhaben zu tun?« Verwenden Sie gerade den Teil 1 dieses Buchs hierfür. Sie werden sich vor Ideen plötzlich nicht mehr retten können!

Vom »Zufall« gewählt: Der Geistesstein

Die Frage ist natürlich, ob es einen Zufall gibt, bzw. woher Ihnen dieser Stein denn zufällt? Sicher ist zunächst jedenfalls, daß weder die Seele (Sie konnten ihn nicht sehen), noch der Körper (Sie konnten ihn nicht spüren), noch der Verstand (Sie erhielten keinen Tip) bei der Wahl dieses Steins mitmischen konnten. Es mußte also eine höhere Instanz sein, die Ihnen diesen Stein zuteilte. Und diese höhere Instanz war niemand anderes als Sie selbst!

Wie Ihnen vielleicht schon beim Durchlesen der Erläuterungen zu Seele, Körper und Verstand aufgefallen ist, sind wir weder unsere Seele (die stellt lediglich unseren Erinnerungsspeicher, unsere Bilderwelt dar), noch sind wir unser Körper (der ist unser Werkzeug in der materiellen Welt), noch unser Verstand (der repräsentiert unsere Art, zu denken). Wer also sind wir dann?

Wir sind freie Geistwesen. Das bedeutet, daß wir eine Seele, einen Körper und einen Verstand haben, aber selbst Geist sind! Wir sind ein schöpferisches, kreatives, nichtmaterielles Wesen, das sich eines irdischen Körpers bedient, um in der materiellen Welt handeln und erleben zu können. Doch unsere Wahrnehmung und unser Wirkungskreis geht weit über den Rahmen unseres physischen Körpers hinaus.

Denken Sie nur einmal daran, wie oft Sie schon Dinge im voraus wußten: Sei es, daß Sie beim ersten Telefonklingeln wußten, wer anruft, sei es, daß Sie plötzlich langsamer fuhren, kurz bevor eine Gefahrensituation im Verkehr eintrat oder sei es, daß Sie plötzlich intensiv an einen Menschen denken mußten und erst später hörten, was diesem zum selben Zeitpunkt widerfuhr. Oder wie oft ignorierten Sie ein Gefühl oder eine innere Warnung, um dann später zu sagen: »Ich hab's doch gleich gewußt!« – Wir nehmen tatsächlich viel mehr wahr, als unserem physischen Körper möglich wäre. Viele kleine Erlebnisse bestätigen immer wieder, daß wir als geistige Wesen nicht an Raum und Zeit gebunden sind. Als ich etwa 16 Jahre alt war, hatte meine Mutter die unangenehme Gabe, mich regelmäßig beim nächtlichen Ins-Haus-schleichen zu erwischen. Egal zu welcher Uhrzeit, sie wachte immer auf, wenn ich heimkam. Und das, obwohl ich das Türöffnen und die knarrende Holztreppe absolut lautlos zu meistern wußte ...

Ein anderer Beweis für unsere schöpferischen Fähigkeiten als Geistwesen sind die hervorragend eintreffenden Postulate, die wir immer wieder in den Raum stellen. Ein Postulat ist ein fester Beschluß, den wir manchmal ganz beiläufig zu einer bestimmten Situation äußern: »Das wird gutgehen/schiefgehen!«, »Das bringt Glück oder Unglück!« etc. Hierzu gehören auch all die Aussagen, die wir über uns selbst treffen: »Das schaffe ich!«, »Dazu bin ich zu ungeschickt!«, »Ich werde wohl immer arm bleiben!«, »Ich bin ein Glückspilz!« u.v.m. Wenn wir es genau prüfen, haben wir im Vorfeld zu praktisch jedem Erfolg oder vermeintlichen Mißerfolg ein entsprechendes Postulat gesetzt. »Vermeintlicher Mißerfolg« deshalb, weil auch das Eintreffen eines negativen Postulats im Prinzip ein Erfolg ist (»Erfolg« = »das, was [auf ein Postulat] folgt).

Weitere Hinweise auf unsere geistige Natur sind die vielen inzwischen bekannten »Todeserlebnisse«, bei denen übereinstimmend berichtet wird, daß die betroffenen Personen sich selbst außerhalb ihres Körpers wiederfanden und mitunter sogar ihren eigenen Körper von außen sahen. Ich selbst hatte zweimal in meinem Leben sehr deutlich dieses Erlebnis: Das erste Mal bei der operativen Entfernung meiner Rachenmandeln im Alter von zwei Jahren. Damals befand ich mich schräg oberhalb meines Körpers und konnte die Operation in allen Details verfolgen. Natürlich glaubte dem kleinen Kind nach dem Erwachen aus der Narkose damals niemand, doch obwohl ich erst zwei Jahre alt war, kann ich mich noch heute klar und deutlich daran erinnern.

Das zweite Mal war beim Bergsteigen im Alter von 17 Jahren. Während eines Schullandheimaufenthalts kletterte ich mit einem Freund recht waghalsig in den Felsen herum. Plötzlich rutschte ich mit beiden Füßen gleichzeitig ab – und befand mich im selben Moment bereits außerhalb meines Körpers. Ich kann mich noch genau erinnern, wie ich ganz ruhig darüber nachdachte, wie ich es nun anstellen sollte, meinen in der Wand hängenden Körper zu steuern, wo ich doch nicht mehr »drinnen« war. Ich befand mich etwa drei Meter hinter mir und konnte von dieser Position aus sehen, wo sich feste Tritte für meine Füße befanden. In dem Moment, als ich den Beschluß faßte, wo meine Füße hinzusetzen wären, führte mein Körper diesen Gedanken auch schon aus. Auch das konnte ich noch von außen beobachten, doch als wieder fester Halt unter meinen Füßen war, war ich plötzlich wieder »drin«. Ich kletterte seelenruhig weiter, und erst als ich nach wenigen Minuten oben auf dem Fels war, ergriff mich die Panik über den Beinahe-Absturz. Da hatte ich dann alle Mühe, wieder freizukommen …

Es muß nicht immer so dramatisch sein. Von Ihren geistigen Fähigkeiten können Sie sich auf ungefährliche Weise selbst überzeugen, indem Sie ganz einfach das Wörtchen »Zufall« aus Ihrem Repertoire streichen. Der Glaube an den Zufall ist nichts anderes als die moderne materialistische Religion, auf welche tatsächlich der Begriff »Opium fürs Volk« zutrifft. Uns auf die körperliche Existenz zu reduzieren widerspricht aller täglichen Lebenserfahrung und braucht schon eine sehr hartnäckige Glaubenskraft an »Gott Zufall«. Wie viele sonderbare Ereignisse täglich zu(sammen)fallen, um uns in unserem Leben weiterzubringen, das ist doch eigentlich viel zu auffällig, um zufällig zu sein!

Akzeptieren Sie einfach, daß Sie als geistiges Wesen über jede Entfernung hinweg wirken und wahrnehmen können, daß Sie nicht an Raum und Zeit gebunden sind und daß Sie selbst Ursache für das sind, was Sie erleben. Vielleicht regt sich Widerstand in Ihnen zu dieser Betrachtung, da es manchmal viel einfacher ist, andere für Ihr Schicksal verantwortlich zu machen. Doch selbst, wenn Sie absichtlich betrogen und über den Tisch gezogen wurden – es gehören immer zwei dazu: Einen, der betrügt, und einen, der sich betrügen läßt. Was sagte Ihre innere Stimme in jenem Moment?

Verstehen Sie mich bitte richtig: Es geht mir nicht darum, den Gerechtigkeitssinn auf den Kopf zu stellen. Ein Betrüger bleibt ein Betrüger und sollte zur Rechenschaft gezogen werden. Mir geht es darum, aufzuzeigen, daß wir stets die Möglichkeit haben, uns und unser Leben zu verändern: So, wie wir in der Vergangenheit vielleicht ein Postulat gesetzt haben, das wir heute ausbaden, so sind wir jederzeit in der Lage, dieses Postulat wieder zu ändern und einen neuen Beschluß zu fassen. Wir sind unserem Schicksal nicht unterworfen, sondern unseres eigenen Glückes Schmied!

Als geistiges Wesen haben wir daher zwei grundsätzliche Fähigkeiten: Wir können etwas postulieren, also beschließen, was geschieht und wir können etwas wahrnehmen, das Geschehen (das postuliert wurde) erleben. Wenn wir wahrnehmen, was wir erleben wollten, dann ist das Postulat wieder aufgelöst und wir sind zufrieden. Solange das Erlebnis jedoch noch aussteht, so lange bleibt noch etwas offen. Von dieser Warte aus betrachtet, wird das Leben zu einem Spiel: Wir können uns in neue Erfahrungen hineinstürzen oder das Gegebene ruhig auf uns wirken lassen.

Und genau darin liegt das eigenliche Tun eines Geistwesens: Zu spielen. Beobachten Sie nur die Kinder, die in ihrem Spiel aufgehen, das dann völlig real wird für sie. Nichts anderes tun wir Erwachsenen, wenn wir mit aller Wichtigkeit unsere Spiele in Heim, Beruf und Freizeit spielen. Denken Sie daran, wie glücklich auch wir Erwachsenen sein können, wenn wir wieder ein neues »Spiel« geboten bekommen, und welche Begeisterung und Tatkraft daraus hervorgehen. Wenn wir spielerisch an etwas herangehen, gelingt es uns mühelos. Spielen ist unsere Natur!

Ihr durch das Orakelspiel ausgewählter Geistesstein offenbart Ihnen dementsprechend nun dreierlei:

1. Er repräsentiert ein Postulat, einen Beschluß, den Sie gefaßt haben, und dessen Folgewirkung Sie im Moment oder in naher Zukunft erleben. Dieses Postulat können Sie auflösen, wenn Sie es nicht mehr möchten oder dem Erfolg freudig entgegensehen. Wenn Sie die Botschaft dieses Steins im Bewußtsein halten, werden Sie erfahren, wie Sie Ihr Leben tatsächlich selbst bestimmen.

2. Der Stein verbessert Ihre Wahrnehmung und macht Ihnen Ihre geistigen Fähigkeiten bewußt. Je nachdem, welchen Stein Sie hier gewählt haben, werden ganz bestimmte Eigenschaften gefördet. Wichtig ist, daß Sie die nun auftretenden Phänomene als Ihre eigenen geistigen Qualitäten anerkennen und den »Zufall« aus dem Spiel lassen. Sie werden erleben, wie Sie immer deutlicher erfahren, wer Sie selbst sind.

3. Ihr Stein zeigt einfach, welches Spiel sie im Moment spielen oder spielen wollen. Je nachdem, wo Sie im Moment stehen, macht der Stein deutlich, wie Sie das Spiel eröffnen, wie Sie es weiterführen oder wie Sie es mit Gewinn beenden können.

Wie Sie Ihren Geistesstein verwenden, bleibt Ihnen selbst überlassen. Es gibt hierfür keine Vorschriften, alles ist möglich. Machen Sie sich ein Spiel daraus!

Betrachten Sie in diesem Sinne nun bitte auch das nächste Kapitel, das »praktische Anwendungen« der Steinheilkunde vorstellt. Alle darin beschriebenen Möglichkeiten sind auch nur Möglichkeiten: Sie können sie verwenden, Sie können sie verändern und Sie können neue erfinden. Spielen Sie nach Ihren eigenen Spielregeln!

2.4 Praktische Anwendungen

Wirkliche Heilkunst (die Kunst des Heilens) bedarf keiner Regeln und Gesetze, sondern tut in jedem Moment genau das Notwendige (die Not wendende). Doch offenbar ist die Angst, etwas falsch zu machen, sehr groß, denn gerade die Heilkunde (die Kunde des Heilens) ist voll von Anleitungen und Rezepten, die Allgemeingültigkeitscharakter vortäuschen und – je kompetenter sie erscheinen – dankbar übernommen werden. Dabei besteht die große Gefahr, daß Vorschriften einfach befolgt werden, ohne den eigentlichen Sinn in ihnen zu sehen.

So strotzt gerade die Literatur über Edelsteintherapie nur so von (meist nicht näher ausgeführten und begründeten) Regeln und Dogmen, was man alles darf und was nicht. Nehmen Sie alle diese Gesetze zusammen, dann dürfen Sie gar nichts! – Der eine rät ausschließlich zu Rohsteinen, die anderen nur zu Kugeln. Hier darf nichts gebohrt werden, dort auf jeden Fall keinerlei Metall dran sein. Zum Reinigen müssen Sie Ihre Steine entweder wochenlang vergraben oder täglich dreimal baden und salben ...

Auf der Strecke bleibt die eigene Intuition und der gesunde Menschenverstand, unsere eigentlich wichtigsten Instrumente des Heilens. Dabei gibt es einen ganz einfachen Grundsatz, der in der Heilkunst, aber auch im ganzen Leben hilfreich ist:

»Jeder Mensch würde in jeder Situation richtig handeln, wenn er wüßte, wie!«

Daher möchte ich bei den folgenden Anwendungshinweisen hautsächlich erklären, wie bestimmte Methoden wirken, denn mit diesem Verständnis sind Sie frei, zu entscheiden, was Sie wann anwenden, und Sie sind frei, alles zu variieren und selbst neues zu erfinden. Und genau das ist die Kunst des Heilens. Gehen Sie – ganz im Sinne des vorherigen Kapitels – die Steinheilkunde spielerisch an. Dadurch gewinnen Sie die größte Kreativität und Schöpferkraft, sowie die besten Heilerfolge.

Der »richtige« Stein

Ich muß ehrlich zugeben, ich bin versucht, diesen Abschnitt auf einen Satz zu reduzieren: »Folgen Sie Ihrem Gefühl!« Doch vielleicht wäre dies etwas zu einfach. Es ist schon so, daß nicht jeder einzelne Stein derselben Sorte genau gleich wirkt. Drei Kriterien können Sie heranziehen, um die Wirkung und Heilkraft eines Steins zu differenzieren: Die Qualität, die Größe und die (Verarbeitungs-) Form.

Qualität: Als qualitativ besser wird jener Stein definiert, der die typischen Merkmale und Eigenschaften eines Minerals am ausgeprägtesten und deutlichsten zeigt. So ist ein dunkelgrüner Smaragd qualitativ besser, als ein hellgrün-grauer, ein klarer Bergkristall besser als ein milchig-trüber und ein transparenter Rubin besser als ein opaker (undurchsichtiger). Da auch die Heilwirkungen eines Minerals sich auf die mineralogischen Gegebenheiten zurückführen, wie im Teil 1 dargestellt, liegt nahe, daß ein qualitativ besserer Stein intensiver wirkt, als ein qualitativ minderwertiger.

Größe: Große Steine wirken stärker, als kleine. Das liegt offensichtlich daran, daß die Stärke der Ausstrahlung mit der Masse zunimmt. Auch die Reichweite nimmt zu. Ein kleiner Amethyst-Kristall hat einen Wirkungsradius von wenigen Zentimetern, eine große Druse kann dagegen einen ganzen Saal »bestrahlen«.

Die (Verarbeitungs-) *Form:* Auch dies läßt sich auf einen einfachen Nenner bringen, da Steine die größte Abstrahlung an ihren Kanten besitzen. Ein Kristall strahlt daher hauptsächlich an seiner Spitze ab, ein unregelmäßiger Splitter streut die Strahlung in verschiedene Richtungen, eine Kugel dagegen hat eine schwächere, gleichmäßige Ausstrahlung in alle Richtungen. Kantige Steine werden daher als kräftiger, rundpolierte Steine, wie z.B. auch die sog. »Trommelsteine«, werden als sanfter und harmonischer empfunden.

Aufgrund dieser drei Kriterien läßt sich die Wirkung eines Steins ungefähr bestimmen. Und doch machen diese drei Kriterien keine Aussage darüber, welcher Stein objektiv besser ist, denn dieses allgemeingültige Kriterium (gut/schlecht) gibt es nicht!

Es ist genau jener Stein richtig, der paßt! Je nach Anwendung und Person muß es mal ein edlerer, mal ein größerer, mal ein kantiger oder mal ein rundpolierter Stein sein. Nehmen Sie z.B. einen tiefvioletten Amethyst zum Klären der Träume, werden Sie nachts im Bett stehen! Hier ist ein hellerer, klarer besser. Zur Hautreinigung dagegen kann der Amethyst gar nicht violett genug sein. Es hilft Ihnen hier wirklich nur Ihr Gefühl oder Ihre Empfindung. Wenn Sie die drei vorangegangenen Kriterien verstehen, werden Sie in der jeweiligen Situation wissen oder spüren, welcher Stein der richtige ist.

Und bitte, vergessen Sie die kursierenden Dogmen! Sie können prinzipiell mit jedem Stein heilen. Lediglich dann, wenn der Stein so winzigklein ist, daß Sie ihn kaum noch wahrnehmen, bzw. wenn er qualitativ so schlecht ist, daß man ihn kaum noch als das jeweilige Mineral identifizieren kann, dann wird eine Heilwirkung im Sinne der in diesem Buch beschriebenen fraglich.

Variationen und ihre Möglichkeiten

Heilsteine sind heute in vielfältigster Form erhältlich: Als Rohstein oder geschliffen, als Handschmeichler oder Schmuck. Da Mineralien in ihrer Form und Farbe häufig auch schön und einzigartig sind, besitzen sie zu ihrer Heilkraft auch einen ästhetischen Wert. Damit lassen sich Heilkunst und Dekoration oder Heilkunst und Schmuck zwanglos miteinander verbinden. Die wichtigsten Möglichkeiten, wie Sie Ihre Heilsteine zur Wirkung bringen können, möchte ich im Folgenden kurz darstellen.

Rohsteine: Der naturbelassene Rohstein zeigt in vielen Fällen am deutlichsten den eigentlichen Charakter des Minerals und demonstriert so in augenscheinlicher Weise seine Eigenschaften und Heilwirkungen. Je nach ihrer Größe lassen sich Rohsteine zur Veränderung des Raumklimas (z.B. Rosenquarz), als Handsteine (z.B. Bernstein, Bojis, Granat), zum Auflegen auf bestimmte Körperpunkte (z.B. Biotit-Linsen, Chalcedon-Rosetten, Lepidolith, Zoisit) oder als Meditationssteine (z.B. Azurit, Moldavit, Pyrit) verwenden.

Kristalle: Naturgewachsene Kristalle haben die Eigenschaft, Energie in der Richtung von der Basis zur Spitze hin zu kanalisieren und werden daher für energetische Behandlungen (Bergkristall, Rauchquarz, Turmalin), zur Edelstein-Akupunktur (Bergkristall, Turmalin) oder wie andere Rohsteine auch zum Auflegen auf den Körper verwendet (Hyazinth, Kunzit, Topas, Turmalin).

Gruppen, Geoden und Drusen: Mehrere miteinander verwachsene Kristalle werden als »Gruppen« bezeichnet. Füllt eine solche Gruppe einen kleinen Gesteinshohlraum aus, spricht man von einer Geode, bei einem großen Hohlraum von einer Druse (Bsp. Bergkristall-Gruppe, Achat-Geode, Amethyst-Druse). Füllen kleine Kristalle den Hohlraum komplett aus

186

(Bsp. Achat), spricht man von einer Mandel. Gruppen und Drusen haben eine sehr starke Ausstrahlung und können daher ebenfalls zur Veränderung des Raumklimas eingesetzt werden (z. B. Amethyst, Bergkristall, Fluorit,, Rauchquarz). Kleine Grüppchen und Geoden eignen sich dagegen sehr gut zum Auflegen bei Heilbehandlungen, vor allem, wenn eine intensive, kräftige Wirkung gewünscht wird (z. B. Achat, Apophyllit, Bergkristall).

Scheiben und Querschnitte: Mandeln und Kristalle, die das Schönste oder Charakteristische eines Steins oft im Inneren verbergen (Achat, Turmalin), werden vielfach in Scheiben geschnitten. An dem sich so offenbarenden Bild, der sog. »Signatur« (lat. »signum« = »Zeichen«) können viele Heilwirkungen »abgelesen« werden (Vgl Teil 3, Der Achat). Auch eignen sich solche Scheiben sehr gut zum Auflegen, oder sie werden als Anhänger verarbeitet.

Trommelsteine oder Barocksteine: Um Trommelsteine herzustellen, wird die Rohware in großen rotierenden Trommeln durch Zufügen von Wasser und immer feinerem Schleifsand allmählich rundpoliert. Dieser Vorgang, der mehrere Wochen in Anspruch nimmt, imitiert den Entstehungsprozeß natürlicher Kiesel in Flüssen und Gewässern. Das innere Gefüge der Steine bleibt so bestimmend für ihre äußere Form, unregelmäßige, barocke Formen entstehen, die diesen Steinen ihren Namen geben.

Durch das Rundpolieren der Kanten ist die Ausstrahlung der Trommelsteine gleichmäßiger und räumlich begrenzter. Dadurch eignen sie sich sehr gut zum Auflegen auf bestimmte Körperpunkte, sowie als Handschmeichler. Der berühmte Aufbewahrungsort »Hosentasche« ist dabei von besonderem Vorteil, da man so (unbewußt) immer dann nach dem Stein greift, wenn man ihn braucht. Eine Wirkung auf den gesamten Körper ist ebenfalls gewährleistet, da auch die Hand Reflexzonen ähnlich den Füßen besitzt.

Daumensteine: Eine Besonderheit unter den Handschmeichlern sind die Daumensteine. Sie enthalten eine eingeschliffene flache Mulde, die dazu verleitet, mit dem Daumen darin zu reiben. Der unbewußte Wunsch, den Stein in die Hand zu nehmen und damit zu spielen, wird dadurch noch größer.

Anhänger und gebohrte Steine: Auf diese Weise wird die Anwendung eines Heilsteins am einfachsten, zumal der Stein so direkt auf der Haut getragen werden kann. Ob Sie Anhänger mit Metallösen oder gebohrte Steine bevorzugen, ist reine Geschmacksache. Durch das Metall wird der Stein – entgegen anderslautenden Behauptungen – in seiner Heilwirkung nicht beeinträchtigt, solange ein direkter Hautkontakt besteht. Als Metallfassung würde ich persönlich jedoch ausschließlich reines Sterling Silber (925.ooo), vergoldetes Sterling Silber oder hochwertige Goldlegierungen von mindestens 14 Karat (585.ooo) empfehlen. Unedle Metalle und Legierungen können die Haut reizen und mit dem Hautschweiß reagieren. Selbst Silber kann anlaufen und empfindliche Menschen reizen.

Unter den gebohrten Steinen finden Sie heute vielerlei Formen: Die klassischen Cabochon und Medaillon-Formen, barocke und freie Formen oder geometrische und symbolische Formen aller Art. Auch hier sollten Sie in erster Linie nach Ihrem Gefühl entscheiden. Wichtig ist, daß der Stein Ihnen gefällt, und daß sie ihn gerne tragen. Ein Heilstein kann durchaus auch ein Schmuckstein sein.

Donuts: Donuts sind flache, runde Steinscheiben mit einem zentralen Loch, deren Name sich von einem ähnlich aussehenden Gebäck ableitet, das in Amerika und Asien weit verbreitet ist. So modern der Name ist, so archaisch ist die Form: Vor allem Türkis wird seit Jahrhunderten in Indien, Nepal und China auf diese Weise verarbeitet, Bernstein-Donuts wurden bereits in jungsteinzeitlichen Gräbern gefunden Die Form entstand wohl nach dem Vorbild der natürlichen »Lochsteine«, die früher in fast allen Kulturen als Glücksbringer galten. Auch Donuts können natürlich wie die o.g. Anhänger verwendet werden.

Pyramiden, Kugeln und Heilungsstäbe: Seit langem werden die Wirkungen der Form bei diesen speziell geschliffenen Formen miteinbezogen: Pyramiden finden als Speicherobjekte oder zur Energie-Konzentration, Kugeln zur Meditation, Heilungsstäbe bei Akupunktur oder Akupunktmassage Verwendung. Bevorzugte Sorten bei den Heilungsstäben sind Amethyst, Bergkristall, Citrin, Fluorit, Obsidian, Rauchquarz und Rutilquarz.

Ketten: Ketten sind die klassische Möglichkeit, Steine zu tragen. Die Heilwirkung des Steins ist dabei sehr stark, da der geschlossene »Steinkreis« um den Kopf herum stärker »einstrahlt«, als ein einzelner Anhänger oder Handschmeichler. Unter den Ketten werden die Kugelketten eher noch als mild, Splitterketten als kräftig und facettierte Steinperlen am intensivsten erlebt.

Schmuck: Ringe, Armbänder, Colliers – auch hier entfalten die eingearbeiteten Heilsteine ihre Wirkung, wenn ein Direktkontakt mit der Haut möglich ist. Wenn Sie also auch bei

Schmuck auf die Heilwirkung wert legen, dann vergewissern Sie sich, daß Ringe z.B. unter dem Stein offen sind. Ideal sind natürlich Schmuckstücke, deren Steinkombinationen nach heilkundlichen oder alchemistischen Prinzipien aufgebaut sind. Solche Stücke entfalten tatsächlich den Zauber eines klassischen Talismans, doch wissen leider nur noch sehr wenige Goldschmiede und Juweliere um dieses ursprüngliche Wissen ihrer Zunft.

Edelstein-Essenzen: Durch das Einlegen von Heilsteinen in klares Wasser werden die Informationen des Steins auf die Flüssigkeit übertragen. Dieser Prozeß kann zusätzlich unterstützt werden, indem Sie das Glas, in welchem sich Wasser und Stein befinden, bei Sonnenauf- und -untergang (und nur dann!) ins direkte Sonnenlicht stellen. Zu diesen Zeitpunkten hat das Sonnenlicht eine aufladende Qualität, tagsüber wirkt es eher entladend. Die so hergestellte Essenz kann innerlich eingenommen, äußerlich aufgetragen oder Umschlägen, Güssen und Bädern beigegeben werden. Sie besitzt prinzipiell dieselbe Heilkraft, wie der Stein selbst, wirkt innerlich eingenommen oft sogar schneller und intensiver, da sich die Wirkung sofort im ganzen Körper ausbreitet.

Leider verliert sich die im Wasser gespeicherte Information bald wieder. Um sie zu fixieren, kann Alkohol zugegeben werden. Im Handel sind Edelstein-Essenzen auch in fertiger Abfüllung erhältlich. Diese Essenzen sind auf der Basis alkoholischer Auszüge hergestellt, wozu die jeweiligen Heilsteine über Monate oder Jahre in Branntwein bzw. medizinischen Alkohol eingelegt werden. Die so hergestellten Essenzen sind sehr intensiv und über Jahre hinweg haltbar.

In welcher Form Sie einen Stein nun verwenden, liegt also am beabsichtigten Zweck oder Ihrer persönlichen Vorliebe. Im Prinzip sind Steine jedoch in jeder Weise wirksam. – Vielleicht erhält so auch manches Geschenk oder Erbstück nun einen neuen Wert.

Praktische Anwendung

Im Teil 3 finden Sie unter den Beschreibungen der einzelnen Heilsteine kurze Anwendungshinweise, die hier vorab erläutert werden sollen. Wenn der richtige Stein auf analytischem oder intuitivem Weg ausgewählt wurde, stellen sich für die Anwendung im Prinzip nur noch zwei Fragen:

1. Auf welche Weise soll der Stein verwendet werden: Tragen, Auflegen, Steinkreis, Meditation, Essenz, Aufstellen in der Umgebung, etc.?

2. In welchem zeitlichen Rahmen soll er angewendet werden: Zeitpunkt, Dauer, Rhythmus, Ende der Behandlung etc?

In der Regel gibt es mehrere Möglichkeiten, unter denen Sie die angenehmste auswählen können: Wenn Sie die Wahl haben, einen Stein entweder auf die Stirn aufzukleben, oder eine Essenz einzunehmen, und es wäre Ihnen unangenehm, mit dem aufgeklebten Stein bei der Arbeit zu erscheinen, dann greifen Sie besser zur Essenz.

Das Tragen von Heilsteinen

Unter »Tragen« sind alle Anwendungsmöglichkeiten zusammengefaßt, bei denen der Stein längere Zeit am Körper verweilt. Das kann geschehen, indem Sie einen Anhänger, gebohrte Steine, eine Kette oder Steinschmuck am Körper tragen, aber auch dadurch, daß Sie einen Handschmeichler oder Daumenstein in der Hosentasche mit sich führen. Wenn eine genaue Angabe vorhanden ist, wo der Stein getragen werden soll, werden Sie manchmal nicht umhin kommen, ihn an der entsprechenden Stelle mit einem Pflaster aufzukleben. Auf jeden Fall sollten Steine beim Tragen möglichst in direkten Kontakt zur Haut treten. Kleidung, auch mit Naturfasern, wirkt immer etwas abschirmend.

Heilsteine sollten grundsätzlich so lange getragen werden, bis eine deutliche Besserung der Situation oder Symptomatik eingetreten ist, bzw. bis der gewünschte Erfolg erreicht ist. Es kann in vielen Fällen eine sog. »Erstverschlimmerung« auftreten, die jedoch anzeigt, daß wir uns mit der Situation bzw. Krankheit auseinandersetzen, und daher als Heilungszeichen zu werten ist. Erstverschlimmerungen dauern von wenigen Stunden bis zu ca. 3 Tagen, in seltenen Fällen bis zu einer Woche. Ist dann jedoch keine Besserung zu erkennen, sollte die Wahl des Steins überprüft werden.

Sollte eine Erstverschlimmerung zu unerträglich sein, ist es besser, den Stein rhythmisch statt ununterbrochen zu tragen. Besser täglich nur zwei- bis dreimal eine halbe Stunde lang. Dadurch wird die Wirkung zu Beginn erträglicher, im Laufe der

Zeit jedoch genauso intensiv, wie beim permanenten Tragen. Über den richtigen Rhythmus läßt sich nur sehr schwer eine allgemeingültige Aussage machen, da hier jeder Mensch sehr unterschiedlich reagiert. Im Zweifelsfall ist es jedoch besser, den Rhythmus langsam zu steigern: Beginnend mit einmal täglich, dann zweimal, dreimal etc. Gleichzeitig läßt sich auch die Dauer verlängern: Beginnend mit jeweils einer halben Stunde, dann einer Stunde, eineinhalb Stunden etc. So kann allmählich auch die permanente Anwendung erreicht werden.

Das Auflegen von Heilsteinen

»Auflegen« faßt alle zeitlich begrenzten Anwendungen zusammen, bei denen Steine direkt in Kontakt mit dem Körper gebracht werden. In der Regel sind dabei genaue Angaben zur Körperregion gegeben, eben dort, wo sich die betroffenen Organe, die schmerzenden oder energetisch unterversorgten Bereiche etc. befinden. Beim Auflegen werden Sie feststellen, daß sich ein Stein regelrecht »festsaugt«, wenn er genau auf den richtigen Punkt gelegt wird. Halten Sie den Stein beim Auflegen etwa eine Minute mit nur leichtem Druck am Körper fest, und lassen Sie dann vorsichtig los: Selbst dort, wo der Stein nach den Gesetzen der Schwerkraft abfallen müßte, hält er in den meisten Fällen.

Eine Behandlung durch das Auflegen von Heilsteinen endet ebenfalls dann, wenn eine deutliche Besserung zu spüren ist. Hier ist es besonders wichtig, den Zeitraum nicht unnötig auszudehnen. Freuen Sie sich über die gewonnene Erleichterung, auch wenn sie noch nicht vollständig ist, beenden Sie die Behandlung an diesem Punkt und genießen Sie den Gewinn. Sie können die Behandlung zu einem späteren Zeitpunkt dann erneut wiederaufnehmen. Ungeduld ist eine Eigenschaft, die sich beim Heilen in der Regel ungünstig auswirkt! Sie können nichts erzwingen, auch Heilung muß ebenso »wachsen«, wie auch die Krankheit ja allmählich herangewachsen ist.

Was den genauen Zeitpunkt einer solchen Behandlung betrifft, ist noch zu beachten, daß die Organe unseres Körpers nicht zu jeder Tageszeit in gleichem Maße aktiv sind. Besonders auffällig ist dies in den Funktionen unseres Gehirns, das uns täglich bewegt, einzuschlafen und wieder aufzustehen. Hier sind Phasen der Aktivität und Phasen der Ruhe, Phasen höchster Leistung und Phasen der Regeneration längst eine Selbstverständlichkeit für uns. Dasselbe gilt jedoch für alle anderen Organe, von denen jedes seinen individuellen »Morgen«, einen Zeitpunkt, wo seine Aktivität zunimmt, seinen »Mittag«, wo der Gipfel der Leistung erreicht wird, seinen »Abend«, an dem die Aktivität abnimmt und seine »Nacht«, den Zeitraum der Ruhe, hat.

In den meisten Fällen lassen sich die Organe wesentlich besser beeinflussen, wenn ihre Aktivität gerade zunimmt oder dem Höhepunkt zustrebt. Daher liegt der beste Zeitpunkt zum Auflegen von Steinen in der Regel vor oder während des Zeitraums der höchsten Aktivität. Diese Zeitpunkte sind in der folgenden Darstellung als »Organuhr« übersichtlich dargestellt, so daß Sie auf einen Blick nachlesen können, zu welcher Zeit eine Behandlung besonders erfolgversprechend ist. Zu beachten ist hierbei jedoch, daß sich unser Organismus für »politische Zeit« nicht interessiert: Es gilt immer die reale Ortszeit, nicht die Verschiebung durch die Sommerzeit o.ä.

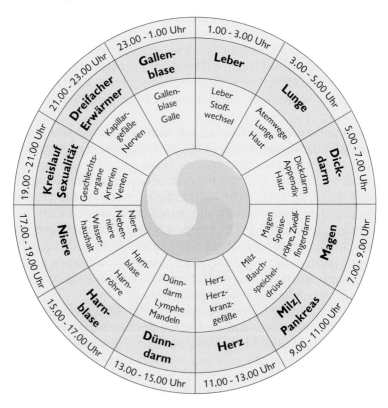

Abb.33: Die Organuhr

Der Steinkreis

Da Steine strahlen, wirkt auch der Aufenthalt in einem Steinkreis spürbar auf uns ein. »Steinkreis« ist hier jedoch sehr großzügig definiert: Sie müssen nicht extra nach Stonehenge reisen, in diesem Buch bedeuten Steinkreise ganz einfach »im Kreis gelegte Steine oder Kristalle«. Während beim direkten Auflegen auf den Körper in erster Linie der Organismus angesprochen wird, wirkt der Aufenthalt in einem Steinkreis auf feinstofflichem Weg und macht sich zunächst in geistigen, seelischen und mentalen Veränderungen bemerkbar.

Sie können in einem Steinkreis sitzen oder liegen, in jedem Fall ist es wichtig, den richtigen Radius zu finden. Bekommen Sie beim Aufenthalt im Kreis Enge- oder Beklemmungsgefühle, müssen Sie den Kreis erweitern, fühlen Sie sich zerstreut oder undefinierbar unbehaglich, ist der Kreis wahrscheinlich zu groß. Ist der Radius genau richtig, erreichen Sie das optimale Wohlbefinden. Wenn Sie Behandlungen durch Steinkreise öfter wiederholen, werden Sie feststellen, daß Ihr »persönlicher« Radius je nach Situation und Gemütslage variiert. Im Laufe der Zeit wird Ihr Gespür jedoch immer besser, so daß Sie den richtigen Radius von vorneherein passend legen.

Bleiben Sie in Ihrem Steinkreis so lange sitzen oder liegen, bis es Ihnen wiederum deutlich besser geht, oder bis Sie den deutlichen Impuls spüren, den Kreis zu verlassen. Folgen Sie diesem Impuls, egal ob er nach 10 Minuten oder drei Stunden eintritt. Den Steinkreis können Sie liegen lassen, um zu einem späteren Zeitpunkt fortzufahren. Es hat sich als günstig erwiesen, gut ausgeruht zu sein, insbesondere, wenn Sie sich in den Steinkreis legen. Sonst verschlafen Sie evtl. im wahrsten Sinne des Wortes die schönsten Erfahrungen.

Wenn Sie entsprechend dem Kapitel »Intuitive Steinheilkunde« vier persönliche Heilsteine ausgesucht haben, dann können Sie mit diesen vier Steinen einen besonderen Kreis legen: Legen Sie Ihren Seelenstein vom Zentrum aus in den Süden, den Körperstein in den Westen, den Verstandesstein in den Norden und den Geistesstein in den Osten. Setzen Sie sich dann in den Kreis, zunächst mit Blickrichtung Süden, und wechseln Sie nach 10 – 15 Minuten zum Westen hin, dann zum Norden und schließlich zum Osten. Auf diese Weise können Sie die Bedeutung von Seele, Körper, Verstand und Geist sehr eindrücklich erleben und deutlich auch die Wirkung der Heilsteine in diesen Bereichen nachempfinden.

Diesen Kreis können Sie als Erholungsinsel im Alltag verwenden. Schon wenige Minuten darin, entweder mit dem Kopf in Richtung Norden liegend, oder sitzend mit Blickrichtung Norden wirkt entspannend und regenerierend.

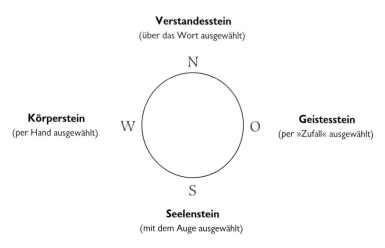

Abb. 34: Kreis der persönlichen Heilsteine

Meditation mit Heilsteinen

Über Meditation zu schreiben, ist sehr schwierig, da das Phänomen an sich nur verstanden werden kann, wenn man es erlebt hat. Würden unsere Augen nur schwarz/weiß sehen, wäre es uns unmöglich, nachzuvollziehen, was Farbe ist. Daher kann ich hier nur zwei Möglichkeiten vorstellen, wie Sie mithilfe von Steinen Meditation erleben können. Was Sie dabei erfahren, müssen Sie selbst ausprobieren.

Die kontemplative Betrachtung: Nehmen Sie sich genug Zeit, stellen Sie das Telefon ab, erklären Sie allen in Ihrer Wohnung anwesenden, daß Sie in der nächsten Zeit keinerlei Störung dulden, und setzen Sie sich an einen ruhigen Ort. Sie können auf dem Boden sitzen, wenn Ihnen diese Haltung möglich ist, ebensogut jedoch auf einem Stuhl. Wichtig ist nur, daß Sie absolut aufrecht mit gerader Wirbelsäule sitzen. Eine gekrümmte Wirbelsäule führt zu Ermüdung und verhindert die Meditation. Legen Sie nun den Heilstein vor sich, wenn möglich in etwa in Augenhöhe im richtigen Abstand. Die »richtige Höhe« und der »richtige Abstand« sind dann erreicht, wenn Sie Ihren Blick lange Zeit völlig entspannt auf dem Stein ruhen lassen können.

Von Vorteil ist es, wenn Sie dabei keine Lichtquelle im Blickfeld haben: Keine Kerze, keine Lampe, kein Fenster, keine Sonne! Lichtquellen würden Ihre Aufmerksamkeit ablenken. Dasselbe gilt für den Hintergrund: Er sollte möglichst neutral sein und den Stein zur Geltung kommen lassen. Ihre Aufmerksamkeit gilt nun ganz dem vor Ihnen liegenden Stein, wobei Sie ihn jedoch nicht fixieren, sondern den Blick darüber hinweg, bzw. darum herum ins Unendliche richten.

Bleiben Sie auf diese Weise nun völlig ruhig sitzen, ohne sich zu bewegen! Jede Bewegung wäre ein neuer Start und verhindert die Meditation. Werden Sie so langsam, wie der Stein vor Ihnen, dann werden Sie ihn plötzlich *sehen,* verstehen und erfahren, daß auch er ein lebendes Wesen ist. Lassen Sie sich überraschen.

Meditation mit aufgelegten Steinen: Gerüstet mit genug Zeit in ruhiger Atmosphäre und vor allem gut ausgeschlafen (!), können Sie Heilsteine in der Meditation erleben, indem Sie liegend den Stein auf Ihren Körper auflegen. Auch hier ist Hautkontakt wiederum von Vorteil. Bevorzugte Körperpunkte zum Auflegen des Steins sind die Stirn (zwischen den Augenbrauen), das Herz, der Solarplexus oder die Unterkante des Schambeins.

Entspannen Sie sich dann bewußt, indem Sie Ihren Körper von Kopf bis Fuß »durchdenken«, d.h. jeden Körperbereich bewußt durchgehen und alle Spannung darin loslassen. Beobachten Sie dann Ihren Atem, wie er immer ruhiger und langsamer wird, bis Sie wiederum so langsam sind, wie der Stein auf Ihnen. Lassen Sie sich dann ganz von diesem Stein erfüllen, identifizieren Sie sich mit diesem Stein, d.h. werden Sie wie er, besser gesagt: Werden Sie zu ihm, dann wird sich plötzlich die Erinnerung des Steins für Sie öffen, und sie werden die Welt quasi »mit seinen Augen sehen«.

»Meditation« bedeutet, die völlige geistige Aufmerksamkeit in einem Moment und an einem Ort zu haben. Sie werden dies sofort erkennen und verstehen, wenn Sie Meditation erleben. Und Sie werden auch sofort wissen, welchen Sinn Meditation in Ihrem Leben hat. Lassen Sie sich auch hier überraschen …

Edelstein-Essenzen

Edelstein-Essenzen entfalten zwar annähernd dieselben Wirkungen und Reaktionen auf unsere Persönlichkeit und unseren Organismus wie der betreffende Edelstein, ihre Vorteile liegen jedoch in der anderen Handhabung, der inneren Einnahme: Wo aufgelegte Edelsteine oft nur eine begrenzte, lokale Wirkung entfalten, breitet sich die Wirkung der eingenommenen Essenz über die Körperflüssigkeiten im gesamten Organismus aus. Man »füllt sich mit dem Stein an«. Dadurch werden vor allem bei generalisierten (den gesamten Organismus betreffenden) Beschwerden bessere Resultate erzielt. Wo ein Stein z. B. nur lokal eine Verspannung lindert, kann seine Essenz die gesamte innere Anspannung (körperlich und psychisch) lindern und bessert damit alle bestehenden Verspannungen sowie generell die Neigung, sich anzuspannen.

Wenn es uns manchmal aus praktischen Gründen nicht möglich ist, einen Stein zu tragen oder äußerlich aufzulegen, z. B. wenn wir an Gelenken sonst in der Bewegungsfreiheit eingeschränkt wären, oder – wie gesagt – am Arbeitsplatz nicht gerade mit einem auf der Stirn aufgeklebten Stein erscheinen möchten, ist die Einnahme der Essenz vorzuziehen. Die Essenz wirkt im Organismus automatisch genau an der Stelle, wo sie gebraucht wird. Da die Behandlung mit Essenzen auch eine Informations-Therapie ist, kommt die Information nur dort zur Wirkung, wo sie der Körper »versteht«, dort, wo sie fehlt (Resonanz-Prinzip).

Edelstein-Essenzen sind sehr kräftig in ihrer Wirkung: Um eine vergleichbare Wirkung zu erzielen, müßte der betreffende Stein oft sehr groß und sehr edel sein. Läßt man die Beschaffbarkeit (oftmals sehr schwierig) und Handhabung (wie trägt man einen Zwei-Kilo-Stein) außer acht, bleibt trotzdem noch der Preis, der ein vielfaches der Essenz betragen würde (Diamant, Smaragd etc.). So schont die Essenz auf angenehme Art auch den Geldbeutel.

Die bei der Behandlung mit Edelsteinen sonst notwendige Reinigung des Steins entfällt. Außerdem kann über die Menge der Einnahme die Wirkung genauer dosiert werden.

Natürlich hat auch das Tragen und Auflegen von Edelsteinen seine Vorteile gegenüber der Essenz. Vor allem Experimente sind mit den Steinen selbst viel unverbindlicher, da der Stein leichter wieder abgelegt werden kann, und seine Wirkungen vergleichsweise schneller wieder abklingen. Auch wenn aus bestimmten Gründen nur eine ganz gezielte lokale Behandlung einer bestimmten Stelle, z. B. eines Akupunkturpunktes, gewünscht ist, sind die Edelsteine selbst der Essenz vorzuziehen.

In den meisten Fällen ergänzen sich Edelstein und Essenz jedoch sehr schön, da sie sich, wenn sie gleichzeitig getragen bzw. eingenommen werden, gegenseitig verstärken. Die Handhabung einer Edelstein-Essenz ist zudem genauso einfach, wie das Tragen des Steins:

Innere Einnahme: Unmittelbar auf der Zunge, ca. 1 Std. vor dem Essen, bzw. mindestens 2 Std. danach. Durch Einlegen in Wasser selbst hergestellte Essenzen können schluckweise eingenommen werden, bei den Alkohol-Auszügen genügen wenige Tropfen! Dosierungsangaben sind hier schlicht unmöglich: Empfindsamere Naturen sollten eher weniger (1 – 2 Tropfen), robuste eher mehr (5 – 10 Tropfen) einnehmen. Außerdem verbraucht sich eine Essenz umso schneller, je mehr man sie braucht. Daher kann der tägliche Einnahme-Rhythmus beschleunigt werden, d.h. besser mehrere kleine Dosierungen, als wenige große. Essenzen können über mehrere Wochen eingenommen werden, rhythmische Einnahme, d.h. mit gelegentlichen Unterbrechungen (ab und zu ein bis drei Tage aussetzen) wirkt dabei dem Gewöhnungseffekt entgegen.

Äußere Anwendung: Edelstein-Essenzen können etwas verdünnt direkt auf die Haut aufgebracht werden, z. B. bei Hautbeschwerden, Entzündungen, Wunden etc. Auch die Beimischung zu Salben ist möglich. Eine weitere Möglichkeit stellt der Zusatz zum Baden dar, wobei hier jedoch das Wasser nicht zu warm sein sollte, da sich die Wirkung sonst zu schnell verflüchtigt.

Verdünnungen: Die Verdünnung der Edelstein-Essenzen (3 bis 5 Tropfen mit bis zu 30 ml Wasser) verlagern deren Wirkung verstärkt auf die seelisch-geistige Ebene. Es können auch homöopathische Potenzen angefertigt werden. Die Edelstein-Essenz entspricht hierbei der Urtinktur.

Kombinationen: Grundsätzlich sollten Edelstein-Essenzen ungemischt eingenommen werden. Eine Reihe von Steinen, wie z. B. Bergkristall, Diamant, weißer Topas, verstärken jedoch die Wirkung anderer und können daher im Bedarfsfall hinzugegeben werden (Elixierverstärker). Für besondere Anwendungen sind im Fachhandel bestimmte Mischungen erhältlich. Diese sind, vergleichbar mit den alten Kräutertee-Rezepten, das Ergebnis jahrelanger Forschungen und sowohl in der Kombination der Steine als auch der quantitativen Zusammensetzung sorgfältig abgestimmt.

Aufbewahrung: Edelstein-Essenzen sollten kühl und dunkel aufbewahrt werden, um gegenseitige Beeinflussung zu verhindern. Insbesondere die Elixierverstärker, z. B. Bergkristall, nehmen leicht die Eigenschaften anderer Essenzen an. Strahlenquellen wie elektrische Leitungen, Steckdosen, Bildschirme oder Neonröhren sollten nicht in der Nähe sein.

Aufstellen von Heilsteinen in der Umgebung:

Die Atmosphäre, in der wir leben und arbeiten, beeinflußt nachhaltig Empfinden, Gesundheit und das Resultat unseres Tuns. Daher können wir selbst mit Heilsteinen, die wir in unserer Umgebung aufstellen, sehr schnell positive Veränderungen herbeiführen. Wichtig ist hier natürlich, daß die aufgestellten Steine eine ausreichende »Reichweite« besitzen: Rohsteine, Kristalle und Drusen sind daher vorzuziehen.

Wenn Sie sich im Wirkungsbereich des Steins befinden, wird auf jeden Fall Ihr körperliches Befinden verbessert. Wünschen Sie gezielt auch eine seelische Bereicherung, sollte der Stein so stehen, daß sie ihn sehen, sei es auch nur aus dem Augenwinkel. Ästhetik spielt hier auch eine Rolle, wählen Sie daher für diesen Zweck einen Stein, der Ihnen kompromißlos gefällt!

Der Austausch zwischen Stein und Mensch erfolgt in beide Richtungen. Daher nehmen Steine auch von uns Information auf, insbesondere wenn wir sie direkt auflegen oder am Körper tragen. Aus diesem Grund kann sich ein Stein, wenn er einige Zeit verwendet wurde, plötzlich unangenehm anfühlen. Dies geschieht in dem Moment, wenn die aufgenommene Information so stark wird, daß der Stein beginnt, sie auf uns zurückzustrahlen. In dem Moment ist der Punkt gekommen, daß der Stein gereinigt werden sollte.

Reinigung und Pflege

Im Bezug auf die energetische Reinigung von Steinen besteht in der Literatur sehr viel Verwirrung, die offensichtlich darauf beruht, daß der Sinn der verschiedenen Verfahren nicht verstanden wird. Unter »Reinigung« werden oft drei verschiedene Vorgänge

zusammengefaßt: Entladung, Reinigung und Aufladen von Heilsteinen.

Entladung: Vor allem bei direktem Körperkontakt nehmen
viele Heilsteine statische Ladung auf. Daß extremste Beispiel
ist der Bernstein, der innerhalb weniger Minuten richtig heiß
werden kann. Diese statische Ladung kann unter fließendem
Wasser wieder entladen werden.

Reinigung: Die aufgenommene Information bleibt jedoch
auch nach dem Entladen im Stein gespeichert und wird sich
erneut aufladen. Um diese Information zu löschen, muß daher
intensiver eingewirkt werden. Eine vollständige Reinigung auf-
genommener Informationen kann durch zwei einfache Verfahren erreicht werden: Durch Auflegen auf eine Amethyst-Druse
oder Einlegen in Salz.

Die Amethyst-Druse stellt das sanftere Verfahren dar. Durch
das feinverteilte Eisen und die Energie-Konzentration des
Quarzes besitzt Amethyst eine starke, feurige Ausstrahlung.
Auf diese Weise »durchstrahlte« Heilsteine werden von der
aufgenommenen Information befreit. Als Zeitraum genügt hier
in der Regel ein Tag, wurde der Stein nur kurz aufgelegt, genügt
eine Stunde. Sie können den Stein jedoch unbesorgt auch länger in der Druse liegen lassen, er erleidet dadurch keinerlei
Schaden.

Salz ist etwas vorsichtiger zu handhaben! Vor allem der direkte
Kontakt mit dem Salz kann bei vielen Steinen auch chemische
Reaktionen bewirken, durch welche der Stein seine Politur verliert oder die Farbe verändert. Für Opal ist das Einlegen in trok-
kenes Salz vollends der Tod, da das Salz dem Opal das Wasser
entzieht, wodurch sich dieser in Chalcedon umwandelt. Chalcedon ist zwar auch ein Heilstein, in der Regel jedoch wesentlich
weniger wert!

Es empfiehlt sich daher, den Stein in ein kleines Glasschälchen
zu legen, das in einer größeren Schale mit Salz eingebettet ist.
Die energetische Reinigung bleibt so gegeben, der Stein selbst
wird jedoch nicht angegriffen. Mit Ausnahme von Ketten, für
deren Faden das Wasser evtl. schädlich wäre, können Sie zum
Stein mineralarmes Wasser hinzufügen. Dadurch wird die Information noch schneller entzogen. Das Wasser sollten Sie je-
desmal wechseln, das Salz selber kann monatelang verwendet
werden. Die Reinigungszeit in Salz ist sehr kurz: Wurde der
Stein wochenlag getragen, genügen etwa vier bis sechs Stunden,
wurde er nur kurz aufgelegt, genügen 10 Minuten. Eine längere

Dauer kann den Stein energetisch »auslaugen«, seine Wirksamkeit wird dadurch gemindert!

Von den weiteren angepriesenen Methoden, wie Einlegen in Salzwasser, Eingraben in der Erde oder Reinigen im Feuer möchte ich abraten, da verschiedene Steine auf diese Weise geschädigt werden können: Salzwasser dringt in viele Poren und Risse und kann den Stein trüben, manche Sekundär-Mineralien werden durch die Säuren im Boden angegriffen und umgewandelt, und daß Feuer mitunter zu auflösend ist, liegt nahe!

Aufladen: Da die Intensität der Abstrahlung eines Steins in Zusammenhang steht mit der aufgenommenen Energie, kann seine Heilwirkung durch gezieltes Aufladen verstärkt werden. Die schonendste Methode besteht darin, den Stein bei Sonnenauf- und -untergang ins Sonnenlicht zu legen. In dem Zeitraum, in dem wir selbst ohne Schaden direkt in die Sonne schauen können, besitzt das Sonnenlicht eine aufladende Qualität. Nicht jedoch über Mittag! Zu dieser Zeit ist die Lichtqualität eher entladend.

Direkt vor Beginn einer Steinbehandlung können die verwendeten Steine in der Hand oder in der Nähe einer Heizung aufgewärmt werden. Auch dadurch intensiviert sich ihre Wirkung. In vielen Fällen ist Aufladen jedoch gar nicht nötig, da der Stein durch den Körperkontakt sowieso erwärmt und angeregt wird.

Pflege: Die physische Reinigung sollte sich vor allem bei Mineralgruppen und -drusen auf das Entfernen von Staub beschränken. Dazu genügt ein feiner Pinsel. Verwenden Sie bitte, wenn sie z. B. eine Druse mit Wasser reinigen, nur mineralarmes Wasser, um unschöne Kalkablagerungen zu vermeiden. Gehen Sie bitte nicht mit scharfen Haushaltsreinigern an Ihre Steine heran. Manche sind dagegen zwar weitgehend gefeit, andere jedoch extrem empfindlich. Und wenn Sie diesen Unterschied festgestellt haben, ist es schon zu spät!

Aufbewahrung: Es versteht sich von selbst, daß man schöne Steine gerne auch so aufbewahrt, daß sie dem Auge gefallen. Wenn Sie das regelmäßige Abstauben jedoch nicht zum vorrangigen Hobby werden lassen wollen, empfehle ich Ihnen dringend eine gut verschließbare Vitrine. Vom Fensterbrett möchte ich mit Ausnahme von Achatscheiben (die machen sich z. B. am Fenster hängend sehr gut) und lichtunempfindlichen Steinen (Bergkristall, Hämatit, Jaspis, Lapislazuli, Tigerauge, schwarzer Turmalin etc.) generell abraten, da viele Steine durch direkte

Sonnenbestrahlung verblassen können (Amethyst, Kunzit, Rosenquarz etc.). Und stellen Sie bitte keine Bergkristallkugeln ins Sonnenlicht. Die wirken wie hervorragende Linsen, was ich selbst anhand von Brandlöchern in Kartons und Autositzen schon miterleben konnte.

Heilsteine sind Hilfsmittel

Zum Abschluß der »praktischen Anwendungen« noch ein paar Gedanken, die mir persönlich sehr wichtig sind: Es gibt auch ein Leben ohne Heilsteine! Steine sollten nie zum Ersatz werden für die eigene Kreativität und Fähigkeit, Probleme zu lösen! Heilsteine sind Hilfsmittel! Und jedes Hilfsmittel ist dazu da, irgendwann überflüssig zu werden. Daher möchte ich hier nocheinmal darauf hinweisen, was zur Behandlung mit Heilsteinen unbedingt zu beachten ist:

Die Wirkung von Heilsteinen wird gefördert durch die bewußte Beschäftigung mit dem jeweiligen Problem, d.h. der Überlegung, »warum?« und »wofür?« das Problem bzw. die Krankheit existiert, und der Erarbeitung von Lösungs-Möglichkeiten. In jeder Krankheit z.B. steckt ein Gewinn, daher stellt sich die Frage, wie kann ich mich von dem Problem bzw. der Krankheit lösen, ohne ihren Gewinn zu verlieren? Heilsteine fördern diese bewußte Arbeit, sie nehmen sie uns jedoch nicht ab.

Die Wirkung von Heilsteinen bleibt nach ihrem Absetzen nur dann stabil, wenn die gewonnenen Erkenntnisse weiter in die Tat umgesetzt werden. Wir selbst sind die Ursache unserer Probleme und wir selbst können sie verändern. Edelsteine und Essenzen sind Hilfsmittel, mehr nicht!

Die Auflistung von Eigenschaften und Symptomen im Teil 3 dieses Buchs dient daher in erster Linie zur Information und zur kurzen Charakterisierung des Heilsteins, speziell auch, um Anregungen zur Intuitiven Steinheilkunde zu bieten. Im Krankheitsfall oder zur Lösung seelisch-geistiger Probleme sollten wir das Augenmerk jedoch im Sinne der Analytischen Steiheilkunde auf unsere Gesamtsituation, unseren Charakter, die gesamte Symptomatik und unsere Ideen, Wünsche und Zielsetzungen lenken. Diese Gesamtbetrachtung kann uns zu einem ganz anderen Heilstein führen, als ein einzelnes Symptom vielleicht zunächst vermuten läßt.

Aus diesem Grund möchte ich nocheinmal darauf hinweisen, daß dieses Buch zur Information über die Steinheilkunde und die Wirkung der Heilsteine dient und keinen Arzt, Heilpraktiker oder Therapeuten ersetzt. Holen Sie sich bitte im Krankheitsfall oder bei schweren Problemen auch fachlichen Rat.

Teil 3: Heilsteine

Die Heilwirkungen der Edelsteine

In den folgenden Beschreibungen der Heilwirkungen einzelner Edelsteine wurde Wert darauf gelegt, nur jene Wirkungen aufzunehmen, die seit Jahren getestet und bestätigt sind. Vermutungen oder nur in Einzelfällen beobachtete Phänomene wurden weggelassen oder sind deutlich als solche gekennzeichnet. Dadurch soll auch Sicherheit und Verläßlichkeit geboten werden, die bei dem derzeitigen widersprüchlichen und verwirrenden Informationsangebot in der Heilsteine-Literatur dringend notwendig ist.

Das bedeutet auf der anderen Seite jedoch auch, daß kein Stein erschöpfend und umfassend beschrieben ist. Dieser Anspruch ist auch nicht zu leisten, wenn man bedenkt, daß die Steinheilkunde erst seit etwa einem Jahrzehnt wieder im Entstehen begriffen ist. Und 10 Jahre sind wenig im Vergleich mit anderen Naturheilverfahren, die auf jahrhunderte- oder jahrtausendealte Traditionen zurückgreifen können. Der Schwerpunkt steinheilkundlicher Arbeit liegt daher immer noch im Bereich der Forschung, wo jedes weitere Jahr neue Erkenntnisse bringt.

Zur Auswahl eines bestimmten Heilsteins sollten daher in erster Linie die im Teil 2 beschriebenen analytischen oder intuitiven Wege eingeschlagen werden. Die Beschreibungen des Teil 3 dienen hier vor allem zur Bestätigung der getroffenen Wahl. Verlassen Sie sich jedoch auch dann auf Ihre Wahl, wenn im folgenden Teil des Buchs nicht ein Zusammenhang zwischen Ihrem Wunsch und dem ermittelten Stein erwähnt wird. Vielleicht sind Sie gerade im Begriff, etwas völlig Neues und Unbekanntes zu entdecken. Und sollte dies der Fall sein, würde ich mich sehr freuen, etwas von dieser neuen Entdeckung zu erfahren.

Ein entsprechender Erfahrungsaustausch ist über den Steinheilkunde e.V. möglich, dessen Adresse Sie im Anhang dieses Buchs finden. Die Arbeit des Steinheilkunde e.V. besteht u.a. darin, Berichte über die Heilwirkungen von Mineralien und

Edelsteinen zu sammeln, auszuwerten und die überprüften Ergebnisse zu veröffentlichen. Jeder Beitrag ist dabei herzlich willkommen.

Die Beschreibung der Heilsteine

Um den Zusammenhang zum ersten Teil dieses Buchs zu verdeutlichen, sind den Ausführungen zur Heilwirkung des jeweiligen Minerals die wichtigsten mineralogischen Fakten bzgl. des *Kristallsystems,* des *Bildungsprinzips,* der *Mineralklasse,* der *Farbe* und der enthaltenen *Mineralstoffe* in der Darstellung der (erweiterten) *chemischen Formel* vorangestellt. Sie können dadurch auch die Erläuterungen des Teil 1 in die Beschreibung des Heilsteins miteinbeziehen, was ein wesentlich tieferes und umfassenderes Verstehen seiner Heilwirkungen ermöglicht. Die Tabelle, die Ihnen hilft, die chemischen Kürzel der Mineralstoffe zu identifizieren, finden Sie auf Seite 91.

Wichtige Elemente der Entstehung oder der mineralogischen Gegebenheiten des Heilsteins sind dann nochmals im folgenden Abschnitt »*Mineralogie*« hervorgehoben.

Wo es Überlieferungen und mythologische Betrachtungen zu einem bestimmten Stein gibt, werden diese im Abschnitt »*Mythologie*« kurz skizziert. Hierzu zählen oftmals auch der Name des Steins und – sehr wichtig – die Hinweise darauf, daß im Altertum oder Mittelalter vielfach ganz andere Mineralien mit einem bestimmten Namen belegt waren, als heute! Dadurch lassen sich nämlich viele Überlieferungen nicht auf das heutige Mineral übertragen. Die eindeutige Identifikation des modernen Minerals in alten Texten ist oft sehr schwierig, doch ich hoffe, »Übersetzungsfehler« hier weitgehend ausgeschlossen zu haben.

Unter dem Stichwort »*Heilkunde*« folgen nun die derzeit bekannten und geprüften Heilwirkungen des Minerals. Sie sind gegliedert in die *spirituelle* Wirkung, die beschreibt, wie der Stein unser momentanes geistiges Spiel beeinflußt, oder welche Motivationen und Anregungen er gibt. Es folgt die *seelische* Wirkung, die die Beeinflussung des Unterbewußtseins, der inneren Bilder, Gefühle und Stimmungen umfaßt. Daran schließt sich die *mentale* Wirkung an, die die Veränderung des Verstandes, des Denkens und des bewußten Handelns erläutert und schließlich folgt die *körperliche* Wirkung, die sich auf den Organismus und das energetische System unseres Körpers bezieht.

Durch diese Gliederung wird das Zusammenspiel aller vier Ebenen verdeutlicht und die Wirkung des Heilsteins speziell auch für die Intuitive Steinheilkunde entschlüsselt.

Die abschließenden Hinweise zur »*Anwendung*« des Steins stellen Möglichkeiten dar, mit denen bisher gute Erfahrungen gesammelt wurden. Auch hier gilt der Grundsatz, daß noch vieles mehr möglich ist! Machen Sie daher Ihr eigenes Spiel daraus ...

Achat

Kristallsystem: Trigonal
Bildungsprinzip: Primär
Mineralklasse: Oxide, Quarz-Gruppe
Farbe: Graublau, braun, rot, gelb
Chemische Formel, Mineralstoffe: SiO_2 + Al, Ca,Fe,Mn

Mineralogie:
Achat bildet sich hydrothermal in kieselsäurearmen Vulkangesteinen. In durch Gasblasen beim Erkalten der Lava gebildeten Hohlräumen sammeln sich dabei heiße Kieselsäure-Lösungen, die beim Erkalten zu Quarz erstarren und sich Schicht um Schicht an den Wänden des Hohlraums ablagern. Durch dabei eingelagerte Fremdstoffe erhält Achat seine typische Bänderung, die sich aus verschiedensten Vertretern der Quarz-Gruppe zusammensetzen kann: Aus Kristallquarzen (Bergkristall, Amethyst), Vertretern der Chalcedon-Familie (Chalcedon, Karneol, Onyx) und Jaspis. Füllt der entstandene Achat den Hohlraum schließlich ganz aus, spricht man von einer Achat-Mandel, bleibt ein innerer Hohlraum erhalten, von einer Achat-Geode.

Mythologie:
Achat stand in der antiken Welt sowie in Indien, Nepal und Tibet als Schutzstein und Glücksbringer in hohem Ansehen. Aus Achaten mit geradliniger, paralleler Bänderung, sog. »Lagensteinen« wurden dafür Amulette geschnitzt, deren Weiterführung die heutige Gemmenschneidekunst ist. Besonders beliebt waren außerdem Achate, deren innerer Hohlraum noch mit Wasser gefüllt ist, sog. »Wasserachate«, »Enhydros« oder »Adlersteine«, die als Schwangerschaftsschutzsteine galten.

Heilkunde:
Spirituell fördert Achat Rückzug und Verinnerlichung. Er bewirkt eine ruhige und beschauliche Betrachtung des Lebens und hilft, die eigenen Angelegenheiten gesammelt und konzentriert zu regeln. Achat fördert die bewußte Verarbeitung unserer Lebenserfahrungen und führt dadurch zu geistiger Reife und Wachstum, innerer Stabilität und Realitätssinn.
Seelisch vermittelt Achat Schutz, Geborgenheit und Sicherheit, indem er innere Spannungen löst und gegen äußere Ein-

Abb. 35:
Achat, Brasilien

wirkungen stabiler macht. Dazu sind vor allem Achate geeignet, die aus gleichmäßigen, konzentrischen Bänderungen bestehen. Achate, die im Kern Bergkristall enthalten, fördern die Erinnerungsfähigkeit bis hin zu pränatalen bzw. »Past-life«-Erinnerungen.

Mental fördert Achat das logisch-rationale Denken, mit dessen Hilfe wir Probleme bis zu ihrem Kernpunkt analysieren können. Dabei hilft Achat, einfach-pragmatische Lösungen zu finden, die ruhig, aber unverzüglich in die Tat umgesetzt werden. Achat fördert die Konzentation auf das Wesentliche und vermeidet Ablenkungen.

Körperlich gleicht Achat unsere Aura sowie die energetischen Körper aus. Dadurch wirkt er auch auf dieser Ebene schützend, harmonisierend und stabilisiert unsere Gesundheit. Achat fördert die Regeneration und das Wachstum und ist tatsächlich ein Schwangerschaftsschutzstein für Mutter und Kind. Aufgrund seines schichtweisen Aufbaus durch verschiedene Quarze wirkt Achat insbesondere auf Organe, die aus verschiedenen Haut- und Gewebsschichten bestehen. So lindert er Augenerkrankungen, wie z. B. Bindehautentzündung, hilft bei Gastritis und Magengeschwüren, bei Blasen- und Darmentzündungen, sowie Gebärmutter-Erkrankungen. Er schützt gegen Gebärmutter-Vorfall und regt deren Rückbildung nach der Entbindung an. Achat fördert Verdauung und Ausscheidung, stärkt die Blutgefäße und das Gewebe, und hilft bei Hauterkrankungen.

Anwendung:

Zur Anwendung für spezielle körperliche Beschwerden sollte immer ein Achat ausgewählt werden, der die Signatur, d. h. das Bild (lat. »signum« = »Zeichen«) des betreffenden Organs zeigt. Im Zweifelsfall empfiehlt es sich, ein Anatomiebuch heranzuziehen. Dieser Stein sollte mit direktem Hautkontakt getragen und kurz vor oder während des Organhöhepunkts (vgl. die Organuhr, Teil 2, Kapitel 4) direkt auf den betroffenen Organbereich aufgelegt werden. Um seelisch-geistige Wirkungen zu erzielen, genügt es, Achat im Blickfeld aufzustellen, z. B. ihn als Scheibe ins Fenster zu hängen. Besonders stark wirkt hier die Meditation im Steinkreis.

Aktinolith

Kristallsystem: Monoklin
Bildungsprinzip: Tertiär, selten nur primär
Mineralklasse: Ketten-Silikate
Farbe: Grün
Chemische Formel, Mineralstoffe: $Ca_2(Mg,Fe)_5(Si_8O_{22})(OH,F)_4$ + OH,F

Mineralogie:

Aktinolith ist ein basisches Calcium-Magnesium-Eisen-Silikat, das strahlige Kristalle oder breitstengelige, faserige Aggregate bildet. Er entsteht metamorph in Aktinolith-, Grün-, Talk- und Serpentinschiefern, seltener magmatisch in hydrothermalen Prozessen.

Mythologie:

Als »Strahlstein« ist Aktinolith zwar seit Jahrhunderten bekannt, jedoch gibt es keine überlieferten Hinweise auf seine Heilwirkung.

Heilkunde:

Spirituell unterstützt Aktinolith bei geistiger Neuorientierung. Er hilft, neue Ziele zu stecken und initiiert darauf gerichtetes konsequentes Handeln. Aktinolith fördert Geradlinigkeit.

Seelisch macht Aktinolith die eigenen Fähigkeiten bewußt. Er stärkt das Selbstwertgefühl und fördert innere Ausgeglichenheit, Geduld und das Gespür für den richtigen Zeitpunkt.

Mental hilft Aktinolith die Bewußtheit darüber zu erreichen, wann und wo wir von unseren eigentlichen Zielen abgewichen sind. Das ermöglicht, den eigenen »Kurs« wieder zu korrigieren.

Körperlich regt Aktinolith die Funktionen von Leber und Nieren, sowie alle Aufbau- und Wachstumsprozesse an. Als Aktinolithquarz (Aktinolith in Bergkristall) regt er die Entgiftung und Ausscheidung an.

Anwendung:

Aktinolith entfaltet seine Wirkung allmählich, daher sollte er über einen längeren Zeitraum als Handschmeichler oder Anhänger direkt am Körper getragen werden.

Amazonit

Kristallsystem: Triklin
Bildungsprinzip: Primär, sekundär und tertiär
Mineralklasse: Gerüst-Silikate, Feldspat-Familie
Farbe: Blaugrün, grün
Chemische Formel, Mineralstoffe: $K[AlSi_3O_8]$ + Cu

Mineralogie:
Amazonit ist ein durch Kupfer grün gefärbter Mikroklin (Feldspat-Familie). Er kann magmatisch (hydrothermal oder in Pegmatiten), sekundär (in Sedimenten) oder metamorph (bei der Bildung kristalliner Schiefer) entstehen.

Mythologie:
Als »Amazonenstein« wurde er durch die Gleichsetzung mit einem Nephrit benannt, welcher laut der Indianer am Rio Negro aus dem Land der »Frauen ohne Männer« stammte. Da Amazonit erst im 18. Jahrhundert dann als grüner Feldspat definiert wurde, ist keine ältere Überlieferung bekannt.

Heilkunde:
Spirituell fördert Amazonit die Selbstbestimmung. Er hilft, sich von der Vorstellung zu lösen, Opfer eines übermächtigen Schicksals zu sein, und regt an, das eigene Leben selbst in die Hand zu nehmen.

Seelisch gleicht Amazonit extreme Stimmungsschwankungen aus und wirkt beruhigend. Er löst Trauer und Beklemmung und bringt ein gesundes Gottvertrauen

Mental hilft Amazonit, Probleme durch das Zusammenwirken von Verstand und Intuition zu lösen.

Körperlich reguliert Amazonit Stoffwechselstörungen (Leber) und wirkt entspannend und krampflösend, auch in der Geburtshilfe bei der Ausdehnung des Muttermunds. Er wirkt nervenstärkend und hilft bei Gehirnerkrankungen. Er harmonisiert Hypophyse und Thymusdrüse sowie das vegetative Nervensystem und die inneren Organe. Amazonit lindert Herzbeschwerden durch Kummer.

Anwendung:
Am besten durch Tragen, Auflegen oder innere Einnahme als Edelstein-Essenz.

Abb. 36:
Aktinolith, Korsika
Amazonit, Namibia

Amethyst

Kristallsystem: Trigonal
Bildungsprinzip: Primär
Mineralklasse: Oxide, Quarz-Gruppe
Farbe: Violett
Chemische Formel, Mineralstoffe: SiO_2 + (Al,Fe,Ca,Mg,Li,Na)

Mineralogie:

Amethyst zählt zu den Kristallquarzen, jenen Vertretern der Quarz-Gruppe, die große, mit bloßem Auge sichtbare Kristalle ausbilden. Seine Farbe erhält er hauptsächlich durch Spuren von Eisen, das in zwei Wertigkeiten (Fe^{2+}, Fe^{4+}) im Kristallgitter eingelagert ist. Er entsteht hydrothermal aus schwach eisenhaltiger Kieselsäurelösung, überwiegend in durch Gasblasen gebildeten Hohlräumen vulkanischer Gesteine, selten auch in Klüften und Ganggesteinen. Ein durch Amethyst-Kristalle ausgekleideter Hohlraum wird Amethyst-Druse genannt.

Mythologie:

Der Name des Amethyst stammt aus Griechenland und bedeutet »unberauscht« (a-methystos). Schon in der Antike war seine ernüchternde, klärende Wirkung bekannt und der Stein selbst aus diesem Grund sehr geschätzt. Im Mittelalter klassifizierte Konrad von Megenberg den Amethyst recht treffend als Mineral, das »den Menschen wacker macht, die bösen Gedanken vertreibt, gute Vernunft bringt und mild und sanft macht.« Hildegard von Bingen überliefert seine Heilwirkung bei Hautkrankheiten und Schwellungen, und aus arabischen Ländern ist bekannt, daß Amethyst gegen Alpträume unter das Kopfkissen gelegt wird.

Heilkunde:

Spirituell fördert Amethyst eine dauerhafte geistige Wachheit, den Sinn für Spiritualität und die Erkenntnis der Realität des Geistes. Er stärkt den Gerechtigkeitssinn und das Urteilsvermögen und bringt Ehrlichkeit und Aufrichtigkeit hervor. Als Meditationsstein hilft er, den inneren Dialog abzustellen, tiefen inneren Frieden zu finden und die dem Selbst innewohnende Weisheit zu entdecken.

Abb. 37:
Amethyst auf Chalcedon, Uruguay
Amethyst, Brasilien

Seelisch hilft Amethyst bei Trauer und unterstützt die Bewältigung von Verlusten. Er klärt die innere Bilderwelt und damit auch das Traumerleben. Wird Amethyst dazu unter das Kopfkissen gelegt, wird das Traumgeschehen zunächst extrem angeregt, bis alle unverarbeiteten Eindrücke geklärt sind. Nach wenigen Tagen jedoch wird der Schlaf dann plötzlich ruhiger, tiefer und erholsamer. Im Wachbewußtsein fördert Amethyst die Inspiration und Intuition.

Mental fördert Amethyst Nüchternheit und Bewußtheit. Er hilft, sich allen Erlebnissen, auch unangenehmen, gleichermaßen zu stellen, und fördert die bewußte Verarbeitung unserer Wahrnehmung. Dadurch erhöht er die Konzentrationsfähigkeit und Effektivität im Denken und Handeln und fördert die Überwindung von Verhaftungen, unkontrollierten Mechanismen und Suchtverhalten.

Körperlich wirkt Amethyst allgemein schmerzlindernd und spannungslösend, insbesondere gegen Verspannungskopfschmerz und bei Verletzungen, Prellungen und Schwellungen. Letztere läßt er sehr schnell abklingen. Er heilt Krankheiten aller aus dem Ektoderm entstandenen Organe, hilft also bei Nervenleiden, Erkrankungen der Lunge und Atemwege, Hautunreinheiten, wie z. B. Furunkel, und Darmbeschwerden. Im Dickdarm reguliert er die Darmflora, auch bei Parasitenbefall, und fördert die Wasser-Rückresorption.

Anwendung:

Um spirituelle Wirkungen zu erzielen, sollte der Amethyst entweder über längere Zeit als Kette oder Anhänger am Körper getragen, oder regelmäßig (!) in der Meditation ruhig betrachtet werden. Sehr kräftig wirkt der Steinkreis aus Amethyst-Spitzen. Zum Klären der Träume genügt es, einen hellen, klaren (!) Kristall unter das Kopfkissen zu legen. Für weitere seelische und mentale Wirkungen dienen Amethyst-Drusen oder -Drusenstücke, die im Raum aufgestellt werden. Deren Ausstrahlung ist so stark, daß sie das gesamte (geistige) Raumklima verändert. Für die körperliche Anwendung schließlich empfiehlt es sich, entweder den Stein direkt im Bereich des betroffenen Organs aufzulegen oder als Edelstein-Elixier einzunehmen (z. B. bei Nervenleiden und Darmbeschwerden) bzw. verdünnt äußerlich aufzutragen (Hautkrankheiten).

Abb. 38:
Amethyst, Vera Cruz, Mexiko

Ametrin

Kristallsystem: Trigonal
Bildungsprinzip: Primär
Mineralklasse: Oxide, Quarz-Gruppe
Farbe: Gelb und violett in deutlich abgegrenzten Farbzonen
Chemische Formel, Mineralstoffe: SiO_2 + (Al,Fe,Ca,Mg,Li,Na)

Mineralogie:
Ametrin ist ein außergewöhnlicher Kristallquarz, der Amethyst-
und Citrin-Farbzonen klar abgegrenzt in sich vereint. Er entsteht
durch hydrothermale Bildung aus eisenhaltiger Kieselsäure-
Lösung.

Mythologie:
Ametrin ist erst seit wenigen Jahren bekannt, daher gibt es keine
Überlieferung zu seiner Wirkung.

Heilkunde:
Spirituell macht die Verbindung der Wachheit des Amethysts
mit der Dynamik des Citrins den Ametrin zu einem Stein wohl-
bedachten, sicheren Handelns. Er hilft, scheinbare Gegensätze
zu verbinden, und verleiht eine »glückliche Hand«, den intuitiven Erfolg auf allen Ebenen.
Seelisch fördert Ametrin Optimismus und Lebensfreude. Er bringt
Harmonie und inneres Wohlbefinden, das auch von außen einwirkenden Belastungen nicht weicht.
Mental harmonisiert Ametrin Wahrnehmung und bewußtes
Handeln. Er bringt eine außerordentliche Kreativität hervor, die
mit großer Tatkraft einhergeht. Ametrin verbessert die Kontrolle
über das eigene Leben.
Körperlich wirkt Ametrin stark reinigend im Zellstoffwechsel
und im Gewebe. Er fördert die Tätigkeit des vegetativen Nervensystems und harmonisiert das Zusammenspiel der inneren Organe.

Anwendung:
Für alle Anwendungen sollte Ametrin längere Zeit direkt am Körper getragen werden. Spirituelle und mentale Aspekte werden
außerdem in der Meditation, seelische durch Auflegen auf den
Solarplexus gestärkt.

Abb. 39:
Ametrin, Bolivien

216

Antimonit

Kristallsystem: Rhombisch
Bildungsprinzip: Primär
Mineralklasse: Sulfide
Farbe: Grau
Chemische Formel, Mineralstoffe: Sb_2S_3 + Fe,Cu,Pb,Zn + (Co,Ag,Au)

Mineralogie:
Antimonit entsteht in Quarz- und Erzgängen und bildet in Hohlräumen schöne, von einem Punkt ausstrahlende grausilberne Kristalle. Daher rührt auch sein deutscher Name »Grauspießglanz«.

Mythologie:
In der Antike wurde Antimonit als Heilmittel für Geschlechtsorgane, Hals und Augen verwendet, wozu er auch pulverisiert als »Lidschatten« aufgetragen wurde. Die radialstrahlige Erscheinung galt als Sonnensymbol.

Heilkunde:
Spirituell fördert Antimonit Schöpferkraft, Kreativität und Form-Ästhetik. Er hilft, daß persönliche Interessen und höhere Ideale in Einklang kommen, das Leben also sinnerfüllt und beglückend wird.
Seelisch hilft Antimonit, die eigenen Gefühle zu kontrollieren, sowie Gewohnheiten, Ersatzbefriedigungen (z. B. Essen aus Frust) und übermäßiges sexuelles Verlangen aufzugeben.
Mental fördert Antimonit sachliches, vernünftiges Denken und hilft, begrenzte Vorstellungen (»Ich kann nicht ... «) und belastende Gefühle zu überwinden. Er erleichtert, der inneren Stimme zu folgen.
Körperlich reguliert Antimonit die Verdauung und lindert Magenbeschwerden, insbesondere Sodbrennen, Übelkeit und Erbrechen. Es hilft bei Hautkrankheiten, bei trockener, rissiger Haut, Ausschlägen aller Art, Ekzemen und dauerndem Juckreiz.

Anwendung:
Antimonit ist ein sehr empfindliches Mineral, daher kommt für die körperliche Anwendung nur das vorsichtige Auflegen einzelner Kristalle in Betracht, ansonsten empfiehlt sich die meditative Betrachtung.

Abb. 40:
Antimonit, Rumänien

Apatit

Kristallsystem: Hexagonal
Bildungsprinzip: Primär, sekundär und tertiär
Mineralklasse: Phosphate
Farbe: Grau, gelb, grün, blau
Chemische Formel, Mineralstoffe: $Ca_5[(F,Cl,OH)/(PO_4)_3]$ + Mg,Mn,Si,Sr

Mineralogie:
Apatit ist ein meist derb-opakes, selten transparent-kristallines Phosphatmineral magmatischen, selten auch sekundären Ursprungs.

Mythologie:
Apatit wurde in der Vergangenheit oft mit anderen Mineralien (Beryll, Calcit) verwechselt, weshalb er erst 1786 den Namen Apatit (griech. »apatao« = »täuschen«) erhielt. Aus diesem Grund ist jedoch über eine frühere heilkundliche Verwendung nichts bekannt.

Heilkunde:
Spirituell bringt Apatit Offenheit und Kontaktfreudigkeit. Er macht extrovertiert und gibt Motivation und Antrieb, das Leben abwechslungsreich zu gestalten.

Seelisch hilft Apatit gegen Apathie. Er bringt Lebendigkeit, hilft bei Erschöpfung, besonders wenn auf übermäßige Aktivität stets Antriebslosigkeit folgt, und vermindert Reizbarkeit und Aggressionen.

Mental erleichtert Apatit, Kummer, Ärger und Lustlosigkeit zu überwinden und die Aufmerksamkeit erfreulicheren Umständen zuzuwenden.

Körperlich fördert Apatit gesunden Appetit. Er mobilisiert Energiereserven, fördert die Neubildung von Zellen, sowie die Knorpel-, Knochen- und Zahnbildung und hilft damit bei Haltunggschäden, Rachitis, Arthrose, Gelenkbeschwerden und der Heilung von Knochenbrüchen.

Anwendung:
Apatit sollte für alle Anwendungen direkt am Körper getragen werden. Zur Schmerzlinderung und Knochenheilung ist er außerdem direkt auf die entsprechende Körperstelle aufzulegen.

Abb. 41:
Apatit, Mexiko

Apophyllit

Kristallsystem: Tetragonal
Bildungsprinzip: Primär
Mineralklasse: Schicht-Silikate
Farbe: Weiß, gelblich, blaugrün
Chemische Formel, Mineralstoffe: $KCa_4[F/(Si_4O_{10})_2] \cdot 8\ H_2O$

Mineralogie:
Apophyllit ist ein wasserhaltiges Schichtsilikat hydrothermaler Bildung. Aufgrund seines Wassergehalts ist er energetisch wesentlich leitfähiger als für Schichtsilikate sonst üblich.

Mythologie:
Der Apophyllit ist erst seit Beginn des 19. Jhd. bekannt. Überlieferungen zu seiner Wirkung gibt es nicht. Sein deutscher Name lautet Fischaugenstein, da seine Bruchflächen perlmuttartig glänzen.

Heilkunde:
Spirituell fördert Apophyllit Gelassenheit, Ruhe und Ehrlichkeit. Er hilft, sich offen so zu zeigen, wie man ist, ohne Verstecken, Zurückhaltung und schlechtes Gewissen.
Seelisch lindert Apophyllit Ängste, inneren Druck und Beklemmungsgefühle und hilft, Sorgen und Unsicherheit zu überwinden. Er befreit durch starke Beherrschung unterdrückte Gefühle.
Mental bringt Apophyllit den rettenden Lichtblick in Zeiten großer Belastung. Er hilft, Verhaftungen und Gedankenmuster loszulassen und befreit vor allem von den Gedanken des »Haben-wollens«.
Körperlich heilt Apophyllit Atemwegsbeschwerden, insbesondere Asthma. Er fördert die Regeneration von Haut und Schleimhäuten, die Tätigkeit der Nerven und hilft, Allergien zu lindern.

Anwendung:
Die spirituelle Wirkung des Apophyllit entfaltet sich in der meditativen Betrachtung von kleinen Kristallgruppen, die oft wie Pflanzen oder Blüten aussehen. Zur körperlichen Anwendung empfiehlt es sich, Kristalle bei sich zu tragen und z. B. bei Asthma-Anfällen direkt auf die Brust zu halten.

Abb. 42:
Apophyllit, Indien

Aquamarin

Kristallsystem: Hexagonal
Bildungsprinzip: Primär
Mineralklasse: Ring-Silikate
Farbe: Grün bis hellblau
Chemische Formel, Mineralstoffe: $Be_3Al_2(Si_6O_{18})$ + K,Li,Na + (Fe)

Mineralogie:
Aquamarin zählt zur Beryll-Familie. Er entsteht in Pegmatiten, wenn die magmatische Lösung dort ausreichend mit Beryllium angereichert ist. Seine blaugrüne bis blaue Farbe erhält er durch Spuren von Eisen.

Mythologie:
Der Name Aquamarin (lat./ital. »aqua marina« = »Meerwasser«) existiert erst seit der Renaissance, der blaugrüne Beryll dagegen ist schon lange bekannt. Alte Legenden berichten über ihn, daß er durch Farbveränderung wahr und falsch, sowie Freund und Feind unterscheiden lehrt. Der Überlieferung nach bringt er Wohlbefinden, gutes Gedächtnis und Hellsichtigkeit.

Heilkunde:
Spirituell fördert Aquamarin geistiges Wachstum, Weitblick, Voraussicht, Medialität und Hellsichtigkeit. Er macht aufrichtig, zielstrebig, dynamisch, ausdauernd und erfolgreich.
Seelisch bringt Aquamarin Leichtigkeit und heitere Gelassenheit, die darin begründet ist, daß alles Begonnene sich schnell und fließend entwickelt.
Mental klärt Aquamarin Verwirrung und regt an, Ordnung zu schaffen und offene Zyklen zu schließen.
Körperlich harmonisiert Aquamarin Hypophyse und Schilddrüse und reguliert damit Wachstum und Hormonhaushalt. Er verbessert die Sehkraft bei Kurz- und Weitsichtigkeit und lindert Überreaktionen des Immunsystems, Autoimmunerkrankungen und Allergien, insbesondere Heuschnupfen.

Anwendung:
Aquamarin kann kontinuierlich am Körper getragen werden. Bei Augenleiden wird er zusätzlich abends direkt auf die geschlossenen Augen aufgelegt.

Abb. 43:
Aquamarin, Pakistan

Aragonit

Kristallsystem: Rhombisch
Bildungsprinzip: Primär oder sekundär
Mineralklasse: Carbonate
Farbe: Weiß, rosa, gelb, hellgrün, braun
Chemische Formel, Mineralstoffe: $CaCO_3$ + Fe,Mn,Pb,Sr,Zn, H_2O

Mineralogie:
Hydrothermal oder sekundär entstanden findet sich Aragonit in
Klüften und Hohlräumen im Gestein. Er entsteht außerdem als
Quellsinter heißer Quellen, sowie durch anorganische Ausfällung
von Kalk aus flachen Gewässern. Aragonit wandelt sich oftmals
im Laufe der Zeit in Calcit um.

Mythologie:
Aragonit erhielt seinen Namen 1788 nach einem Fundort am
Rio Aragon, Spanien. Überlieferungen zu seiner Wirkung sind
nicht bekannt.

Heilkunde:
Spirituell stabilisiert Aragonit zu schnelle geistige Entwicklungen, die zu Überforderung oder nachlassendem Interesse führen
können.
Seelisch beruhigt Aragonit bei Überempfindlichkeit, innerer
Unruhe und nervösem Zittern. Durch Aragonit fühlt man sich
im eigenen Körper wohl.
Mental bringt er Flexibilität und Toleranz, hilft jedoch, konzentriert an einer Sache zu bleiben, wenn man zu Sprunghaftigkeit
neigt.
Körperlich stabilisiert Aragonit ebenfalls zu schnelle Entwicklungen. Er reguliert den Calcium-Stoffwechsel, regt die Muskel-
tätigkeit an und fördert den Aufbau und die Elastizität der
Bandscheiben. Aragonit stärkt das Immunsystem und hilft bei
Verdauungsbeschwerden.

Anwendung:
Aragonit kann als Handschmeichler oder Anhänger dauerhaft
am Körper getragen werden.

Abb. 44:
Aragonit, Spanien
Aventurin, Zimbabwe

Aventurin

Kristallsystem: Trigonal
Bildungsprinzip: Primär, sekundär und tertiär
Mineralklasse: Oxide, Quarz-Gruppe
Farbe: Grün schillernd
Chemische Formel, Mineralstoffe: SiO_2 + $KAl_2[(OH,F)_2/AlSi_3O_{10}]$ + (Cr)

Mineralogie:
Aventurin ist ein derber Quarz, der sein grün-glitzerndes Aussehen durch Einlagerungen von Fuchsit (Chrom-Glimmer) erhält.
Er ist gesteinsbildend in Magmatiten, Sedimenten und kristallinen Schiefern.

Mythologie:
Aventurin hat seinen Namen seit dem 17. Jhd. vom italienischen
»a ventura« (»aufs Geratewohl«), was auf die »willkürlich«
eingestreuten Glimmer-Plättchen hinweist. Überlieferungen zur
Wirkung sind nicht bekannt.

Heilkunde:
Spirituell verdeutlicht Aventurin, was glücklich oder unglücklich macht. Er stärkt dadurch die Selbstbestimmung und Individualität und regt an, zu träumen und Träume wahr werden zu
lassen.
Seelisch fördert Aventurin Entspannung, Regeneration und Erholung. Er hilft gegen Einschlafstörungen, macht geduldig und
beruhigt bei Wut und Ärger.
Mental bringt Aventurin vielseitige Ideen und Begeisterung,
fördert gleichzeitig jedoch auch Toleranz und Akzeptanz fremden Vorschlägen gegenüber.
Körperlich fördert Aventurin die Herzregeneration. Er regt den
Fettstoffwechsel an und senkt den Cholesterinspiegel. Dadurch
beugt er Arteriosklerose und Herzinfarkt vor. Aventurin wirkt
außerdem entzündungshemmend, lindert Hautkrankheiten,
Ausschläge und Allergien, und stärkt das Bindegewebe. Aventurin wirkt schmerzlindernd.

Anwendung:
Aventurin kann längere Zeit als Kette, Anhänger oder Hand-
schmeichler getragen oder in akuten Fällen auf die betreffende
Körperregion aufgelegt werden.

Azurit

Kristallsystem: Monoklin
Bildungsprinzip: Sekundär
Mineralklasse: Carbonate
Farbe: Azurblau
Chemische Formel, Mineralstoffe: $Cu_3[(OH)_2/(CO_3)_2]$

Mineralogie:

Azurit ist ein basisches Kupfer-Carbonat und entsteht durch kohlensäurehaltiges Regenwasser in der Oxidationszone von Kupfererz-Lagerstätten. Er enthält im Gegensatz zum verwandten Malachit weniger Wasser.

Mythologie:

Azurit ist ein sehr seltenes Mineral, über das keine traditionelle Überlieferung bekannt ist. Passend ist jedoch die Mythologie des Kupfers, hier insbesondere die Stärkung des Gerechtigkeitssinns.

Heilkunde:

Spirituell repräsentiert Azurit das Erkenntnisstreben. Er weckt den Hunger nach eigener Erfahrung, so daß wir uns nicht mit Erklärungen zufrieden geben, die wir nicht selbst prüfen können.
Seelisch offenbart und löst Azurit die Prägungen der Vergangenheit, insbesondere jene Vorstellungen und inneren Bilder, die wir unbewußt einfach übernommen und geglaubt haben.
Mental macht Azurit sehr kritisch. Er offenbart unsere Gedankenmuster, läßt uns über scheinbare Selbstverständlichkeiten gründlich nachdenken und fördert so Bewußtheit und Selbsterkenntnis.
Körperlich wirkt Azurit in erster Linie leberanregend und entgiftend. Er regt die Gehirn- und Nerventätigkeit an. Azurit stimuliert die Tätigkeit der Schilddrüse und wirkt so wachstumsfördernd.

Anwendung:

Azurit entfaltet seine seelisch-geistigen Wirkungen als Meditationsstein, der entweder ruhig betrachtet oder auf die Stirn aufgelegt wird. Für körperliche Anwendungen sollte er in den entsprechenden Körperregionen direkt auf die Haut gelegt werden.

Azurit-Malachit

Kristallsystem: Monoklin
Bildungsprinzip: Sekundär
Mineralklasse: Carbonate
Farbe: Blau/grün marmoriert
Chemische Formel, Mineralstoffe:
$Cu_3[(OH)_2/(CO_3)_2] + Cu_2[(OH)_2/CO_3] + H_2O + (Ca,Fe)$

Mineralogie:
Azurit-Malachit ist ein sehr seltenes, basisches Kupfer-Carbonat und entsteht durch kohlensäurehaltiges Regenwasser in der Oxidationszone von Kupfererz-Lagerstätten.

Mythologie:
Azurit-Malachit ist weitaus seltener noch als Azurit, traditionelle Überlieferungen sind nicht bekannt. Von der Mythologie des Kupfers her zeigt sich hier der Aspekt der Neutralität und Harmonisierung.

Heilkunde:
Spirituell fördert Azurit-Malachit das Interesse an der Umwelt und den Mitmenschen. Er macht aufgeschlossen, hilfsbereit und führt zu Wohlbefinden auf allen Ebenen.

Seelisch bringt Azurit-Malachit Harmonie, insbesondere in Zuständen innerer Zerrissenheit. Er hilft, Schmerz und Unglücklichsein zu überwinden sowie unterdrückte Emotionen freizulassen.

Mental fördert Azurit-Malachit den Einklang von Verstand und Gefühl. Er hilft uns, auf unsere Gefühle zu hören und sie in Worten mitteilen zu können sowie eine positive Lebenseinstellung zu gewinnen.

Körperlich wirkt Azurit-Malachit leberanregend, entgiftend und krampflösend. Außerdem regt er das Immunsystem an, disharmonisches Zellwachstum (Tumore etc.) aufzulösen.

Anwendung:
Azurit-Malachit kann als Rohstein oder Handschmeichler am Körper getragen oder als Edelstein-Essenz eingenommen werden. Der Stein selbst sollte zur körperlichen Anwendung in den entsprechenden Körperregionen direkt auf die Haut gelegt werden.

Abb. 45:
Azurit, USA
Azurit-Malachit, USA

Baumachat

Kristallsystem: Trigonal
Bildungsprinzip: Primär
Mineralklasse: Oxide, Quarz- Gruppe
Farbe: Weiß mit grünen, »moosigen« Einschlüssen
Chemische Formel, Mineralstoffe: SiO_2 + Fe,Mn,Si

Mineralogie:
Baumachat ist ein derber weißer Quarz pegmatitischer Bildung
mit in Rissen und Spalten eingelagertem grünen Eisensilikat,
das an pflanzliche Strukturen erinnert. Früher war der Begriff
Baumachat gleichbedeutend mit Dendriten-Chalcedon, welcher
jedoch zur Chalcedon-Familie, nicht zu den derben Quarzen
zählt. Aus diesem Grund ist auch die Endung »-achat« für dieses
Mineral eigentlich falsch, es müßte »Baumquarz« heißen. Dieser
Begriff ist jedoch bereits besetzt als Synonym für »versteinertes
Holz«. Daher bleibt's dabei: Der nebenan abgebildete Stein
heißt Baumachat.

Heilkunde:
Spirituell fördert Baumachat innere Ruhe und Unanfechtbarkeit. Er vergegenwärtigt das Bewußtsein der eigenen Stärke und
gibt so Sicherheit und Stabilität.
Seelisch stärkt Baumachat Ausdauer und Beharrlichkeit. Er
macht mutig in Situationen, wo man sich kraft- und schutzlos
fühlt.
Mental hilft Baumachat, Schwierigkeiten als Herausforderung
zu betrachten und zu meistern. Er weckt die kriegerische Natur
in uns, den Drang zu forschen und zu erobern.
Körperlich sorgt Baumachat für Vitalität, eine stabile Gesundheit und ein funktionsfähiges Immunsystem. Er macht widerstandsfähiger bei häufiger Infektanfälligkeit.

Anwendung:
Baumachat muß über längere Zeit getragen werden, um wirksam zu werden. Er ist kein Stein für schnelle Effekte, sondern
leistet eine langsame, unauffällige aber beständige »Aufbauar-
beit«.

Bergkristall

Kristallsystem: Trigonal
Bildungsprinzip: Primär
Mineralklasse: Oxide, Quarz- Gruppe
Farbe: Klar
Chemische Formel, Mineralstoffe: SiO_2

Mineralogie:
Bergkristall ist klarer, reiner Kristallquarz. Er entsteht in Gängen oder hydrothermal auf Drusen und Klüften aus reiner, fremdstoffreier Kieselsäure-Lösung. Phantomquarze entstehen durch Ablagerungen auf der Oberfläche, wenn der Kristall in seinem Wachstum längere Pausen (z.T. Millionen Jahre) einlegt.

Mythologie:
Für die Griechen war Bergkristall tiefgefrorenes Eis (griech. »krystallos«). Er galt in allen Kulturen als Heil- und Zauberstein. Bergkristall sollte Dämonen und Krankheiten vertreiben und wurde als Kraft- und Energiespender benutzt. Kugeln wurden zum Wahrsagen verwendet.

Heilkunde:
Spirituell fördert Bergkristall Klarheit und Neutralität und verbessert so Wahrnehmung und Verstehen. Er stärkt den eigenen Standpunkt und fördert die Entwicklung, die unserem inneren Wesen entspricht.
Seelisch hebt Bergkristall tiefe Erinnerungen ins Bewußtsein. Er hilft, Probleme auf einfache Weise zu lösen und verlorengeglaubte Fähigkeiten wiederzubeleben.
Mental bringt Bergkristall Selbsterkenntnis und hilft als Phantomquarz, vermeintliche geistige Grenzen zu überwinden.
Körperlich vitalisiert Bergkristall gefühllose, kalte, taube und gelähmte Stellen. Er harmonisiert die Gehirnhälften, stärkt die Nerven und regt die Drüsentätigkeit an. Bergkristall gibt Energie, senkt jedoch das Fieber und lindert Schmerzen, Schwellungen, Übelkeit und Durchfall.

Anwendung:
Bergkristall kann als Kristall, Gruppe, geschliffener Stein oder Essenz verwendet werden. Außerdem verstärkt Bergkristall die Wirkung anderer Steine.

Abb. 47:
Bergkristall, Brasilien
Phantomquarze, Brasilien

Bernstein

Kristallsystem: Amorph
Bildungsprinzip: Sekundär
Mineralklasse: Organischer Stein
Farbe: Weiß, goldgelb, braun, rot
Chemische Formel, Mineralstoffe: $C_{10}H_{16}O$ + S (vereinfacht!)

Mineralogie:
Bernstein ist Baumharz, das im Laufe von Jahrmillionen durch Wasserverlust »gealtert« und allmählich mineralisiert ist. Gefunden wird Bernstein vorwiegend in Braunkohle-Lagerstätten.

Mythologie:
Bernstein war der erste Edelstein der Menschheitsgeschichte: Schon seit mindestens 7000 Jahren ist er als Heilstein und Amulett in Gebrauch.

Heilkunde:
Spirituell fördert Bernstein ein sonniges Wesen, das sanft und nachgiebig erscheint, jedoch sehr selbstbewußt ist. Er macht spontan und aufgeschlossen, gleichzeitig jedoch traditionsbewußt.

Seelisch vermittelt Bernstein Sorglosigkeit, Glück und Fröhlichkeit. Er macht friedliebend und vertrauensvoll und stärkt den Glauben an sich selbst. Daraus entsteht der typische leichte Erfolg.

Mental baut Bernstein Widerstände ab, macht flexibler und fördert die Kreativität. Motivation entsteht aus der persönlichen Wunscherfüllung, die oftmals erstrangig wird im Leben.

Körperlich hilft Bernstein bei Magen-, Milz- und Nierenbeschwerden, sowie Leber-, Gallen- und stoffwechselbedingten Hautkrankheiten. Bernstein hilft bei Gelenkbeschwerden (Knorpelaufbau), stärkt Schleimhäute und Wundheilung und erleichtert das Zahnen kleiner Kinder.

Anwendung:
Bernstein wirkt am besten, wenn man ihn häufig und lange Zeit trägt. Babykettchen helfen besser, wenn sie zunächst von der Mutter einige Zeit getragen werden (sie nehmen die entsprechende Information auf).

Abb. 48:
Bernstein, Ostpreußen

Beryll

Kristallsystem: Hexagonal
Bildungsprinzip: Primär
Mineralklasse: Ring-Silikate, Beryll-Familie
Farbe: Gelb, grün (Beryll), gold (Goldberyll), gelb- bis blaugrün (Heliodor), rot (Bixbit), klar (Goshenit)
Chemische Formel, Mineralstoffe: $Be_3Al_2(Si_6O_{18})$ + K,Li,Fe,Mn,Na + (U)

Mineralogie:
Beryll entsteht in Pegmatiten, wenn die magmatische Lösung dort ausreichend mit Beryllium angereichert ist. Die verschiedenen Färbungen entstehen durch Fremdstoffe: Eisen färbt gelb und golden (Beryll, Goldberyll), manchmal bläulich (Heliodor), Lithium und Mangan färben rot (Bixbit). Ganz reiner, klarer Beryll (nicht abgebildet) wird Goshenit genannt.

Mythologie:
Beryll gilt seit der Antike als entgiftender, augenstärkender Kristall. Daher wurde er schon früh zu Linsen und Sehhilfen geschliffen. Vom Begriff »Beryll« stammt auch unser deutsches Wort »Brille«.

Heilkunde:
Spirituell macht Beryll zielstrebig und effektiv, gleichzeitig jedoch vielseitig, weitblickend und lebensfreudig. Goldberyll und Heliodor sind dabei sehr harmonisch, Bixbit sehr dynamisch.
Seelisch hilft Beryll (am besten Goldberyll) bei Nervosität und emotionalen Ausbrüchen durch Überbelastung. Bixbit hilft bei Antriebslosigkeit.
Mental fördern alle Berylle Sicherheitsbewußtsein. Sie regen Bedächtigkeit und die schrittweise, aber konsequente Entwicklung aller Pläne an.
Körperlich wirkt Beryll entgiftend, leberanregend und ausgleichend für das vegetative Nervensystem. Er lindert Kurz- und Weitsichtigkeit (am besten Heliodor), sowie typische Dauerstreß-Symptome.

Anwendung:
Beryll wird am besten am Körper getragen oder zur Meditation verwendet. Als Augen-Heilstein sollte er abends auf die geschlossenen Augen aufgelegt werden.

Abb. 49:
Bixbit, USA;
Goldberyll, Südafrika; Heliodor, Südafrika

Biotit-Linse

Kristallsystem: Monoklin
Bildungsprinzip: Tertiär
Mineralklasse: Schicht-Silikate, Glimmer-Familie
Farbe: Schwarz, grau, braun
Chemische Formel, Mineralstoffe: $K(Mg,Fe)_3[(OH,F)_2 /AlSi_3O_{10}]$ + Mn,Na

Mineralogie:

Biotit-Linsen sind bei der Gebirgsbildung Nord-Portugals entstandene metamorphe Glimmer-Aggregate. Durch Erhitzung des Gesteins im Sommer blähen sie sich linsenförmig auf, sprengen das Gestein und springen »von selbst« heraus.

Mythologie:

Aufgrund ihrer Entstehung und ihrer Verwendung zur Geburtshilfe werden Biotit-Linsen im Fundgebiet auch »Gebärende Steine« genannt. Sie sind in Portugal auch als Schutzsteine in Verwendung.

Heilkunde:

Spirituell regen Biotit-Linsen die individuelle Selbstverwirklichung an. Sie lassen Flexibilität und Anpassung zu, solange wir uns selbst dabei nicht untreu werden.

Seelisch schützen Biotit-Linsen vor äußeren Einflüssen. Sie helfen, sich von Fremdbestimmung und Ansprüchen anderer zu befreien, wenn diese unserer ureigensten Überzeugung widersprechen.

Mental stärken Biotit-Linsen die Fähigkeit, klare Entscheidungen zu treffen. Sie fördern Kreativität und Intuition und helfen, Entschlüsse und Ideen schneller und leichter umzusetzen.

Körperlich werden Biotit-Linsen zur Geburtshilfe verwendet. Sie beschleunigen die Geburt, da sie die Wehentätigkeit auslösen und gleichzeitig den Muttermund weich machen. Weiterhin wirken sie entgiftend und helfen gegen Verstopfung, Nierenbeschwerden, Übersäuerung, Ischias, Rheuma und Gicht.

Anwendung:

Biotit-Linsen werden am besten am Körper getragen. Zum Auslösen oder Erleichtern der Wehentätigkeit werden sie auf dem Schambein aufgelegt bzw. gehalten.

Abb. 50:
Biotit-Linse (Gebärender Stein), Portugal

Bojis

Kristallsystem: Kubisch
Bildungsprinzip: Sekundär
Mineralklasse: Sulfide
Farbe: Grau bis braun
Chemische Formel, Mineralstoffe: FeS_2 + $FeOOH \cdot n\ H_2O$

Mineralogie:

Bojis sind im Schlamm eines früheren Meeresgrunds sekundär entstandener Kugelpyrit, der später an der Erdoberfläche verwittert ist und so einen Überzug aus Limonit erhalten hat. Sie werden auch Pop-Rocks genannt und bei grobkristalliner Ausbildung (Abb. oben) in sog. »männliche Bojis«, bei feinkristalliner Ausbildung (Abb. unten) in sog. »weibliche Bojis« unterschieden.

Mythologie:

Um die Bojis werden etliche moderne Mythen gesponnen, die keinerlei reale Grundlage haben. Es gibt keine traditionelle Überlieferung zu ihrer Heilwirkung.

Heilkunde:

Spirituell fördern Bojis die Bewußtheit und richten unsere Aufmerksamkeit auf die gegenwärtige Situation. Sie fördern alle geistigen Prozesse ohne jegliche Wertung.

Seelisch machen Bojis blockierte Gefühle, Bilder und Erinnerungen bewußt. Sie verstärken Emotionen und Stimmungen und konfrontieren uns mit unserer Schattenseite.

Mental fördern Bojis die Erkenntnis behindernder und krankmachender Gedanken- und Verhaltens-Muster. Sie legen Prägungen und Übereinstimmungen der Vergangenheit frei.

Körperlich regen Bojis den Energiefluß in den Meridianen an und lösen damit leichte Blockaden schmerzfrei auf. Stärkere Blockaden werden bewußt. Bojis eignen sich hervorragend zur allgemeinen Krankheitsprophylaxe, weniger zur Behandlung akuter Erkrankungen.

Anwendung:

In beiden Händen wird gleichzeitig je ein Stein eines Boji-Pärchens für ca. 10 bis 30 Minuten gehalten. Dadurch entsteht eine batterieähnliche Spannung, die den inneren Energiefluß erhöht.

Abb. 51:
Boji-Paar, USA

Calcit

Kristallsystem: Trigonal
Bildungsprinzip: Primär oder sekundär
Mineralklasse: Carbonate
Farbe: Weiß, rosa, gelb, grün, blau
Chemische Formel, Mineralstoffe: $CaCO_3$ + Fe,Mn + (Co,Pb,Sr)

Mineralogie:
Calcit entsteht aus kalkhaltigen Lösungen. Hydrothermal bilden sich auf Klüften und Drusen große Kristalle, häufiger jedoch ist Calcit gesteinsbildend durch Sedimentation von Verwitterungslösungen.

Mythologie:
Als Kalk findet Calcit schon seit Jahrtausenden in der Volksheilkunde Verwendung. Als Umschlag wurde er hauptsächlich bei Hautkrankheiten, Geschwüren, Warzen und eiternden Wunden eingesetzt.

Heilkunde:
Spirituell wirkt Calcit sehr stark entwicklungsbeschleunigend. Besonders bei kleinen Kindern ist dies feststellbar, aber auch bei Erwachsenen, die an keine positive Wendung im Leben mehr glauben.
Seelisch gibt Calcit Stabilität, Selbstvertrauen und Standhaftigkeit. Er wirkt gegen Trägheit und stärkt die Fähigkeit zur Überwindung.
Mental fördert Calcit das Vermögen, Ideen in die Tat umzusetzen. Er verbessert das Unterscheidungsvermögen und das Gedächtnis und macht tüchtig und erfolgreich.
Körperlich wirkt Calcit stoffwechselanregend, immunstärkend und wachstumsfördernd bei Kindern. Er lindert Haut- und Darmbeschwerden, regt die Blutgerinnung an und fördert die Heilung von Gewebe und Knochen. Calcit normalisiert den Herzrhythmus und stärkt das Herz.

Anwendung:
Calcit sollte als Handschmeichler oder Anhänger längere Zeit am Körper getragen oder als Essenz eingenommen werden. Als Essenz ist seine Wirkung stärker und schneller spürbar.

Abb. 52:
Calcit, Brasilien

Chalcedon, blau

Kristallsystem: Trigonal
Bildungsprinzip: Primär oder sekundär
Mineralklasse: Oxide, Quarz-Gruppe
Farbe: weiß bis hellblau, z.T. gebändert
Chemische Formel, Mineralstoffe: SiO_2

Mineralogie:
Blauer Chalcedon ist reiner faseriger Quarz, gebildet bei Temperaturen unter 100° C aus kieselsäurereichen Lösungen, meist magmatischen, selten sekundären Ursprungs, die durch feine Risse und Äderchen im Gestein hindurchsickern, um sich schließlich in größeren Spalten und Hohlräumen zu sammeln, einzudicken und auszukristallisieren. Die hellblaue Farbe erhält der Chalcedon durch Lichtbrechung an seinen mikroskopisch feinen Kristallen, den sog. »Tyndall-Effekt«: Dabei wird der Rot-Anteil des Lichts absorbiert, der Blau-Anteil reflektiert.

Mythologie:
Chalcedon repräsentierte schon in der Antike die Elemente Luft und Wasser. Als solcher wurde er für Wetterzauber und zur Heilung witterungsbedingter Krankheiten verwendet, wie z.B. Erkältungen, Wetterfühligkeit oder Kreislaufbeschwerden. Auch für den geistigen Aspekt des Elements Luft, die Kommunikation, findet er Verwendung: Er gilt von alters her als Stein der Redner.

Heilkunde:
Spirituell repräsentiert blauer Chalcedon beide Aspekte der Kommunikation: Die Fähigkeit, hinzuhören und zu verstehen, ebenso wie die Fähigkeit, sich verständlich mitzuteilen. Er fördert die Freude am Kontakt mit anderen Menschen, mit Tieren, Pflanzen und Wesen aus allen Welten. So wie das Mineral selbst sich in vorgegebene Räume hineinfügt, so hilft Chalcedon, neue Situationen anzunehmen und Widerstände abzubauen, ohne den eigenen Charakter zu verlieren.
Seelisch vermittelt blauer Chalcedon Leichtigkeit, ein unbeschwertes, beschwingtes Lebensgefühl mit einer optimistischen Grundstimmung. Er bringt Bewußtheit durch eine verbesserte Wahrnehmung unserer Gefühle, Wünsche und Bedürfnisse. So

Abb. 53: Gebänderter Chalcedon, Südafrika
Chalcedon-Rosette, Brasilien

lernt man die wahren Motivationen der eigenen Handlungen kennen und kann sie verändern. Außerdem erleichtert blauer Chalcedon die Erinnerung, wirkt beruhigend und baut Streß ab (Prüfungsstein!).

Mental verbessert blauer Chalcedon die Redekunst, die sprachliche Gewandtheit und die Fähigkeit, mit der Sprache des anderen zu sprechen. Chalcedon ist daher auch der Stein der Diplomatie. Mit diesem Stein bleibt man gedanklich offen für neue Ideen, er erleichtert generell das Verstehen und hilft, alles, mit dem man übereinstimmt, auch schnell umzusetzen. So steigert sich die Kreativität und Offenheit für Inspirationen.

Körperlich heilt blauer Chalcedon Atemwegserkrankungen wie Erkältungen oder Folgen des Rauchens. Insbesondere der gebänderte Chalcedon fördert hier die Regeneration der Schleimhäute. Blauer Chalcedon lindert außerdem Beschwerden durch Wetterfühligkeit, druckabhängige Beschwerden der Augen (Glaukom, »grüner Star«), Ohren und des Gleichgewichtssinns. Er wirkt entzündungshemmend, Blutdruck senkend und kühlend bei erhöhter Temperatur. Der Fluß der Lymphe und Körperflüssigkeiten wird angeregt, Wassereinlagerungen im Gewebe (Ödeme) abgebaut und das Immunsystem sowie die Sekretion innerer Drüsen gefördert. Durch Stimulierung der Insulin-Produktion hilft er in frühen Stadien der Diabetes.

Stillenden Müttern erleichtert der klare blaue, weiße oder rosafarbene Chalcedon aufgrund der o.g. Entstehungsweise die Milchbildung. Auch die Muttermilch bildet sich ja in den Zellzwischenräumen der Brust und fließt dann durch feine Kanäle, um sich schließlich in der Brustdrüse zu sammeln.

Anwendung:
Chalcedon kann als Handschmeichler, Kette, Anhänger oder Schmuckstück längere Zeit am Körper getragen oder direkt auf erkrankte Bereiche aufgelegt werden. Für organspezifische Anwendungen empfehlen sich auch Chalcedon-Rosetten mit der Signatur des Organs. So helfen z.B. Rosetten mit der Signatur weiblicher Geschlechtsorgane, eine gesunde Scheidenflora zu fördern und Pilzansiedlungen vermeiden, da blauer Chalcedon ein leicht saures Flüssigkeitsmilieu erzeugt.

Chalcedon, Dendriten-Chalcedon

Kristallsystem: Trigonal
Bildungsprinzip: Primär oder sekundär
Mineralklasse: Oxide, Quarz-Gruppe
Farbe: weiß, hellblau mit schwarzen »Dendriten«
Chemische Formel, Mineralstoffe: SiO_2 + MnO_2

Mineralogie:

Dendritenchalcedon entsteht aus verdickter Kieselsäure, in die manganhaltige Flüssigkeit eindringt, ohne daß eine Vermischung erfolgt. So entstehen die schwarzen Dedriten (griech. »dendron« = »Baum«), die dem Stein seinen Namen geben.

Mythologie:

Das enthaltene Mangan wurde im Mittelalter dem klärenden Aspekt des Elements Feuer zugeordnet, da z.B. gefärbte, unreine Gläser durch Schmelzen mit Mangandioxid tatsächlich klar und rein werden.

Heilkunde:

Spirituell repräsentiert der Dendritenchalcedon eine umgängliche, gesellige Natur, wo jedoch deutlich abgegrenzt wird zwischen den eigenen Zielen und den Meinungen und Einflüssen anderer.

Seelisch befreit Dendritenchalcedon von unbewußten Mechanismen, Gewohnheiten, Stimmungen und Bildern der Vergangenheit, an die Aufmerksamkeit gebunden ist.

Mental fördert Dendritenchalcedon präzises Denken, systematisches Forschen, die Kunst, Verwirrung zu klären, sowie die Fähigkeit, genau hinzuhören, welche Aussage und Absicht sich tatsächlich hinter einer Mitteilung verbirgt.

Körperlich sind die Wirkungen des Dendritenchalcedons jenen des blauen Chalcedons ähnlich. Er wirkt stärker noch bei chronischen Krankheitsverläufen und Folgeerkrankungen des Rauchens.

Anwendung:

Dendritenchalcedon kann als Handschmeichler, Anhänger oder Schmuckstück längere Zeit am Körper getragen oder direkt auf erkrankte Bereiche aufgelegt werden.

Chalcedon, Kupfer-Chalcedon

Kristallsystem: Trigonal
Bildungsprinzip: Sekundär
Mineralklasse: Oxide, Quarz-Gruppe
Farbe: Blaugrün mit Kupfer-Einschlüssen
Chemische Formel, Mineralstoffe: SiO_2 + Cu + (Cu)

Mineralogie:
Kupferchalcedon entsteht in der Zementationszone kupferhaltigen Gesteins. Das von der Kieselsäure zunächst gelöste Kupfer wird dort teilweise reduziert und bleibt daher als metallisches Kupfer im Chalcedon enthalten.

Mythologie:
Für den Kupferchalcedon selbst gibt es keine Überlieferung, wohl jedoch für das enthaltene Kupfer als Venus-Metall. Es repräsentiert Liebe, Schönheit, Sinnlichkeit und Harmonie, aber auch Ausgleich und Neutralität.

Heilkunde:
Spirituell hilft Kupferchalcedon, gegenwärtig und bewußt zu sein, sich Unangenehmem zu stellen, bei Angriffen ruhig zu kommunizieren und gelassen zu bleiben. Er zeigt Sinn und Gehalt des Lebens und weckt den Sinn für Ästhetik und Harmonie. Er hilft, das Leben zu genießen.

Seelisch regt Kupferchalcedon die Verarbeitung innerer Bilder und Erinnerungen an. Er erleichtert ein offenes, herzliches Verhältnis zu unseren Mitmenschen und unserer Umwelt.

Mental hilft Kupferchalcedon, Neutralität zu bewahren und Situationen, Menschen und Erlebnisse ohne Wertung zu betrachten. Er fördert Urteilsvermögen und Toleranz gleichzeitig.

Körperlich regt Kupferchalcedon den Kupferstoffwechsel und die Entgiftungsprozesse der Leber an. Er hemmt Entzündungen der weiblichen Geschlechtsorgane und verhindert Pilzansiedlungen in der Vagina. Kupferchalcedon wirkt immunstärkend.

Anwendung:
Kupferchalcedon kann lange Zeit am Körper getragen oder direkt auf betroffene Körperregionen aufgelegt werden.

Chalcedon, rosa

Kristallsystem: Trigonal
Bildungsprinzip: Sekundär
Mineralklasse: Oxide, Quarz-Gruppe
Farbe: Rosa bis rosa-violett
Chemische Formel, Mineralstoffe: SiO_2 + (Mn)

Mineralogie:
Rosa Chalcedon ist sekundärer Bildung. Er entsteht aus kiesel-
säurehaltigem Oberflächenwasser in der Oxidationszone man-
ganhaltigen Gesteins.

Mythologie:
Für rosa Chalcedon ist keine Überlieferung bekannt, wohl jedoch für das Mangan, das ihm seine rosa Färbung verleiht. Es
repräsentiert hier erhaltende Wärme, inneres Feuer und Lebendigkeit.

Heilkunde:
Spirituell repräsentiert rosa Chalcedon Lebendigkeit, Verständnis und Hilfsbereitschaft. Er stärkt die Fähigkeit, hinzuhören,
zu verstehen und anderen zu helfen, ihre Probleme und Sorgen
zu bewältigen.
Seelisch fördert rosa Chalcedon Güte und Herzlichkeit. Er
schenkt Sorglosigkeit, inneren Frieden und tiefes Vertrauen,
auch bei Konflikten und psychosomatischen Erkrankungen wie
z. B. Herzneurosen.
Mental lehrt rosa Chalcedon, die Welt mit staunenden Augen
zu betrachten. Er vermittelt kindliche Neugier, die Bereitschaft,
ständig hinzuzulernen und fördert die Gabe, Geschichten zu
erzählen.
Körperlich vermittelt rosa Chalcedon Lebendigkeit und Wärme.
Er stärkt das Herz, so daß es kraftvoll, doch ohne Anstrengung
arbeiten kann. Rosa Chalcedon erleichtert das Stillen und gibt
die nötige innere Ruhe dazu. Wie blauer Chalcedon fördert er
das Immunsystem und den Lymphfluß.

Anwendung:
Rosa Chalcedon kann längere Zeit am Körper getragen oder direkt auf die betreffenden Körperpartien aufgelegt werden. Bei
Herzproblemen oder zur Erleichterung des Stillens möglichst
mit Hautkontakt auf der Brust.

Abb. 55:
Rosa Chalcedon, USA (oben), Türkei (unten)

Chalcedon, rot

Kristallsystem: Trigonal
Bildungsprinzip: Sekundär
Mineralklasse: Oxide, Quarz-Gruppe
Farbe: Dunkelrot
Chemische Formel, Mineralstoffe: SiO_2 + Fe

Mineralogie:
Roter Chalcedon ist meist sekundärer Bildung. Er entsteht aus dickflüssiger eisenhaltiger Kieselsäure-Lösung, in der sich das enthaltene Eisen nicht vermischt, sondern als flockiges Eisenoxid erhalten hat.

Mythologie:
Zum roten Chalcedon ist keine Überlieferung bekannt. Das Eisen, das ihm seine rote Farbe gibt, wird jedoch dem Mars zugeordnet und repräsentiert Willenskraft, Aktivität, Dynamik und Unternehmungslust.

Heilkunde:
Spirituell gibt roter Chalcedon Stärke, Beharrlichkeit und die Kraft, Schwierigkeiten zu meistern und gesteckte Ziele zu erreichen. Er hilft, die richtige Strategie zu wählen: Nachgeben, kämpfen oder stillhalten, und hält geistig flexibel, ohne den eigenen Standpunkt zu vergessen.

Seelisch vermittelt roter Chalcedon Kraft und Zuversicht. Er macht die eigenen Lebensträume bewußt und hilft, sie zu prüfen und zu realisieren, ohne eine Fixierung darauf entstehen zu lassen.

Mental fördert der rote Chalcedon die Fähigkeit, Strategien zu entwerfen. Er fördert Offenheit und Inspiration und stärkt die Absicht, wodurch es besser gelingt, sich Gehör zu verschaffen.

Körperlich fördert roter Chalcedon die Blutgerinnung und regt den Kreislauf an, ohne daß Bluthochdruck entsteht. Er hemmt die Nährstoffaufnahme im Dünndarm und unterbindet Hungergefühle.

Anwendung:
Roter Chalcedon sollte nur ein- bis zwei Wochen ununterbrochen verwendet werden. Da er die Nährstoffaufnahme hemmt, kann längerer Gebrauch vorübergehende Übelkeit erzeugen.

Abb. 56 (von links im Uhrzeigersinn): Blauer Chalcedon, Südafrika; Rosa Chalcedon, Kupfer-Chalcedon, Türkei; Roter Chalcedon, Rußland

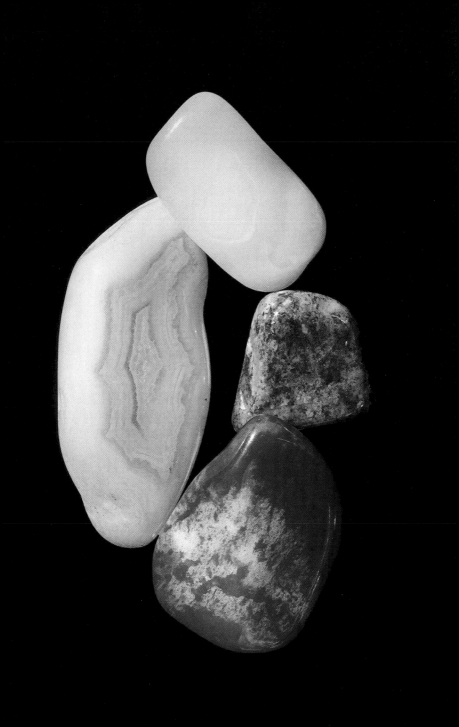

Charoit

Kristallsystem: Monoklin
Bildungsprinzip: Tertiär
Mineralklasse: Schicht -Silikate
Farbe: Grau, violett, rosa
Chemische Formel, Mineralstoffe: $(Ca,Na)_4(K,Sr,Ba)_2[(OH,F)_2Si_9O_{22}]$. H_2O

Mineralogie:

Charoit entsteht metasomatisch in der Kontaktzone zwischen magmatischen und metamorphen Gesteinen aus der Verbindung basischer magmatischer Lösungen mit Mineralsoffen des umliegenden Gesteins.

Mythologie:

Charoit stammt aus Sibirien und ist erst seit wenigen Jahren im Westen erhältlich. Überlieferungen zu seiner Heilwirkung sind leider nicht bekannt.

Heilkunde:

Spirituell hilft Charoit, tiefgreifende Veränderungen im Leben zu meistern. Er gibt Entschlossenheit, Spontaneität und Tatkraft, wenn Unerledigtes sich scheinbar zu unüberwindbaren Bergen häuft, und hilft, Widerstände zu überwinden.

Seelisch bringt Charoit Gelassenheit und macht unangreifbar für Streß und Sorgen. Er schenkt ruhigen und erholsamen Schlaf mit intensiven, kreativen Träumen.

Mental hilft Charoit, besonnen aber ohne Zögern, wichtige Entscheidungen zu treffen. Er fördert die Beobachtungsgabe, auch sich selbst gegenüber, und löst Fremdbestimmungen und Zwänge.

Körperlich wirkt Charoit krampflösend und fördert einen basischen Stoffwechsel. Er beruhigt die Nerven, lindert Schmerzen und hilft bei vegetativen Störungen, vor allem auch, wenn das Herz davon betroffen ist.

Anwendung:

Charoit sollte mit Hautkontakt am Körper getragen werden. Sehr intensiv wirkt auch der Aufenthalt in einem Charoit-Steinkreis.

Abb. 57:
Charoit, Rußland
Chiastolith, Chile

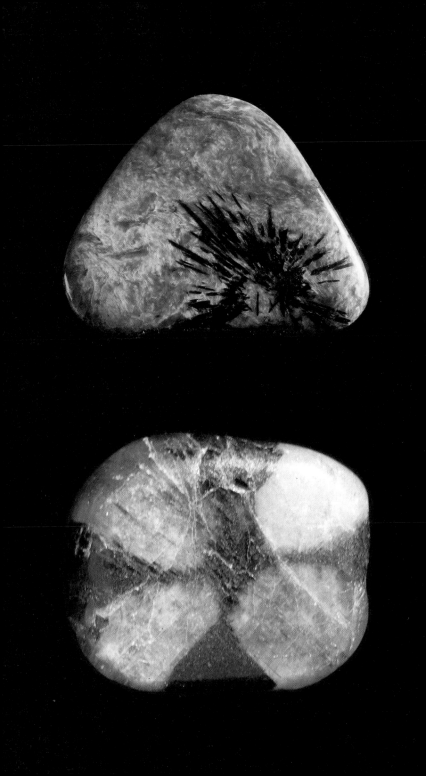

Chiastolith

Kristallsystem: Rhombisch
Bildungsprinzip: Tertiär
Mineralklasse: Insel-Silikate, Analusit-Familie
Farbe: Braun, grau mit schwarzem Kreuz
Chemische Formel, Mineralstoffe: $Al_2[O/SiO_4]$ + C,Ca,Cr,Fe,K,Mg,Mn,Ti

Mineralogie:

Chiastolith, auch Kreuzstein genannt, ist ein in kohligen Ton-
schiefern gebildeter Andalusit, an dessen Kristallkanten sich
Kohlenstoff ablagert. Durch das schichtweise Wachstum entstehen im größer werdenden Kristall auf diese Weise kohlige
Einschlüsse in Form eines diagonalen Kreuzes.

Mythologie:

Das gleichschenklige Kreuz, wie es der Chiastolith zeigt, ist ein
altes Symbol für Mehrung (daher das »x« als Malzeichen). Diese
Bedeutung wurde daher auch auf den Stein übertragen.

Heilkunde:

Spirituell hilft Chiastolith, die eigene Identität und Lebensaufgabe konsequent zu verwirklichen. Er fördert Realitätssinn,
Nüchternheit und Wachheit und läßt Illusionen schwinden.

Seelisch wirkt Chiastolith stark beruhigend bei Nervosität,
Ängsten und Schuldgefühlen. Er zentriert, stabilisiert und hilft
besonders gegen die Angst, verrückt zu werden.

Mental stärkt Chiastolith die analytischen Fähigkeiten des Ver-
stands. Er steigert die Bewußtheit und hilft, Verhaltensmuster
des Festhaltens und der Zurückhaltung abzulegen.

Körperlich lindert Chiastolith Übersäuerung und deren Folgen,
z. B. Rheuma und Gicht. Er stärkt die Nerven und hilft bei
Schwächezuständen, verlangsamter Wahrnehmung und Bewegung, ja selbst bei Lähmungen.

Anwendung:

Um die spirituellen, seelischen und mentalen Wirkungen zu erzielen, ist es am besten, täglich mit Chiastolith zu meditieren.
Zusätzlich kann er getragen oder aufgelegt werden.

Chrysoberyll

Kristallsystem: Rhombisch
Bildungsprinzip: Primär oder tertiär
Mineralklasse: Oxide
Farbe: Braun, gelb, grünlich
Chemische Formel, Mineralstoffe: Al_2BeO_4 + Ti

Mineralogie:

Chrysoberyll entsteht magmatisch überwiegend in Pegmatiten oder metamorph bei der Bildung von Glimmerschiefern. Seine Kristalle sind in der Regel nur wenige Millimeter groß.

Mythologie:

Im Altertum war Chrysoberyll gleichbedeutend mit Goldberyll. Erst im 18. Jhd. wurde der Name auf das heutige Mineral übertragen. Daher ist über den heutigen Chrysoberyll nur bekannt, daß er ein Stein für Regenten und Feldherrn ist.

Heilkunde:

Spirituell vermittelt Chrysoberyll Strenge, Autorität und Führungsqualität. Er fördert (Selbst-) Disziplin, Selbstbeherrschung, Ehrgeiz und Selbständigkeit und bringt verborgene Talente ans Licht.

Seelisch hilft Chrysoberyll gegen Ängste, Beklemmungen und Alpträume. Er ermöglicht, das Notwendige zu tun, ohne von Gefühlen und Simmungen beeindruckt zu sein.

Mental fördert Chrysoberyll strategisches Denken und Planen sowie das Bewußtwerden und Erkennen von Gedanken-, Verhaltens- und sozialen Strukturen.

Körperlich stärkt Chrysoberyll die Selbstheilkräfte des Körpers und hilft gegen Erkrankungen und Entzündungen im Brustraum. Chrysoberyll stärkt die Leber.

Anwendung:

Chrysoberyll wirkt einfach dadurch, daß er am Körper getragen wird. Permanenter Hautkontakt muß nicht sein. Ihn gelegentlich in die Hand zu nehmen, genügt.

Chrysoberyll, Alexandrit

Kristallsystem: Rhombisch
Bildungsprinzip: Tertiär
Mineralklasse: Oxide, Chrysoberyll-Familie
Farbe: Im Sonnenlicht grün, im Kunstlicht rot bis violett
Chemische Formel, Mineralstoffe: Al_2BeO_4 + Cr,Ti

Mineralogie:
Alexandrit ist ein metamorpher chromhaltiger Chrysoberyll. Er entsteht bei der Bildung von Glimmerschiefern. Das enthaltene Chrom verursacht einen interessanten Farbwechsel: Alexandrit ist im Sonnenlicht grün, im Kunstlicht wird er rot bis violett.

Mythologie:
Der 1833 im Ural entdeckte Alexandrit war der Lieblingsstein des russischen Zaren Alexander II. Da der Farbwechsel Rot/Grün außerdem den russischen Militärfarben entsprach, wurde er schnell auch zum russischen Nationalstein.

Heilkunde:
Spirituell verbindet Alexandrit starke Gegensätze: Intuition, Hellsichtigkeit und Medialität fördert er ebenso, wie starken Willen, geistige Größe und die persönliche Magie
Seelisch intensiviert Alexandrit das bildhafte Erleben. Dadurch werden Träume und innere Bilder, aber auch Gefühle und Wünsche deutlicher. Er verfeinert jedoch auch die Wahrnehmungen der Phantasie, des Sinns der Sichtbarmachung.
Mental fördert Alexandrit ebenso wie Chrysoberyll strategisches Denken und Planen, doch er erhöht die Bereitschaft, Risiken einzugehen und der inneren Stimme mehr zu vertrauen als der Logik.
Körperlich stärkt Alexandrit die Selbstheilkraft und hilft insbesondere gegen Entzündungen aller Art. Er wirkt entgiftend und regt die Regenerationskraft der Leber an.

Anwendung:
Für sprirituelle und seelische Wirkungen empfehlen sich Meditationen mit Alexandrit, wechselweise im Sonnen- oder Kerzenlicht. Ansonsten genügt es, ihn bei sich zu tragen.

Abb. 58:
Chrysoberyll, Zimbabwe; Chrysoberyll-Drilling, Brasilien;
Alexandrit, Rußland

Chrysokoll

Kristallsystem: Monoklin
Bildungsprinzip: Sekundär
Mineralklasse: Ring-Silikate
Farbe: Grün bis türkisfarben
Chemische Formel, Mineralstoffe: $CuSiO_3 \cdot 2\,H_2O + Al,Fe,P$

Mineralogie:
Chrysokoll entsteht in der Oxidationszone von Kupfererz-Lagerstätten, wenn kieselsäurehaltiges Oberflächenwasser Kupfer aus dem Gestein herauslöst.

Mythologie:
Als Heilstein war Chrysokoll hauptsächlich in den indianischen Kulturen Amerikas bekannt, wo er zur Stärkung der körperlichen Widerstandskraft und zur Harmonisierung aufgebrachter Gefühle verwendet wird.

Heilkunde:
Spirituell fördert Chrysokoll Ausgeglichenheit und Selbstbeobachtung. Er hilft, ständig veränderte Situationen zu akzeptieren, und, trotz Auf und Ab, die eigenen Ziele zu verfolgen.
Seelisch gibt Chrysokoll Antrieb bei Trägheit, lindert gleichzeitig jedoch Nervosität und Überreiztheit.
Mental hilft Chrysokoll, einen »kühlen Kopf« zu bewahren. Er fördert Neutralität und Klarheit.
Körperlich hilft Chrysokoll bei Infektionen, insbesondere der Mandeln und im Halsbereich. Er entgiftet und stärkt die Leberfunktionen. Chrysokoll kühlt, senkt den Blutdruck und beschleunigt die Heilung von Brandwunden. Er reguliert die Schilddrüsenfunktion und hilft bei streßbedingten Verdauungsstörungen. Chrysokoll wirkt fiebersenkend, entspannend und krampflösend, gerade auch bei Menstruationsbeschwerden.

Anwendung:
Bei körperlichen Beschwerden hilft Chrysokoll am besten durch direktes Auflegen auf die betroffenen Stellen, seelisch-mental durch Tragen, spirituell durch Auflegen auf die Stirn (»Drittes Auge«).

Abb. 59:
Chrysokoll, USA
Chrysokoll, Peru

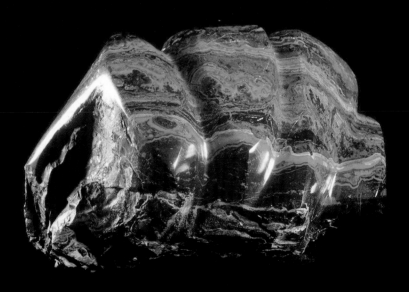

Chrysopras

Kristallsystem: Trigonal
Bildungsprinzip: Sekundär
Mineralklasse: Oxide, Quarz-Gruppe
Farbe: Apfelgrün
Chemische Formel, Mineralstoffe: SiO_2 + (Ni)

Mineralogie:

Chrysopras ist ein apfelgrüner Chalcedon, der seine Farbe durch Nickel-Einlagerungen erhält. Er entsteht sekundär aus Kieselsäure-Lösungen in der Oxidationszone von Nickel-Lagerstätten. Das von der Kieselsäure aus dem Umgebungsgestein herausgelöste Nickel färbt das Mineral nur so lange, wie auch Wasser im Kristallgitter des Steins enthalten ist. Als erste Zwischenstufe entsteht so der zum Verwechseln ähnliche Prasopal, der sich durch Wasserverlust in Chrysopras umwandelt. Durch völlige Austrocknung verliert dieser seine grüne Färbung und wird blaß.

Mythologie:

In der Antike wurde Chrysopras der Venus zugeordnet. Er repräsentierte jedoch nicht die körperliche Sinnlichkeit oder die Liebe zum anderen Geschlecht, sondern »die höchste himmlische Liebe zur Wahrheit«, wie es der Seher Emmanuel Swedenborg später zusammenfaßte. Das zielt auf den Gerechtigkeitssinn, der ebenfalls ein Attribut der Göttin Venus ist. Hildegard von Bingen spricht dem Chrysopras eine entgiftende Wirkung zu und erwähnt insbesondere auch seine Heilkraft bei Gicht. Weiterhin empfiehlt sie ihn zur Linderung von Zorn bzw. dafür, daß im Zorn keine unbedachten Worte ausgesprochen werden. Dies wiederum zeigt seine Verwandtschaft zum Chalcedon.

Heilkunde:

Spirituell vermittelt Chrysopras die Erfahrung, Teil eines größeren Ganzen zu sein. Er macht geistesgegenwärtig und lenkt unsere Aufmerksamkeit auf die scheinbaren Zufälle, in welchen die Tätigkeit der geistigen Welt erkannt werden kann. Chrysopras fördert eine einfache, kindliche Weltsicht, in der Schutzengel

Abb. 60:
Chrysopras, Australien
Citrin, Brasilien

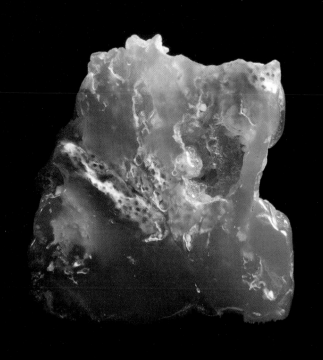

und geistige Helfer kein Widerspruch zu logisch-rationalen Überlegungen sind. Chrysopras verbindet Wahrheitssuche mit Geduld, so daß man glücklich werden kann, auch wenn man nur winzige Bruchteile des Universums versteht. Er fördert den Sinn für Ästhetik, Kunst und Schönheit.

Seelisch schenkt Chrysopras Vertrauen und Geborgenheit in sich selbst. Er hilft, unabhängig von der Zuwendung anderer aus sich selbst heraus zufrieden zu sein. Dadurch lindert er einerseits Eifersucht und Liebeskummer und hilft andererseits bei sexuellen Problemen. So wie er auch körperlich entgiftet, so befreit Chrysopras von belastenden Bildern bzw. hilft, diese zu verarbeiten. Er beendet wiederkehrende Alpträume, gerade auch bei Kindern, die nachts verstört weinend erwachen und ihre Umgebung nicht erkennen.

Mental hilft Chrysopras, egoistische Motivationen im Handeln zu erkennen und sich selbst zu überprüfen, ob das reale Tun und Lassen im Einklang mit den eigenen höheren Idealen ist. Er hilft, sich von zwanghaften Handlungen, Verhaltens- und Denkmustern zu lösen. Bei negativen Geisteshaltungen lenkt Chrysopras die Aufmerksamkeit auf positive Ereignisse und verändert dadurch den »Wahrnehmungsfilter«, mit dem man normalerweise die eigene innere Einstellung durch selektive Wahrnehmung zu bestätigen sucht.

Körperlich regt Chrysopras die Entgiftung und Entschlackung an. Selbst Schwermetalle und andere schwer lösliche Stoffe werden ausgeschieden. Dazu wird die Lebertätigkeit stark angeregt. Krankheiten, die als Folge von Vergiftungen (auch starker Medikamente) entstanden sind, können so geheilt werden. Chrysopras lindert aus diesem Grund auch viele Hautkrankheiten, selbst manche Formen der Neurodermitis, und hilft in Kombination mit Rauchquarz bei Pilzinfektionen. Er fördert außerdem die Fruchtbarkeit der Frau, vor allem, wenn Infektionen zu Unfruchtbarkeit geführt haben.

Anwendung:

Chrysopras kann als Kette, Anhänger oder Handschmeichler lange Zeit getragen oder direkt auf die betreffenden Körperregionen aufgelegt werden. Unterstützt wird seine entschlackende Wirkung durch Fastenkuren. Die stärkste Wirkung bei akuten Fällen besitzt das Edelstein-Elixier.

Citrin

Kristallsystem: Trigonal
Bildungsprinzip: Primär
Mineralklasse: Oxide, Quarz-Gruppe
Farbe: Gelb
Chemische Formel, Mineralstoffe: SiO_2 + (Al,Fe,Ca,Mg,Li, Na)

Mineralogie:
Citrin ist ein durch minimale Eisen-Einlagerungen und leichte ionisierende Strahlung gelb gefärbter Kristallquarz. Im Gegensatz zum Amethyst liegt das Eisen im Citrin in dreiwertiger (Fe^{3+}) Form vor. Citrin entsteht in Pegmatiten oder hydrothermal auf Drusen und Klüften.

Mythologie:
Die Bezeichnung »Citrin« galt bis ins 16. Jhd. für viele gelbe Steine (Beryll, Zirkon etc.). Erst 1546 wurde sie erstmals eindeutig dem gelben Quarz zugeordnet. Dem heutigen Citrin wurde in der Folge zugesprochen, daß er den Verstand stärkt und sonnige Gefühle an den Tag bringt.

Heilkunde:
Spirituell fördert Citrin Individualität, Selbstsicherheit und Lebensmut. Er macht dynamisch und fördert den Wunsch nach Abwechslung, neuen Erfahrungen und Selbstverwirklichung.
Seelisch bringt Citrin Lebensfreude. Er hilft Depressionen überwinden und sich von bedrückenden Einflüssen zu befreien. Citrin macht extrovertiert und fördert den Selbstausdruck.
Mental hilft Citrin, aufgenommene Eindrücke geistig zu verdauen. Er fördert die Fähigkeit, sich zu konfrontieren und hilft, schnell Schlüsse zu ziehen und zu verstehen.
Körperlich regt Citrin die Verdauung an. Er fördert die Funktionen von Magen, Milz und Bauchspeicheldrüse und lindert durch letzteres auch Diabetes im Anfangsstadium. Citrin stärkt die Nerven und wirkt erwärmend.

Anwendung:
Citrin sollte mit Hautkontakt getragen oder z.B. als Kugel oder Kristall zur Meditation verwendet werden.

Diamant

Kristallsystem: Kubisch
Bildungsprinzip: Tertiär
Mineralklasse: Natürliche Elemente
Farbe: Klar, rosa, gelb, grün, blau
Chemische Formel, Mineralstoffe: Cn + (Al,Ca,Cr,Fe,Mg,Mn,Si,Sr,Ti)

Mineralogie:

Diamanten entstehen in den Gesteinen Peridotit und Eklogit in
ca. 150 - 200 km Tiefe. Aufgrund des dort herrschenden Drucks
von rund 40000 Atmosphären und bei mehr als 2000° C Hitze
wird Kohlenstoff, der in Form des hexagonalen Graphits vorliegt,
in einer blitzschnellen Metamorphose in Diamant verwandelt.
Aus dem Erdinneren wird das Mineral dann durch Vulkanaus-
brüche innerhalb weniger Stunden an die Erdoberfläche gebracht, wenn emporsteigende Lava Gesteinsbrocken des Tiefen-
gesteins mitreißt. Das Lava- und Gesteins-Gemisch im Vulkanschlot bildet dann die Gesteine Kimberlit und Lamproit, in denen
der Diamant schließlich gefunden wird.
Aufgrund seiner stofflichen Reinheit (reiner Kohlenstoff) kann
Diamant absolut klar werden. Er besitzt eine sehr hohe Lichtbrechung (sein »Feuer«) und ist mit Abstand das härteste Mineral.
Durch minimale Einlagerungen anderer Elemente kann Diamant
verschiedenste Färbungen zeigen. Dabei verursacht Stickstoff die
Farben Gelb und Grün, Aluminium, Sauerstoff, Magnesium, Eisen und Bor die Farbe Blau und Mangan die Farbe rosa.

Mythologie:

Der Name »Diamant« leitet sich ab von griech. »adamas« =
»unbezwingbar«. Und eben dieses Thema zieht sich durch die
gesamte Mythologie des Diamants. In vielen Kulturen wurde
Diamant der Venus zugeordnet. Er galt als Befreier von dämo-
nischen Einflüssen und repräsentierte Gerechtigkeit und Tu-
gendhaftigkeit. Im Mittelalter symbolisierte er Stärke, Mut und
Unverwundbarkeit. Der Diamant warnte seinen Träger vor dro-
henden Gefahren und förderte die Veredelung des Charakters.
Doch wehe, wenn er geraubt oder unrechtmäßig erworben wurde.
Dann schien er Unglück zu bringen, wie es die Geschichte der

Abb. 61:
Diamant, Südafrika
Dioptas, Namibia

größten und berühmtesten Diamanten beschreibt. Bis heute hat sich außerdem die Überlieferung erhalten, daß Diamant Geisteskrankheiten und Nervenleiden heilt.

Heilkunde:

Spirituell bringt Diamant die klare Erkenntnis der eigenen Lebenssituation. Er hilft, die Lebensprüfungen zu bestehen, die der Veredelung des Charakters dienen. Diamant bringt Ordnung ins Leben und hilft, faule Kompromisse ebenso abzustellen wie überflüssige Regeln und Gesetze. Er fördert die geistige Freiheit, unbezwingbar, d.h. sich selbst treu zu sein. Er stärkt die Ethik und die innere Gerechtigkeit. So entsteht Objektivität, die Fähigkeit, unvoreingenommen das Richtige zu tun.

Seelisch hilft Diamant, Angst, Depressionen und das Gefühl der Sinnlosigkeit zu überwinden. Er hilft, Krisen zu bewältigen, die durch das Scheitern von Plänen und Zielen entstanden sind. Diamant macht die Ursachen von Problemen oder Krankheit bewußt und ermöglicht, sie unvoreingenommen anzuschauen. Dadurch erreichen wir eine bessere Kontrolle unserer inneren Bilder, unserer Gefühle und Stimmungen und letztendlich unseres Lebens.

Mental hilft Diamant, die Konsequenzen des eigenen Tuns zu überblicken. Er fördert logisches Denken und ermöglicht, größere Zusammenhänge zu überschauen. Diamant macht lernfähig, er bringt neue Eindrücke sofort in Verbindung mit Bekanntem. Dadurch wird Erlerntes schnell anwendbar. Diamant fördert die Fähigkeit, klare Entscheidungen zu treffen und Probleme zu lösen.

Körperlich kann Diamant immer dann eingesetzt werden, wenn eine Erkenntnis und lange überfällige Veränderung des Lebens notwendig ist. Er heilt insbesonders auch Krankheiten von Organen, die einen direkten Bezug zur geistigen Tätigkeit haben, wie z.B. Gehirn, Nervensystem, Sinnesorgane und Hormondrüsen. Diamant fördert außerdem alle Reinigungsprozesse des Körpers. So wie er die geistige Kontrolle des Lebens verbessert, so stärkt er auch die Kontrolle unseres Körpers.

Anwendung:

Diamant kann entweder, z.B. als gefaßter Schmuck, am Körper getragen oder in der Meditation auf die Stirn (»Drittes Auge«) aufgelegt werden. Diamant verstärkt außerdem die Wirkung anderer Steine.

Dioptas

Kristallsystem: Trigonal
Bildungsprinzip: Sekundär
Mineralklasse: Ring-Silikate
Farbe: Dunkelgrün
Chemische Formel, Mineralstoffe: $Cu_6(Si_6O_{18}) \cdot 6\ H_2O$

Mineralogie:
Dioptas entsteht sekundär aus kupferhaltigen Kieselsäure-Lösungen in Klüften von Kalk und Sandsteinen oder in der Oxidationszone von Kupfererz-Lagerstätten.

Mythologie:
Als sog. »Kupfersmaragd« galt Dioptas als Stein der Fülle und des Reichtums. Er wurde der Venus zugeordnet und repräsentierte den Sinn für Schönheit.

Heilkunde:
Spirituell macht Dioptas den eigenen inneren Reichtum bewußt. Er hilft, die eigenen Fähigkeiten ins richtige Licht zu rücken und ermöglicht so die Verwirklichung der eigenen Lebensträume.

Seelisch fördert Dioptas das Selbstbewußtsein. Er bringt intensive Träume, Hoffnung und Gefühlstiefe und regt an, sich in den Mittelpunkt des allgemeinen Interesses zu stellen.

Mental belebt Dioptas die Vorstellungskraft und Fähigkeit zur Imagination. Er macht kreativ, bringt eine Fülle von Ideen hervor und erleichtert deren tatkräftige Umsetzung.

Körperlich regt Dioptas die Regenerationskraft der Leber an. Er wirkt schmerzlindernd, krampflösend und hilft bei chronischen Kopfschmerzen.

Anwendung:
Dioptas bildet nur kleine Kristalle und zerbrechliche Grüppchen. Daher kann er nur selten wirklich getragen werden. Zur Entfaltung der spirituellen, seelischen und mentalen Wirkungen empfiehlt es sich daher, ihn in der Meditation zu betrachten oder auf die Stirn aufzulegen. Zur Heilung des Körpers sollte er vorsichtig auf die betreffenden Stellen aufgelegt werden.

Disthen, Cyanit

Kristallsystem: Triklin
Bildungsprinzip: Tertiär
Mineralklasse: Insel-Silikate
Farbe: Blau, blaugrau
Chemische Formel, Mineralstoffe: $Al_2[O/SiO_4]$ + Ca,Cr,Fe,K,Mg,Ti

Mineralogie:
Disthen, auch Cyanit genannt, entsteht bei der Metamorphose kristalliner Schiefer und zählt zu deren charakteristischen Leitmineralien.

Mythologie:
Kyanos war in der Antike eine Sammelbezeichnung für blaue Steine (Azurit, Lapis Lazuli). Erst im 18. Jhd. erhielt das heutige Mineral diesen Namen. Daher findet sich für den Disthen/Cyanit leider keine Überlieferung zu seinen Wirkungen. Der Name Disthen stammt aus dem 19. Jhd. Bis heute hat sich keiner der beiden Namen endgültig durchsetzen können.

Heilkunde:
Spirituell hilft Disthen, sich aus Schicksalsgläubigkeit zu lösen und zu erkennen, wann und wo man selbst die Ursachen gesetzt hat, deren Wirkung man später wird. Disthen bringt Entschlossenheit.

Seelisch führt Disthen zu einer Beruhigung der inneren Bilderwelt und aufgebrachter Gefühle. Er fördert ein angenehm friedliches Gemüt und befreit von Frustration und Belastungen.

Mental fördert Disthen logisches, rationales Denken und spontanes, sicheres Handeln, wenn es erforderlich ist. Disthen fördert die Bewußtheit.

Körperlich stärkt Disthen die Funktionen des Kleinhirns und der motorischen Nerven und verbessert so die Beweglichkeit und Fingerfertigkeit.

Anwendung:
Disthen ist derzeit nur in Form von Kristallen oder in metamorphem Gestein erhältlich. Er wird am besten verwendet, indem man ihn bei sich trägt.

Abb. 62:
Disthen, Brasilien

Dolomit

Kristallsystem: Trigonal
Bildungsprinzip: Primär oder sekundär
Mineralklasse: Carbonate
Farbe: Braun, rot, weiß
Chemische Formel, Mineralstoffe: $CaMg(CO_3)_2$ + Fe,Mn + (Pb,Zn,S)

Mineralogie:
Dolomit entsteht hydrothermal in Gängen und bildet dabei kleine, oft gekrümmte Kristalle. Weitaus häufiger tritt er gesteinsbildend als körnige Massen in Sedimenten auf (z.B. in den Dolomiten).

Mythologie:
Erst 1791 entdeckte Dolomieu bei Alpenreisen Kalksteine, die sich in ihren Eigenschaften vom üblichen Kalk unterschieden. Anfang des 19. Jhd. wurde die Zusammensetzung des Dolomits dann analysiert. Aus diesem Grund gibt es keine Überlieferung zum Dolomit, zu lange wurde er mit Kalk (Calcit) identifiziert.

Heilkunde:
Spirituell fördert Dolomit die Selbstverwirklichung. Er erleichtert, so zu sein, wie man ist, ohne sich zu verstellen. Gleichzeitig stärkt er das Traditionsbewußtsein und hilft, sich in gewachsene Gemeinschaften einzufügen.
Seelisch sorgt Dolomit für Stabilität. Er wirkt ausgleichend bei plötzlichen und heftigen Gefühlsausbrüchen und schenkt Zufriedenheit.
Mental fördert Dolomit einfach-pragmatisches Denken und hilft, selbstgesteckte Ziele leicht und unkompliziert zu verwirklichen. Dolomit regt den gesunden Menschenverstand an.
Körperlich regt Dolomit den Calcium- und Magnesiumstoffwechsel an und hält diese beiden »Gegenspieler« im Gleichgewicht. Daher stabilisiert er die Gesundheit, insbesondere Blut, Herz und Kreislauf, und wirkt entspannend und krampflösend.

Anwendung:
Dolomit kann getragen oder aufgelegt werden. Am stärksten wirkt jedoch der Aufenthalt auf Dolomit-Gestein oder in einem Dolomit-Steinkreis.

Abb. 63:
Dolomit, Brasilien
Dolomit mit Pyrit, Schweiz

Dumortierit

Kristallsystem: Rhombisch
Bildungsprinzip: Primär oder tertiär
Mineralklasse: Insel-Silikate
Farbe: Blau, violettblau, braun
Chemische Formel, Mineralstoffe: $(Al,Fe)_7[O_3/BO_3/(SiO_4)_3] + Mn$

Mineralogie:
Dumortierit entsteht vorwiegend magmatisch in Pegmatiten oder durch pneumatolytische Verdrängung (Einwirken von Borsäure auf Aluminiumsilikatgestein), kann jedoch auch kontakt- und regionalmetamorphen Ursprungs sein.

Mythologie:
Dumortierit wurde erst Ende des 19. Jhd. entdeckt und nach dem franz. Paläontologen Eugéne Dumortier benannt. Es existiert daher keine Überlieferung zu seiner Wirkung.

Heilkunde:
Spirituell fördert Dumortierit eine positive Lebenseinstellung. Er gibt Mut und Zuversicht auch in schwierigen Situationen und hilft, Kontrolle über das eigene Leben zu gewinnen oder zu bewahren.
Seelisch vermittelt Dumortierit ein leicht-beschwingtes Lebensgefühl und wird daher oft als »Take-it-easy«-Stein bezeichnet. Dumortierit hilft bei Panik und großer Angst und fördert Harmonie und Vertrauen.
Mental hilft Dumortierit zwanghafte Verhaltensmuster zu erkennen und aufzulösen. Er wird daher auch unterstützend bei Suchttherapien eingesetzt.
Körperlich hilft Dumortierit bei Übelkeit, Erbrechen, Krämpfen, Koliken und Durchfall. Er lindert Hautreizungen durch Giftstoffe oder Strahlung (UV-Licht) und hilft bei Nervenleiden, z.B. auch bei starken Kopfschmerzen, Epilepsie oder Wahrnehmungsstörungen.

Anwendung:
Dumortierit kann lange Zeit getragen oder in akuten Fällen direkt auf die betreffende Stelle aufgelegt werden.

Epidot

Kristallsystem: Monoklin
Bildungsprinzip: Primär oder tertiär
Mineralklasse: Gruppen-Silikate
Farbe: Pistaziengrün, schwarz, grau, selten gelb
Chemische Formel, Mineralstoffe: $Ca_2(Fe,Al)Al_2[O/OH/SiO_4/Si_2O_7]$ +
K,Mg,Mn,Sr,Ti

Mineralogie:
Epidot entsteht in vielen magmatischen Gesteinen. Seine größeren, dunkelgrün bis schwarzen Kristalle sind jedoch selten, da sie fast ausschließlich hydrothermal auf Klüften entstehen. Bei Kontakt- oder Regionalmetamorphosen entsteht Epidot sehr häufig als gesteinsbildendes Mineral, wenn die umgewandelten Gesteine basisch und reich an Calcium und Aluminium sind. Vermengt mit rotem Feldspat bildet er ein Gestein, das unter dem Handelsnamen »Unakit« erhältlich ist.

Mythologie:
Epidot wurde erst Anfang des 19. Jhd. als eigenständiges Mineral von dem französischen Kristallografen Rene-Just Hauy (vgl. auch Teil 1, Kapitel 2) identifiziert. Zuvor wurde er stets dem Aktinolith gleichgesetzt. Von Hauy erhielt Epidot auch seinen Namen, der soviel wie »Zugabe« (lat.) bedeutet, da bei Epidot im Vergleich zum Aktinolith immer zwei Seiten »verlängert« sind. Überlieferungen zur Heilwirkung des Epidots gibt es leider nicht.

Heilkunde:
Spirituell bringt Epidot Geduld. Er löst falsche Selbstbilder auf, macht die tatsächliche Realität bewußt und verdeutlicht deren Stärken und Schwächen. Daraus entstehende Veränderungswünsche bleiben jedoch im richtigen Maß, so daß sie auch umgesetzt werden können, und Erfolg stets auf Erfolg aufbaut. Auf diese Weise führt Epidot zurück zu den ursprünglichen inneren Bildern einer gesunden und glücklichen Existenz. Genau das ist ja auch die Bedeutung von »re-generieren«: Zurück (re-) bilden (generieren) in den ursprünglichen Zustand.
Seelisch fördert Epidot Erholung und Regeneration nach schweren Erkrankungen oder bei ausgeprägter Erschöpfung aufgrund

von Überarbeitung, Belastung und schmerzhaften Erlebnissen. Er hebt die Emotion und löst Trauer, Kummer, Selbstmitleid und Gram auf. Epidot hilft, Frustrationen aufgrund von Fehlschlägen zu überwinden, und lehrt, sich wegen Fehlern nicht abzuwerten.

Mental verbessert Epidot die Leistungsfähigkeit. Er hilft, die Anforderungen an sich selbst angemessen, d.h. der eigenen Kraft und des eigenen Könnens entsprechend, zu stellen und bewahrt so vor Mißerfolgen. Durch allmähliches Steigern des Anspruchs können die eigenen Möglichkeiten dann harmonisch erweitert und entwickelt werden. Epidot hilft jedoch auch, Schwächen zu akzeptieren und einzugestehen.

Körperlich stärkt Epidot die Konstitution und Kondition, er regt das Immunsystem an und unterstützt prinzipiell alle Heilungsprozesse. Er kann daher zu anderen Mineralien hinzugegeben werden, wenn deren Wahl zwar richtig ist, die Wirkung sich jedoch nicht entfalten kann, da eine zu große Schwäche vorliegt. Epidot regt folgerichtig auch die Leber als unser zentrales Regenerationsorgan an, fördert dadurch die Gallenproduktion und verbessert so die Verdauungsprozesse im Dünndarm. Damit werden wiederum mehr Nährstoffe ins Blut aufgenommen, was zusätzlich aufbauend und stärkend wirkt.

Anwendung:
Die spirituelle Wirkung von Epidot zeigt sich am deutlichsten in der Meditation. Dazu kann ein Epidot-Kristall entweder auf die Stirn oder den Solarplexus aufgelegt werden. Ähnlich wirkt der Aufenthalt in einem (evtl. doppelt gelegten) Epidot-Steinkreis, der gleichzeitig auch die seelische und körperliche Regeneration spürbar anregt. Ansonsten kann der Stein längere Zeit als Kette, Anhänger oder Handschmeichler getragen und bei akuten Erkrankungen direkt auf die betreffende Stelle aufgelegt werden.

Falkenauge

Kristallsystem: Trigonal
Bildungsprinzip: Primär
Mineralklasse: Oxide, Quarz-Gruppe
Farbe: Blauschwarz
Chemische Formel, Mineralstoffe: SiO_2 + $Na_2(Mg,Fe,Al)_5(OH/Si_4O_{11})_2$ + P

Mineralogie:

Falkenauge entsteht hydrothermal-metasomatisch durch die Verkieselung von Krokydolith (schwarz-blauen Asbestfasern). Die faserigen Kristalle des Krokydoliths werden dabei fest in Quarz eingeschlossen.

Mythologie:

Der seidenartige Schimmer, den die Asbestfasern im Quarz erzeugen, führt im runden Schliff zu einem Lichtlauf, der an ein Auge erinnert. Davon stammt der Name des Steins, und daher rührt auch der alte Glaube an die Augenheilkraft des Falkenauges und an seine Schutzwirkung: Schon im Mittelalter wurde Falkenauge als Amulett gegen Verhexung, Dämonen und den bösen Blick getragen.

Heilkunde:

Spirituell hilft Falkenauge, die scheinbar zufälligen Ereignisse des Alltags in einem größeren Zusammenhang zu sehen. Es schafft Verständnis für den eigenen Lebensplan.

Seelisch gibt Falkenauge Distanz zu den eigenen Gefühlen und Empfindungen und hilft dadurch, von Stimmungsschwankungen weniger beeinflußt zu werden.

Mental verhilft Falkenauge zu besserem Überblick in komplizierten Situationen und hilft daher auch bei Entscheidungsschwierigkeiten.

Körperlich wirkt Falkenauge schmerzlindernd. Es hemmt den Energiefluß im Körper, wirkt daher gegen Nervosität und Zittern sowie Überfunktionen der Hormondrüsen.

Anwendung:

Da Falkenauge den Energiefluß im Körper hemmt, sollte es nie länger als eine Woche ununterbrochen getragen werden. Für die seelisch-spirituellen Wirkungen ist die Meditation vorzuziehen.

Abb. 65:
Falkenauge, Südafrika

Fluorit

Kristallsystem: Kubisch
Bildungsprinzip: Primär
Mineralklasse: Halogenide
Farbe: Klar, gelb, grün, blau, violett
Chemische Formel, Mineralstoffe: CaF_2 + (C,Cl,Fe,Ce,Y)

Mineralogie:

Fluorit kann sowohl primär, sekundär als auch tertiär gebildet werden. Die größten Vorkommen sind jedoch magmatischen Ursprungs: Dort entsteht Fluorit als Gemengteil saurer magmatischer Gesteine oder in Gängen und auf Klüften. Wesentlich seltener entsteht er sekundär durch die Freisetzung von Flußsäure bei Verwitterungsvorgängen und deren Einwirken auf calciumhaltiges Gestein.

Mythologie:

Als Flußspat ist Fluorit seit der Mitte des 18. Jhd. bekannt. Zuvor wurde er nicht als eigenes Mineral definiert, sondern gehörte ganz einfach zum »Spat«, einer allgemeinen Bezeichnung für blättrig brechende Mineralien (Wortverwandschaft zu »spalten« oder »Span«), bzw. zum »Fluß«, einer ebenso allgemeinen Bezeichnung für Zusätze, die Erze schneller zum Schmelzen (»Fließen«) bringen bzw. für »Glasflüsse«, d.h. Produkte des Schmelzflusses bei der Glasherstellung. Da Fluorit aufgrund seiner Farben ebenso wie Glas und farbige Quarze zur Imitation von Edelsteinen verwendet wurde, kann heute nicht mehr nachvollzogen werden, ob mit den überlieferten Namen Rubinfluß, Topasfluß oder Smaragdfluß nun tatsächlich Fluorit oder aber Quarz und Glas gemeint ist. Ebenso schwierig ist es daher, eine gesicherte Überlieferung zu seinen Heilwirkungen aufzuspüren.

Heilkunde:

Spirituell regt Fluorit den »Freigeist« an, der sein Leben selbst bestimmen und gestalten möchte. Er macht bewußt, wo man fremdbestimmt ist und nicht sein eigenes Spiel spielt, und hilft, diese unerwünschten Einflüsse schnell wieder aufzulösen. Fluorit kann radikal und kompromißlos machen, wenn man auf Unrecht oder unterdrückerische Strukturen trifft. Gleichzeitig hilft

Abb. 66:
Fluorit, Schwarzwald
Fluorit, USA

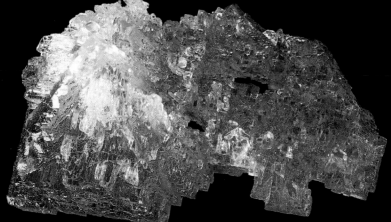

er, das eigene Dasein zu strukturieren und Systeme zu erfinden, die stabil aber dynamisch sind. Generell macht Fluorit kreativ und erfinderisch, zentrales Thema ist immer die »freie Entscheidung«.

Seelisch macht Fluorit unterdrückte Gefühle bewußt, stärkt jedoch nicht deren Ausdruck, sondern hilft, sie ganz allmählich »geschehen zu lassen«. Fluorit öffnet die Tür zum Unterbewußtsein, doch in der Regel ist ein äußerer Anlaß notwendig, bis man die plötzlich hinzugewonnene Gefühlstiefe erkennt. Fluorit wirkt insgesamt emotional stabilisierend, gibt Selbstvertrauen und klärt Verwirrung.

Mental hilft Fluorit, Verhaftungen, fixe Ideen, »kleinkariertes Denken«, Engstirnigkeit und einschränkende Denk- und Verhaltensmuster aufzulösen. Er hilft außerdem, Ordnung zu halten und aufgenommene Informationen schnell zu verarbeiten. Das macht ihn zu einer hervorragenden Lernhilfe, da er anregt, Querverbindungen zum bestehenden Wissen zu ziehen und alles bewußt macht, was noch nicht begrifflich verstanden wurde. Fluorit regt ein sehr rasches Auffassungsvermögen und schnelles Denken an.

Körperlich regt Fluorit die Regeneration von Haut und Schleimhäuten an, insbesondere in den Atemwegen und der Lunge, und hilft bei Geschwulsten und eiternden Wunden. Er stärkt Knochen und Zähne, vermindert Verwachsungen und hilft bei Haltungsschäden. Fluorit macht körperlich beweglich und bessert Steifheit und Gelenkbeschwerden, auch bei Arthritis (Gelenkentzündung). Die Tätigkeit des Nervensystems, insbesondere des Großhirns, wird gefördert, Allergien psychischer Herkunft werden gelindert.

Anwendung:

Die spirituelle Wirkung von Fluorit erhält ihren stärksten Ausdruck durch Meditationen mit gebändertem chinesischen Fluorit (Ausdruck der Kreativität) oder Fluorit-Oktaedern (Ausdruck der Ordnung). Um mehr Ordnungssinn zu erreichen, genügt es, Fluorit-Gruppen oder -Oktaeder in der persönlichen Umgebung aufzustellen, ebenso als Lernhilfe auf dem Schreibtisch. Ansonsten kann Fluorit getragen oder direkt auf den Körper aufgelegt werden.

Abb. 67:
Fluorit-Spaltoktaeder, USA

Granat

Kristallsystem: Kubisch
Bildungsprinzip: Tertiär
Mineralklasse: Insel-Silikate
Farbe: Rot, rosa, orange, gelb, grün braun bis schwarz
Chemische Formel, Mineralstoffe: $Me^{2+}_3 Me^{3+}_2 (SiO_4)_3$ + Al,Ca,Fe,Mg,Mn,Ti

Mineralogie:

Granat ist eigentlich eine Mineralgruppe, die aus verschiedensten Vertretern besteht. Diese sind in ihrer chemischen Zusammensetzung so verschieden, daß etliche Mineralogen den Standpunkt vertreten, die einzelnen Varietäten müßten als völlig verschiedene Mineralien betrachtet werden. Dem widersprechen jedoch vier Tatsachen: Alle Granate besitzen erstens ausnahmslos dieselbe Struktur, sie gehören dem kubischen Kristallsystem an. Alle Granate besitzen zweitens eine sehr ähnliche Entstehung: Sie bilden sich überwiegend metamorph bei der Entstehung von kristallinen Schiefern oder anderen Tertiärgesteinen. Drittens gehören alle zu den Insel-Silikaten und viertens folgt selbst die Verschiedenheit ihres Mineralstoff-Gehalts strengen Regeln: Jeder Granat besteht aus zweiwertigen Metallionen, dreiwertigen Metallionen und Inselsilikat-Molekülen im stets gleichbleibenden Verhältnis 3 : 2 : 3 (allgemeine Formel: $Me^{2+}_3 Me^{3+}_2 (SiO_4)_3$). Eine gewisse Verwandtschaft ist bei so viel Übereinstimmung also wohl begründet. Als Heilsteine sind nun derzeit die folgenden Granate bekannt und in Verwendung:

Varietät	Formel, Mineralstoffe	Farbe
Almandin:	$Fe_3Al_2(SiO_4)_3$ + Ca,Mg,Mn,Ti	Rot, braun bis schwarz
Andradit:	$Ca_3Fe_2(SiO_4)_3$ + Al	Khaki, braun, schwärzlich
Grossular:	$Ca_3Al_2(SiO_4)_3$ + Fe,Mn	Grau, grün bis rosa
Hessonit:	$Ca_3(Al,Fe)_2(SiO_4)_3$	Rot, gelb, orange, braun
Melanit:	$(Ca,Na)_3(Fe,Ti)_2(SiO_4)_3$	Schwarz
Pyrop:	$Mg_3Al_2(SiO_4)_3$ + Fe,Ti	Dunkelrot
Rhodolith:	$(Mg,Fe)_3Al_2(SiO_4)_3$ + Ti	Dunkelrot bis rotviolett
Spessartin:	$Mn_3Al_2(SiO_4)_3$ + Fe	Gelb, rotbraun, braun
Uwarowit:	$Ca_3Cr_2(SiO_4)_3$	Smaragdgrün

Abb. 68:
Almandin in Schiefer, Österreich; Andradit, USA;
Regenbogen-Andradit, Mexiko

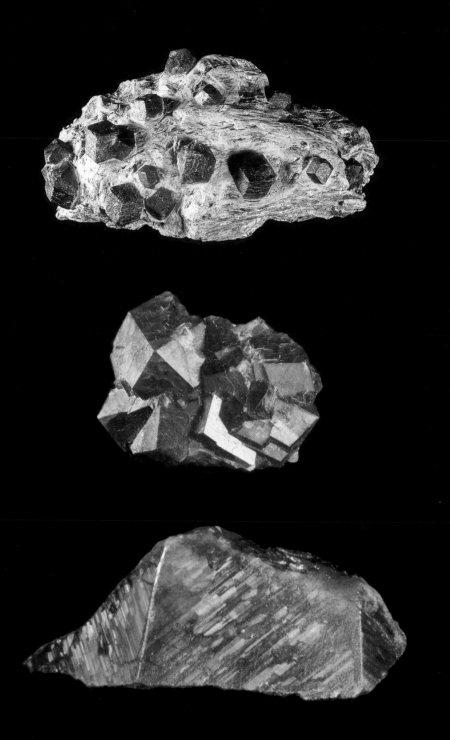

Mythologie:

Der Granat entspricht dem mittelalterlichen Karfunkel. Er ist jener Stein, von welchem die Sage erzählt, daß er im Dunkeln leuchtet. Dies wurde jedoch durchaus schon im Mittelalter im geistigen Sinne verstanden: Der Karfunkel, der die verdunkelte Seele erhellt und Licht und Hoffnung bringt, wo der (Lebens-) Pfad ohne Ausweg erscheint. Er galt als Stein des Helden, der sich schweren Aufgaben und Prüfungen stellen muß, um seinen Mut zu beweisen. Das zeigte sich auch darin, daß der rohe Granat oft sehr unscheinbar wirkt, und erst poliert oder geschliffen seine verborgene innere Farbe und sein Feuer ans Licht bringt. Entsprechend wurden die Schwierigkeiten des Lebens als geistiger »Schleifprozeß« betrachtet, der den Charakter veredelt. Die Krieger des Mittelalters ließen Granate in Schild und Schwertknauf arbeiten, um gegen Verwundung geschützt zu sein, und Granat-Amulette sollten Glück, Reichtum und Segen bringen.

Heilkunde:

Granat allgemein:

Spirituell hilft Granat in aussichtslosen Situationen. Er ist der klassische Krisenstein, wenn Weltbilder zusammenstürzen oder die allgemeinen Lebensumstände extrem schwierig werden. Er war tatsächlich auch immer in Krisenzeiten (z.B. nach dem ersten und zweiten Weltkrieg) in Mode. Granat hilft, auch in Extremsituationen die täglich notwendigen Dinge zu erledigen und sich immer wieder zu überwinden. Er stärkt die innere Flamme, den Wunsch nach Selbsverwirklichung und fördert die grundlegende Dynamik des gemeinsamen Überlebens: Die gegenseitige Hilfe. Granat hilft auch, über den eigenen Horizont hinauszusehen und sich für das Wohl der Gemeinschaft zu engagieren.

Seelisch fördert Granat Selbstvertrauen, Willensstärke und Lebensfreude. Er schenkt Mut, Hoffnung und Zuversicht, Widerstände werden zu Herausforderungen, die es zu bewältigen gilt. In schwierigen Situationen bringt Granat eine Ausdauer an den Tag, die seinen Träger selbst verwundert. Er beseitigt unnötige Hemmungen und Tabus, sorgt für eine aktive, ausgeglichene Sexualität und hilft auch bei Potenzproblemen.

Mental hilft Granat, sich von unbrauchbaren oder veralteten Vorstellungen, Ideen, Vereinbarungen und Übereinstimmungen zu verabschieden und ein neues Leben zu beginnen. Er

Abb. 69:
Grossular, Rußland; Grossular, Mexiko;
Hessonit, Italien; Pyrop, Alaska

löst Verhaltensmuster und Gewohnheiten auf, die für ein freies Leben hinderlich sind. Granat bringt eine Fülle neuer Ideen und auch die notwendige Dynamik, diese trotz Widerständen, Anfeindungen oder bewußter Sabotage zu realisieren.

Körperlich stärkt Granat die Regenerationskraft des Körpers. Er beseitigt energetische Blockaden, regt den Stoffwechsel an und harmonisiert die Zusammensetzung unserer Körperflüssigkeiten, insbesondere des Bluts. Granat stabilisiert den Kreislauf und stärkt das Immunsystem, er fördert die Nährstoffaufnahme im Darm und beschleunigt die Heilung innerer und äußerer Wunden.

Anwendung:

Granat kann als Kette (nur von wenigen Varietäten erhältlich), Anhänger, Handschmeichler oder Rohstein getragen oder auf die entsprechenden Körperstellen aufgelegt werden. Direkter Hautkontakt ist wichtig. Für bestimmte Anwendungen empfehlen sich auch spezielle Varietäten:

Almandin: Tatendrang, Arbeitskraft, Vorstellungsgabe, Eisenaufnahme im Darm, Wundheilung.

Andradit: Dynamik, Flexibilität, kreative Gedanken, leberanregend, blutbildend.

Grossular: Entspannung, Nierenstärkung, für Haut und Schleimhäute, gegen Rheuma und Arthritis.

Hessonit: Selbstachtung, geistiges Wachstum, reguliert die Hormonproduktion.

Melanit: Aufrichtigkeit, Widerstandskraft, kräftigt die Wirbelsäule und die Knochen.

Pyrop: Mut, Lebensqualität, Charisma, kreislaufstärkend, verbessert die Blutqualität.

Rhodolith: Lebenslust, Herzlichkeit, Vertrauen, gesunde Sexualität, stoffwechselanregend.

Spessartin: Hilfsbereitschaft, herzstärkend, gegen Depression, Alpträume, sexuelle Probleme.

Uwarowit: Individualität, Begeisterung, Entgiftung, gegen Entzündungen, fiebertreibend.

Abb. 70:
Melanit, USA; Spessartin, Madagaskar;
Uwarowit, Rußland

Hämatit

Kristallsystem: Trigonal
Bildungsprinzip: Primär oder tertiär
Mineralklasse: Oxide
Farbe: graumetallisch, Pulver: rot
Chemische Formel, Mineralstoffe: Fe_2O_3 + Mg,Ti + (Al,Cr,Mn,Si, H_2O)

Mineralogie:

Hämatit kann auf verschiedenste Weise gebildet werden: Primär entsteht er aus hydrothermalen Lösungen, wo er kleine Kristalle oder das bekannte »Nierenwachstum« (siehe Abbildung), den sog. »Roten Glaskopf« bildet. Sekundär bildet er in der Oxidationszone von Eisenerzlagerstätten feinverteilt rote Verwitterungskrusten. Tertiär entstehen massige Hämatit-Lagerstätten durch Wasserverlust von Limonit-Sedimenten bei der Metamorphose. Im Handel erhältlich ist er in erster Linie primär als Roter Glaskopf, seltener in Kristall-Form, und tertiär in Form von Trommelsteinen, Ketten und Schmuck.

Mythologie:

Hämatit wurde schon im alten Ägypten und in Babylonien als Heilstein zur Blutbildung und zum Stillen von Blutungen verwendet. Im Mittelalter erhielt er aus diesem Grund auch den Namen Blutstein.

Heilkunde:

Spirituell fördert Hämatit die Fähigkeit zu überleben, im Sinne einer permanenten Weiterentwicklung hin zu besseren Lebensumständen.

Seelisch stärkt Hämatit den Willen und macht die unerfüllten Wünsche bewußt. Er bringt Vitalität und Dynamik ins Leben.

Mental lenkt Hämatit unsere Aufmerksamkeit auf unsere elementaren Grundbedürfnisse und das leibliche Wohl. Er hilft, notfalls darum zu kämpfen.

Körperlich regt Hämatit die Eisenaufnahme im Dünndarm und die Bildung roter Blutkörperchen an. Dadurch verbessert er die Sauerstoffversorgung und stabilisiert die Gesundheit.

Anwendung:

Hämatit wird am besten mit Hautkontakt getragen oder aufgelegt. Vorsicht bei Entzündungen, diese regt er an!

Abb. 71:
Hämatit, Großbritannien

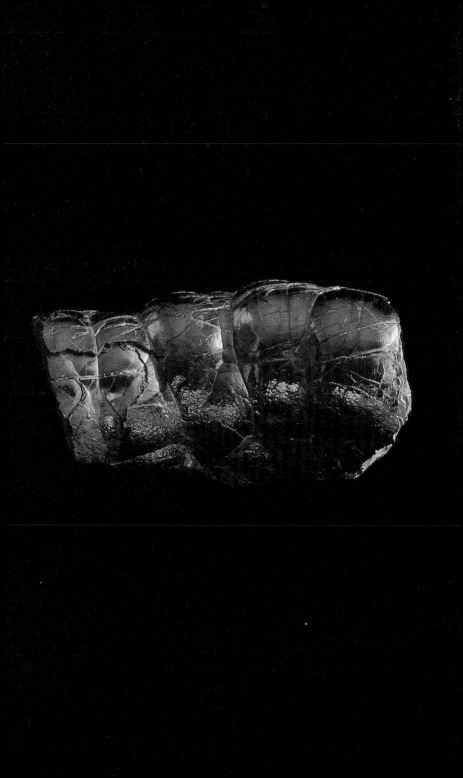

Heliotrop

Kristallsystem: Trigonal
Bildungsprinzip: Sekundär
Mineralklasse: Oxide, Quarz-Gruppe
Farbe: Grün mit roten und gelben Einschlüssen
Chemische Formel, Mineralstoffe: SiO_2 + Al,Fe,Mg, OH,Si

Mineralogie:
Heliotrop bildet das Verbindungsglied zwischen den Quarz-Familien Chalcedon und Jaspis. Die Grundlage bildet durch Eisensilikat grün gefärbter Chalcedon (Verwandtschaft zum Moosachat), eingeschlossen sind jedoch wie beim Jaspis kleine körnige Quarzkristalle, Hämatit und andere Eisenoxide als gelbe und rote Flecken.

Mythologie:
Heliotrop bedeutet griech. »Sonnenwender«, was auf seine starke Heilkraft verweist. Diese ist seit der Antike dokumentiert. In mittelalterlichen Schriften wird er als grüner Jaspis oder Blutjaspis erwähnt und zur Heilung von Infektionen, Entzündungen und Vergiftungen empfohlen.

Heilkunde:
Spirituell hilft Heliotrop, sich zu schützen, abzugrenzen und unerwünschte Einflüsse abzuwehren.
Seelisch beruhigt Heliotrop bei Gereiztheit, Aggressivität und Ungeduld, und er vitalisiert bei Erschöpfung und Müdigkeit. Er regt die Traumtätigkeit an.
Mental hilft Heliotrop, sich schnell auf unvorhergesehene Situationen einzustellen und in jeder Situation die Kontrolle zu bewahren.
Körperlich ist Heliotrop der beste immunstärkende Stein bei akuten Infektionen. Er regt Lymphfluß und Stoffwechsel an, läßt Eiterbildungen abklingen, entgiftet und neutralisiert Übersäuerung.

Anwendung:
Zur immunstärkenden Wirkung wird Heliotrop, sobald die Infektion bemerkt wird, auf die Thymusdrüse oberhalb des Herzens aufgelegt. Ansonsten kann er am Körper getragen werden.

Abb. 72:
Heliotrop, Indien

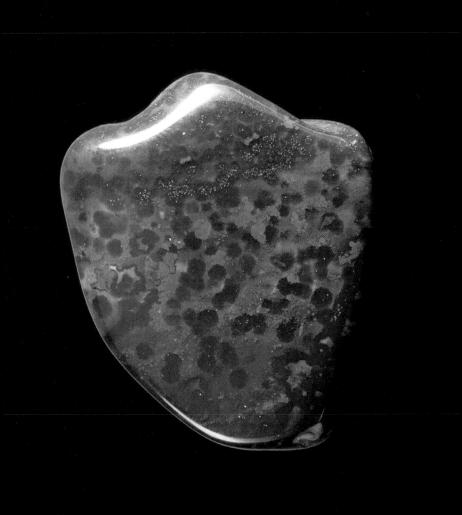

Jade

Kristallsystem: Monoklin
Bildungsprinzip: Tertiär
Mineralklasse: Ketten-Silikate
Farbe: Weißlich, grün (Jadeit); fliederfarben, violett (Lavendel-Jade)
Chemische Formel, Mineralstoffe: $NaAl[Si_2O_6]$ + Ca,Fe,Mg,Mn

Mineralogie:

Jade ist ursprünglich der Überbegriff für Jadeit und Nephrit, zwei in Aussehen und Eigenschaften sehr ähnlichen Mineralien. Heute werden mit »Jade« jene Mineralien bezeichnet, die überwiegend Jadeit enthalten, mit »Nephrit« jene, die überwiegend daraus bestehen. Jadeit ist sehr selten. Er entsteht bei der Metamorphose von basischen Gesteinen. Durch Mangan-Einschlüsse bildet sich die noch seltenere Lavendel-Jade.

Mythologie:

Vor allem im Fernen Osten galt Jade seit Jahrtausenden als Glücksbringer. Sie wurde zu Amuletten verarbeitet und war in den alten Kulturen Amerikas und Asiens als Nieren-Heilstein bekannt.

Heilkunde:

Spirituell fördert Jade die Selbstverwirklichung. Sie hilft, sich selbst als geistiges Wesen zu erkennen und spielerisch-spontan das Leben zu gestalten. Lavendel-Jade bringt inneren Frieden.

Seelisch belebt Jade die inneren Bilder, die Träume und weckt das verborgene innere Wissen. Sie schafft Ausgleich: Aktivität bei Trägheit, Ruhe bei Gereiztheit. Lavendel-Jade hilft, sich abzugrenzen.

Mental regt Jade Ideenfülle und Tatendrang an. Körperliche Ruhepausen werden für geistige Aktivität genutzt, Entschlüsse werden ohne Zögern in die Tat umgesetzt.

Körperlich regt Jade die Nierenfunktion an und gleicht damit Wasser-, Salz- und Säure-Basen-Haushalt aus. Sie regt Nervensystem und Nebenniere an und macht damit sehr reaktionsschnell.

Anwendung:

Jade kann getragen oder aufgelegt werden. Für die Traumtätigkeit am besten abends auf die Stirn.

Abb. 73: Jadeit, China
Lavendel-Jade, Türkei

Jaspis

Kristallsystem: Trigonal
Bildungsprinzip: Sekundär
Mineralklasse: Oxide, Quarz-Gruppe
Farbe: Braun, rot, gelb, sandfarben, grün
Chemische Formel, Mineralstoffe: SiO_2 + Fe,O,OH,Si

Mineralogie:

Jaspis ist feinkörniger Quarz mit einer Fülle von eingelagerten Fremdstoffen. Er entsteht sekundär, wobei die ursprüngliche Kieselsäure-Lösung tonige oder sandige Gesteine durchdringt oder mit einer Fülle von Schwebeteilchen durchsetzt ist. Beim Erstarren der Kieselsäure zu Quarz bleiben nun die tonigen, sandigen oder feinverteilten Teilchen im entstehenden Jaspis eingeschlossen und verleihen ihm seine undurchsichtige Färbung und Zeichnung. Da er ein Mineral ist, das praktisch überall entstehen kann, sind heute verschiedenste Jaspis-Vertreter im Handel, deren Zeichnung mit Phantasie-Namen beschrieben wird. Möchte man Jaspis tatsächlich klassifizieren, so bieten sich als einzig sicherer Halt seine drei Grundfarben an: Rot, Gelb und Grün.

Varietät	Formel, Mineralstoffe	Farbe
Gelber Jaspis:	SiO_2 + Fe,O,OH	Gelb, sandfarben, braun
Grüner Jaspis:	SiO_2 + Fe,Si	Hell- bis dunkelgrün
Roter Jaspis:	SiO_2 + Fe,O	Ziegelrot bis braunrot

Gelber Jaspis ist im Handel unter dieser Bezeichnung erhältlich, hierzu zählen jedoch auch der sandfarbene »Landschafts-Jaspis« und der braune »Turitella-Jaspis«, der versteinerte Schneckenhäuser enthält. Gelber Jaspis erhält seine Farbe durch Eisenoxid, wobei das Eisen überwiegend in zweiwertiger Form vorliegt (Fe^{2+}). Grüner Jaspis ist ebenfalls unter diesem Namen erhältlich, und im weitesten Sinn kann auch der Heliotrop (siehe dort) dazugerechnet werden. Die grüne Farbe wird hier durch Einschlüsse von Eisensilikat-Verbindungen (Chlorit etc.) verursacht.

Roter Jaspis ist auch als »Silex« bekannt, zu ihm zählt auch der rote Brekzien-Jaspis. Die Farbe entsteht hier durch Eisenoxid aus überwiegend dreiwertigem Eisen (Fe^{3+}).

Abb. 74:
Landschafts-Jaspis, Südafrika; Gelber Jaspis, Südafrika;
Brekzien-Jaspis, Südafrika

Mythologie:

Der Begriff Jaspis stammt aus dem Orient und war im Altertum gleichbedeutend mit unserem heutigen Wort Quarz. So war der klare »Jaspis« der Bibel wohl der Bergkristall, der durchsichtige grüne »Jaspis« bei Plinius wohl ein Chrysopras und der »Jaspis« bei Orpheus wohl ein Heliotrop, ebenso bei Hildegard von Bingen. Auch heute ist dies kaum anders: Alle bunten, schwer zu identifizierenden Steine werden gerne als »Jaspis« bezeichnet: »Silberauge«-Serpentin als »Zebra-Jaspis«, Epidot (Unakit) als »Blumen-Jaspis«, Rhyolith als »Leopardenfell-, Augen- und Regenwald-Jaspis«. Über den realen Jaspis ist heute nur bekannt, daß er im alten Ägypten als Amulettstein verwendet wurde, es wurden Skarabäen daraus geschnitten, und im Mittelalter als Stein der Krieger galt: Er war der Sage nach auch in den Knauf des Balmung, in Siegfrieds Schwert, eingelassen.

Heilkunde:

Spirituell fördert Jaspis die Kriegernatur. Er hilft, Ziele nachdrücklich zu verfolgen und zu erreichen. Roter Jaspis ist dabei der dynamischste, gelber der ruhigste und grüner der ausgeglichenste Stein.

Seelisch stärkt Jaspis Mut, Konfliktbereitschaft, Aggression (im Sinne von »in Angriff nehmen«), Willenskraft (rot), Durchhaltevermögen (gelb) und die Fähigkeit, sich selbst zu schützen (grün).

Mental regt Jaspis Aufrichtigkeit und Ehrlichkeit (auch sich selbst gegenüber) an. Er bringt die Courage, auch unangenehme Aufgaben zu bewältigen. Jaspis fördert die Phantasie und hilft, Ideen in die Tat umzusetzen.

Körperlich regt Jaspis Kreislauf und Energiefluß an (rot). Er stärkt das Immunsystem (gelb) und wirkt entgiftend und entzündungshemmend (grün). Er hilft bei Erkrankungen der Geschlechtsorgane, Verdauungs- und Darmbeschwerden. Jaspis, insbesondere der Turitella-Jaspis erhöht die Widerstandskraft gegen Umweltbelastung (Schmutz, Gift, Strahlung).

Anwendung:

Jaspis sollte mit Hautkontakt getragen oder aufgelegt werden.

Abb. 75:
Roter Jaspis, Südafrika; Grüner Jaspis, Indien;
Turitella-Jaspis,Wyoming, USA

Karneol

Kristallsystem: Trigonal
Bildungsprinzip: Primär
Mineralklasse: Oxide, Quarz-Gruppe
Farbe: Rot, orange, gelb, braun
Chemische Formel, Mineralstoffe: SiO_2 + (Fe,O,OH)

Mineralogie:
Karneol ist eisenhaltiger Chalcedon und entsteht im Bereich
basischer und saurer Vulkangesteine aus magmatischen, eisen-
haltigen Kieselsäurelösungen. Rotbrauner Karneol wird auch
Sarder genannt.

Mythologie:
In der Antike war Karneol allgemein als Sarder bekannt. Erst
Hildegard von Bingen unterschied die orangefarbene und braune
Varietät. Ihm wurde im Mittelalter eine blutstillende und zorn-
mildernde Wirkung zugeschrieben. Hildegard von Bingen emp-
fahl ihn gegen Kopfweh und zur Geburtshilfe. Grabbeigaben in
Ägypten belegen seine Bedeutung als Schutzstein des Verstor-
benen.

Heilkunde:
Spirituell vermittelt Karneol Standfestigkeit und starken Gemeinschaftssinn. Er macht hilfsbereit und idealistisch und hilft,
energisch für eine gute Sache einzutreten.
Seelisch gibt Karneol Standfestigkeit und Mut. Nicht den leicht-
sinnigen Heldenmut, sondern den alltäglichen Mut, sich zu
überwinden und sich Schwierigkeiten zu stellen. Er hebt die
Emotion.
Mental fördert Karneol die Fähigkeit, Probleme schnell und
pragmatisch zu lösen. Er hilft, begonnene Aktionen zuende zu
bringen und bringt Realitätssinn, wenn man sich verwirrt fühlt.
Körperlich regt Karneol die Aufnahme von Vitaminen, Nähr-
und Mineralstoffen im Dünndarm an und verbessert so die
Blutqualität. Er sorgt für eine gute Durchblutung der Organe
und Gewebe. Karneol lindert Rheuma und regt den Stoffwechsel
an.

Anwendung:
Karneol sollte mit Hautkontakt getragen oder aufgelegt oder als
Essenz eingenommen werden.

Abb. 76: Karneol, Botswana

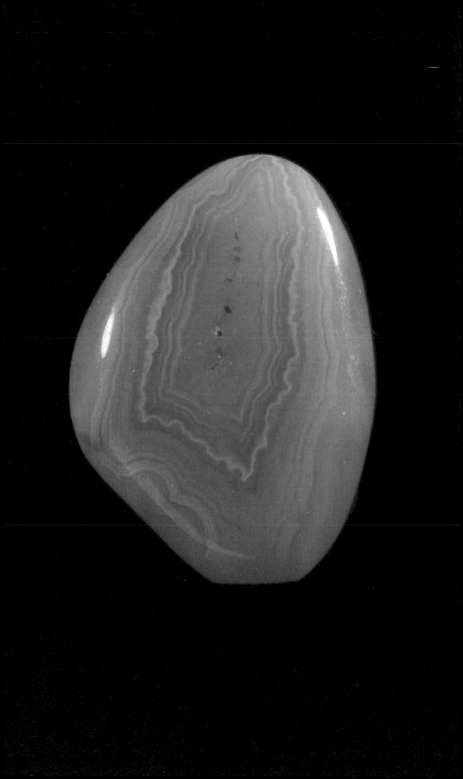

Kunzit

Kristallsystem: Monoklin
Bildungsprinzip: Primär
Mineralklasse: Ketten-Silikate, Spodumen-Familie
Farbe: Rosa bis rosaviolett
Chemische Formel, Mineralstoffe: $LiAl[Si_2O_6]$ + Ca,Mg,Mn,Na

Mineralogie:
Kunzit ist eine Varietät des Spodumen. Er bildet sich ausschließlich aus sauren, lithiumhaltigen magmatischen Lösungen in Pegmatiten.

Mythologie:
Kunzit wurde erst 1902 in Kalifornien entdeckt, von dem Gemmologen G. F. Kunz beschrieben und nach diesem benannt. Überlieferungen zu seiner Wirkung bestehen daher nicht.

Heilkunde:
Spirituell fördert Kunzit Hingabe und Demut. Auch die Hingabe an eine Aufgabe, die mit aller zur Verfügung stehenden Kraft bewältigt wird. Er lehrt, sich zu beugen, ohne sich selbst untreu zu werden, und fördert die Bereitschaft, zu dienen.

Seelisch baut Kunzit Widerstände ab. Er hilft, nachgiebig zu sein und sich in die Bedürfnisse anderer einzufühlen. Kunzit fördert die Erinnerungsfähigkeit, wirkt stimmungaufhellend und hilft bei Depressionen.

Mental hilft Kunzit, konstruktive Kritik anzunehmen. Er fördert das Nachdenken über sich selbst sowie Toleranz sich selbst und anderen gegenüber. Kunzit verbindet Logik mit Inspiration und Intuition.

Körperlich lindert Kunzit Nervenleiden, z. B. Schmerzen eingeklemmter Nerven, Ischias, Neuralgien aber auch Epilepsie und Beeinträchtigungen der Sinnesorgane und -nerven. Er löst Spannungen im Herzbereich und hilft bei Gelenkbeschwerden.

Anwendung:
Kunzit sollte direkt am Körper getragen und bei akuten Anlässen, wie z. B. Schmerzen, direkt auf die entsprechende Stelle aufgelegt werden.

Abb. 77:
Kunzit, Pakistan

Labradorit, Spektrolith

Kristallsystem: Triklin
Bildungsprinzip: Primär
Mineralklasse: Gerüst-Silikate, Feldspat-Familie
Farbe: Grau, grün, schwarz (Spektrolith) mit bunt schillernden Farben
Chemische Formel, Mineralstoffe:
$Na[AlSi_3O_8/Al_2Si_2O_8]$ + Ba,Fe,K,Mn,P,Sr,Ti + (Cu,Ga,Nb,Ni,Pb,Zn,Zr)

Mineralogie:
Labradorit ist ein Feldspat (Plagioklas), der in Pegmatiten und basischen Magmatiten entsteht. Seine schillernden Farben erhält er durch eine feine Lamellenstruktur, an der sich das einfallende Licht bricht. Spektrolith ist ein schwarzer finnischer Labradorit mit dem farbenprächtigsten Lichtspiel, das Labradorit zu bieten hat.

Mythologie:
Labradorit wurde 1770 erstmalig auf der Halbinsel Labrador gefunden, Spektrolith wurde erst im 20. Jhd. in Finnland entdeckt. Zu beiden ist keine traditionelle Überlieferung bekannt.

Heilkunde:
Spirituell ist Labradorit ein hervorragender Illusionskiller. Ähnlich wie sein buntes Farbenspiel, führt er uns unsere Ziele und Absichten deutlich vor Augen – so daß wir plötzlich deren realen Gehalt erkennen. Labradorit stärkt Intuition und Medialität.
Seelisch bringt Labradorit vergessene Erinnerungen empor und vermittelt Gefühlstiefe. Er regt die Phantasie an, stimmt kontemplativ und introvertiert.
Mental hilft Labradorit, kindliche Begeisterung und Ideenfülle zu entwickeln. Er vermittelt eine lebendige, wenn auch manchmal etwas sprunghafte Kreativität.
Körperlich lindert Labradorit Kälteempfindungen, Erkältungen, rheumatische Erkrankungen und Gicht. Labradorit wirkt blutdrucksenkend und beruhigend.

Anwendung:
Labradorit entfaltet seine geistigen Wirkungen am besten in der Meditation. Körperlich wirkt er, indem man ihn bei sich trägt.

Abb. 78:
Labradorit, Madagaskar
Spektrolith, Finnland

Lapislazuli

Kristallsystem: Kubisch
Bildungsprinzip: Tertiär
Mineralklasse: Gerüst-Silikate
Farbe: Lasurblau
Chemische Formel, Mineralstoffe: $(Na,Ca)_8[(SO_4/S/Cl)_2/(AlSiO_4)_6] + Fe$

Mineralogie:

Lapislazuli entsteht bei der Metamorphose von Kalk zu Marmor. Durch die Anwesenheit von Eisen entstehen dabei auch goldfarbene Pyrit-Einschlüsse.

Mythologie:

Lapis Lazuli stammt aus dem Persischen (Lasurstein) und bedeutet soviel wie »blauer Stein«. Auch andere blaue Steine wurden jedoch so bezeichnet. Daher ist nur gesichert, daß er bereits in Mesopotamien und Ägypten als »Stein der Herrscher« und für kultische Zwecke Verwendung fand.

Heilkunde:

Spirituell bringt Lapislazuli Weisheit, Ehrlichkeit und offenbart die eigene innere Wahrheit. Er hilft, zu sein, wer man ist, und befreit von Kompromissen und Zurückhaltung. Mit Lapislazuli wird man »Herrscher im eigenen (geistigen) Reich«. Er gilt außerdem auch als Stein der Freundschaft.

Seelisch fördert Lapislazuli Selbstbewußtsein, Würde, Ehrlichkeit und Aufrichtigkeit. Er bringt Kontaktfreudigkeit und hilft, Gefühle und Empfindungen, nötigenfalls auch vehement, zu vermitteln.

Mental hilft Lapislazuli, der Wahrheit, die an einen herangetragen wird, ins Auge zu schauen und sie anzunehmen, gleichzeitig jedoch auch offen die eigene Meinung zu äußern. Er hilft, Konflikte zu meistern.

Körperlich heilt Lapislazuli Beschwerden von Hals, Kehlkopf und Stimmbändern, besonders, wenn diese auf Zurückhaltung oder unterdrückten Ärger zurückzuführen sind. Lapislazuli senkt den Blutdruck, reguliert die Funktion der Schilddrüse und verlängert den Menstruationszyklus.

Anwendung:

Lapislazuli kann zur Meditation auf die Stirn aufgelegt oder möglichst am Hals getragen werden.

Abb. 79: Lapislazuli-Kristall, Afghanistan
Lapislazuli mit Pyrit, Afghanistan

Larimar

Kristallsystem: Triklin
Bildungsprinzip: Primär
Mineralklasse: Ketten-Silikate
Farbe: Weiß, hellblau
Chemische Formel, Mineralstoffe: $NaCa_2[OH/Si_3O_8]$ + Fe,Mn

Mineralogie:
Larimar ist hellblauer Pektolith. Er entsteht hydrothermal auf Klüften basischer Vulkangesteine.

Mythologie:
Larimar ist erst in den letzten Jahren bekannt geworden. Auch in seinem Ursprungsland, der Dominikanischen Republik, finden sich keine Hinweise auf eine frühere Verwendung als Heilstein.

Heilkunde:
Spirituell regt Larimar an, das eigene Leben selbst in die Hand zu nehmen. Er löst Opferhaltung und Leidensphilosophien auf. Larimar macht bewußt, wie weit das persönliche geistige Wirkungsspektrum reicht und daß es für den Geist nur die Grenzen gibt, an die er glaubt.

Seelisch hilft Larimar, Angst, Leid und übermäßige Emotionen aufzulösen. Er bringt innere Ruhe und hilft, bei dramatischen Veränderungen gelassen zu bleiben.

Mental erleichtert Larimar konstruktives Nachdenken und regt an, kreativ tätig zu werden. Er hilft, Dinge und Ereignisse nicht unnötig zu manipulieren, sondern geschehen zu lassen.

Körperlich regt Larimar die Selbstheilkraft an, indem er die Gewißheit stärkt, selbst über Gesundheit und Krankheit entscheiden zu können. Er löst allgemein Energieblockaden, insbesondere im Brust- Hals und Kopfbereich und regt die Gehirntätigkeit an.

Anwendung:
Larimar kann zur Meditation aufgelegt auf Solarplexus, Brust oder Stirn, als Steinkreis oder als Stein verwendet werden, den man ruhig betrachtet. Körperlich löst er überall Blockaden, wo er direkt aufgelegt wird.

Abb. 80:
Larimar, Dominikanische Republik
Lepidolith, USA

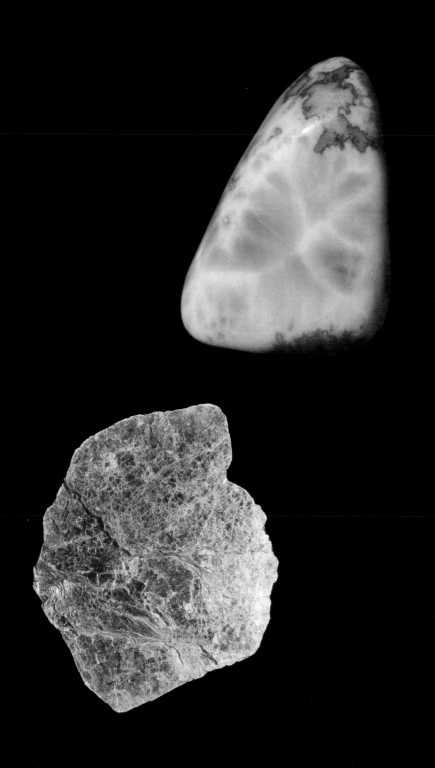

Lepidolith

Kristallsystem: Monoklin
Bildungsprinzip: Primär
Mineralklasse: Schicht-Silikate, Glimmer-Gruppe
Farbe: Rosa bis rosaviolett
Chemische Formel, Mineralstoffe: $KLi_2Al[(OH,F)_2/Si_4O_{10}]$ + Ca,Fe,Mg,Mn

Mineralogie:

Lepidolith ist lithiumhaltiger Glimmer. Er entsteht primär in Pegmatiten oder Greisen, das sind pneumatolytisch umgewandelte Granite.

Mythologie:

Lepidolith wurde im 18. Jhd. entdeckt und erhielt durch Abbé Poda zunächst den Namen Lilalith, der außer der Farbe auch das indische Wort »Lila« = »Spiel« andeutete. Der Wissenschaft nicht seriös genug, wurde das Mineral später durch den Mineralogen Klaproth in Lepidolith (»Schuppenstein«) umgetauft.

Heilkunde:

Spirituell fördert Lepidolith Eigenständigkeit. Er hilft, sich eigene Ziele zu setzen und diese ohne fremde Hilfe selbst zu verwirklichen. Lepidolith läßt Entwicklungen ruhig und unauffällig verlaufen.

Seelisch schützt Lepidolith vor äußerer Beeinflussung und hilft, sich in Menschenmengen abzugrenzen. Lepidolith gibt Ruhe und inneren Frieden und hilft bei Schlafstörungen.

Mental fördert Lepidolith sachliches Abwägen und treffsichere Entscheidungen. Er hilft, sich auf das Wesenliche zu konzentrieren, die eigene Absicht zu bewahren und Ablenkungen auszuschalten.

Körperlich hilft Lepidolith gegen Nervenschmerzen, Ischias, Neuralgien und Gelenkbeschwerden. Er wirkt entgiftend und regt die Reinigungsprozesse von Haut und Bindegewebe an.

Anwendung:

Lepidolith kann am Körper getragen oder direkt auf schmerzende Stellen aufgelegt werden. Für die geistigen Wirkungen und gegen Schlafstörungen genügt es, ihn unters Kopfkissen zu legen.

Magnesit

Kristallsystem: Trigonal
Bildungsprinzip: Sekundär, selten primär
Mineralklasse: Carbonate
Farbe: Weiß, grau, gelb, braun, oft marmoriert
Chemische Formel, Mineralstoffe: $MgCO_3$ + Ca,Fe,Mn

Mineralogie:
Magnesit entsteht überwiegend sedimentär aus der Verwitterung magnesiumhaltiger Gesteine und bildet so körnige, kalkähnliche Aggregate. Seltener entstehen Kristalle aus hydrothermaler Lösung.

Mythologie:
Magnesit wurde im 18. Jhd. entdeckt und zunächst »Reine Talkerde« genannt, da das in ihm enthaltene Magnesium chemisch noch nicht bekannt war. Mit der Identifizierung des Magnesiums wurde auch das Mineral dann Magnesit genannt. Überlieferungen zur Wirkung gibt es nicht.

Heilkunde:
Spirituell fördert Magnesit eine lebensbejahende Gesinnung. Er hilft, sich anzunehmen und zu lieben.

Seelisch wirkt Magnesit beruhigend und entspannend, hilft gegen Nervosität, Ängstlichkeit und Gereiztheit. Er erhöht die seelische Belastbarkeit und macht geduldig.

Mental fördert Magnesit die Fähigkeit, hinzuhören und sich selbst etwas in den Hintergrund zu stellen.

Körperlich ist Magnesit der wichtigste Heilstein bei Magnesium-Mangel. Er wirkt entgiftend, krampflösend, muskelentspannend und hilft bei Migräne, Kopfschmerzen, Gefäß-, Magen- und Darmkrämpfen sowie Gallenkoliken. Er hemmt die Blutgerinnung, regt den Fettstoffwechsel und den Abbau von Cholesterin an, beugt so Gewebs- und Gefäßverkalkung vor und erweitert die Herzkranzgefäße. Dadurch ist Magnesit auch zur Herzinfarkt-Prophylaxe geeignet.

Anwendung:
Magnesit sollte mit Hautkontakt getragen oder als Edelstein-Essenz eingenommen werden.

Malachit

Kristallsystem: Monoklin
Bildungsprinzip: Sekundär
Mineralklasse: Carbonate
Farbe: Hell- bis dunkelgrün gebändert oder marmoriert
Chemische Formel, Mineralstoffe: $Cu_2[(OH)_2/CO_3] + H_2O + (Ca,Fe)$

Mineralogie:

Malachit entsteht sekundär in der Oxidationszone von Kupfer-
erzlagerstätten durch kohlensäurehaltiges Oberflächenwasser,
das Kupfer aus dem Gestein herauslöst und sich mit ihm zu
basischem, wasserhaltigem Kupfercarbonat verbindet. Malachit
ist verwandt mit Azurit, enthält im Gegensatz zu jenem jedoch
mehr Wasser.

Mythologie:

Malachit gehört zu den sagenumwobensten Mineralien. Im
Ural war es der Kupferbergherrin geweiht, einer Verkörperung
der Venus, deren recht zwiespältige Gunst den Bergleuten, die
Malachit abbauten, mal Glück, mal Unglück bescherte. Niemand
war sich sicher, ob er die Geschenke der Göttin annehmen sollte,
denn mancher Reichtum machte unglücklich, und mancher,
der es vorzog, ihr Geschenk auszuschlagen, ging zufrieden seiner
Wege. – Wohl ein Hinweis auf die stets ausgleichende Gerechtigkeit der Schöpfung. Malachit war immer ein Stein der Frau
und in allen Kulturen einer Göttin geweiht: In Ägypten der Ha-
thor, in der Antike der Aphrodite / Venus, in Europa der Freya.
Malachit repräsentierte Verführung, Sinnlichkeit, Schönheit,
Neugier, Ästhetik und die musischen Künste. Er galt als Stein
des Paradieses, woraus später abgeleitet wurde, daß man auf
Erden die Finger von ihm lassen solle. Als luziferisch gilt er z.T.
daher noch bis in unsere Zeit. Seit dem Mittelalter ist bekannt,
daß Malachit Menstruationsbeschwerden lindert und die Geburt erleichtert. Aus diesem Grund wird er im Volksmund noch
heute Hebammenstein genannt.

Heilkunde:

Spirituell fördert Malachit den Sinn für Ästhetik, Sinnlichkeit
und Schönheit, Freundschaft und Gerechtigkeit. Er hilft, sich in

das Erleben anderer hineinzuversetzen und ihr Denken und Fühlen selbst zu empfinden. Malachit nimmt jede Scheu und macht wissensdurstig. Er macht das Leben intensiver und abenteuerlicher. Durch Malachit inspiriert, liebt man das Risiko und verläßt sich gerne auf das Glück. Malachit ist ein Bewußtmacher: Wünsche, Bedürfnisse und Ideale werden sichtbar, deren Umsetzung bleibt uns jedoch selbst überlassen.

Seelisch regt Malachit die innere Bilderwelt an. Träume, Vorstellungen und Erinnerungen werden lebendig und plastisch. Unterdrückte Gefühle kommen schlagartig ans Licht. Malachit nimmt Hemmungen und fördert den Gefühlsausdruck. Stimmungen werden intensiv erlebt und genausoschnell wieder losgelassen, wie sie entstanden sind. Alte Schmerzen und Traumata können auftauchen und aufgelöst werden, wenn man in der Lage ist, sich ihnen zu stellen. – Darin liegt eine der Schwächen des Malachits: Er macht viel bewußt, hilft jedoch wenig, Erkanntes zu verändern.

Mental verstärkt Malachit das begriffliche Verstehen. Man ist in der Lage, Informationen schneller zu erfassen, da die Vorstellungskraft stärker und bewußter handhabbar wird. Die Gedanken fließen sehr schnell, auch Entschlüsse werden ohne großes Nachdenken getroffen. Malachit stärkt die Beobachtungsgabe: Selbst Kleinigkeiten werden viel schneller wahrgenommen und in ihrer Bedeutung erkannt. Dadurch steigt auch die Kritik- und Konfrontations-Fähigkeit und -Freudigkeit.

Körperlich wirkt Malachit krampflösend. Er hilft bei Menstruationsbeschwerden und erleichtert die Geburt. Malachit unterstützt darüberhinaus die Entwicklung der weiblichen Geschlechtsorgane und heilt deren Erkrankungen. Er hilft auch bei sexuellen Schwierigkeiten, vor allem, wenn vergangene schlechte Erfahrungen der Grund sind. Malachit fördert die Lebertätigkeit, wirkt entgiftend, lindert Rheuma und erleichtert die Entsäuerung des Gewebes. Er regt die Nerven- und Gehirntätigkeit an.

Anwendung:
Um die Wirkungen des Malachits zu erleben, genügt es, ihn bei sich zu tragen oder direkt auf den Körper aufzulegen. Malachit-Essenz wirkt sehr stark und sollte zu Beginn niedrig dosiert werden.

Abb. 82:
Marmor, Schweiz

Marmor

Kristallsystem: Trigonal
Bildungsprinzip: Tertiär
Mineralklasse: Carbonate
Farbe: Weiß, gelb, braun, schwarz marmoriert
Chemische Formel, Mineralstoffe: $CaCO_3$ + Fe,Mn

Mineralogie:

Marmor ist metamorphes , sog. »monomineralisches« Gestein, da es ausschließlich aus Calcit besteht. Er entsteht durch die Umwandlung von Kalk unter großem Druck und Hitze. Durch die Metamorphose werden die winzigen Calcit-Kristalle des Kalk zu größeren zusammengefügt, was dem Marmor Transparenz und das typisch körnige Erscheinungsbild gibt. Im weiteren Sinne werden auch Kalksteine oft als Marmor bezeichnet, die nur teilweise metamorph umgewandelt wurden.

Mythologie:

Marmor (griech. »marmaros« = »weißer Stein«) war im Altertum eine Sammelbezeichnung für »besondere Steine, die durch Fleckung und Zeichnung ansprechen« (Zitat Isidor). Über den heutigen Marmor ist daher wenig bekannt. Überliefert ist seine verwandelnde Kraft, Leid in Freude zu kehren, und seine Symbolik als Stein für Reichtum, Pracht und Herrlichkeit.

Heilkunde:

Spirituell bringt Marmor die Verwandlung unglücklicher Lebensumstände. Er hilft, Dinge, von denen man glaubte, sich damit abfinden zu müssen, mit neuer Dynamik zu verändern.

Seelisch bringt Marmor unterdrückte Bewußtseinsinhalte hervor. Er hilft, sich von allem seelischen Unfrieden zu befreien.

Mental eröffnet Marmor neue Perspektiven und regt kreative Problemlösungen an, wo man zuvor resignierte.

Körperlich verbessert Marmor die Calcium-Verwertung des Körpers. Hier gleicht seine Wirkung der des Calcits.

Anwendung:

Schon Marmor als Baustoff zeigt seine Wirkung, doch bewußter erfahrbar wird er durch längeres Tragen am Körper.

Moldavit

Kristallsystem: Amorph
Bildungsprinzip: Tertiär
Mineralklasse: Oxide
Farbe: Flaschengrün
Chemische Formel, Mineralstoffe: SiO_2 + Al,Ca,Fe,K,Na

Mineralogie:

Moldavit entstand vor etwa 15 Mio. Jahren durch den Aufprall eines Riesenmeteorits im heutigen Nördlinger Ries. Aus der durch den Aufprall entstandenen Gesteinsschmelze wurden Spritzer 400 km weit durch die Luft geschleudert, kühlten im Flug ab, und fielen im Bereich der heutigen Moldau zur Erde. An deren Ufern wird der Moldavit nun gefunden und trägt aus diesem Grund ihren Namen.

Mythologie:

Schon Steinzeitfunde belegen die Verwendung des Moldavits als Amulettstein. Bis heute hat sich sein Ruf als magischer Glücksstein sowie für Wunsch- und Fruchtbarkeitszauber erhalten.

Heilkunde:

Spirituell läßt Moldavit immense geistige Dimensionen erleben. Er vermittelt eine grenzenlose Weite, fördert die Hellsichtigkeit und läßt erahnen, was die tatsächliche geistige Größe des Menschen ist.
Seelisch bringt Moldavit Erinnerungen und Traumbilder, die Einblick in den Sinn und die Aufgabe unseres Daseins ermöglichen. Außerdem stärkt Moldavit das Einfühlungsvermögen.
Mental löst Moldavit unsere Aufmerksamkeit von starker materieller Verhaftung sowie Geld- und Zukunftssorgen. Moldavit bringt spontane, unkonventionelle Ideen und Problemlösungen.
Körperlich unterstützt Moldavit Heilungsprozesse, indem er die Ursache der Erkrankung und den Krankheitsgewinn bewußt macht.

Anwendung:

Die stärkste Wirkung entfaltet Moldavit, wenn er auf die Stirn (»Drittes Auge«) aufgelegt wird. Generell genügt es jedoch, ihn bei sich zu tragen.

Mondstein

Kristallsystem: Monoklin
Bildungsprinzip: Primär
Mineralklasse: Gerüst-Silikate, Feldspat-Familie
Farbe: Weiß, bräunlich, bläulich mit hellem oder bläulichem Schimmer
Chemische Formel, Mineralstoffe: $K[AlSi_3O_8]$ + Na,Fe,Ba

Mineralogie:
Mondstein ist ein Kali-Feldspat (Orthoklas), an dessen innerer Lamellenstruktur sich das Licht bricht, was beim geschliffenen Stein zu einem weißen bis bläulichen, wogenden Lichtschimmer führt.

Mythologie:
Wie der Name schon sagt, wird der Mondstein dem Mond zugeordnet und gilt damit traditionell als Intuitions-, Gefühls-, Herzens- und Fruchtbarbeitsstein. Er wurde sowohl in Fernost, dem Orient, als auch in Europa als Glückstein und für Liebeszauber verwendet.

Heilkunde:
Spirituell steigert Mondstein die Medialität und Hellsichtigkeit. Er fördert luzides Träumen, vor allem zu Vollmond.
Seelisch verfeinert der Mondstein die (unbewußte) Lichtwahrnehmung und steigert so die Intuition. Er bringt Gefühlstiefe, verbessert die Traumerinnerung und lindert Mondsüchtigkeit.
Mental macht Mondstein aufgeschlossen gegenüber plötzlichen irrationalen Impulsen. So fördert er einerseits »glückliche Zufälle«, läßt einen jedoch ungehindert auf die eigenen Illusionen hereinfallen.
Körperlich regt Mondstein die Tätigkeit der Zirbeldrüse an und bringt über deren Lichtempfindlichkeit die inneren Hormonzyklen in Übereinstimmung mit den Rhythmen der Natur. Damit fördert Mondstein auch die Fruchtbarkeit der Frau und hilft bei Beschwerden während der Menstruation, nach Entbindungen und im Klimakterium.

Anwendung:
Für spirituelles Erleben sollte der Mondstein auf die Stirn, für seelisches Erleben aufs Herz gelegt werden. Ansonsten genügt es, den Stein zu tragen.

Abb. 83:
Moldavit, Tschechei
Mondstein, Indien

Mookait

Kristallsystem: Trigonal
Bildungsprinzip: Sekundär
Mineralklasse: Oxide, Quarz-Gruppe
Farbe: Rot, gelb, beige marmoriert
Chemische Formel, Mineralstoffe: SiO_2 + Fe,O,OH

Mineralogie:
Mookait ist ein australischer Jaspis, der gelben und roten Jaspis in hellen Farbtönen in sich vereint. Er entsteht sedimentär in Verwitterungszonen und als Spaltenfüllung.

Mythologie:
Mookait war und ist in Australien ein kraftspendender Heilstein. Er gehörte nicht zu den tabuisierten Steinen, über deren kultische Verwendung noch immer kein Weißer Auskunft erhält, sondern war ein Regenerations- und Wundheilstein für den »alltäglichen« Gebrauch.

Heilkunde:
Spirituell fördert Mookait den Wunsch nach Abwechslung und neuen Erfahrungen. Er hilft, die äußeren Aktivitäten und die innere Verarbeitung der daraus folgenden Eindrücke in einem harmonischen Gleichgewicht zu halten.
Seelisch schenkt Mookait gleichzeitig tiefe innere Ruhe und Abenteuerlust. Er hilft, zu erfahren, daß Meditation bei jeder Tätigkeit möglich ist.
Mental macht Mookait beweglich und flexibel. Er hilft, immer mehrere Möglichkeiten zu sehen und doch problemlos das Passende auszuwählen.
Körperlich stabilisiert Mookait die Gesundheit. Er stärkt das Immunsystem und regt die Blutreinigung in Leber und Milz an. Mookait fördert die Wundheilung und läßt Vereiterungen abklingen.

Anwendung:
Mookait sollte über längere Zeit am Körper getragen werden, da sich seine Wirkung nur langsam steigert.

Abb. 84:
Mookait, Australien
Moosachat, Indien

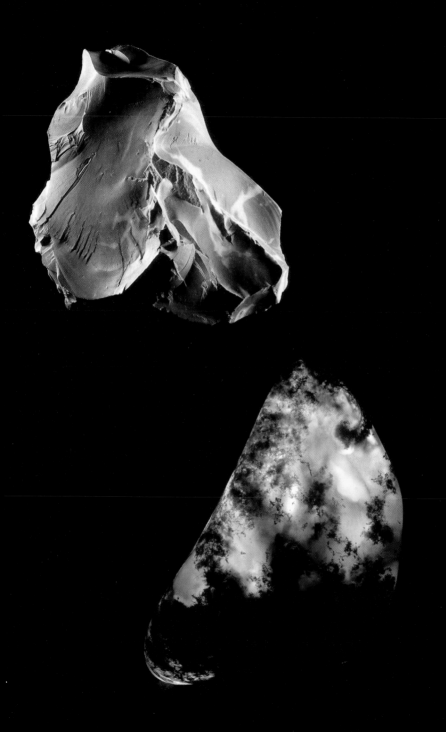

Moosachat

Kristallsystem: Trigonal
Bildungsprinzip: Sekundär
Mineralklasse: Oxide, Quarz-Gruppe
Farbe: Klar, blaß, hellblau mit moosgrünen Einschlüssen
Chemische Formel, Mineralstoffe: SiO_2 + Al,Ca,F,Fe,K,Mg,Na,OH,Si

Mineralogie:
Moosachat gehört zur Chalcedon-Familie und entsteht sekundär aus dickflüssiger Kieselsäure, in die Eisensilikat-Lösungen eingedrungen sind, ohne sich zu vermischen. So bildet sich Chalcedon, der moosgrüne, faden- und schlierenförmige Einschlüsse enthält.

Mythologie:
Bis in die moderne Literatur hinein findet sich immer wieder der Hinweis, daß Moosachat aufgrund seiner pflanzenartigen Signatur die Naturliebe stärkt. Weitere Hinweise auf seine Heilwirkung finden sich jedoch nicht.

Heilkunde:
Spirituell bringt Moosachat Befreiung von geistigen Ketten und Verhaftungen. Er verhilft zu neuer Initiative nach langem Zögern oder langer Zurückhaltung. Moosachat bringt Inspiration und ermöglicht, immer wieder neu anzufangen.
Seelisch befreit Moosachat von Druck und Belastung. Er hilft, tiefsitzende Angst zu lösen und fördert Zuversicht und Hoffnung. Moosachat bringt der Seele Erholung.
Mental fördert Moosachat die Kommunikationsfähigkeit. Er steigert die Bewußtheit, hilft, auch schwierige Sachverhalte geistig nachzuvollziehen, und macht den Verstand sehr rege.
Körperlich fördert Moosachat den Lymphfluß, hilft gegen Lymphknotenschwellungen und hartnäckige Infektionen, wirkt immunstärkend, fiebersenkend, entzündungshemmend, schleimbildend (bei trockenem Husten) und lindert Wetterfühligkeit.

Anwendung:
Moosachat sollte auf jeden Fall mit Hautkontakt getragen oder aufgelegt werden.

Morganit

Kristallsystem: Hexagonal
Bildungsprinzip: Primär
Mineralklasse: Ring-Silikate, Beryll-Familie
Farbe: Rosa
Chemische Formel, Mineralstoffe: $Be_3Al_2(Si_6O_{18})$ + K,Li,Na + (Cu,Mn,Ni)

Mineralogie:
Morganit ist ein durch Lithium und Mangan rosa gefärbter Beryll. Er entsteht in Pegmatiten, wenn die magmatische Lösung dort ausreichend mit Beryllium und Lithium angereichert ist.

Mythologie:
Morganit wurde erst in diesem Jahrhundert entdeckt und nach dem Mineraliensammler, Bankier und Geheimbündler John Pierpont Morgan benannt. Überlieferungen zur Wirkung gibt es daher nicht.

Heilkunde:
Spirituell hilft Morganit, Selbstwichtigkeit, Fanatismus, Scheuklappenmentalität und Fluchtgewohnheiten als solche zu erkennen und sich stattdessen einem beschaulicheren Leben zu widmen. Morganit weckt die Liebe zum Leben selbst und damit auch zu allem Lebendigen.
Seelisch hilft Morganit, Streß und Leistungsdruck abzubauen. Morganit macht übergangene seelische Bedürfnisse wieder bewußt und hilft, Gefühle wahrzunehmen und zu leben.
Mental hilft Morganit, Ehrgeiz loszulassen und Freude an geistigen Tätigkeiten zu haben, die keinem Gewinn oder Erfolg dienen. Morganit schafft Raum für Muse.
Körperlich lindert Morganit streßbedingte Krankheiten wie Herzbeschwerden, Nervenleiden, Gleichgewichtsstörungen und Impotenz.

Anwendung:
Morganit kann als Meditationsstein auf das Herz aufgelegt werden. Streßsymptome lindert schnell der Aufenthalt in einem Morganit-Kreis, gefolgt von längerem Tragen direkt am Körper.

Nephrit

Kristallsystem: Monoklin
Bildungsprinzip: Tertiär
Mineralklasse: Ketten-Silikate, Aktinolith-Familie
Farbe: Grün
Chemische Formel, Mineralstoffe: $Ca_2(Mg,Fe)_5(Si_8O_{22})(OH,F)_4 + OH,F$

Mineralogie:
Nephrit ist eine kryptokristalline Varietät des Aktinoliths mit dichten, verfilzten Kristallfasern. Er entsteht metamorph bei der Bildung von Aktinolithschiefern.

Mythologie:
Der Name Nephrit stammt von griech. »nephron« = »Niere«. Schon im Altertum und in den frühen Kulturen Südamerikas und Neuseelands war Nephrit als Nierenheilstein bekannt. Darüber hinaus wurde er als Amulett und zur Herstellung von Götterbildern verwendet.

Heilkunde:
Spirituell zählt Nephrit zu den Schutzsteinen gegen aggressive Einflüsse. Er macht unbeeinflußbar durch Druckmittel und hilft, die eigene Identität zu wahren.
Seelisch vermittelt Nephrit Sicherheit. Er hilft, Spannungen und Kummer abzubauen und heftige Emotionen zu entladen, führt langfristig jedoch zu innerem Frieden und mildert Aggressivität.
Mental fördert Nephrit Neutralität und Toleranz. Er hilft bei Unentschlossenheit, Entscheidungen zu fällen, und löst Zweifel und sinnloses Grübeln auf. Nephrit macht kreativ und handlungsfreudig.
Körperlich verbessert Nephrit die Nierenfunktion, lindert Nierenentzündungen und beugt Ablagerungen in den Harnwegen und Nierensteinen vor. Er fördert dadurch auch die Entgiftung der Körperflüssigkeiten und des Gewebes.

Anwendung:
Nephrit sollte längere Zeit am Körper getragen werden, bis sich ein inneres Gleichgewicht eingestellt hat. Bei akuten Fällen kann er direkt auf den Nieren aufgelegt oder mit Pflaster aufgeklebt werden.

Abb. 85:
Morganit, Brasilien
Nephrit, Rußland

Obsidian

Kristallsystem: Amorph
Bildungsprinzip: Primär
Mineralklasse: Oxide
Farbe: Schwarz, grau, braun, silbrig oder bunt schillernd
Chemische Formel, Mineralstoffe: SiO_2 + Fe_2O_3 + H_2O + Al,C,Ca,K,Na,Fe

Mineralogie:

Obsidian entsteht vulkanisch durch extrem rasche Abkühlung kieselsäurereicher Lava, die so schnell erstarrt, daß sich keine kristallinen Strukturen ausbilden können (»Temperaturschock«). Es entsteht eine amorphe »erstarrte Schmelze« mit reichhaltigem Mineralstoff-, Wasser- und Gaseinschluß. Obsidian wird aus diesem Grund auch »Gesteinsglas« oder »vulkanisches Glas« genannt. Die Grundfarbe des Obsidian ist schwarz, und in der Regel ist er opak. Nur aus einer sehr fremdstoffarmen Lava kann transparenter Obsidian, der sog. Rauchobsidian entstehen (auch Apachenträne genannt). Durch fein verteilte Gasbläschen erhält Obsidian einen silbrigen, durch Wasserbläschen einen bunten Schimmer und wird dann Silberobsidian bzw. Regenbogenobsidian genannt. Wenn Obsidian doch beginnt, langsam auszukristallisieren, dann entstehen kleine Einschlüsse aus grauem Feldspat: Es bildet sich der sog. Schneeflockenobsidian. Diese Kristallisation kann fortschreiten, bis Obsidian sich vollständig in Feldspat umgewandelt hat. Durch hohen Eisengehalt entstehen manchmal auch braune Flecken – der sog. Mahagony-Obsidian.

Mythologie:

Obsidian gehört zu den ältesten Kulturgegenständen der Menschheit. Schon in der frühen Steinzeit fanden Obsidianklingen, wie Grabbeigaben belegen, für kultische Zwecke Verwendung. Im Altertum galt er als Stein, der Dämonen austreibt, im Mittelalter als Hilfsmittel für magische Handlungen. Die Azteken-Priester des Gottes Tezcatlipoca (»Rauchender Spiegel«) benutzten Obsidian-Spiegel zur Wahrsagekunst. Ebenfalls nach uralter Tradition wird Obsidian zur Wundheilung und Schmerzlinderung verwendet – ein interessanter Zusammenhang: War er

Abb. 86:
Obsidian, Mexiko
Mahagony-Obsidian, Mexiko

328

doch die erste Klinge und Waffe des Menschen. Seinen Namen erhielt Obsidian nach dem Römer Obsius, der den Stein, den Berichten Plinius' zufolge, im heutigen Äthiopien fand.

Heilkunde:

Spirituell hilft Obsidian, Integrität zu erlangen, indem die eigenen Schattenseiten in ihrer wahren Natur erkannt und wieder Teil des eigenen Selbsts werden. So erreicht man die »Makellosigkeit des Kriegers«, die geistige Unverwundbarkeit und Freiheit. Auf diese Weise kehren auch vergessene Fähigkeiten zurück, und die Wahrnehmung verfeinert sich bis hin zur Hellsichtigkeit.

Seelisch löst Obsidian Schocks, Angst, Blockaden und Traumatisierungen auf. Er wirkt belebend und bringt verborgene innere Bilder ans Licht. Obsidian gibt der Empfindungswelt eine ungeahnte Tiefe und hilft gegen jede Art von Besessenheit. Er reinigt die Atmosphäre von negativen geistigen Einwirkungen und schützt gegen geistige Angriffe.

Mental erweitert Obsidian die Bewußtheit und hilft, festgefahrene Glaubens-, Kommunikations- und Verhaltensmuster zu verändern. Er schärft die Sinne und hilft dem Verstand, mysteriöse Phänomene, Erlebnisse und Schilderungen zu durchschauen.

Körperlich löst Obsidian Schmerzen, Verspannungen, energetische Blockaden und Gefäßverengungen auf. Er löst den bei Verletzungen entstandenen Schock auf der Zellebene und hilft so, Blutungen zu stillen und die Wundheilung zu beschleunigen. Obsidian verbessert die Durchblutung, sogar in Extremfällen wie Raucherbein, und sorgt damit auch für eine Erwärmung der Gliedmaßen, z.B. bei chronisch kalten Händen und Füßen

Anwendung:

Für die seelisch-geistigen Wirkungen sollte Obsidian als Meditationsstein in Form eines Spiegels oder einer Kugel ruhig betrachtet werden. Es empfiehlt sich jedoch, die Meditation zur abschließenden Klärung immer mit Bergkristall zu beenden. Zur Meditation eignen sich schwarzer, Regenbogen- und Silberobsidian an besten. Auf die Haut aufgelegter Rauchobsidian lindert Schmerzen sehr schnell, während die Durchblutung am besten mit Mahagony- oder Schneeflockenobsidian angeregt wird (am Körper tragen).

Abb. 87:
Silber-Obsidian, Mexiko; Regenbogen-Obsidian, Mexiko;
Schneeflocken-Obsidian, USA

Onyx

Kristallsystem: Trigonal
Bildungsprinzip: Primär
Mineralklasse: Oxide, Quarz-Gruppe
Farbe: Schwarz
Chemische Formel, Mineralstoffe: SiO_2 + C,Fe

Mineralogie:
Onyx ist ein durch Eisen- und Manganeinlagerungen schwarz
gefärbter Chalcedon. Er entsteht hydrothermal oder hydrisch
(aus kühleren Lösungen) in Gesteinshohlräumen.

Mythologie:
Im Mittelalter galt Onyx als Unheilstein, der Traurigkeit, Ängste
und im Schlaf Wahnbilder erzeugt sowie Streit und Zank fördert.
Noch heute hat er einen schlechten Ruf als »Stein der Egoisten«.

Heilkunde:
Spirituell fördert Onyx die Selbstverwirklichung. Er hilft, die
eigenen Ziele unablässig zu verfolgen und eignet sich damit besonders für Menschen, die sich zu leicht beeinflussen lassen.
Seelisch stärkt Onyx Selbstbewußtsein und Verantwortungs-
gefühl. Er fördert einen gesunden Egoismus und die Bereitschaft,
sich notfalls auch auf Auseinandersetzungen einzulassen.
Mental verbessert Onyx das Durchsetzungsvermögen. Er regt
das analytische Denken und die Logik an, verbessert die Konzentrationsfähigkeit und hilft, schlüssig und bestimmt zu
argumentieren. Onyx macht nüchtern und realistisch und
bringt bessere Kontrolle über die eigenen Handlungen.
Körperlich schärft Onyx den Gehörsinn und heilt Erkrankungen
des Innenohrs. Er verbessert die Funktion sensorischer und
motorischer Nerven, hilft damit auch bei Sehschwäche und
stärkt das Immunsystem gegen Infektionsanfälligkeit.

Anwendung:
Onyx sollte längere Zeit getragen werden, da seine Wirkung sich
nur langsam entfaltet.

Abb. 88:
Onyx, Brasilien

Opal

Kristallsystem: Amorph
Bildungsprinzip: Sekundär
Mineralklasse: Oxide
Farbe: In allen Farben bunt schillernd
Chemische Formel, Mineralstoffe: SiO_2 + H_2O + C,Ca,Fe,Mg

Mineralogie:
Opal bildet sich sekundär aufgrund der Verfestigung von Kieselsäure-Gel durch Wasserverlust. Aus der tröpfchenförmigen Kieselsäure im Gel entstehen so Siliciumdioxid-Kügelchen, zwischen denen noch bis zu 20% Wasser und Gas eingeschlossen bleibt. Durch die Lichtbrechung an jenen Kügelchen erhält Opal sein farbiges Schillern. Bei bläulicher Grundfarbe (Ca + Fe), wird er Boulder-Opal genannt, weiß (Ca + Mg) Milchopal und schwarz (C + Fe) Schwarzopal.

Mythologie:
Opal ist sowohl als Glücks- als auch Unglücksstein bekannt. In der griechischen Mythologie entstand er aus den Glückstränen des Zeus nach dem Sieg über die Titanen, in Indien ist er die auf der Flucht vor zudringlichen Göttern zu Stein erstarrte Göttin des Regenbogens.

Heilkunde:
Spirituell bringt Opal Freude am irdischen Leben. Er lenkt unsere Aufmerksamkeit auf die bunten Seiten des Lebens und fördert so den Wunsch nach Abwechslung und Zerstreuung.
Seelisch stärkt Opal das Verlangen, die Erotik und Sexualität. Er macht emotional, verführerisch, unkonventionell, lebenslustig und fördert den Optimismus.
Mental macht Opal »leichten Sinnes«, manchmal auch etwas leichtsinnig. Er fördert Spontaneität, Poesie und das Interesse an den musischen Künsten.
Körperlich wirkt Opal aufgrund der Stärkung des Lebenswillens generell gesundheitsfördernd.

Anwendung:
Opal wirkt sowohl durch Tragen, Auflegen (Herzbereich) und meditative Betrachtung.

Abb. 89:
Boulder-Opal, Australien; Milchopal, Mexiko;
Schwarzopal, Australien

Opal, Chrysopal

Kristallsystem: Amorph
Bildungsprinzip: Sekundär
Mineralklasse: Oxide
Farbe: Grün, blaugrün
Chemische Formel, Mineralstoffe: SiO_2 + H_2O + Cu

Mineralogie:
Chrysopal entsteht sekundär aus kupferhaltigem Kieselsäure-Gel, das sich durch Wasserverlust verfestigt. Bei höherem Kupfergehalt kann er fließend in Chrysokoll übergehen.

Mythologie:
Chrysopal gilt als Stein des Meeres, der Weite und der Sehnsucht nach der (geistigen) Heimat. In Südamerika wird er noch heute als Zauberstein für Herzensangelegenheiten verwendet.

Heilkunde:
Spirituell öffnet Chrysopal für neue Eindrücke. Er macht anderen Menschen gegenüber aufgeschlossen und fördert das Gemeinschaftserleben. Chrysopal bringt Begeisterungsfähigkeit.
Seelisch befreit Chrysopal die Gefühle. Er hilft, unterdrückter Trauer ihren Lauf zu lassen und sich alle Last von der Seele zu weinen. Chrysopal wirkt stimmungsaufhellend und vermittelt ein angenehm aufregend-melancholisches Lebensgefühl. Er hilft gegen Mutlosigkeit und schürt die kindliche Neugier, die in der ganzen Welt den Abenteuerspielplatz sieht.
Mental regt Chrysopal an, die Welt mit staunenden Augen zu betrachten und das Wunder des Lebens zu sehen.
Körperlich fördert Chrysopal die Regenerationskraft der Leber und wirkt entgiftend und fiebersenkend. Er befreit Herz und Brust von Beklemmungen.

Anwendung:
Chrysopal sollte in der Herzregion getragen oder aufgelegt werden und kann zur Meditation betrachtet oder als Steinkreis ausgelegt werden.

Abb. 90:
Chrysopal, Peru
Grüner Opal, Mexiko

Opal, Feueropal

Kristallsystem: Amorph
Bildungsprinzip: Primär
Mineralklasse: Oxide
Farbe: Rot, Orange, Gelb
Chemische Formel, Mineralstoffe: SiO_2 + H_2O + Fe

Mineralogie:

Feueropal entsteht primär aus der Verfestigung magmatischer Kieselsäure-Gele in Vulkangebieten mit heißen Quellen und Geysiren. Seine Farbe erhält er duch Eisen.

Mythologie:

Feueropal ist ein Stein des Mars. Er gilt als Stein der Entdecker und Eroberer, der seinem Träger gutes Gelingen, Erfolg und die Überwindung aller Gefahren sichert.

Heilkunde:

Spirituell bringt Feueropal Dynamik, Initiative und neue Ideen. Er weckt das innere Feuer, hilft, in kurzer Zeit sehr viel zu leisten und andere schnell zu begeistern. Feueropal macht spontan und impulsiv.

Seelisch macht Feueropal lebendig, aufgeschlossen und risikofreudig. Er weckt und muntert auf und bringt Fröhlichkeit, Begeisterung, Lebensfreude und Spaß an der Sexualität. Mitunter macht Feueropal etwas explosiv, so daß aufgestaute Emotionen sich blitzartig entladen.

Mental hilft Feueropal, zu starten. Er reißt aus langen Überlegungen heraus, bringt eine rasche Auffassungsgabe und regt an, zu handeln. Durch Feueropal wird das Denken sehr emotional bestimmt und durch Herausforderungen erst so richtig in Schwung gebracht.

Körperlich behebt Feueropal alle Energie-Mangelerscheinungen. Er regt die Geschlechtsorgane an und aktiviert die Nebennieren (Adrenalinproduktion).

Anwendung:

Feueropal wirkt sehr stark, wenn er am unteren Schambeinrand aufgelegt wird oder in der Hosentasche getragen wird. Zur Meditation ist es am besten, ihn (so ruhig es geht ...) zu betrachten.

Opal, grün

Kristallsystem: Amorph
Bildungsprinzip: Sekundär
Mineralklasse: Oxide
Farbe: Grün
Chemische Formel, Mineralstoffe: SiO_2 + H_2O + Fe,Ni

Mineralogie:
Grüner Opal entsteht sekundär aus eisen- und nickelhaltigem
Kieselsäure-Gel, das sich durch Wasserverlust verfestigt. Er ist
selten reiner Opal, sondern enthält größere Quarz-Anteile. Mit-
unter wird grüner Opal daher auch zum Opalith (opalhaltiges
Gestein) gerechnet.

Mythologie:
Grüner Opal stammt aus Mexiko und ist erst seit wenigen Jah-
ren hier in Europa erhältlich. Leider ist über eine traditionelle
Verwendung als Heilstein nichts bekannt.

Heilkunde:
Spirituell hilft grüner Opal, neue Lebensperspektiven zu finden.
Er ermöglicht, den Sinn in den alltäglichen Aufgaben zu sehen
oder ihnen einen Sinn zu geben.
Seelisch fördert grüner Opal Erholung und Regeneration bei
Erschöpfung durch anstrengende geistige Tätigkeiten. Er befreit
von Angst und Schuldgefühlen und hilft, ruhig zu schlafen.
Mental hilft grüner Opal bei Orientierungslosigkeit. Er fördert
die Fähigkeit, zu selektieren und aus einem unüberschaubaren
Informationsangebot intuitiv die wichtigsten Fakten auszufil-
tern.
Körperlich wirkt grüner Opal sehr stark entgiftend. Er regt die
Körperflüssigkeiten, Leber und Nieren und die Funktion der
Keimdrüsen (Eierstöcke und Hoden) an.

Anwendung:
Grüner Opal sollte am Körper getragen oder im Bereich der Leber aufgelegt werden. Seine befreiend-erholsame Wirkung wird
außerdem sehr schnell bewußt, wenn er meditativ betrachtet
wird. Sehr stark wirkt auch der Aufenthalt im Steinkreis.

Opal, pink

Kristallsystem: Amorph
Bildungsprinzip: Sekundär
Mineralklasse: Oxide
Farbe: Rosa
Chemische Formel, Mineralstoffe: SiO_2 + H_2O + Mn

Mineralogie:
Pinkopal entsteht sekundär aus manganhaltigem Kieselsäure-Gel, das sich durch Wasserverlust verfestigt. Er findet sich in der Oxidationszone von Manganerz-Lagerstätten.

Mythologie:
Pinkopal ist erst seit wenigen Jahren in Europa erhältlich. Leider ist keine traditionelle Überlieferung zur Verwendung als Heilstein bekannt.

Heilkunde:
Spirituell fördert Pinkopal Gastfreundschaft und Engagement in ideellen Gemeinschaften. Er hilft, sich einem höheren Ideal unterzuordnen und uneigennützig zu handeln.

Seelisch bringt Pinkopal Unbefangenheit und Unbeschwertheit. Er löst Niedergeschlagenheit und Sorgen auf und fördert die Herzlichkeit unseren Mitmenschen gegenüber. Pinkopal hilft, sich offen so zu zeigen, wie man ist, und befreit von Schüchternheit, Scham und Hemmungen. Pinkopal hilft, Sexualität zu genießen.

Mental regt Pinkopal träumerische Nachdenklichkeit an, in der aus der Mischung von Erinnerungen und Wunschvorstellungen neue Ideen und Konzepte gesponnen werden.

Körperlich lindert Pinkopal Herzbeschwerden. Er hilft vor allem bei Herzneurosen, d.h. Symptomen, die nur aus der Sorge ums Herz auftreten, jedoch ohne körperlichen Befund bleiben.

Anwendung:
Pinkopal sollte in der Herzregion getragen oder aufgelegt werden und kann zur Meditation betrachtet oder als Steinkreis ausgelegt werden.

Abb. 91:
Feueropal, Mexiko
Pinkopal, Peru

Peridot, Olivin, Chrysolith

Kristallsystem: Rhombisch
Bildungsprinzip: Primär
Mineralklasse: Insel-Silikate
Farbe: Farblos, flaschengrün, olivgrün, grüngelb
Chemische Formel, Mineralstoffe: $(Mg,Fe)_2[SiO_4]$ + Al,Ca,Mn,Ni,Co,Cr,Ti

Mineralogie:

Peridot entsteht primär in Tiefengesteinen aus ultrabasischem Magma. Er wird häufig durch aufsteigendes Magma mitgerissen und bei Vulkanausbrüchen ausgeschleudert. Als sog. »Olivin-Bombe« findet er sich dann eingebettet im Vulkangestein.

Mythologie:

Peridot wurde schon im 2. Jahrtausend vor Christus in Ägypten als Schmuck- und Heilstein verwendet. In alten Schriften wird er oft als Topas bezeichnet, so z.B. im Alten Testament: Der »Topas« aus dem Brustschild des Hohenpriesters ist vermutlich ein Peridot. Im Mittelalter wurde er zur Abwehr böser Geister und für Weisheit und Freundschaft verwendet.

Heilkunde:

Spirituell hilft Peridot, sich aus Fremdbestimmung zu lösen. Er hilft, das eigene Leben zu leben und Weisheit aus der Fülle der Lebenserfahrungen zu erwerben.

Seelisch löst Peridot Belastungen auf, die aus Selbstvorwürfen, schlechtem Gewissen und Schuldgefühlen stammen. Er hilft, aufgestauten Ärger und Wut zu entladen.

Mental hilft Peridot, sich Fehler einzugestehen und zu verzeihen. Er macht Versäumnisse bewußt und regt an, Schaden wiedergutzumachen.

Körperlich wirkt Peridot stark entgiftend und leberanregend. Er regt Leber und Galle an, stimuliert den Stoffwechsel und hilft bei Hautproblemen, sogar gegen Warzen.

Anwendung:

Peridot sollte mit Hautkontakt getragen oder auf die Leber aufgelegt werden.

Abb. 92:
Peridot (Chrysolith), USA
Peridot (Olivin), Lanzarote

Pietersit

Kristallsystem: Trigonal
Bildungsprinzip: Sekundär
Mineralklasse: Oxide, Quarz-Gruppe
Farbe: Blauschwarz/braun gefleckt
Chemische Formel, Mineralstoffe: SiO_2 + $Na_2(Mg,Fe,Al)_5(OH/Si_4O_{11})_2$

Mineralogie:
Pietersit ist eine durch Quarz verkittete Brekzie aus Falken- und Tigerauge und zeigt dadurch ein scheckiges Muster aus Krokydolith-Fasern.

Mythologie:
Pietersit wird erst seit kurzem in der Wüste Namibias gefunden und trägt den Namen des Entdeckers Sid Pieters. In der Edelsteintherapie-Schule von Jane Ann Dow in New Mexico wird er auch als Sturmstein bezeichnet, ein Stein, der in chaotischen Zeiten Hilfe bietet.

Heilkunde:
Spirituell hilft Pietersit, Zeiten schneller und stürmischer (persönlicher oder kollektiver) Veränderungen zu meistern und aus Chaos neue Ordnung zu schaffen. Er löst hartnäckige Verhaftungen und klärt Verwirrung.

Seelisch hilft Pietersit, unverarbeitete Bilder und innere Konflikte zu bewältigen und daran geknüpfte unangenehme Gefühle aufzulösen. Pietersit hilft, notfalls distanziert zu bleiben, ohne gefühllos zu werden.

Mental hilft Pietersit, Eindrücke schneller zu verarbeiten und dadurch geistig aufnahmefähig zu bleiben. Er ermöglicht, in einer Vielzahl von Ablenkungen und Zerstreuungen konzentriert und gesammelt zu bleiben.

Körperlich unterstützt Pietersit die Heilung von Krankheiten, die durch Verwirrung oder unerfüllte Ruhebedürfnisse entstanden sind. Er hilft insbesondere bei allen Atembeschwerden.

Anwendung:
Pietersit kann getragen oder auf den Solarplexus aufgelegt werden. Stark zentrierend wirkt der Aufenthalt im Steinkreis.

Abb. 93:
Pietersit, Namibia

Prasem

Kristallsystem: Trigonal
Bildungsprinzip: Primär oder tertiär
Mineralklasse: Oxide, Quarz-Gruppe
Farbe: Lauchgrün
Chemische Formel, Mineralstoffe: SiO_2 + $Ca_2(Mg,Fe)_5[(OH,F)/Si_4O_{11}]_2$

Mineralogie:
Prasem ist ein durch massenhaft eingeschlossene Aktinolith-
nadeln grün gefärbter Quarz. Er entsteht selten hydrothermal
und bildet dann Kristalle, deren Seiten fließend in die Spitze
übergehen. Häufiger entstehen jedoch derbe Massen bei der
Metamorphose eisensilikat- und quarzhaltiger Gesteine.

Mythologie:
Prasem ist seit der Antike bekannt. Schon Plinius (1. Jhd.) kannte
ihn als »Prasius«. Im Mittelalter wurde er als Augenheilstein,
gegen Fieber und zur Heilung von Quetschungen verwendet.

Heilkunde:
Spirituell fördert Prasem Beherrschung und die bewußte Kon-
trolle des eigenen Lebens. Er gibt dem Leben eine ruhige, einfach-
pragmatische Qualität.
Seelisch lindert Prasem hitziges Gemüt, Zorn und Wutaus-
brüche. Er wirkt beruhigend und hilft besonders nachtragenden
Menschen, sich wieder zu versöhnen.
Mental hilft Prasem, selbst bei heftigsten emotionalen Reaktio-
nen die bewußte Kontrolle über die eigenen Handlungen nicht
zu verlieren.
Körperlich wirkt Prasem schmerzlindernd und fiebersenkend.
Er läßt Schwellungen und Prellungen abklingen und lindert
Strahleneinflüsse wie Sonnenbrand, Sonnenstich oder Hitz-
schlag.

Anwendung:
Prasem sollte längere Zeit getragen werden, da sich seine Wirkung nur langsam entfaltet. Um Schmerzen und Schwellungen
zu lindern, sollte der Stein zuvor erwärmt werden.

Abb. 94:
Prasem, Serifos, Griechenland

Prehnit

Kristallsystem: Rhombisch
Bildungsprinzip: Primär
Mineralklasse: Gruppen-Silikate
Farbe: Farblos, grünlich
Chemische Formel, Mineralstoffe: $Ca_2Al[(OH)_2/AlSi_3O_{10}]$

Mineralogie:
Prehnit entsteht hydrothermal in Blasenräumen oder auf Klüften basischer Gesteine, insbesondere in Vulkaniten und kristallinen Schiefern.

Mythologie:
Prehnit wurde erst Ende des 18. Jhd. entdeckt und nach dem Oberst Prehn benannt, der das Mineral vom Kap der guten Hoffnung (Südafrika) mitgebracht hatte. Überlieferungen zur Heilwirkung gibt es nicht.

Heilkunde:
Spirituell hilft Prehnit, Vermeidungs- und Verdrängungsmechanismen aufzulösen. Er hilft, auch unangenehme Wahrheiten zu akzeptieren, was die eigene Identität deutlich stärkt.

Seelisch hilft Prehnit, sich verdrängten Bildern und Erinnerungen zu stellen und damit verbundene unangenehme Empfindungen aufzulösen. Prehnit bringt nur wenig Erinnerungen hervor, doch er hilft in dem Moment, wenn sie durch ein neues Erlebnis aktiviert und präsent werden.

Mental fördert Prehnit den analytischen Verstand und beschleunigt die Verarbeitung von Sinneseindrücken. Prehnit steigert unmerklich aber kontinuierlich die Aufnahmefähigkeit.

Körperlich regt Prehnit den Fettstoffwechsel an und beschleunigt die Entfernung der im Fett eingelagerten Giftstoffe. Prehnit stimuliert alle Erneuerungsprozesse im Körper.

Anwendung:
Prehnit sollte direkt am Körper, auf jeden Fall mit Hautkontakt getragen werden. Zum Fettabbau wirkt er am stärksten, wenn mehrere Prehnite gleichzeitig auf Leber, Pankreas und im Dünndarmbereich aufgelegt werden.

Abb. 95:
Prehnit, Indien

Pyrit

Kristallsystem: Kubisch
Bildungsprinzip: Primär, sekundär oder tertiär
Mineralklasse: Sulfide
Farbe: Goldmetallisch
Chemische Formel, Mineralstoffe: FeS_2 + Co,Ni,Sb + (Cu,Au,Ag,Zn)

Mineralogie:

Pyrit-Grüppchen mit ausgebildeten Kristallen entstehen überwiegend hydrothermal, knollige und kugelige Pyrite, aber auch
die exakten spanischen Würfel, entstehen sedimentär in Ton
und Kohle, die bekannten Pyrit-Sonnen schließlich entstehen
tertiär bei der Metamorphose solcher Sedimente.

Mythologie:

Pyrit bedeutet »Feuerstein«, da er beim Anschlagen Funken
sprüht und schon in der Steinzeit zum Feuermachen verwendet
wurde. Da »das Feuer in ihm wohnt«, wurde er als magischer
Stein zu Amuletten verarbeitet und als »erwärmender Stein«
heilkundlich verwendet.

Heilkunde:

Spirituell fördert Pyrit Selbsterkenntnis. Er konfrontiert mit dem
eigenen Charakter und zeigt dessen lichte wie dunkle Seiten auf.
Seelisch deckt Pyrit Heimlichkeiten und Erinnerungen auf, die
zurückgehalten wurden, und bietet so die Chance für Offenheit
und Ehrlichkeit.
Mental verdeutlicht Pyrit die Ursache bestimmter Lebenssituationen und Krankheiten und ermöglicht daher die notwendigen
Veränderungen.
Körperlich klärt Pyrit verworrene Krankheitsbilder und unklare
Symptomatiken. Er bringt die ursächlichen Krankheitssymptome
hervor. Speziell Pyrit-Sonnen wirken schmerzlindernd.

Anwendung:

Pyrit sollte nur für kurze Zeit direkt mit der Haut in Berührung
gebracht werden, da er bei längerem Kontakt (insbesondere mit
Schweiß) schwarzes Eisensulfid absondert, das die Haut reizt
und die Kleidung färbt. Besser ist es, ihn zur Meditation zu verwenden oder an einen Ort zu stellen, wo man ihn regelmäßig
sieht.

Abb. 96:
Pyrit, Peru; Pyrit-Würfel, Spanien

Rauchquarz

Kristallsystem: Trigonal
Bildungsprinzip: Primär
Mineralklasse: Oxide, Quarz-Gruppe
Farbe: Hell- bis dunkelbraun
Chemische Formel, Mineralstoffe: SiO_2 + (Al,Li,Na)

Mineralogie:
Rauchquarz entsteht überwiegend in Pegmatiten oder hydrothermal in Drusen und auf Klüften. Seine braune Farbe erhält er durch Aluminium und Lithium sowie durch die Einwirkung radioaktiver Strahlung.

Mythologie:
Rauchquarz gilt in den Alpenländern als Schutzstein gegen Unheil, und noch heute werden aus diesem Grund Kreuze aus ihm geschliffen. Insbesondere auch Soldaten im Krieg trugen ihn früher.

Heilkunde:
Spirituell erhöht Rauchquarz die Belastbarkeit. Er hilft, Leid und Anstrengung besser zu ertragen, schwere Zeiten leichter zu überstehen und die Arbeit zu tun, die getan werden muß.
Seelisch wirkt Rauchquarz entspannend. Er ist der klassische »Anti-Streß-Stein«, der langfristig auch die Neigung, sich »stressen zu lassen«, nimmt und gegen Streß-Faktoren widerstandsfähiger macht.
Mental fördert Rauchquarz nüchterne, realistische und pragmatische Überlegungen. Er fördert die Konzentration und hilft, Widersprüche aufzulösen, sowie Gefühle und Gedanken zu trennen.
Körperlich wirkt Rauchquarz schmerzlindernd und löst Verkrampfungen. Er hilft insbesondere bei Rückenbeschwerden. Rauchquarz stärkt die Nerven, schützt gegen Strahleneinflüsse und lindert Strahlenschäden.

Anwendung:
Zur Stärkung sollte Rauchquarz längere Zeit als Kette oder Anhänger getragen werden. In Streß-Situationen helfen zwei Trommelsteine oder Kristalle, die je in einer Hand gehalten werden. Um Schmerzen aufzulösen, kann Rauchquarz direkt auf die schmerzende Stelle aufgelegt werden.

Abb. 97:
Rauchquarz, Schweiz; Rauchquarz-Gwindel, Schweiz

Rhodochrosit

Kristallsystem: Trigonal
Bildungsprinzip: Sekundär
Mineralklasse: Carbonate
Farbe: Himbeerrot bis rosa
Chemische Formel, Mineralstoffe: $MnCO_3$ + Ca,Fe,Zn

Mineralogie:
Rhodochrosit entsteht sekundär in der Oxidationszone von Manganerz-Lagerstätten. Mangan- und kohlensäurehaltiges Wasser scheidet sich dort in Gesteinshohlräumen in Form rosafarbener Rhodochrosit-Stalagmiten (Tropfsteine) oder als Spaltenfüllung ab.

Mythologie:
Rhodochrosit (griech.»rosenfarbig«) ist als Manganspat oder Himbeerspat schon lange bekannt, jedoch gibt es keine Hinweise auf eine traditionelle Verwendung als Heilstein.

Heilkunde:
Spirituell vermittelt Rhodochrosit eine positive, enthusiastische Lebenseinstellung. Er regt die unpersönliche, allumfassende Liebe an.

Seelisch fördert Rhodochrosit Aktivität, Lebendigkeit, Erotik und spontane Gefühlsäußerungen. Er wirkt stimmungsaufhellend, bringt Energie und macht leicht und beschwingt.

Mental bringt Rhodochrosit Wachheit und Dynamik: Er verursacht große Geschäftigkeit, erfüllt mit Ideen und hilft, daß die Arbeit leicht fällt und gelingt.

Körperlich regt Rhodochrosit Kreislauf, Blutdruck, Nieren und Keimdrüsen an. Er macht die Blutgefäße elastisch und hilft daher auch bei Migräne.

Anwendung:
Bei einem Migräneanfall sollte der Rhodochrosit auf die Medulla Oblongata aufgelegt werden, das ist jener druckempfindliche Punkt direkt unter dem Hinterhaupt, wo das Rückenmark durch die Öffnung des Schädels ins Stammhirn übergeht. Ansonsten genügt es, den Stein direkt am Körper zu tragen.

Abb. 98:
Rhodochrosit, Argentinien
Rhodonit, USA

Rhodonit

Kristallsystem: Triklin
Bildungsprinzip: Tertiär
Mineralklasse: Ketten-Silikate
Farbe: Rosa
Chemische Formel, Mineralstoffe: $CaMn_4[Si_5O_{15}]$ + Al,Ca,Fe,Li,K,Na

Mineralogie:

Sehr selten nur entsteht Rhodonit primär aus hydrothermalen
Lösungen relativ niedriger Temperatur. In wesentlich größeren
Mengen bildet er sich bei der Regionalmetamorphose sedimen-
tärer Manganerz-Lagerstätten. Dabei entstehen die derben rosa-
farbenen Massen, die durch Verwitterung wiederum teilweise
oxidiert werden können, wodurch sich typische schwarze
Flecken und Adern aus Mangandioxid bilden. Tertiäre Rhodonit-
Lagerstätten bringen z.T solche Mengen hervor, daß Rhodonit-
Monolithblöcke auch für Steinmetz- und Architekturarbeiten
verwendet werden.

Mythologie:

Rhodonit (nach griech. »rhodon« = »Rose«) ist seit etwa 200
Jahren unter diesem Namen bekannt, parallel dazu auch als
Mangankiesel oder Kieselmangan. Überlieferungen zu seiner
Heilwirkung waren leider nicht zu finden.

Heilkunde:

Spirituell hilft Rhodonit, zu verzeihen und bringt dadurch Versöhnung zwischen Menschen, die sich immer wieder gegenseitig
verletzen. Er hilft zu erkennen, daß Streit sehr häufig aus man-
gelnder Selbstliebe entsteht und die auslösenden »Verfehlungen«
des anderen nicht die eigentliche Ursache sind. Dadurch ermöglicht er gegenseitiges Verstehen, festigt Freundschaft und hilft,
Konflikte in konstruktiver Art und Weise zu lösen. Rhodonit
regt an, aus dem Leben zu lernen, und bringt geistige Reife.
Seelisch hilft Rhodonit, alte »Wunden« und »Narben« zu heilen. Er ermöglicht, zugefügtes Leid und Unrecht zu verzeihen
und befreit von seelischem Schmerz sowie gärender Wut und
andauerndem Ärger. Entsprechend hilft Rhodonit auch bei er-
neuter Verletzung: Er löst Schocks auf und hilft bei Angst, Verwirrung und Panik. Rhodonit kann als »Rescue-« bzw. »Erste-
Hilfe-Stein« betrachtet werden, der Traumatisierungen verhindert, wenn er sofort verwendet wird.

Mental ermöglicht Rhodonit, selbst in Extremsituationen, in Gefahr, bei Bedrohung oder unter starker Belastung klar und bewußt zu bleiben. Er hilft zu verstehen, daß Rache in erster Linie selbstzerstörerisch wirkt, und erleichtert, mit Provokationen und Beleidigungen gelassen umzugehen und in allen Handlungen stets besonnen und bedacht zu bleiben. Rhodonit verdeutlicht den Sinn oder Gewinn jedes Erlebnisses, auch wenn es unangenehm ist, und zeigt so Auswege aus scheinbar aussichtslosen Situationen auf.

Körperlich ist Rhodonit der beste Wundheilstein. Kleinere Verletzungen, wie leichte Schnitte z.B., heilen minutenschnell aus. Er heilt Vereiterungen, leitet Gift aus dem Gewebe (auch bei Insektenstichen) und sorgt dafür, daß bei der Heilung einer Verletzung gesundes Gewebe und kein Narbengewebe entsteht. In geringerem Umfang ermöglicht er sogar bei verheilten Wunden die nachträgliche Umwandlung der Narben. Rhodonit heilt auch innere Verletzungen und bewirkt Regeneration bei Krankheiten, bei denen Selbstauflösungsprozesse im Gang sind, wie z.B. Autoimmunerkrankungen, Magengeschwüre, selbst bei Multipler Sklerose. Rhodonit stärkt Herz und Kreislauf und fördert die Fruchtbarkeit bei beiden Geschlechtern.

Anwendung:

Zur Heilung seelischer Verletzungen sollte Rhodonit im Herzbereich längere Zeit getragen werden. Um spirituelle, seelische und mentale Wirkungen zu erzielen, wirkt auch die tägliche Meditation in einem Rhodonit-Steinkreis sehr stark. Bei kleineren Verletzungen sofort einen angefeuchteten Rhodonit auf die Wunde drücken und fünf bis zehn Minuten unter Druck halten. Alternativ dazu oder bei größeren Verletzungen kann verdünnte Rhodonit-Essenz (ca. 10 Tropfen auf 0,2 l Wasser) aufgebracht werden. Insbesondere die Essenz hilft bei Unfällen o.ä., Schock aufzulösen und das Entstehen eines Traumas zu verhindern. Hilfreich ist dabei zusätzlich, wenn der Verletzte einem ruhigen Zuhörer erzählen kann, was passiert ist. Dadurch bewältigt der Verstand das Geschehen.

Rhyolith

Kristallsystem: Trigonal (überwiegend)
Bildungsprinzip: Primär
Mineralklasse: Silikate / Oxide
Farbe: Weiß, grau, grünlich, rötlich mit deutlich sichtbaren Einsprengseln
Chemische Formel, Mineralstoffe: SiO_2 + $(Ca,K,Na)[AlSi_3O_8]$ + $Ca_2NaK(Mg,Fe)_3(Fe,Al)_2[(O,OH,F)_2 / Al_2Si_6O_{22}]$

Mineralogie:
Rhyolith ist vulkanisches Gestein. Es besteht überwiegend aus Quarz, Feldspat und Hornblende. Als Heilsteine werden vor allem grüner Rhyoltith mit Chalcedon-Einschlüssen (»Augen-Jaspis«) oder sandfarbener Rhyolith mit glasigen Einschlüssen (»Leopardenfell-Jaspis«) verwendet. Die Bezeichnung Jaspis beruht auf der Definition »Jaspis = Körniger Quarz mit hohem Fremdstoffanteil«, ist hier jedoch etwas irreführend.

Mythologie:
Der Name Rhyolith stammt von griech. »rhyx« = »Lavastrom«. Überlieferungen zur Wirkung sind nicht bekannt.

Heilkunde:
Spirituell hat Rhyolith den interessanten Effekt, den bestehenden geistigen Zustand zu verstärken und zu verdeutlichen, ohne jedoch eine Veränderung herbeizuführen.
Seelisch stärkt Ryolith Selbstachtung und Selbstwertgefühl. Er hilft, sich so anzunehmen, wie man ist, und wirkt emotiotional ausgleichend.
Mental hilft Rhyolith anstrengende Lebenssituationen ruhig und konzentriert im Bewußtsein der eigenen Kraft zu meistern.
Körperlich stärkt Rhyolith die Widerstandskraft. »Leoparden-fell-Jaspis« hilft aufgrund seiner Signatur bei Hautkrankheiten, verhärtetem Gewebe und Steinbildungen, »Augen-Jaspis« bei Grippe, Erkältungen und Infektionen.

Anwendung:
Aufenthalt auf Rhyolith-Gestein wirkt natürlich am stärksten, ansonsten sollte Rhyolith am Körper getragen werden.

Rosenquarz

Kristallsystem: Trigonal
Bildungsprinzip: Primär
Mineralklasse: Oxide, Quarz-Gruppe
Farbe: Rosa
Chemische Formel, Mineralstoffe: SiO_2 + Na,Al,Fe,Ti + (Ca,Mg,Mn)

Mineralogie:

Rosenquarz entsteht primär in jungen Pegmatiten und bildet so derbe Massen. Sehr selten entstehen Kristallgruppen durch hydrothermale Bildung. Asterismus (Sternbildung) kann durch orientiert eingewachsenen Rutil (TiO_2) entstehen und wird im Kugelschliff dann sichtbar.

Mythologie:

Rosenquarz gilt seit Jahrhunderten als Fruchtbarkeitsstein. Er wurde zur Heilung von Herzbeschwerden und Frauenleiden, aber auch zum Liebeszauber, d.h.»Herzensangelegenheiten« im übertragenen Sinn, verwendet.

Heilkunde:

Spirituell macht Rosenquarz sanft, jedoch bestimmt. Es entsteht keinesfalls Nachgiebigkeit, sondern eher das Bewußtsein: »Das Weiche und Sanfte überwindet das Harte und Starke«. Rosenquarz fördert Hilfsbereitschaft, Aufgeschlossenheit und den Wunsch nach einem wohltuenden Ambiente.

Seelisch stärkt Rosenquarz Einfühlungsvermögen, Empfindsamkeit und manchmal auch Empfindlichkeit. Er fördert Selbstliebe, Herzenskraft, Romantik und Liebesfähigkeit.

Mental befreit Rosenquarz von Sorgen und stärkt die Unterscheidungsfähigkeit (Sympathie / Antipathie). Rosenquarz lenkt die Aufmerksamkeit auf die Erfüllung elementarer Bedürfnisse.

Körperlich regt Rosenquarz die Gewebsdurchblutung an. Er stärkt Herz und Geschlechtsorgane, hilft bei sexuellen Schwierigkeiten und wirkt fruchtbarkeitsfördernd.

Anwendung:

Rosenquarz wirkt bereits als Rohstein in der näheren Umgebung. Er kann auf jede bekannte Weise angewendet werden.

Abb. 100:
Rosenquarz, Brasilien
Rutilquarz, Brasilien

Rutilquarz

Kristallsystem: Trigonal / tetragonal
Bildungsprinzip: Primär
Mineralklasse: Oxide, Quarz-Gruppe
Farbe: Klar, braun mit kupferroten oder goldenen Fasern
Chemische Formel, Mineralstoffe: SiO_2 + TiO_2

Mineralogie:
Rutilquarz besteht aus nadeligen Rutilkristallen, die von Bergkristall und Rauchquarz umschlossen sind. Er entsteht primär in Pegmatiten oder hydrothermal auf Klüften.

Mythologie:
Rutilquarz wird von alters her auch als Venushaar, später auch als Sagenit bezeichnet. Er galt als eingefangenes Sonnenlicht und sollte bei verdunkeltem Gemüt und Husten helfen.

Heilkunde:
Spirituell gibt Rutilquarz neue Hoffnung und vermittelt Aufrichtigkeit, Unabhängigkeit und geistige Größe. Er hilft, sich notfalls zur Wehr zu setzen, ohne das eigene Ziel zu verlieren.

Seelisch wirkt Rutilquarz stimmungsaufhellend und antidepressiv. Er löst verborgene und uneingestandene Angst auf und befreit von Beklemmungen. Rutilquarz hilft auch bei sexuellen Problemen durch zu große Anspannung, wie z.B. Potenzproblemen und vorzeitigem Samenerguß.

Mental hilft Rutilquarz, neue Lebenskonzepte zu entwickeln. Er hilft, groß zu denken und die eigene Visionskraft nicht ständig durch vermeintliche Sachzwänge zu beschneiden.

Körperlich hilft Rutilquarz bei Atemwegserkrankungen, insbesondere bei chronischer Bronchitis. Er fördert die Regenerationskraft aller Zellen und regt den Energiefluß und das Wachstum des Körpers an. Rutilquarz fördert eine aufrechte Haltung.

Anwendung:
Rutilquarz kann zur Meditation, für Steinkreise oder zum Tragen und Auflegen auf Brust oder Solarplexus verwendet werden.

Rubin

Kristallsystem: Trigonal
Bildungsprinzip: Primär oder tertiär
Mineralklasse: Oxide, Korund-Familie
Farbe: Rot
Chemische Formel, Mineralstoffe: Al_2O_3 + Cr,Ti

Mineralogie:

Rubin entsteht entweder liquidmagmatisch in aluminiumreichen Gesteinen wie Granit, Syenit oder Pegmatit, oder bei der Metamorphose ähnlicher Gesteine zu Gneisen, kristallinen Schiefern oder Marmor. Er gehört zur Korund-Familie und erhält seine rote Farbe durch Einlagerung von Chrom. Orientiert eingelagerte Rutil-Nädelchen verursachen Asterismus (Stern-Bildung).

Mythologie:

Rubin (lat. »rubeus« = »rot«) galt in den alten Kulturen Europas und Indiens übereinstimmend als Stein der Sonne. Er repräsentierte die Lebenskraft, das innere Feuer, Liebe und Leidenschaft.

Heilkunde:

Spirituell bringt Rubin Schwung und Bewegung ins Leben. Er bringt Leidenschaft als Antrieb, verhindert jedoch als lebensfroher Stein jegliche selbstzerstörerische Tendenz.

Seelisch bringt Rubin Spannung und Dynamik. Er belebt, verjüngt, macht hitzig, reißt aus Lethargie und Erschöpfung; gleicht Hyperaktivität jedoch aus. Rubin regt zu aktiver Sexualität an.

Mental führt Rubin zu freudigem Engagement in allen gestellten Aufgaben. Er macht in Denken und Handeln wach, leistungsfähig, aktiv, mutig, impulsiv und spontan.

Körperlich regt Rubin die Milz, Nebennieren und den Kreislauf an. Er hilft bei Infektionskrankheiten, z.B. Darminfektionen, und fördert Fieber als Abwehrreaktion.

Anwendung:

Rubin kann als Kette, Anhänger oder Handschmeichler am Körper getragen oder am Schambein aufgelegt werden. Letzteres setzt besonders viel »Power« in Bewegung.

Saphir

Kristallsystem: Trigonal
Bildungsprinzip: Primär oder tertiär
Mineralklasse: Oxide, Korund-Familie
Farbe: Farblos, gelb, blau, schwarz
Chemische Formel, Mineralstoffe: Al_2O_3 + Fe,Ti

Mineralogie:

Saphir entsteht entweder liquidmagmatisch in aluminiumreichen Gesteinen wie Granit, Syenit oder Pegmatit, oder bei der Metamorphose ähnlicher Gesteine zu Gneisen, kristallinen Schiefern oder Marmor. Er gehört zur Korund-Familie und erhält seine Farben durch Eisen und Titan. Orientiert eingelagerte Rutil-Nädelchen verursachen Asterismus (Stern-Bildung).

Mythologie:

Saphir (von Sanskrit »sani« = »Saturn«) galt in den alten Kulturen Europas und Indiens als Stein des Saturns. Er repräsentierte den Himmel, die Engelswelten, Magie, Treue und Freundschaft.

Heilkunde:

Spirituell bringt Saphir Geradlinigkeit und die Fähigkeit, zerstreute geistige Kräfte auf ein Ziel hin zu bündeln. Durch Saphir wird das eigene Leben prüfend betrachtet, und alles, was dieser Prüfung nicht standhält, wird verworfen. Saphir fördert den Wunsch nach Wissen und Weisheit.

Seelisch wirkt Saphir beruhigend. Er hilft bei Depressionen, psychischen Erkrankungen und Wahnvorstellungen. Saphir fördert die Glaubenskraft und die Wahrheitsliebe.

Mental fördert Saphir Nüchternheit, Kritikfähigkeit und die Ausrichtung der Gedanken. Absicht und Wille sind dabei so klar, daß sich Ideen und Gedanken extrem schnell verwirklichen.

Körperlich fördert Saphir alle Heilungsprozesse durch den geistigen Entschluß zur Gesundung. Er lindert Schmerzen, senkt Fieber und hilft besonders bei Darm-, Gehirn- und Nervenkrankheiten.

Anwendung:

Saphir kann getragen, auf Bauch oder Stirn aufgelegt, oder als Essenz eingenommen werden.

Abb. 101:
Rubin, Indien; Saphir, Sri Lanka

Sardonyx

Kristallsystem: Trigonal
Bildungsprinzip: Primär
Mineralklasse: Oxide, Quarz-Gruppe
Farbe: Schwarz-weiß-rotbraun gebändert
Chemische Formel, Mineralstoffe: SiO_2 + C + (Fe,O,OH)

Mineralogie:
Sardonyx ist ein durch Eisen- und Manganeinlagerungen schwarz-weiß und manchmal rotbraun gefärbter Chalcedon. Er entsteht hydrothermal in Gesteinshohlräumen.

Mythologie:
Sardonyx ist seit der Antike bekannt und galt bis ins Mittelalter als Stein der Fülle, Tugend, Furchtlosigkeit und Beredsamkeit. Es wurde ihm nachgesagt, Verstand und Vernunft zu verleihen. Sein Name setzt sich aus dem enthaltenen rotbraunen Sarder (Karneol) und Onyx zusammen.

Heilkunde:
Spirituell regt Sardonyx das Streben nach einem sinnerfüllten Dasein an. Er fördert Selbstüberwindung, stärkt einen tugendhaften Charakter und macht freundlich und hilfsbereit.
Seelisch bringt Sardonyx Stabilität, Selbstvertrauen und Zuversicht. Er hilft, Trauer zu überwinden und bringt Freude, die sich leicht auf andere überträgt.
Mental stärkt Sardonyx die Aufnahmefähigkeit und intensiviert die Wahrnehmung. Er hilft, den Sinn dessen, was einem täglich widerfährt, besser zu verstehen.
Körperlich stärkt Sardonyx alle Sinnesorgane und verbessert die Sinneswahrnehmung. Er regt alle Körperflüssigkeiten, Immunsystem, Zellstoffwechsel und die Tätigkeit des Darms an und fördert dadurch auch Nährstoffaufnahme und Ausscheidung.

Anwendung:
Sardonyx kann als Anhänger oder Handschmeichler getragen werden. Körperlich wirkt er sehr stark, wenn er auf den Bauch aufgelegt wird.

Abb. 102:
Sardonyx (dreifarbiger Achat), Brasilien

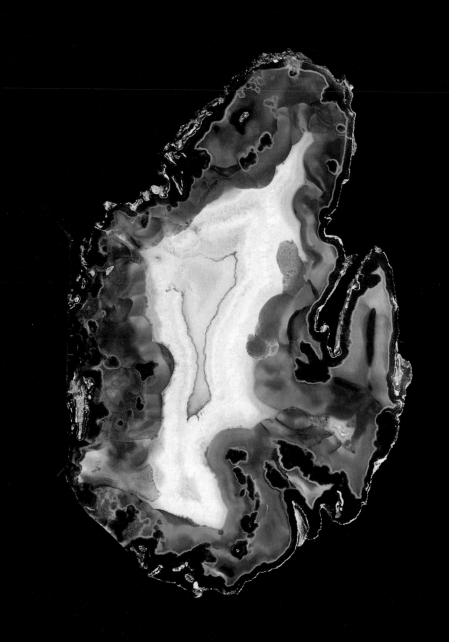

Schalenblende

Kristallsystem: Kubisch (+ hexagonal)
Bildungsprinzip: Primär
Mineralklasse: Sulfide
Farbe: Gelbbraun-silbergrau gebändert
Chemische Formel, Mineralstoffe: $ZnS + Mn + (Cu,Sb,Sn,Pb)$

Mineralogie:
Schalenblende besteht aus kubischem (Sphalerit) und hexagonalem Zinksulfid (Wurtzit), wobei sich der enthaltene Wurtzit allmählich in Sphalerit umwandelt. Schalenblende entsteht hydrothermal aus einem Zink-Schwefel-Gel, das ihr den geschwungen-gebänderten Aufbau gibt.

Mythologie:
Als sog. »Blende« ist Schalenblende schon seit dem Mittelalter im Bergbau bekannt. Überlieferungen zu ihrer Heilwirkung gibt es jedoch nicht.

Heilkunde:
Spirituell bricht Schalenblende veraltete Strukturen auf und bringt Idealismus. Sie hilft, dramatische Veränderungen im Leben zu überstehen und zur sinnvollen Gestaltung besserer Lebensumstände zu nutzen.
Seelisch hilft Schalenblende gegen Erschöpfung, Schwäche, Mutlosigkeit und Angst. Sie gleicht innere Unruhe aus und hilft einzuschlafen, wenn zu viele Gedanken wachhalten.
Mental fördert Schalenblende Konzentration, abstraktes Denken, Spontaneität und Intuition sowie die Fähigkeit, zu kommunizieren. Sie hilft, fruchtloses Grübeln zu beenden.
Körperlich fördert Schalenblende die Entwicklung des Gehirns sowie des Geruchs- und Geschmackssinns. Sie stärkt die Augennetzhaut (Dämmerungssehen), fördert Regeneration und Wundheilung, unterstützt das Immunsystem und lindert Diabetes. Sie hilft bei Prostataleiden und regt die Keimdrüsen an. Schalenblende schützt den Organismus vor Schadstoffen und Strahlung.

Anwendung:
Schalenblende wirkt am besten, indem sie am Körper getragen wird.

Abb. 103:
Schalenblende, Polen

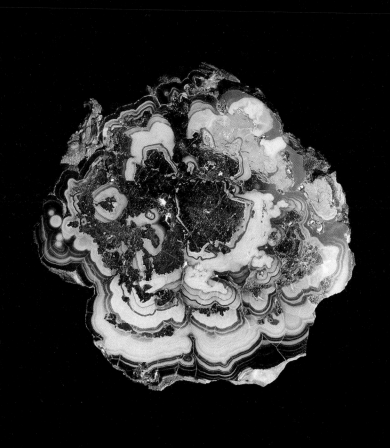

Serpentin

Kristallsystem: Monoklin
Bildungsprinzip: Tertiär
Mineralklasse: Schicht-Silikate
Farbe: Olivgrün, gelbgrün, hellgrün, silbrig-faserig
Chemische Formel, Mineralstoffe: $Mg_6[(OH)_8/Si_4O_{10}]$ + Al,Cr,Fe,Mn,Ni

Mineralogie:
Serpentin entsteht bei der Metamorphose von basischen Magmatiten, z. B. Peridotit, zu kristallinen Schiefern. Er tritt gesteinsbildend als grüner Blätterserpentin (Antigorit) oder silbriger Faserserpentin (Chrysotil) auf. Sind beide Varietäten in abwechselnder Bänderung vereint, spricht der Handel vom »Silberauge«.

Mythologie:
Serpentin (»Schlangenstein«) erhielt seinen Namen wohl durch sein schuppig-fleckigen Aussehen, das an Schlangenhaut erinnert. Aus vorrömischer Zeit bis ins Mittelalter hinein galt Serpentin als Schutzstein, der Krankheit und Verhexung abwehrt. Zu diesem Zweck wurden »Schrecksteine« aus ihm geschnitten: Fratzenhafte Amulette, die den »Schrecken« vertreiben sollten.

Heilkunde:
Spirituell hilft Serpentin, sich abzugrenzen und inneren Frieden zu finden. Er ist ein hervorragender Meditationsstein.
Seelisch gleicht Serpentin Stimmungsschwankungen aus, beruhigt bei Nervosität und Streß und schützt gegen negative energetische Einwirkungen. Er hilft Frauen, die durch Verspannung beim Sex keinen Orgasmus erleben können.
Mental regt Serpentin an, friedliche Konfliktlösungen zu suchen. Mitunter macht er »um des lieben Friedens willen« jedoch etwas zu kompromißbereit.
Körperlich hilft Serpentin bei Herzrhythmusstörungen, Nieren- und Magenbeschwerden, sowie wenn Durchfall und Verstopfung ständig abwechseln. Er gleicht Übersäuerung aus, regt den Magnesiumstoffwechsel an, wirkt krampflösend und lindert Menstruationsschmerzen.

Anwendung:
Serpentin sollte direkt auf der Haut getragen oder aufgelegt werden.

Abb. 104:
Silberauge, Australien; Serpentin, Österreich

Smaragd

Kristallsystem: Hexagonal
Bildungsprinzip: Primär oder tertiär
Mineralklasse: Ring-Silikate, Beryll-Familie
Farbe: Smaragdgrün
Chemische Formel, Mineralstoffe: $Be_3Al_2(Si_6O_{18})$ + K,Li,Na + (Cr)

Mineralogie:
Smaragd entsteht magmatisch in Pegmatiten oder durch Metamorphose in der Kontaktzone zwischen beryllium- und chromhaltigen Gesteinen.

Mythologie:
Smaragd war in den alten Kulturen Europas und Indiens dem Merkur, dem Götterboten und Gott der Wege, des Schlafs und des Traums zugeordnet, und galt daher als Stein für göttliche Eingebungen. In der Antike war er als Augenheilmittel, im Mittelalter gegen »alle Gebrechen des Menschen« (Hildegard von Bingen) in Gebrauch.

Heilkunde:
Spirituell fördert Smaragd geistiges Wachstum, Hellsichtigkeit und den Sinn für Schönheit, Harmonie und Gerechtigkeit. Er macht aufrichtig, zielstrebig und lebensfreudig. Smaragd fördert Freundschaft, Liebe und die Einigkeit zwischen Partnern. Er hält geistig jung.
Seelisch hilft Smaragd, Schicksalsschläge zu überwinden. Er bringt Ausgeglichenheit, Offenheit, Erholung und Regeneration. Smaragd regt an, intensiv zu leben und zu genießen.
Mental bringt Smaragd Klarheit, Wachheit und Weitblick. Er verbessert die Zusammenarbeit in Gruppen, da er gegenseitiges Verstehen erleichtert.
Körperlich verbessert Smaragd die Sehkraft und heilt Entzündungen der Nebenhöhlen und oberen Atemwege. Er stärkt das Herz, regt die Leber an, wirkt entgiftend und lindert rheumatische Erkrankungen. Smaragd stärkt das Immunsystem und fördert die Genesung bei Infektionskrankheiten.

Anwendung:
Smaragd kann getragen, aufgelegt oder zur Meditation verwendet werden. Sehr kräftig wirkt die Edelstein-Essenz.

Abb. 105:
Smaragd, Brasilien

Sodalith

Kristallsystem: Kubisch
Bildungsprinzip: Primär
Mineralklasse: Gerüst-Silikate
Farbe: Dunkelblau
Chemische Formel, Mineralstoffe: $Na_8[Cl_2/(AlSiO_4)_6]$ + Be, K, Mg

Mineralogie:
Sodalith entsteht primär in kieselsäurearmen Pegmatiten oder Vulkaniten, wie z.B. Trachyt.

Mythologie:
Sodalith bedeutet Natrium-Stein (engl. »sodium« = »Natrium«). Er ist seit etwa 200 Jahren bekannt, Überlieferungen zur Heilwirkung gibt es jedoch nicht.

Heilkunde:
Spirituell fördert Sodalith Idealismus und Wahrheitsstreben. Er ermöglicht, unterdrückte Wesensanteile wertfrei zu betrachten und wieder anzunehmen. Sodalith schafft den Raum, das Leben zu leben, das man frei und bewußt gewählt hat. Er hilft, sich selbst treu zu bleiben.

Seelisch vermittelt Sodalith ein deutliches Gefühl dessen, wer man ist, und erzeugt eine starke Abneigung gegen alles, was nicht dieser Identität entspricht. Er hilft, unbewußte Mechanismen und Verhaltensmuster zu vermeiden, die man einmal als hinderlich für die eigene Entwicklung erkannt hat. Sodalith löst Schuldgefühle auf und ermöglicht, zu den eigenen Gefühlen zu stehen und sie zu leben.

Mental steigert Sodalith die Bewußtheit und hilft, Ordnung zu schaffen und der eigenen Überzeugung verbal oder in Taten Ausdruck zu verleihen. Er regt an, sich von einengenden Vorstellungen, Dogmen, Regeln und Gesetzen zu verabschieden. Sodalith verstärkt die Sehnsucht nach Freiheit.

Körperlich heilt Sodalith Beschwerden von Hals, Kehlkopf und Stimmbändern, insbesondere langanhaltende Heiserkeit. Er wirkt kühlend, senkt den Blutdruck und regt die Flüssigkeitsaufnahme im Körper an.

Anwendung:
Sodalith sollte als Kette, Anhänger oder Handschmeichler über längere Zeit getragen werden.

Abb. 106:
Sonnenstein, Norwegen; Sodalith, Brasilien

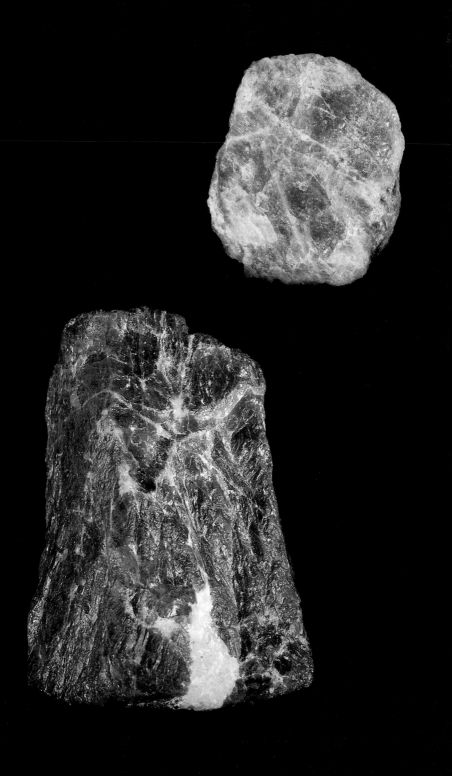

Sonnenstein

Kristallsystem: Triklin
Bildungsprinzip: Primär
Mineralklasse: Gerüst-Silikate, Feldspat-Familie
Farbe: Orange-braun schillernd
Chemische Formel, Mineralstoffe: $Na[AlSi_3O_8]Ca[Al_2Si_2O_8]$ + Fe oder Cu

Mineralogie:

Sonnenstein ist ein durch Einschlüsse von mikroskopisch feinen Hämatit-Täfelchen (Ologoklas-Sonn.) oder Kupferkörnchen (Labradorit-Sonn.) orange-braun schillernder Feldspat. Er entsteht hauptsächlich primär in sauren Plutoniten, seltener metamorph in Gneisen. Die mineralogische Bezeichnung für Sonnenstein ist Aventurin-Feldspat; diese führt leider jedoch oft zu Verwechslungen mit dem grünen Aventurinquarz (siehe »Aventurin«).

Mythologie:

Sonnenstein wird, wie der Name sagt, der Sonne zugeordnet. Traditionelle Überlieferungen zur Heilwirkung gibt es jedoch nicht.

Heilkunde:

Spirituell hilft Sonnenstein, den eigenen Wesenskern zu entdecken und zu leben. Er hilft, das eigene Leben zu bejahen und die eigenen Stärken und Sonnenseiten strahlen zu lassen. Sonnenstein bringt den Glauben an das Glück und die »guten Götter« zurück.

Seelisch bringt Sonnenstein Lebensfreude. Er wirkt stimmungsaufhellend, antidepressiv und hilft, sich von Gefühlen der Benachteiligung und des Versagens sowie Bildern einer »schlechten Welt« zu lösen. Sonnenstein steigert das Selbstwertgefühl und das Selbstvertrauen.

Mental fördert Sonnenstein Optimismus und Tatendrang. Er hilft, unseren Wahrnehmungsfilter auf positive Ereignisse einzustellen und verschafft sogar hartnäckigen Pessimisten neue Perspektiven.

Körperlich regt Sonnenstein die Selbstheilkräfte an. Er stimuliert das vegetative Nervensystem und sorgt für ein harmonisches Zusammenwirken aller Organe.

Anwendung:

Sonnenstein kann als Kette, Anhänger oder Handschmeichler getragen oder zur Meditation verwendet werden.

Sugilith

Kristallsystem: Hexagonal
Bildungsprinzip: Primär
Mineralklasse: Ring-Silikate
Farbe: Violett
Chemische Formel, Mineralstoffe: $(K,Na)_2/(Fe,Ti)_2 (Li,Al)_3[Si_{12}O_{30}]$

Mineralogie:
Sugilith entsteht primär in Pegmatiten basischer Magmen. Er ist sehr selten, bisher sind weltweit nur zwei Fundstellen in Japan und Südafrika bekannt.

Mythologie:
Sugilith wurde erst 1944 in Japan entdeckt und nach seinem Finder, Dr. Kenichi Sugi, benannt. Als Heilstein wurde er erst Anfang der 80er bekannt, mauserte sich jedoch sehr schnell zum »New-Age-Stein«, der das Wassermann-Zeitalter repräsentieren sollte. Er trägt auch die Namen Luvulith und Royal Azel.

Heilkunde:
Spirituell hilft Sugilith, den eigenen Standpunkt zu bewahren. Er hilft, konsequent gemäß der eigenen inneren Wahrheit zu leben und sich weder durch Druck noch Versprechungen davon abhalten zu lassen.
Seelisch verbessert Sugilith die Fähigkeit, sich Unangenehmem zu stellen. Er löst seelische Spannung auf, lindert Kummer und Gram und hilft bei Ängsten, Paranoia und Schizophrenie.
Mental ermöglicht Sugilith, kompromißlos Konflikte zu bewältigen. Er hilft, Lösungen zu finden, die auf Einigung beruhen und niemanden benachteiligen.
Körperlich wirkt Sugilith harmonisierend auf Nerven und Gehirn und lindert starke Schmerzen. Er hilft bei Epilepsie, Legasthenie und motorischen Störungen.

Anwendung:
Sugilith sollte am Körper getragen und bei Schmerzen direkt aufgelegt oder in der Hand gehalten werden. Die spirituelle Wirkung ist erlebbar, wenn man regelmäßig mit Sugilith meditiert.

Thulit

Kristallsystem: Rhombisch
Bildungsprinzip: Tertiär
Mineralklasse: Gruppen-Silikate, Zoisit-Familie
Farbe: Rötlich, rosa
Chemische Formel, Mineralstoffe: $(Ca,Mn)_2Al_3[O/OH/SiO_4/Si_2O_7]$ + Mg,Cr

Mineralogie:

Thulit entsteht bei der Metamorphose manganhaltiger, basischer Magmatite und bildet derbe, massige Stücke. Thulit ist manganhaltiger Zoisit.

Mythologie:

Thulit erhielt seinen Namen nach der sagenhaften Insel »Thule«, die der germanischen Überlieferung zufolge den Nordrand der Welt bilden sollte, wohl weil er zuerst in Norwegen gefunden wurde. Weitere Überlieferungen zu Heilwirkung und Verwendung gibt es leider nicht.

Heilkunde:

Spirituell regt Thulit die Lebenskraft an. Er bringt Stärke und Mut für alle Unternehmungen und fördert Kreativität, die durch Widerstände und Herausforderungen gerade inspiriert wird.

Seelisch fördert Thulit Lust, Sinnlichkeit und Sexualität. Er hilft, das Leben in vollen Zügen zu genießen und in Gefühlen zu schwelgen. Schönheit, Abenteuer, Melancholie, Romantik und unheimliche Atmosphären werden gleichermaßen geliebt.

Mental stärkt Thulit die Neugier und Erfindungsgabe. Er regt an, neue Wege zur Lösung persönlicher und kollektiver Probleme zu suchen.

Körperlich fördert Thulit die Fruchtbarkeit. Er hilft bei Erkrankungen der Eierstöcke, Hoden und der Geschlechtsorgane. Thulit regt die Regeneration an, stärkt das gesamte Nervensystem und verhindert Ohnmachtsanfälle bei körperlicher Schwäche.

Anwendung:

Thulit sollte am Körper getragen oder am Schambein aufgelegt werden. Äußerst interessant wirkt der Aufenthalt im Thulit-Steinkreis ... (mehr wird nicht verraten!).

Abb. 107:
Thulit, Norwegen
Sugilith, Südafrika

Tigerauge

Kristallsystem: Trigonal
Bildungsprinzip: Sekundär
Mineralklasse: Oxide, Quarz-Gruppe
Farbe: Goldbraun
Chemische Formel, Mineralstoffe: SiO_2 + FeOOH

Mineralogie:
Tigerauge entsteht aus Falkenauge durch Oxidation der ursprünglichen Krokydolith-Fasern und deren Umwandlung in Limonit. Tigerauge besteht also aus in Quarz eingebetteten Limonit-Fasern.

Mythologie:
Der seidenartige Schimmer, den die Limonitfasern erzeugen, führt im runden Schliff zu einem Lichtlauf, der an ein Auge erinnert. Davon stammt der Name des Steins und daher rührt auch der alte Glaube an die Augenheilkraft des Tigerauges und an seine Schutzwirkung: Schon im Mittelalter wurde es als Amulett gegen Verhexung, Dämonen und den bösen Blick getragen.

Heilkunde:
Spirituell hilft Tigerauge, schwierige Lebensphasen durchzustehen, ohne den Mut zu verlieren. Es hilft, den Funken Gottvertrauen zu bewahren, der einem in dunklen Momenten weiterhilft.

Seelisch gibt Tigerauge Distanz zu den von außen einstürmenden Eindrücken und hilft dadurch, von Stimmungen und Streßsituationen weniger beeinflußt zu werden.

Mental hilft Tigerauge, in unüberschaubaren und komplizierten Situationen den Durchblick zu bewahren und hilft daher auch bei Zweifeln und Entscheidungsschwierigkeiten.

Körperlich wirkt Tigerauge schmerzlindernd. Es hemmt den Energiefluß im Körper und wirkt gegen Übererregung der Nerven und Überfunktion der Nebennieren.

Anwendung:
Da Tigerauge den Energiefluß im Körper hemmt, sollte es nie länger als eine Woche ununterbrochen getragen werden. Für seelisch-spirituelle Wirkungen ist die Meditation vorzuziehen.

Abb. 108:
Tigerauge, Südafrika; Tigereisen, Australien

Tigereisen

Kristallsystem: Trigonal
Bildungsprinzip: Tertiär
Mineralklasse: Oxide
Farbe: Grau-rot-gelb gebändert
Chemische Formel, Mineralstoffe: Fe_2O_3 + SiO_2 + Al,Na,Fe,Mg

Mineralogie:
Tigereisen entsteht metamorph aus eisen- und quarzhaltigem Gestein. Es stellt eine unter dem Einfluß tektonischer Verschiebungen entstandene Schichtstruktur aus Jaspis, Hämatit und Tigerauge dar.

Mythologie:
Tigereisen ist erst seit wenigen Jahren als solches bekannt und benannt (Handelsname!), eine Überlieferung zur Heilwirkung gibt es demzufolge nicht.

Heilkunde:
Spirituell bringt Tigereisen neue Impulse, wenn das eigene Leben längst nach Veränderung ruft. Es läßt klar erkennen, was geistig eigentlich schon lange abgeschlossen ist, und hilft, diese Zyklen notfalls energisch abzuschließen und einen Neuanfang zu starten.

Seelisch gibt Tigereisen das Durchhaltevermögen, das notwendig ist, um typische Anfangsschwierigkeiten zu überwinden. Es bringt Kraft und Dynamik, alle Hürden zu nehmen (der sog. »Tiger im Tank«). Tigereisen hilft gegen Müdigkeit und Erschöpfung.

Mental hilft Tigereisen, ganz einfache, pragmatische Lösungen zu finden. Es klärt das Denken nach dem Motto »In der Einfachheit liegt die Wahrheit« und hilft so, zügig und entschlossen zu handeln.

Körperlich steigert Tigereisen die Vitalität, indem es die Eisenaufnahme, die Bildung der roten Blutkörperchen und den Sauerstofftransport im Blut beschleunigt. Tigereisen behebt jeglichen Energiemangel.

Anwendung:
Tigereisen wirkt sehr schnell, wenn es mit Hautkontakt getragen wird. Als Handschmeichler in der Hosentasche kann es immer in die Hand genommen werden, wenn Kraft gebraucht wird.

Topas

Kristallsystem: Rhombisch
Bildungsprinzip: Primär
Mineralklasse: Insel-Silikate
Farbe: Klar, hellblau, bräunlich
Chemische Formel, Mineralstoffe: $Al_2[F_2/SiO_4]$ + OH + (Cr, Fe, Mn)

Mineralogie:

Topas entsteht primär durch pneumatolytische Prozesse bei der Bildung saurer Plutonite, seltener auch bei der Bildung von Vulkaniten. Durch Chrom erhält Topas eine gelbe, durch Eisen eine blaue und durch Mangan eine bräunliche Färbung.

Mythologie:

Topas galt in den alten Kulturen Europas und Indiens übereinstimmend als Stein des Jupiter. Er repräsentierte Herrschaft über das eigene Leben, die Selbstverwirklichung und Weisheit. In Mexiko wurde er zur Wahrheitsfindung bei Streitfällen benutzt.

Heilkunde:

Spirituell fördert Topas die Selbstverwirklichung und die Gestaltung des Lebens nach den eigenen Wünschen. Er ermöglicht einen Durchbruch in der geistigen Entwicklung, wenn diese lange Zeit sehr mühsam und beschwerlich war. Topas hilft, Weisheit aus den Wendungen des Schicksals zu gewinnen.

Seelisch hilft Topas den eigenen inneren Reichtum an Seelenbildern, Fähigkeiten und Wissen zu entdecken. Er fördert Offenheit, Ehrlichkeit und ein erfülltes Gefühlsleben.

Mental hilft Topas, sich der eigenen Autorität, die auf dem erarbeiteten wirklichen Wissen und Können beruht, bewußt zu werden und sie sinnvoll zu leben.

Körperlich stärkt Topas die Nerven und regt den Energiefluß in den Meridianen an. Er verbessert die Verdauung und hilft sogar bei Magersucht. Topas regt den Stoffwechsel und die Verbrennungsprozesse des Organismus an.

Anwendung:

Topas sollte getragen bzw. zur Meditation wahlweise betrachtet oder auf den Kopf aufgelegt werden.

Topas Imperial

Kristallsystem: Rhombisch
Bildungsprinzip: Primär
Mineralklasse: Insel-Silikate
Farbe: Goldgelb bis rosa
Chemische Formel, Mineralstoffe: $Al_2[F_2/SiO_4]$ + P

Mineralogie:

Topas Imperial entsteht primär durch pneumatolytische Prozesse bei der Bildung saurer Plutonite, seltener auch bei der Bildung von Vulkaniten. Er erhält seine goldgelbe Farbe durch Phosphor.

Mythologie:

Topas Imperial galt als Stein der Sonne, was auch der enthaltene Phosphor als lichtes, feuriges Element unterstreicht (griech. »phosphoros« = »Lichtbringer«). Topas Imperial war immer ein Stein der Herrscher.

Heilkunde:

Spirituell fördert Topas Imperial die Selbstverwirklichung. Er hilft, die eigenen Fähigkeiten ins richtige Licht zu stellen und fördert das Selbstbewußtsein, damit an die Öffentlichkeit zu gehen. Topas Imperial fördert das Streben nach Ruhm und Anerkennung.

Seelisch stärkt Topas Imperial Selbstsicherheit und das Bewußtsein der eigenen Wichtigkeit. Er macht stolz und selbstbewußt, aber auch großmütig und großzügig. Topas Imperial schafft Charisma.

Mental fördert Topas Imperial die Entwicklung großer Pläne und Ideen. Er hilft, sich über vermeintliche Grenzen hinwegzusetzen, ohne den Boden des Realismus zu verlassen.

Körperlich hilft Topas Imperial bei nervösen Erschöpfungszuständen. Er stärkt die Nerven und erhöht deren Aktivität, wodurch der gesamte Organismus reaktionsfreudiger wird. Topas Imperial regt den Appetit an und hilft selbst bei Magersucht. Er aktiviert die Lebensenergie, die Verbrennungsprozesse des Körpers und den gesamten Stoffwechsel.

Anwendung:

Topas Imperial sollte im Bereich des Solarplexus getragen oder aufgelegt werden.

Abb. 109:
Topas, Pakistan; Topas Imperial, Brasilien

Türkis

Kristallsystem: Triklin
Bildungsprinzip: Sekundär
Mineralklasse: Phosphate
Farbe: Grün bis türkisfarben
Chemische Formel, Mineralstoffe: $CuAl_6[(OH)_2/PO_4]_4 \cdot 4\ H_2O + Fe$

Mineralogie:

Türkis entsteht sekundär als Überzüge und Kluftfüllungen, wenn kupferhaltige Lösungen auf aluminiumphosphatreiche Gesteine einwirken.

Mythologie:

Türkis hat seinen Namen von der Türkei, wo europäische Kreuzfahrer erstmals mit dem Stein in Berührung kamen. Türkis war in vielen Kulturen ein Schutzstein gegen Schadenszauber und wurde als Amulett für Kraft, Gesundheit und Lebensfreude getragen. Der Überlieferung nach sollte Türkis seinen Träger auch durch Farbveränderungen vor drohender Gefahr warnen.

Heilkunde:

Spirituell hilft Türkis, die Ursachen des Schicksals zu erkennen, die man selbst gesetzt hat und deren Auswirkung man später wird. Dadurch macht Türkis bewußt, daß man tatsächlich seines eigenen Glückes Schmied ist.

Seelisch gleicht Türkis extreme Stimmungsschwankungen aus und löst apathische Opferhaltung auf. Er muntert auf bei Müdigkeit, Niedergeschlagenheit und Erschöpfung und schützt bei Empfindlichkeit gegen äußere Einflüsse.

Mental macht Türkis zwar innerlich ruhig, aber trotzdem hellwach, belebt und handlungsfreudig. Er fördert eine gute Intuition und Voraussicht

Körperlich neutralisiert Türkis Übersäuerung und lindert Rheuma, Gicht, Magenbeschwerden und Virusinfektionen. Er steigert Wachstum, Muskelkraft, Wärmeerzeugung, Regenerationsfähigkeit, Gehirntätigkeit und Sinneswahrnehmung und wirkt schmerzlindernd, krampflösend, entzündungshemmend und entgiftend.

Anwendung:

Türkis sollte auf dem Solarplexus getragen werden.

Abb. 110:
Türkis, USA

386

Turmalin und Turmalinquarz

Kristallsystem: Trigonal
Bildungsprinzip: Primär
Mineralklasse: Ring-Silikate (+ Oxide)
Farbe: Alle Farben in verschiedensten Kombinationen
Chemische Formel, Mineralstoffe: $Me^+Me^{2+}_3Me^{3+}_6[(OH,F)_4(BO_3)_2Si_6O_{18}]$

Mineralogie:

Turmalin entsteht primär in sauren Plutoniten, insbesondere in Pegmatiten, wo er frei aufgewachsene, große und vielfarbige Kristalle bildet. Durch die Einwirkung borhaltiger Gase aus dem Magma auf das Nebengestein kann Turmalin jedoch auch als pneumatolytische Verdrängung entstehen. Die Kristalle finden sich dann fest im Gestein eingebettet. Turmalin besteht zwar aus sehr verschiedenen Mineralstoffen, zeigt jedoch immer denselben Aufbau: Die Kationen bestehen aus ein-, zwei- und dreiwertigen Metallionen im Verhältnis 1 : 3 : 6, die Anionen aus basischen Gruppen (Hydroxid oder Fluorid), Boratgruppen und Silikatringen im Verhältnis 4 : 2 : 1, so daß die vereinfachte Summenformel des Turmalins wie folgt dargestellt werden kann: $Me^+Me^{2+}_3Me^{3+}_6[(OH,F)_4(BO_3)_2Si_6O_{18}]$. Innerhalb dieser festen und unabänderlichen Struktur geben sich vor allem die Metalle jedoch ein buntes Stelldichein und sorgen so für die ebenso bunte Farbenpracht des Turmalins.

Klassifiziert nach ihrer unterschiedlichen Mineralstoffzusammensetzung ergeben sich zwar sieben Turmalin-Varietäten, doch diese Unterteilung ist nur für einfarbige Turmaline zutreffend. Bei mehrfarbigen, sog. »Polychrom-Turmalinen«, vermischt sich das Ganze wieder:

Varietät	Formel, Mineralstoffe	Farbe
Dravit:	$NaMg_3(Al,Fe,Cr)_6[(OH,F)_4(BO_3)_2Si_6O_{18}]$	Braun, gelb, grün, grau
Elbait:	$Na(Li,Al)_3Al_6[(OH,F)_4(BO_3)_2Si_6O_{18}]$	Alle Farben incl. farblos
Indigolith:	$Na(Fe,Li,Al)_3(Fe,Al)_6[(OH,F)_4(BO_3)_2Si_6O_{18}]$	Blau
Rubellit:	$Na(Li,Mn,Al)_3Al_6[(OH,F)_4(BO_3)_2Si_6O_{18}]$	Rot, rosa
Verdelith:	$Na(Li,Al)_3(Al,Cr,V)_6[(OH,F)_4(BO_3)_2Si_6O_{18}]$	Grün
Schörl:	$NaFe_3(Al,Fe)_6[(OH,F)_4(BO_3)_2Si_6O_{18}]$	Schwarz
Uvit:	$CaMg_3(Al_5Mg)[(OH,F)_4(BO_3)_2Si_6O_{18}]$	Hell- bis dunkelbraun

Abb. 111: Turmalin, Brasilien (links); Indigolith, Brasilien

Als Turmalinquarz werden in Bergkristall eingeschlossene Turmalinnadeln aus Schörl bezeichnet. Die Heilwirkungen des Turmalinquarz können daher mit jenen des Schörl gleichgesetzt werden.

Mythologie:
Turmalin war wohl bereits in der Antike bekannt, wurde jedoch je nach Farbe immer mit anderen Edelsteinen gleichgesetzt. Erst im 17. Jhd. erscheint er als »ein Symbol der Weisheit, die klar ist und allem Unbill des Schicksals widersteht …« (Bernardus Caesius). – Nach arabischer Überlieferung ist Turmalin ein Stein der Sonne, der das Herz stärkt und vor Alpträumen schützt.

Heilkunde:
Alle Turmaline besitzen ein sehr großes Spektrum an Heilwirkungen, das auf ihrer unfaßbaren Vielfalt beruht. Im folgenden werden die einzelnen Wirkungen bestimmten Varietäten zugeordnet, die dafür prinzipiell am besten geeignet sind. Im Notfall lassen sich jedoch auch andere Varietäten verwenden. Mehrfarbige Turmaline verbinden die einzelnen Qualitäten miteinander.

Spirituell hilft mehrfarbiger *Elbait*, Geist, Seele, Verstand und Körper zu einer harmonischen Einheit zu verbinden. Aus diesem Erleben der »Ganzheit« entwickelt sich Weisheit und Kreativität. *Indigolith* stärkt das Streben nach geistiger Freiheit. Er fördert Treue, Ethik und Wahrheitsliebe. *Dravit* fördert den Gemeinschaftssinn, Hilfsbereitschaft und soziales Engagement. *Verdelith* bringt Lebensfreude. Er macht dankbar für die Wunder des Lebens. *Rubellit* macht zielstrebig, jedoch flexibel genug, das eigene Ziel zu prüfen und notfalls zu korrigieren. *Schörl* ermöglicht Neutralität und Gelassenheit. *Wassermelonen-Turmalin* fördert Verständnis, Liebe und Freundschaft.

Seelisch regt mehrfarbiger *Elbait* die Bilderwelt, sowie kreative Tag- und Nachtträume an. *Indigolith* löst Trauer und blockierte Gefühle und bringt Erleichterung. *Dravit* stärkt die Fähigkeit, sich einzufühlen und zu identifizieren. Er hilft bei Familienproblemen und Beklemmungen in großen Gruppen. *Verdelith* macht geduldig und aufgeschlossen. Er fördert das Interesse an den Mitmenschen. *Rubellit* macht kontaktfreudig, unternehmungslustig und charmant. *Schörl* leitet Spannungen ab, schützt vor negativen Gedanken und hilft bei Streß und Belastungen.

Abb. 112:
Dravit, Namibia
Wassermelonen-Turmalin, Afghanistan

Wassermelonen-Turmalin macht geduldig, liebevoll und zärtlich. Er lindert Depressionen und Ängste und hilft, sich zu schützen und Geborgenheit aus sich selbst heraus zu entwickeln.

Mental fördert mehrfarbiger *Elbait* das bildhafte Denken, die Aufnahmefähigkeit und Phantasie. *Indigolith* erweitert den Horizont und stärkt Toleranz und Verantwortungsbewußtsein. *Dravit* regt eine pragmatische, einfache Kreativität an und gibt handwerkliches Geschick. *Verdelith* hilft, in jeder Situation immer eine Vielzahl möglicher Lösungen zu sehen, von welchen die beste (nach Wissen und Gewissen) ausgewählt werden kann. *Rubellit* hilft, sich hingebungsvoll und aktiv einer Aufgabe zu widmen. *Schörl* regt klare, logisch-rationale Gedankengänge an. Er hilft, Fehler zu erkennen und zu analysieren. *Wassermelonen-Turmalin* hilft, die eigene Absicht klar und zielgerichtet zum Ausdruck zu bringen.

Körperlich regt mehrfarbiger *Elbait* die Tätigkeit der Hormondrüsen, den Stoffwechsel und das Immunsystem an. *Indigolith* regt den Wasserhaushalt sowie Nieren und Blase an. Er läßt Brandwunden narbenlos verheilen. *Dravit* regt die Regenerationskraft der Zellen, Gewebe und Organe an. Er hilft bei chronischen Verspannungen und Hautkrankheiten. *Verdelith* stärkt das Herz und wirkt entgiftend. Er fördert die Ausscheidung und hilft bei Verstopfung und Durchfall. *Rubellit* verbessert den Energiefluß und die Leitfähigkeit der Nerven. Er stärkt die Funktion der Geschlechtsorgane und fördert die Durchblutung und die Blutreinigung in Milz und Leber. *Schörl* wirkt schmerzlindernd und lenkt die Körperenergie. Er kann zur Narbenentstörung verwendet werden und neutralisiert Strahleneinflüsse. *Wassermelonen-Turmalin* fördert die Nervenregeneration. Er hilft bei Lähmungen und Multipler Sklerose.

Anwendung:
Turmalin kann am Körper getragen oder bei Bedarf auf bestimmte Körperregionen aufgelegt werden. Zur Anregung des Energieflusses in den Meridianen sollten Kristalle mit der Spitze in Flußrichtung aufgelegt werden. Sehr stark und schnell wirken auch die Essenzen.

Variscit

Kristallsystem: Rhombisch
Bildungsprinzip: Sekundär
Mineralklasse: Phosphate
Farbe: Farblos, grau, grün
Chemische Formel, Mineralstoffe: $AlPO_4 . 2 H_2O$ + Cu,Fe, Mg

Mineralogie:
Variscit entsteht sekundär an der Erdoberfläche durch Verwitterung aluminiumreicher Gesteine unter dem Einfluß von phosphorsäurehaltigem Regenwasser. Variscit setzt sich dabei als Spaltenfüllung ab.

Mythologie:
Variscit erhielt seinen Namen nach dem Fundort »Variscia«, der lateinischen Bezeichnung für das Vogtland. Überlieferungen zu seiner Heilwirkung sind nicht bekannt.

Heilkunde:
Spirituell fördert Variscit Authentizität und Wahrhaftigkeit. Solange man Variscit trägt, fällt es einem sehr schwer, sich zu verstellen; man zeigt sich einfach, wie man ist. Variscit hilft außerdem, Interesse zu entwickeln und geistig anwesend zu bleiben.
Seelisch wirkt Variscit aufmunternd und stimmungsaufhellend. Er hilft gegen chronische Müdigkeit, wie z. B. Frühjahrsmüdigkeit, beruhigt andererseits jedoch bei Nervosität und innerer Unruhe.
Mental bringt Variscit Wachheit, Nüchternheit und klares, rationales Denken. Er hilft, sich klar auszudrücken und verständlich mitzuteilen und steigert die Aufnahmefähigkeit.
Körperlich regt Variscit die Energiereserven an. Er neutralisiert Übersäuerung und hilft bei Sodbrennen, Gastritis, Magengeschwüren, Rheuma und Gicht. Variscit wirkt krampflösend und beruhigt die Nerven.

Anwendung:
Variscit sollte als Anhänger oder Handschmeichler längere Zeit getragen und im Bedarfsfall in der linken Hand gehalten werden.

Versteinertes Holz

Kristallsystem: Trigonal oder amorph
Bildungsprinzip: Sekundär
Mineralklasse: Oxide
Farbe: Braun, rötlich, gelb
Chemische Formel, Mineralstoffe: SiO_2 + C,Fe,O,OH

Mineralogie:

Versteinertes Holz entsteht, wenn abgestorbenes Holz unter Luftabschluß von Kieselsäure durchtränkt wird, die anschliessend durch Wasserverlust erstarrt. Je nach den genauen Entstehungsbedingungen wird die Holzsubstanz dabei durch Quarz, seltener durch Opal ersetzt.

Mythologie:

Versteinertes Holz wurde als Kultobjekt schon in einem 4300 Jahre alten etruskischen Tempel gefunden. Verschiedentlich wurde versteinertes Holz früher als Riesenknochen oder Werkzeug der Götter betrachtet und daher als Kraftgegenstand zu magischen Zwecken verwendet. Heute gilt versteinertes Holz in esoterischen Kreisen als Hilfsmittel, um sich an frühere Leben zu erinnern.

Heilkunde:

Spirituell bringt versteinertes Holz Erdverbundenheit und Heimatgefühle für den ganzen Planeten. Es vermittelt das Gefühl, zur richtigen Zeit am richtigen Ort zu sein.

Seelisch regt versteinertes Holz die innere Bilderwelt an. Es bringt Erholung, beruhigt, sammelt und hilft, mit beiden Beinen auf dem Boden der Realität zu verweilen.

Mental regt versteinertes Holz an, eine angenehme Atmosphäre zu schaffen, ein einfaches Leben zu leben und sich Zeit für Muße und Nachdenken zu gönnen.

Körperlich stabilisiert versteinertes Holz die Gesundheit. Es regt den Stoffwechsel an, beruhigt die Nerven, schafft Wohlbefinden und hilft bei Übergewicht, dem oftmals »mangelnde Erdung« zugrunde liegt.

Anwendung:

Versteinertes Holz sollte getragen oder als Steinkreis verwendet werden. Ideal ist zur Meditation eine Scheibe, die groß genug ist, um sich darauf zu setzen.

Zirkon

Kristallsystem: Tetragonal
Bildungsprinzip: Primär
Mineralklasse: Insel-Silikate
Farbe: Rot, orange, braun, gelb
Chemische Formel, Mineralstoffe: $ZrSiO_4$ + Al,Ca,Fe,P,Y,Ce,Hf,Th,U

Mineralogie:

Zirkon entsteht liquidmagmatisch aus sauren Magmen und kommt daher als Gemengteil von Graniten und Syeniten vor. Größere, meist doppelendige Kristalle bildet er in Pegmatiten. Durch die Einlagerung von bis zu 10% Hafnium, Thorium und Uran können manche Zirkone leicht radioaktiv sein.

Mythologie:

Als Hyazinth war Zirkon seit dem Altertum bekannt und auch als Heilstein in Verwendung. Er sollte Wahnsinn heilen, standhaft machen gegen Versuchungen und den Verstand fördern. Heute wird nur noch die rotbraune Varietät des Zirkon als Hyazinth bezeichnet.

Heilkunde:

Spirituell hilft Zirkon, sich vom Materialismus zu lösen und zu erleben, daß es eine geistige Realität gibt. Zirkon regt an, sich mit dem Sinn des Daseins auseinanderzusetzen.

Seelisch hilft Zirkon, Verluste zu überwinden. Er hilft, Schmerzen, Trauer und Angst, sowie alles »Festhaltenwollen« loszulassen. Zirkon fördert luzide, d.h. hellsichtige Träume.

Mental macht Zirkon die Vergänglichkeit aller Dinge bewußt. Er regt an, die »wichtigen Dinge des Lebens« unter diesem Aspekt neu zu bewerten und Verhaftungen an Materie zu lösen.

Körperlich wirkt Zirkon leberanregend, schmerzlindernd und krampflösend. Er hilft bei Menstruationsbeschwerden, die durch eine verspätete Monatsblutung verursacht werden.

Anwendung:

Zirkon sollte täglich nur maximal eine Stunde lang getragen oder aufgelegt werden (Ausnahme: Schmerzen und Menstruationsbeschwerden).

Zoisit

Kristallsystem: Rhombisch
Bildungsprinzip: Tertiär
Mineralklasse: Gruppen-Silikate
Farbe: Grün
Chemische Formel, Mineralstoffe: $Ca_2Al_3[O/OH/SiO_4/Si_2O_7]$ + Mg,Cr,Sr,V

Mineralogie:
Zoisit entsteht bei der Metamorphose basischer Magmatite. Er bildet derbe Massen und erhält seine grüne Farbe durch Einlagerungen von Chrom und Vanadium. Zoisit enthält mitunter auch Rubin-Einschlüsse.

Mythologie:
Zoisit wurde Ende des 18. Jhd. erstmals in Kärnten gefunden und nach dem Mineraliensammler Freiherr von Zois benannt. Überlieferungen zu seiner Heilwirkung gibt es nicht.

Heilkunde:
Spirituell hilft Zoisit, sich aus Anpassung und Fremdbestimmung zu lösen und die eigenen Ideen und Wünsche zu verwirklichen. Er ermöglicht, destruktive Einstellungen in eine konstruktive Lebensweise umzuwandeln.

Seelisch fördert Zoisit die Erholung nach Krankheiten oder schweren Belastungen. Er hilft, verschüttete Gefühle wiederzuentdecken und allmählich zu leben und auszudrücken.

Mental macht Zoisit kreativ und schöpferisch. Er hilft, nach kürzeren oder längeren Unterbrechungen immer wieder zurückzufinden zum Ausgangspunkt dessen, was man eigentlich beabsichtigte.

Körperlich hilft Zoisit bei Erkrankungen der Hoden und Eierstöcke. Er fördert die Fruchtbarkeit und stärkt in Verbindung mit Rubin die Potenz. Zoisit entgiftet das Gewebe, neutralisiert Übersäuerung und regt die Regeneration der Zellen an. Er hemmt Entzündungen und stärkt das Immunsystem.

Anwendung:
Zoisit sollte am Körper längere Zeit getragen oder regelmäßig mit Hautkontakt auf die betroffenen Körperregionen aufgelegt werden. Zoisit entfaltet seine Wirkung langsam, daher bringt nur kontinuierliche Anwendung sicheren Erfolg.

Abb. 115:
Zirkon (Hyazinth), Brasilien; Zoisit mit Rubin, Tansania

Index der Synonyma

Die in diesem Buch beschriebenen Mineralien sind im Augenblick mit vielerlei Namen im Handel. Zwischen die mineralogischen Bezeichnungen drängen sich dabei munter alte Namen, mythologische Begriffe und vor allem viele moderne Handelsnamen. Letztere sind meistens freie Phantasiebezeichnungen nach dem Motto »Mit einem guten Namen verkauft sich alles!«.

Der Synonyma-Index soll etwas Übersicht in dieses Wirrwarr bringen: Zu allen in diesem Buch beschriebenen Heilsteinen werden die derzeit gebräuchlichen Synonyme alphabethisch aufgelistet. Hinzu kommt der Hinweis auf den richtigen Namen, bzw. eine kleine Beschreibung, damit Sie wissen, was Sie sich unter dem jeweiligen Begriff vorstellen können.

Heliodor	Beryll, gelb- bis blaugrün	Neue Jade	Serpentin (meistens)
Himbeerspat	Rhodochrosit	New-Age-Stein	Sugilith
Holzstein	Versteinertes Holz	Olivin	Peridot
Howlith	Calciumsilikat, wird gerne mit Magnesit verwechselt	Opalith	Opalhaltiges Gestein, z. B. Opal, grün
Hyazinth	Zirkon	Padparaja	Lachsfarbener Saphir
Indigolith	Turmalin (blau)		
Islandspat	Calcit-Rhomboeder	Pistazit	Epidot
Ivorite	Magnesit (kommt »Ivory-Magnesite«)	Pop Rocks	Bojis
		Poppy-Jaspis	Roter/grüner/gelber Jaspis
Jade, neue	Serpentin (meistens)	Praseolith	Gebrannter grüner Quarz, kein Aventurin!
Kalahari Picture Stone	Landschaftsjaspis		
Kalk	Calcit	Prasius	Prasem
Kallait	Türkis	Regenwald-Jaspis	Rhyolith
Katzenauge	Wogender Lichtlauf bei Chrysoberyll, Mondstein oder Turmalin	Roteisenerz	Hämatit
		Roter Glaskopf	Hämatit »Nierenwachstum«
Katzenauge	Gebranntes rotes Tigerauge	Royal Azel	Sugilith
		Rubellit	Turmalin (rot)
Kieselkupfer	Chrysokoll	Sarder	Brauner Karneol
Kieselmangan	Rhodonit	Schlangenstein	Serpentin
Kreuzstein	Chiastolith oder Staurolith	Schörl	Turmalin (schwarz)
		Silberauge	Serpentin
Kupfersmaragd	Dioptas	Silbertopas	Topas, klar
Kyanit	Disthen	Silex	Jaspis, rot
Lagenstein	Achat	Smaragdquarz	Prasem
Landschafts-Jaspis	Gelber (sandfarbener) Jaspis	Spektrolith	Finnischer Labradorit
Lasurit	Lapislazuli	Spodumen	Mineralfamilie von Kunzit
Lauchquarz	Prasem		
Lavendelquarz	Heller Amethyst o. Chalcedon, rosa	Sprudelstein	Aragonit
		Strahlstein	Aktinolith
Leopardenfell-Jaspis	Rhyolith	Sturmstein	Pietersit
Ligurius	Bernstein	Succinit	Bernstein
Lithiumglimmer	Lepidolith	Turitella-Jaspis	Gelber (brauner) Jaspis mit Fossilien
Luvulith	Sugilith		
Mangankiesel	Rhodonit	Unakit	Epidot
Manganocalcit	Calcit, rosa oder Aragonit, rosa	Uvit	Turmalin (braun)
		Venushaar	Rutilquarz
Manganspat	Rhodochrosit	Verdelith	Turmalin (grün)
Milchstein	weißer, hellblauer o. rosa Chalcedon	Verdit	Serpentin
		Wasserachat	Achat mit Wassereinschluß
Morion	dunkler Rauchquarz	Zebra-Jaspis	Serpentin (Silberauge)
Mückenstein	Dendritenchalcedon		

Therapeutischer Index

Der folgende Index gibt einen Überblick über die besprochenen Indikationen und Heilwirkungen in alphabetischer Reihenfolge. Bitte verwenden Sie diesen Index nur als Nachschlagewerk, nicht zur Auswahl Ihres Heilsteins! Die Zuordnung von Steinen zu bestimmten Symptomen nach Stichwortlisten ist zwar schön einfach, beinhaltet jedoch zu viele Fehlerquellen. Die im Teil 1 dieses Buchs besprochenen Faktoren der Lebenssituation, des Lebensstils, der Mineralstoffe und der Farbe blieben unberücksichtigt, so daß eine sichere Wahl nicht getroffen werden kann.

Schlagen Sie daher die im Index aufgefundenen Mineralien unbedingt in der detaillierten Beschreibung (Teil 3) nach und informieren Sie sich zusätzlich über die mineralogischen und therapeutischen Hintergründe (Teil 1). Nur dadurch erhalten Sie die notwendigen Informationen für eine sichere und zuverlässige Auswahl.

A

Abenteuer/Abenteuerlust Malachit, Chrysopal, Mookait, Thulit

Abgrenzung Dendritenchalcedon, Heliotrop, Lavendel-Jade, Lepidolith, Serpentin

Ablenkung Achat, Lepidolith, Pietersit

Absicht Chalcedon, rot, Labradorit, Lepidolith, Saphir, Wassermelonen-Turmalin, Zoisit

Abwechslung Apatit, Citrin, Heliotrop, Mookait, Opal, Rubin

Abwertung Epidot

Adrenalin *(siehe auch Nebenniere)* Feueropal

Aggression Apatit, Jaspis, Nephrit, Heliotrop

Aktivität *(siehe auch Überaktivität)* Jade, Mookait, Rhodochrosit, Rubin, Topas Imperial, Turmalin (Rubellit)

Akzeptanz Aventurin, Chalcedon, blau, Kunzit, Lapislazuli, Rhyolith, Rutilquarz

Allergien Apophyllit, Aquamarin, Aventurin, Fluorit

Alpträume Amethyst, Chrysoberyll, Chrysopras, Granat (Spessartin), Turmalin

Anerkennung Topas Imperial

Anfangsschwierigkeiten Tigereisen

Anfeindung/Angriffe, geistige Granat, Kupferchalcedon, Obsidian, schwarz, Rhodonit

Angst/Ängste/Ängstlichkeit Apophyllit, Chiastolith, Chrysoberyll, Diamant, Dumortierit, Larimar, Magnesit, Moosachat, Obsidian, Onyx, Opal, grün, Rhodonit, Rutilquarz, Schalenblende, Sugilith, Wassermelonen-Turmalin, Zirkon

Anpassung Biotit-Linse, Zoisit

Anstrengung Opal, grün, Rauchquarz, Rhyolith, Rosenquarz

Antrieb/Antriebslosigkeit Apatit, Beryll (Bixbit), Chrysokoll, Rubin

Apathie Apatit, Türkis

Appetit Apatit, Topas Imperial

Arbeitskraft Granat (Almandin), Rauchquarz, Rhodochrosit

Ärger Apatit, Aventurin, Lapislazuli, Peridot, Rhodonit

Argumentation *(siehe auch Kommunikation)* Onyx

Arteriosklerose *(siehe auch Blutgefäße / Fettstoffwechsel)* Aventurin, Magnesit

Arthritis Fluorit, Granat (Grossular)

Arthrose *(siehe auch Knorpel)* Apatit

Ästhetik Antimonit, Kupferchalcedon, Chrysopras, Malachit

Asthma Apophyllit

Atemwege Amethyst, Apophyllit, Chalcedon, blau, Dendritenchalcedon, Fluorit, Pietersit, Rutilquarz, Smaragd

Atmosphäre Thulit, Versteinert. Holz, Obsidian, schwarz

Aufbau Aktinolith, Baumachat, Epidot

Auffassungsvermögen Feueropal, Fluorit

Aufgeschlossenheit Azurit-Malachit, Bernstein, Chrysopal, Feueropal, Rosenquarz, Turmalin (Verdelith)

Aufmerksamkeit Bojis, Dendritenchalcedon, Kupferchalcedon, Chrysopras, Variscit

Aufmunterung Türkis, Variscit

Aufnahmefähigkeit Pietersit, Prehnit, Sardonyx, Turmalin, Variscit

Aufregung *(siehe Beruhigung)*

Aufrichtigkeit Amethyst, Aquamarin, Granat (Melanit), Jaspis, Lapislazuli, Rutilquarz, Smaragd

Augen *(siehe auch Sehen, Sehkraft)* Achat, Aquamarin, Beryll, Chalcedon, blau, Prasem, Schalenblende, Smaragd

Ausdauer *(siehe auch Durchhaltevermögen)* Aquamarin, Baumachat, Granat, Jaspis, rot

Ausgeglichenheit Aktinolith, Chrysokoll, Jaspis, grün, Smaragd

Ausgleich Kupferchalcedon, Dolomit, Jade, Rhyolith

Ausrichtung Saphir, Wassermelonen-Turmalin

Ausscheidung *(siehe auch Nieren, Darm, Dickdarm)* Achat, Aktinolith, Sardonyx, Turmalin (Indigolith), Turmalin (Verdelith)

Ausschlag *(siehe auch Haut)* Antimonit, Aventurin

Autoimmunerkrankungen *(siehe auch Immunsystem)* Aquamarin, Rhodonit

Autorität Chrysoberyll, Topas

B

Bandscheiben Aragonit

Bauchspeicheldrüse *(siehe Pankreas)*

Bedrohung *(siehe Anfeindung)*

Bedürfnisse Chalcedon, blau, Hämatit, Malachit, Morganit, Rosenquarz

Beeinflussung/Beeinflußbarkeit Lepidolith, Nephrit, Obsidian, Onyx, Serpentin

Befreiung Diamant, Moosachat, Opal, grün

Begeisterung/Begeisterungsfähigkeit Aventurin, Chrysopal, Feueropal, Granat (Uwarowit), Labradorit,

Beharrlichkeit Baumachat, Chalcedon, rot

Beherrschung Apophyllit, Chrysopras, Prasem

Beklemmung Amazonit, Apophyllit, Chrysoberyll, Chrysopal, Rutilquarz, Turmalin (Dravit)

Belastbarkeit/Belastung Ametrin, Antimonit, Apophyllit, Beryll, Disthen, Epidot Magnesit, Moosachat, Peridot, Rauchquarz, Rhodonit, Topas, Turmalin (Schörl), Turmalinquarz, Zoisit

Belebung Obsidian, Rubin

Beleidigung Rhodonit

Benachteiligung Sonnenstein

Beobachtungsgabe Charoit, Malachit

Beredsamkeit Sardonyx

Beruhigung Amazonit, Charoit, Chiastolith, Chrysopal, Disthen, Labradorit, Magnesit, Prasem, Saphir, Serpentin, Variscit, Versteinertes Holz

Beschaulichkeit Achat, Morganit

Bescheidenheit Magnesit

Beschwingtheit Chalcedon, blau, Dumortierit, Rhodochrosit

Besessenheit Obsidian

Besonnenheit Charoit, Rhodonit

Bestimmtheit Rosenquarz

Beweglichkeit/Bewegung Chiastolith, Disthen, Fluorit, Mookait, Rubin, Sugilith

Bewunderung Chrysopal, Turmalin (Verdelith)

Bewußtheit Amethyst, Ametrin, Azurit, Chalcedon, blau, Kupferchalcedon, Chiastolith, Disthen, Fluorit, Larimar, Malachit, Moldavit, Moosachat, Obsidian, schwarz, Regenbogenobsidian, Silberobsidian, Rhodonit, Rhyolith, Sodalith, Topas, Türkis, Zirkon

Bilder, innere Amethyst, Azurit, Dendritenchalcedon, Kupferchalcedon, Alexandrit, Chrysopras, Jade, Malachit, Obsidian, schwarz, Regenbogenobsidian, Silberobsidian, Sonnenstein, Topas, Turmalin, Versteinertes Holz

Bindegewebe *(siehe Gewebe)*

Bindehaut Achat

Blase Achat, Chalcedon, Citrin, Turmalin (Indigolith)

Blockaden, energetische Bojis, Granat, Larimar, Obsidian, Turmalin (Indigolith)

Blutbildung Granat (Andradit), Hämatit, Tigereisen

Blutdruck *(siehe auch Kreislauf)* erhöhend: Jaspis, Rhodochrosit, Rubin; senkend: Chalcedon, blau, Chrysokoll, Labradorit, Lapislazuli, Sodalith; stabilisierend: Chalcedon, rot

Blutgefäße Achat, Aventurin, Hämatit, Karneol, Magnesit, Obsidian, Mahagony-Obsidian, Schneeflocken-Obsidian, Rhodochrosit

Blutgerinnung Calcit, Chalcedon, rot, Marmor, Magnesit

Blutqualität Dolomit, Granat (Pyrop), Karneol

Blutreinigung Mookait, Turmalin (Rubellit)

Blutzucker *(siehe Diabetes)*

Brandwunden Chrysokoll, Turmalin (Indigolith)

Bronchitis, chronische Rutilquarz

C

Calcium-Stoffwechsel Apatit, Aragonit, Calcit, Dolomit, Marmor

Chaos Pietersit

Charakter Chalcedon, blau,

Diamant, Pyrit, Sardonyx

Charisma Granat (Pyrop), Topas Imperial

Charme Turmalin (Rubellit)

Cholesterin *(siehe auch Fettstoffwechsel)* Aventurin, Magnesit

Chronische Kälteempfindungen Obsidian, Mahagony-Obsidian, Schneeflocken-Obsidian

Courage Jaspis

D

Dankbarkeit Turmalin (Verdelith)

Darm Achat, Amethyst, Calcit, Granat, Jaspis, Magnesit, Marmor, Rubin, Saphir, Sardonyx

Daseinssinn *(siehe Lebenssinn)*

Demut Kunzit

Denken *(siehe auch Nachdenken)*

Denken, analytisches Achat, Chiastolith, Dendritenchalcedon, Onyx, Prehnit, Turmalin (Schörl), Turmalinquarz

Denken, abstraktes Schalenblende

Denken, bildhaftes Turmalin

Denken, einfach-pragmatisches Dolomit, Hämatit, Tigereisen

Denken, klares/waches Amethyst, Antimonit, Rauchquarz, Rubin, Rutilquarz, Saphir, Turmalinquarz, Variscit

Denken, schnelles Feueropal, Fluorit

Denken, logisch-rationales Achat, Chrysopras, Citrin, Diamant, Disthen, Kunzit, Lepidolith, Onyx, Turmalin (Schörl), Turmalinquarz, Variscit

Denken, strategisches Alexandrit, Chalcedon, rot, Chrysoberyll

Denkmuster Chrysopras, Fluorit

Depressionen Citrin, Diamant, Granat (Spessartin), Kunzit, Rutilquarz, Saphir, Sonnenstein, Wassermelonen-Turmalin

Diabetes Chalcedon, blau, Citrin, Schalenblende

Dialog, innerer Amethyst

Dickdarm *(siehe auch Aus-*

scheidung, Durchfall, Verstopfung)* Achat, Amethyst, Hämatit-Nierenwachstum (Roter Glaskopf)

Dienen Kunzit

Dimensionen, geistige Moldavit

Diplomatie Chalcedon, blau

Distanz Falkenauge, Pietersit, Tigerauge

Disziplin Chrysoberyll

Druck, innerer Apophyllit, Moosachat

Drüsen *(siehe auch Hormondrüsen)* Bergkristall, Chalcedon, blau, Dendritenchalcedon, Diamant, Turmalin

Dünndarm *(siehe auch Eisenaufnahme, Nährstoffaufnahme etc.)* Chalcedon, rot, Epidot, Hämatit, Karneol, Prehnit

Durchblick Tigerauge

Durchblutung Karneol, Obsidian, Mahagony-Obsidian, Schneeflocken-Obsidian, Rosenquarz, Turmalin (Rubellit)

Durchfall Amethyst, Bergkristall, Dumortierit, Serpentin, Turmalin (Verdelith)

Durchhaltevermögen *(siehe auch Ausdauer)* Chalcedon, rot, Jaspis, gelb, Tigereisen

Durchsetzungsvermögen Onyx

Dynamik Aquamarin, Beryll (Bixbit), Citrin, Fluorit, Granat allgemein, Granat (Andradit), Hämatit, Jaspis, rot, Marmor, Feueropal, Rhodochrosit, Rubin, Tigereisen

E

Effektivität Amethyst, Beryll, Rhodochrosit

Egoismus Chrysopras, Onyx

Ehrfurcht Chalcedon, rosa, Chrysopal

Ehrgeiz Chrysoberyll, Morganit

Ehrlichkeit Amethyst, Apophyllit, Jaspis, Lapislazuli, Pyrit, Sodalith, Topas, Variscit

Eierstöcke *(siehe auch Keimdrüsen)* Opal, grün, Thulit, Zoisit

Eifersucht Chrysopras

Eigenständigkeit Lepidolith

Eindrücke *(siehe Verarbeitung, geistige)*

Einfachheit Chrysopras, Prasem, Tigereisen, Versteinertes Holz

Einfühlungsvermögen Kunzit, Malachit, Moldavit, Rosenquarz, Turmalin (Dravit)

Eisenaufnahme Granat (Almandin), Hämatit, Tigereisen

Eiter Calcit, Fluorit, Heliotrop, Mookait, Rhodonit

Ekzem *(siehe auch Haut)* Antimonit

Embryo *(siehe Schwangerschaft)*

Emotionen *(siehe auch Stimmungen)* Azurit-Malachit, Beryll, Bojis, Epidot, Feueropal, Karneol, Larimar, Nephrit, Opal, Prasem, Rhyolith

Empfindsamkeit/Empfindlichkeit Aragonit, Falkenauge, Regenbogenobsidian, Silberobsidian, Rosenquarz, Türkis

Energie Apatit, Bergkristall, Feueropal, Rhodochrosit, Tigereisen, Variscit

Energiefluß anregend: Bojis, Jaspis, rot, Rutilquarz, Tigerauge, Topas, Turmalin; hemmend: Falkenauge, Tigerauge

Engagement Rubin, Turmalin (Rubellit)

Engstirnigkeit Fluorit

Entbindung *(siehe auch Geburt)*

Entgiftung Aktinolith, Azurit, Azurit-Malachit, Beryll, Biotit-Linse, Chrysokoll, Chrysopras, Heliotrop, Jaspis, grün, Magnesit, Malachit, Chrysopal, Opal, grün, Peridot, Prehnit, Rhodonit, Smaragd, Türkis, Turmalin (Verdelith), Zoisit

Enthusiasmus Rhodochrosit

Entscheidungskraft Charoit, Diamant, Falkenauge, Jade, Lepidolith, Nephrit, Biotit-Linse, Tigerauge, Turmalin (Verdelith)

Entschlossenheit Biotit-Linse, Charoit, Disthen, Jade, Malachit, Saphir, Tigereisen

Entspannung *(siehe auch Verspannungen)* Amazonit, Aventurin, Chrysokoll, Dolomit, Granat (Grossular), Magnesit, Rauchquarz

Entwicklung, geistige Aragonit, Bergkristall, Beryll, Calcit, Epidot, Hämatit, Lepidolith, Schalenblende, Sodalith, Topas

Entwicklung, körperliche Aragonit, Calcit, Turmalin

Entzündungen Aventurin, Alexandrit, Chalcedon, blau, Dendritenchalcedon, Kupferchalcedon, Chrysoberyll, Granat (Uwarowit), Heliotrop, Jaspis, grün, Moosachat, Smaragd, Türkis, Zoisit

Epilepsie Dumortierit, Kunzit, Sugilith

Epiphyse *(siehe Zirbeldrüse)*

Erbrechen Antimonit, Dumortierit

Erdverbundenheit Versteinertes Holz

Erfahrungen, neue Azurit, Citrin, Malachit, Mookait, Peridot

Erfindungsgabe Fluorit, Thulit

Erfolg Ametrin, Aquamarin, Bernstein, Calcit, Epidot, Feueropal, Rhodochrosit, Topas Imperial

Erfüllung Sardonyx, Topas

Erholung Aventurin, Charoit, Epidot, Moosachat, Opal, grün, Smaragd, Versteinertes Holz, Zoisit

Erinnerung Achat, Bergkristall, Chalcedon, blau, Kupferchalcedon, Kunzit, Labradorit, Malachit, Moldavit, Pinkopal, Pyrit

Erkältung Chalcedon, blau, Dendritenchalcedon, Labradorit, Rhyolith (Augen-Jaspis)

Erkenntnis *(siehe auch Selbsterkenntnis)* Azurit, Boji's, Chrysoberyll, Diamant, Disthen, Malachit

Erleichterung Turmalin (Indigolith)

Ernüchterung Amethyst

Erotik Feueropal, Opal, Rhodochrosit, Rubin, Thulit

Ersatzbefriedigung Antimonit

Erschöpfung Apatit, Epidot, Heliotrop, Opal, grün, Rubin, Schalenblende, Tigereisen, Topas Imperial, Türkis

Erste-Hilfe-Stein Rhodonit

Erzählkunst Chalcedon, rosa

Ethik Diamant, Turmalin (Indigolith)

Extremsituationen Granat, Rhodonit

Extrovertiertheit Apatit, Citrin, Dioptas, Topas Imperial

F

Fähigkeiten (erkennen) Aktinolith, Bergkristall, Dioptas, Obsidian, Topas, Topas Imperial
Familie Turmalin (Dravit)
Fanatismus Beryll, Morganit
Fehler/Fehlschläge Diamant, Epidot, Turmalin (Schörl), Turmalinquarz
Festhalten Apophyllit, Chiastolith, Zirkon
Fettstoffwechsel Aventurin, Magnesit, Prehnit
Feuer, inneres Chalcedon, rosa, Granat, Feueropal, Rubin
Fieber senkend: Bergkristall, Chalcedon, blau, Chrysokoll, Chrysopal, Moosachat, Prasem, Saphir; treibend: Granat (Uwarowit), Rhodochrosit, Rubin
Fingerfertigkeit Disthen
Fixe Ideen Fluorit
Flexibilität Aragonit, Bernstein, Biotit-Linse, Chalcedon, rot, Granat (Andradit), Heliotrop, Mookait, Turmalin (Verdelith, Rubellit)
Fluchtgewohnheiten Morganit
Flüssigkeitsaufnahme Sodalith, Turmalin (Indigolith)
Forschergeist Apophyllit, Baumachat, Dendritenchalcedon
Freie Entscheidung/Freigeist Fluorit, Sodalith
Freiheit Diamant, Fluorit, Granat, Lapislazuli, Obsidian, Sodalith, Turmalin (Indigolith)
Fremdbestimmung Biotit-Linse, Charoit, Fluorit, Peridot, Topas, Zoisit
Freude Morganit, Opal, Rhodochrosit, Sardonyx
Freundschaft Lapislazuli, Malachit, Peridot, Rhodonit, Saphir, Sardonyx, Smaragd, Wassermelonen-Turmalin
Frieden, innerer Amethyst, Bernstein, Chalcedon, rosa, Disthen, Lavendel-Jade, Lepidolith, Marmor, Nephrit, Serpentin
Fröhlichkeit Bernstein, Feueropal
Fruchtbarkeit Chrysopras, Moldavit, Mondstein, Rhodonit, Rosenquarz, Thulit, Topas Imperial, Zoisit
Frühjahrsmüdigkeit Variscit

Frustration Disthen, Epidot
Führungsqualität Chrysoberyll
Fülle Dioptas, Sardonyx
Furunkel *(siehe auch Haut)* Amethyst

G

Galle Bernstein, Epidot, Magnesit, Peridot
Ganzheit Chrysopras, Obsidian, Sodalith, Turmalin
Gastfreundschaft Pinkopal
Gastritis *(siehe auch Magen)* Achat, Variscit
Gebärmutter Achat
Geborgenheit Achat, Chrysopras, Wassermelonen-Turmalin
Gebundenheit Moosachat
Geburt *(siehe auch Entbindung)* Amazonit, Biotit-Linse, Malachit, Mondstein
Gedächtnis Aquamarin, Calcit
Gedanken Apophyllit, Azurit, Bojis, Chrysoberyll, Rauchquarz, Saphir, Schalenblende
Geduld Aktinolith, Aventurin, Chrysopras, Epidot, Heliotrop, Magnesit, Turmalin (Verdelith), Wassermelonen-Turmalin
Gefahr Feueropal, Rhodonit
Gefühle Alexandrit, Apophyllit, Azurit-Malachit, Chrysokoll, Chrysopal, Citrin, Dolomit, Labradorit, Malachit, Mondstein, Morganit, Chrysopal, Pietersit, Rhodochrosit, Sodalith, Thulit, Turmalin (Indigolith), Zoisit
Gefühllosigkeit Bergkristall, Pietersit, Turmalin, Turmalinquarz
Gefühlsausdruck Azurit-Malachit, Lapislazuli, Malachit, Rhodochrosit, Zoisit
Gefühlstiefe Chrysopal, Dioptas, Labradorit, Malachit, Mondstein, Smaragd
Gehirn Amazonit, Azurit, Bergkristall, Diamant, Disthen, Fluorit, Larimar, Malachit, Saphir, Schalenblende, Sugilith, Türkis
Gehörsinn Onyx, Sardonyx
Geistesgegenwart Chrysopras
Geisteskrankheiten Diamant, Saphir
Geistiges Wesen *(siehe*

Wesen)
Gelassenheit Apophyllit, Aquamarin, Kupferchalcedon, Charoit, Larimar, Turmalin (Schörl), Turmalinquarz
Geldsorgen Moldavit, Zirkon
Gelenke Apatit, Bernstein, Fluorit, Kunzit, Lepidolith
Gelenkentzündung *(siehe Arthritis)*
Gelingen, gutes *(siehe Erfolg)*
Gemeinschaftssinn Chalcedon, blau, Dendritenchalcedon, Dolomit, Granat, Karneol, Chrysopal, Pinkopal, Turmalin (Dravit)
Genügsamkeit Versteinertes Holz
Genuß Kupferchalcedon, Pinkopal, Smaragd, Thulit
Geradlinigkeit Aktinolith, Aquamarin, Beryll, Saphir
Gerechtigkeit Amethyst, Azurit, Chrysopras, Diamant, Malachit, Smaragd, Sugilith
Gereiztheit Heliotrop, Jade, Magnesit
Geruchssinn Sardonyx, Schalenblende
Geschäftigkeit Rhodochrosit
Geschehenlassen Larimar
Geschicklichkeit Turmalin (Dravit)
Geschlechtsorgane Antimonit, Chalcedon, blau, Feueropal, Kupferchalcedon, Jaspis, Malachit, Rosenquarz, Thulit, Turmalin (Rubellit)
Geschmackssinn Sardonyx, Schalenblende
Geschwüre *(siehe Tumore)*
Geselligkeit *(siehe Gemeinschaftssinn)*
Gesetze Diamant, Sodalith
Gesundheit (Vorsorge, Stabilisierung) Achat, Baumachat, Dolomit, Hämatit, Mookait, Opal, Saphir, Versteinertes Holz
Gewebe Rosenquarz, Achat, Aventurin, Ametrin, Calcit, Karneol, Lepidolith, Magnesit, Malachit, Marmor, Nephrit, Rhodonit, Rhyolith (Leopardenfell-Jaspis), Turmalin (Dravit), Zoisit
Gewissen Apophyllit, Peridot, Turmalin (Verdelith)
Gewohnheiten Antimonit, Dendritenchalcedon, Fluorit, Granat

Gicht Biotit-Linse, Chiastolith, Chrysopras, Labradorit, Türkis, Variscit
Glaube Bernstein, Larimar, Obsidian, schwarz, Regenbogenobsidian, Silberobsidian, Saphir, Sonnenstein
Glaukom Chalcedon, blau
Gleichgewicht Chalcedon, blau, Dendritenchalcedon, Dolomit, Mookait, Morganit
Glück Achat, Ametrin, Aventurin, Bernstein, Chrysopras, Granat, Malachit, Moldavit, Mondstein, Opal, Sonnenstein, Türkis
Gottvertrauen Amazonit, Chrysopras, Tigerauge
Gram Epidot, Sugilith
Grenzen (überwinden) Bergkristall (Phantomquarz), Topas Imperial, Larimar
Grenzenlosigkeit Moldavit
Grippe Chalcedon, blau, Heliotrop, Jaspis, grün, Moosachat, Rhyolith (Augen-Jaspis)
Größe, geistige Alexandrit, Moldavit, Rutilquarz
Großmut / Großzügigkeit Topas Imperial
Grübeln Nephrit, Schalenblende
Grüner Star Chalcedon, blau
Gruppen, Probleme in Turmalin (Dravit)
Güte Chalcedon, rosa

H

Hals Chrysokoll, Lapislazuli, Larimar, Sodalith
Haltung,aufrechte Apatit, Fluorit, Granat (Melanit), Rutilquarz
Handlungsfähigkeit/-freude Amethyst, Ametrin, Chrysoberyll, Disthen, Feueropal, Nephrit, Onyx, Prasem, Rhodonit, Tigereisen, Türkis
Harmonie Achat, Ametrin, Azurit-Malachit, Beryll (Goldberyll, Heliodor), Kupferchalcedon, Chrysokoll, Dumortierit, Mookait, Smaragd, Sonnenstein, Sugilith, Turmalin
Harnblase *(siehe Blase)*
Harnwege Nephrit, Turmalin (Indigolith)
Haut Achat, Amethyst, Antimonit, Apophyllit, Aventurin, Bernstein, Calcit, Chrysopras, Dumortierit, Fluorit, Granat (Grossular), Lepidolith, Marmor, Peridot, Rhyolith (Leopardenfell-Jaspis), Turmalin (Dravit)
Heilung Epidot, Granat, Rhodonit, Saphir
Heimat Chrysopal, Versteinertes Holz
Heimlichkeit Pyrit
Heiserkeit Lapislazuli, Sodalith
Helfer, geistige Chrysopras
Hellsichtigkeit Alexandrit, Moldavit, Mondstein, Obsidian, Smaragd, Zirkon
Hemmungen Granat, Malachit, Pinkopal
Herausforderung Baumachat, Granat, Feueropal, Thulit
Herz Amazonit, Aventurin, Calcit, Chalcedon, rosa, Charoit, Chrysopal, Dolomit, Granat (Spessartin), Heliotrop, Kunzit, Magnesit, Marmor, Mondstein, Morganit, Pinkopal, Rhodonit, Rosenquarz, Smaragd, Turmalin (Verdelith)
Herzinfarkt-Prophylaxe Aventurin, Magnesit
Herzkranzgefäße Magnesit
Herzlichkeit Kupferchalcedon, Chalcedon, rosa, Granat (Rhodolith), Pinkopal, Rosenquarz
Herzneurose Chalcedon, rosa, Pinkopal
Herzrhythmus Calcit, Rosenquarz, Serpentin
Heuschnupfen *(siehe auch Allergien)* Aquamarin
Hilfsbereitschaft Azurit-Malachit, Chalcedon, rosa, Granat, Granat (Spessartin), Karneol, Rosenquarz, Sardonyx, Turmalin (Dravit)
Hingabe Kunzit, Turmalin (Rubellit)
Hinhören Chalcedon, blau, Dendritenchalcedon, Chalcedon, rosa, Magnesit
Hitziges Gemüt Feueropal, Prasem, Rubin
Hitzschlag Prasem
Hoden Opal, grün, Thulit, Zoisit
Hoffnung Dioptas, Granat, Moosachat, Rutilquarz
Hohlorgane Achat
Horizonterweiterung Fluorit, Granat, Lapislazuli, Turmalin (Indigolith)
Hormone/Hormondrüsen *(siehe auch Drüsen)* Aquamarin, Diamant, Falkenauge, Granat (Hessonit), Mondstein, Turmalin
Hungergefühle Chalcedon, rot
Husten Moosachat, Rutilquarz
Hypophyse Amazonit, Aquamarin, Mondstein

I

Ideale/Idealismus Antimonit, Chrysopras, Karneol, Malachit, Pinkopal, Schalenblende, Sodalith
Ideen/Ideenfülle Aventurin, Feueropal, Granat, Jade, Labradorit, Moldavit, Pinkopal, Rhodochrosit, Saphir, Topas Imperial, Zoisit
Identität (finden/wahren) Chiastolith, Dolomit, Lapislazuli, Nephrit, Prehnit, Sodalith, Variscit
Illusionen Chiastolith, Labradorit, Mondstein
Imagination Dioptas
Immunsystem Aquamarin, Aragonit, Azurit-Malachit, Baumachat, Calcit, Chalcedon, blau, Dendritenchalcedon, Kupferchalcedon, Chalcedon, rosa, Epidot, Granat, Heliotrop, Jaspis, gelb, Marmor, Mookait, Moosachat, Onyx, Sardonyx, Schalenblende, Smaragd, Turmalin, Zoisit
Impotenz *(siehe auch Potenz)* Morganit, Rutilquarz
Impulsivität Feueropal, Mondstein, Rhodochrosit, Rubin
Individualität Aventurin, Biotit-Linse, Citrin, Granat (Uwarowit), Turmalin
Infektionen Baumachat, Chalcedon, blau, Chrysokoll, Chrysopras, Heliotrop, Moosachat, Onyx, Rhyolith (Augen-Jaspis), Rubin, Smaragd, Türkis
Initiative Feueropal, Moosachat
Innenohr Onyx
Innere Stimme Alexandrit, Antimonit
Insektenstiche Rhodonit
Inspiration Amethyst, Chalcedon, blau, Chalcedon, rot, Kunzit, Moosachat, Smaragd, Thulit

Integrität Biotit-Linse, Obsidian, Sodalith
Interesse Antimonit, Aragonit, Azurit-Malachit, Turmalin (Verdelith), Variscit
Intuition Amazonit, Amethyst, Ametrin, Biotit-Linse, Alexandrit, Kunzit, Labradorit, Mondstein, Schalenblende, Türkis, Versteinertes Holz
Ischias Biotit-Linse, Kunzit, Lepidolith

J

Juckreiz Antimonit, Rhodonit, Smaragd
Jugend, geistige Smaragd

K

Kälteempfindung Bergkristall, Labradorit, Obsidian, Mahagony-Obsidian, Schneeflocken-Obsidian
Kehlkopf Chalcedon, blau, Lapislazuli, Sodalith
Keimdrüsen Opal, grün, Rhodochrosit, Schalenblende, Thulit, Zoisit
Klarheit Bergkristall, Chrysokoll, Diamant, Rhodonit, Smaragd, Wassermelonen-Turmalin
Klärung Bergkristall, Amethyst, Dendritenchalcedon, Fluorit, Obsidian, Pietersit, Pyrit
Klimakterium Mondstein
Knochen Apatit, Calcit, Fluorit, Granat (Melanit), Marmor
Knorpel Apatit, Bernstein
Koliken Dumortierit
Kommunikation Chalcedon, blau u. rosa, Kupferchalcedon, Lapislazuli, Moosachat, Obsidian, schwarz, Regenbogenobsidian, Silberobsidian, Onyx, Sardonyx, Schalenblende, Variscit
Kompromißbereitschaft Serpentin
Kompromißlosigkeit Diamant, Fluorit, Lapislazuli, Sugilith
Kondition Epidot
Konflikte Chalcedon, rosa, Jaspis, Lapislazuli, Pietersit, Rhodonit, Serpentin, Sugilith
Konfrontationsbereitschaft/-fähigkeit Amethyst, Kupferchalcedon, Citrin, Diamant, Karneol, Malachit, Onyx, Prehnit, Pyrit, Sugilith
Konsequenz Aktinolith, Aquamarin, Beryll, Chiastolith, Chrysokoll, Onyx, Smaragd, Sugilith, Zoisit
Konstitution Epidot
Kontaktfreude Apatit, Azurit-Malachit, Chalcedon, blau, Kupferchalcedon, Lapislazuli, Pinkopal, Turmalin (Rubellit,Verdelith)
Kontemplation Labradorit
Kontrolle Ametrin, Diamant, Dumortierit, Heliotrop, Onyx, Prasem, Turmalin
Konzentration Achat, Amethyst, Aragonit, Lepidolith, Onyx, Pietersit, Rauchquarz, Rhyolith, Saphir, Schalenblende
Kopf / Kopfschmerz Amethyst, Dioptas, Dumortierit, Larimar, Magnesit, Rauchobsidian, Smaragd
Körperflüssigkeiten Chalcedon, blau, Dendritenchalcedon, Granat, Jade, Nephrit, Onyx, Opal, grün, Sardonyx
Kraft Baumachat, Bergkristall, Chalcedon, rot, Hämatit, Rhyolith, Tigereisen
Krämpfe Amazonit, Azurit-Malachit, Charoit, Chrysokoll, Dioptas, Dolomit, Dumortierit, Magnesit, Malachit, Rauchquarz, Serpentin, Türkis, Variscit, Zirkon
Krankheitsgewinn, -ursache Bojis, Moldavit, Pyrit
Krankheitsprophylaxe Bojis
Kreativität Ametrin, Antimonit, Bernstein, Biotit-Linse, Chalcedon, blau, Dioptas, Granat (Andradit), Labradorit, Larimar, Marmor, Nephrit, Thulit, Turmalin, Zoisit
Kreislauf *(siehe auch Blutdruck)* anregend: Chalcedon, rot, Granat (Pyrop), Hämatit, Jaspis, rot, Rhodochrosit, Rubin, Tigereisen; beruhigend: Chalcedon, blau, Lapislazuli, Sodalith; stabilisierend: Dolomit, Granat, Rhodonit
Kriegernatur Baumachat, Jaspis
Krisen Diamant, Granat
Kritik/Kritikfähigkeit *(siehe auch Selbstkritik)* Azurit, Malachit, Saphir, Turmalin (Rubellit)
Kühlung Chalcedon, blau, Chrysokoll, Sodalith

Kummer Amazonit, Apatit, Epidot, Nephrit, Sugilith
Kupferstoffwechsel Azurit, Azurit-Malachit, Dioptas, Kupferchalcedon, Chrysokoll, Malachit, Türkis
Kurzsichtigkeit *(siehe auch Augen, Sehen, Sehkraft)* Aquamarin, Beryll (Heliodor)

L

Lähmungen Bergkristall, Chiastolith, Rhodochrosit, Rhodonit, Wassermelonen-Turmalin
Leben/Lebendigkeit Apatit, Chalcedon, rosa, Feueropal, Morganit, Rhodochrosit
Lebensaufgabe *(siehe Lebenssinn)*
Lebensbejahung Azurit-Malachit, Chrysopras, Dumortierit, Magnesit, Rhodochrosit, Sonnenstein, Topas Imperial, Zoisit
Lebensfreude/Lebenskraft Ametrin, Beryll, Citrin, Feueropal, Granat, Opal, Rubin, Smaragd, Sonnenstein, Thulit, Turmalin (Verdelith)
Lebenslust Granat (Rhodolith), Opal
Lebensperspektiven Marmor, Opal, grün, Sonnenstein, Zirkon
Lebensprüfungen Azurit, Chalcedon, blau, Diamant, Granat, Saphir
Lebensqualität Granat (Pyrop)
Lebenssinn Antimonit, Kupferchalcedon, Chiastolith, Moldavit, Opal, grün, Sardonyx, Topas, Zirkon
Lebensträume Dioptas
Lebenswille Jaspis, Opal
Leber Aktinolith, Amazonit, Azurit, Azurit-Malachit, Kupferchalcedon, Chrysoberyll, Alexandrit, Chrysokoll, Chrysopras, Epidot, Granat, Malachit, Opal, grün, Peridot, Smaragd, Turmalin (Rubellit), Zirkon
Legasthenie Chalcedon, blau, Sugilith
Leichtigkeit Aquamarin, Chalcedon, blau, Dumortierit, Opal, Rhodochrosit
Leichtsinn Opal
Leid Larimar, Rauchquarz, Rhodonit
Leidenschaft Rubin

Leistungsdruck Beryll, Morganit, Smaragd
Leistungsfähigkeit Epidot, Feueropal, Hämatit, Rubin, Tigereisen
Lernen/Lernfähigkeit Amethyst, Bergkristall, Chalcedon, blau, Diamant, Fluorit, Rhodonit, Saphir
Lethargie Feueropal, Rhodochrosit, Rubin, Tigereisen
Licht/Lichtblick Apophyllit, Granat
Lichtempfindlichkeit/Lichtwahrnehmung Mondstein
Liebe Kupferchalcedon, Chalcedon, rosa, Chrysopal, Chrysopras, Mondstein, Morganit, Pinkopal, Rhodochrosit, Rosenquarz, Rubin, Smaragd, Wassermelonen-Turmalin
Liebeskummer Chrysopras
Logik (siehe Denken, logisches)
Loslassen (siehe Verhaftung)
Lunge Amethyst, Chalcedon, blau, Dendritenchalcedon, Fluorit, Moosachat, Rutilquarz
Lust Antimonit, Apatit, Feueropal, Granat, Malachit, Opal, Pinkopal, Rubin, Thulit
Luzide Träume (siehe Wahrträume)
Lymphe/Lymphknoten Chalcedon, blau, Dendritenchalcedon, Chalcedon, rosa, Heliotrop, Moosachat

M

Magen Achat, Antimonit, Bernstein, Citrin, Magnesit, Rhodonit, Serpentin, Türkis, Variscit
Magersucht Topas, Topas Imperial
Magie Alexandrit, Saphir
Magnesiumstoffwechsel Dolomit, Magnesit, Serpentin
Makellosigkeit Obsidian
Mandeln Chalcedon, blau, Chrysokoll, Heliotrop
Manipulation Larimar
Materialismus Moldavit, Zirkon
Medialität Aquamarin, Alexandrit, Labradorit, Mondstein
Meditation Amethyst, Bergkristall, Citrin, Mookait, Obsidian, schwarz, Regenbogenobsidian, Silberobsidian, Rosenquarz, Serpentin, Versteinertes Holz

Meinung Chalcedon, blau, Dendritenchalcedon Lapislazuli, Sodalith
Melancholie Chrysopal, Thulit
Menstruation Chrysokoll, Lapislazuli, Malachit, Mondstein, Serpentin, Zirkon
Meridiane Bojis, Topas, Turmalin
Migräne Magnesit, Rhodochrosit
Milchbildung Chalcedon, blau u. rosa
Milz Bernstein, Citrin, Mookait, Rubin, Turmalin (Rubellit)
Mineralstoffaufnahme Karneol
Mondsüchtigkeit Mondstein
Motivationssteigerung Apatit, Bernstein, Chalcedon, blau, Chrysopras
Motorik Disthen, Onyx, Sugilith, Turmalin (Dravit)
Müdigkeit Heliotrop, Tigereisen, Türkis, Variscit
Multiple Sklerose Rhodochrosit, Rhodonit, Wassermelonen-Turmalin
Muse Morganit, Versteinertes Holz
Muskelkraft Hämatit, Tigereisen, Türkis
Muskeln Aragonit, Magnesit
Mut Baumachat, Diamant, Dumortierit, Granat allg., Granat (Pyrop), Jaspis, Karneol, Rubin, Thulit, Tigerauge
Mutlosigkeit Chrysopal, Marmor, Schalenblende

N

Nachdenken/Nachdenklichkeit (siehe auch Denken) Azurit, Kunzit, Larimar, Pinkopal, Versteinertes Holz
Nachgiebigkeit Bernstein, Biotit-Linsen, Kunzit, Rosenquarz
Nachtragen Prasem
Nährstoffaufnahme (siehe auch Dünndarm) Chalcedon, rot, Epidot, Granat, Karneol, Sardonyx
Narben Rhodonit, Turmalin (Schörl)
Nase/Nebenhöhlen Smaragd
Nebenniere Jade, Feueropal, Rubin, Tigerauge
Negativität Chrysopras, Son-

nenstein, Turmalin (Schörl), Turmalinquarz, Zoisit
Nerven/Nervensystem Amethyst, Charoit, Chiastolith, Diamant, Dumortierit, Fluorit, Jade, Kunzit, Lepidolith, Malachit, Morganit, Rauchquarz, Saphir, Sugilith, Topas, Topas Imperial, Turmalin (Indigolith, Rubellit, Verdelith), Wassermelonen-Turmalin, Variscit
Nerven, motorische Disthen, Onyx, Sugilith, Turmalin (Indigolith, Rubellit, Verdelith), Wassermelonen-Turmalin
Nerven, sensorische Amethyst, Jade, Onyx, Turmalin (Indigolith, Rubellit, Verdelith), Wassermelonen-Turmalin
Nervensystem, vegetatives Amazonit, Ametrin, Beryll, Charoit, Citrin, Sonnenstein, Topas Imperial, Turmalin (Rubellit)
Nervosität Aragonit, Beryll (Goldberyll), Chiastolith, Chrysokoll, Falkenauge, Magnesit, Serpentin, Variscit
Neuanfang Granat, Rutilquarz, Tigereisen
Neugier Chalcedon, rosa, Chrysopal, Thulit
Neuorientierung Aktinolith
Neuralgien Kunzit, Lepidolith, Sugilith
Neurodermitis Chrysopras, Fluorit
Neutralität Azurit-Malachit, Bergkristall, Kupferchalcedon, Chrysokoll, Nephrit, Turmalin (Schörl), Turmalinquarz
Niedergeschlagenheit Pinkopal, Türkis
Nieren Aktinolith, Bernstein, Biotit-Linse, Granat (Grossular), Hämatit (Nierenwachstum), Jade, Nephrit, Opal, grün, Rhodochrosit, Serpentin, Turmalin (Indigolith)
Nüchternheit Amethyst, Chiastolith, Onyx, Rauchquarz, Saphir, Variscit

O

Ödeme (siehe auch Wassereinlagerungen) Chalcedon, blau, Dendritenchalcedon
Offenheit Apatit, Apophyllit, Chalcedon, blau, Kupferchalcedon, Chalcedon, rot,

Pinkopal, Pyrit, Smaragd, Topas, Topas Imperial
Ohnmacht Smaragd, Thulit
Ohren Chalcedon, blau, Dendritenchalcedon, Onyx
Opferhaltung Amazonit, Larimar, Türkis
Optimismus Ametrin, Chalcedon, blau, Opal, Sonnenstein
Ordnung Aquamarin, Diamant, Fluorit, Pietersit, Sodalith
Organe, innere Ametrin, Amazonit, Karneol, Sonnenstein, Turmalin (Dravit)
Orgasmus Rubin, Serpentin, Thulit
Orientierung, geistige Opal, grün, Zoisit

P

Panik Dumortierit, Rhodonit
Pankreas Citrin, Prehnit
Paranoia Sugilith
Parasiten Amethyst, Peridot
Partnerschaft Smaragd
Past-life-Erinnerung Achat
Perspektiven, neue *(siehe Lebensperspektiven)*
Pessimismus Sonnenstein
Phantasie Alexandrit, Jaspis, Labradorit, Turmalin
Pilzinfektionen Chalcedon, blau, Kupferchalcedon, Kombination Chrysopras u. Rauchquarz
Planen Alexandrit, Chrysoberyll, Diamant, Topas Imperial
Poesie Opal
Positive Lebenseinstellung *(siehe Lebensbejahung)*
Potenz Granat, Rutilquarz, Zoisit mit Rubin
Pragmatismus *(siehe auch Denken, pragmatisches)* Achat, Dolomit, Karneol, Prasem, Rauchquarz, Tigereisen, Turmalin (Dravit)
Pränatale Erinnerung Achat
Prellungen Amethyst, Prasem
Problemlösung Achat, Amazonit, Chalcedon, rosa, Diamant, Granat, Karneol, Marmor, Pietersit, Sugilith, Thulit, Turmalin (Verdelith), Tigereisen
Prostata Schalenblende
Prüfungen *(siehe Lebensprüfungen)*

Psychische Erkrankungen Diamant, Saphir
Psychosomatik Chalcedon, rosa, Diamant

Q

Quetschungen Prasem

R

Rache Rhodonit
Rachitis Apatit, Aragonit, Calcit
Rauchen (Folgen) Chalcedon, blau, Dendritenchalcedon, Moosachat
Raucherbein Obsidian, Mahagony-Obsidian, Schneeflokken-Obsidian
Rausch Amethyst
Reaktionsvermögen Jade, Topas Imperial
Realismus Labradorit, Onyx, Rauchquarz, Topas Imperial, Versteinertes Holz
Realität, geistige Chrysopras, Falkenauge, Jade, Larimar, Moldavit, Tigerauge, Zirkon
Realitätssinn Achat, Chiastolith, Karneol
Redekunst Chalcedon, blau
Regeneration Achat, Aventurin, Alexandrit, Dioptas, Epidot, Granat, Mookait, Chrysopal, Opal, grün, Rhodonit, Rutilquarz, Schalenblende, Smaragd, Thulit, Türkis , Turmalin (Dravit), Wassermelonen-Turmalin, Zoisit
Reichtum, innerer Dioptas, Granat, Topas
Reife Achat, Rhodonit
Reinigung, körperliche Ametrin, Chrysopras, Diamant, Lepidolith, Peridot
Relativität Zirkon
Rescue-Stein Rhodonit
Resignation *(siehe Mutlosigkeit)*
Resorption von Wasser im Darm Amethyst
Rheuma Biotit-Linse, Chiastolith, Granat (Grossular), Karneol, Labradorit, Malachit, Smaragd, Türkis, Variscit
Rhythmen der Natur Mondstein
Risikobereitschaft Alexandrit, Feueropal, Malachit
Romantik Pinkopal, Rosenquarz, Thulit

Rote Blutkörperchen Hämatit, Tigereisen
Rückbildung nach Entbindung Achat
Rückenbeschwerden Rauchobsidian, Rauchquarz
Rückzug Achat
Ruhe, innere Apophyllit, Baumachat, Chalcedon, rosa, Jade, Jaspis, gelb, Larimar, Lepidolith, Mookait, Prasem, Rhyolith, Türkis
Ruhebedürfnis Pietersit
Ruhm Dioptas, Topas Imperial

S

Salzhaushalt Jade, Nephrit
Samenerguß, vorzeitiger Rutilquarz
Sammlung, innere Achat, Pietersit, Versteinertes Holz
Sanftmut Amethyst, Bernstein, Rosenquarz
Sauerstoffversorgung Hämatit, Tigereisen
Säure-Basen-Haushalt Jade, Nephrit
Schadstoffe Peridot, Schalenblende
Scham Pinkopal
Schattenseiten Bojis, Obsidian, Pyrit
Scheide *(siehe Vagina)*
Scheidenflora Chalcedon, blau, Kupferchalcedon
Scheu Malachit
Scheuklappenmentalität Aquamarin, Beryll, Morganit
Schicksal/Schicksalsgläubigkeit Amazonit, Disthen, Smaragd, Topas, Türkis
Schilddrüse Aquamarin, Azurit, Chrysokoll, Lapislazuli
Schizophrenie Sugilith
Schlaf Amethyst, Aventurin, Chalcedon, blau, Charoit, Chrysopras, Lepidolith, Opal, grün, Schalenblende, Smaragd
Schlechtes Gewissen *(siehe Gewissen)*
Schleimhäute Apophyllit, Bernstein, Chalcedon, blau, Dendritenchalcedon, Fluorit, Granat (Grossular), Moosachat
Schmerz, seelischer Azurit-Malachit, Rhodonit, Türkis
Schmerzen Amethyst, Apatit, Aventurin, Bergkristall, Charoit, Dioptas, Falkenauge,

Malachit, Obsidian, Rauchobsidian, Prasem, Pyrit-Sonne, Rauchquarz, Rhodonit, Saphir, Sugilith, Tigerauge, Türkis, Turmalin (Schörl), Turmalinquarz, Zirkon

Schnelligkeit Feueropal, Topas Imperial

Schnittwunden Rhodonit

Schock Obsidian, Rhodonit

Schönheit Kupferchalcedon, Chrysopras, Dioptas, Malachit, Smaragd, Thulit

Schöpferkraft Antimonit, Zoisit

Schüchternheit Malachit, Pinkopal

Schuldgefühle Chiastolith, Opal, grün, Peridot, Sodalith

Schutz Achat, Baumachat, Biotit-Linse, Heliotrop, Jaspis, grün, Lepidolith, Nephrit, Rauchquarz, Serpentin, Tigerauge, Türkis, Turmalin (Schörl), Turmalinquarz, Wassermelonen-Turmalin

Schwäche Chiastolith, Epidot, Schalenblende, Thulit

Schwangerschaft Achat

Schwellungen Amethyst, Bergkristall, Prasem

Schwermetallvergiftung Chrysopras, Peridot, Smaragd

Schwierigkeiten (lösen) Baumachat, Chalcedon, rot, Dumortierit, Granat, Karneol, Moosachat, Rauchquarz, Tigerauge

Sehen/Sehkraft *(s. auch Augen, Sinne, Sinnesorgane)* Aquamarin, Beryll, Onyx, Schalenblende, Smaragd

Sehnsucht Chrysopal

Selbstachtung Granat (Hessonit), Rhyolith

Selbständigkeit Chrysoberyll

Selbstannahme Magnesit, Peridot, Rhyolith, Sodalith

Selbstausdruck Citrin, Dioptas, Topas Imperial, Variscit

Selbstbeherrschung Chrysoberyll

Selbstbeobachtung Chrysokoll

Selbstbestimmung Amazonit, Aventurin, Fluorit, Larimar, Peridot, Sodalith, Topas, Türkis

Selbstbewußtsein Bernstein, Dioptas, Lapislazuli, Onyx, Topas Imperial

Selbstdarstellung Dioptas, Topas Imperial

Selbstdisziplin Chrysoberyll

Selbsterkenntnis *(s. auch Erkenntnis)* Azurit, Bergkristall, Epidot, Jade, Kunzit, Peridot, Pyrit

Selbstheilkraft Alexandrit, Chrysoberyll, Larimar, Sonnenstein

Selbstkritik Turmalin (Rubellit)

Selbstliebe Magnesit, Rhodonit, Rosenquarz

Selbstmitleid Epidot

Selbstsicherheit Citrin, Topas Imperial

Selbstüberwindung *(siehe Überwindung)*

Selbstverantwortung Disthen, Larimar, Türkis

Selbstvertrauen Calcit, Fluorit, Granat, Sardonyx, Sonnenstein, Topas Imperial

Selbstverwirklichung Biotit-Linse, Citrin, Dioptas, Dolomit, Granat, Jade, Onyx, Topas, Topas Imperial

Selbstvorwürfe Chrysopras, Peridot

Selbstwertgefühl Aktinolith, Rhyolith, Sonnenstein

Selbstwichtigkeit Morganit, Topas Imperial

Selbstzerstörung Rhodonit, Rubin

Sexualität Antimonit, Chrysopras, Feueropal, Granat allg., Granat (Rhodolith, Spessartin), Malachit, Opal, Pinkopal, Rosenquarz, Rutilquarz, Rubin, Serpentin, Thulit, Zoisit mit Rubin

Sicherheit Achat, Baumachat, Beryll, Nephrit

Sinn/Sinnlosigkeit *(siehe auch Lebenssinn)* Diamant, Kupferchalcedon, Rhodonit, Schalenblende, Topas

Sinne Alexandrit, Bergkristall, Obsidian, schwarz, Regenbogenobsidian, Silberobsidian, Prehnit, Türkis

Sinnesorgane *(siehe auch Augen, Gleichgewicht, Ohren, Nase)* Achat, Aquamarin, Beryll, Chalcedon, blau, Dendritenchalcedon, Diamant, Kunzit, Sardonyx

Sinneswahrnehmung Sardonyx, Türkis

Sinnlichkeit Kupferchalcedon, Malachit, Smaragd, Thulit

Sodbrennen Antimonit,

Türkis, Variscit

Sonnenbrand Prasem

Sonnenseiten Sonnenstein

Sonnenstich Prasem

Sorgen/Sorglosigkeit Apophyllit, Bernstein, Chalcedon, rosa, Charoit, Pinkopal, Rosenquarz

Soziales Engagement Turmalin (Dravit)

Spannung Achat, Kunzit, Nephrit, Rubin, Rutilquarz, Sugilith, Turmalin (Schörl), Turmalinquarz

Spaß Feueropal

Spiritualität Amethyst

Spontaneität Bernstein, Charoit, Feueropal, Moldavit, Opal, Rhodochrosit, Rubin, Schalenblende

Sprache Chalcedon, blau

Sprunghaftigkeit Aragonit

Stabilität Achat, Aragonit, Baumachat, Calcit, Chiastolith, Dolomit, Fluorit, Hämatit, Mookait, Sardonyx, Versteinertes Holz

Standhaftigkeit Bergkristall, Calcit, Karneol, Rhyolith, Sugilith

Stärke/Stärkung Baumachat, Chalcedon, rot, Diamant, Epidot, Sonnenstein, Thulit

Steinbildungen Nephrit, Rhyolith (Leopardenfell-Jaspis)

Stillen Chalcedon, blau und rosa

Stimmbänder Lapislazuli, Sodalith

Stimmungen *(siehe auch Emotionen)* Bojis, Chrysopal, Dendritenchalcedon, Diamant, Kunzit, Malachit, Rhodochrosit, Tigerauge

Stimmungsaufhellung Ametrin, Citrin, Rhodochrosit, Rutilquarz, Sonnenstein, Variscit

Stimmungsschwankungen Amazonit, Chrysokoll, Falkenauge, Serpentin, Türkis

Stirnhöhle Smaragd

Stoffwechsel Amazonit, Bernstein, Calcit, Kupferchalcedon, Charoit, Granat allg., Granat (Rhodolith), Heliotrop, Karneol, Peridot, Sardonyx, Topas, Topas Imperial, Türkis, Turmalin, Versteinertes Holz

Stolz Topas Imperial

Strahlung Dumortierit, Tu-

ritella-Jaspis, Prasem, Rauch-
quarz, Rosenquarz, Schalen-
blende, Turmalin (Schörl)
Streit Onyx, Rhodonit, Topas
Strenge Chrysoberyll
Streß Beryll, Chalcedon,
blau, Charoit, Chrysokoll,
Morganit, Rauchquarz, Ser-
pentin, Tigerauge, Turmalin
(Schörl), Turmalinquarz
Struktur Fluorit, Schalen-
blende
Sucht Amethyst, Dumortie-
rit

T

Tabus Granat, Malachit
Tagträume Turmalin, Lab-
radorit
Take-it-easy-Stein Dumor-
tierit
Tatendrang/Tatkraft Ame-
trin, Charoit, Granat (Alman-
din), Jade, Jaspis, Sodalith,
Sonnenstein
Teamgeist Smaragd
Tiefe Obsidian, schwarz,
Regenbogenobsidian, Silber-
obsidian
Toleranz Aragonit, Aventu-
rin, Kupferchalcedon, Kunzit,
Nephrit, Turmalin (Indigolith)
Traditionsbewußtsein
Bernstein, Dolomit
Trägheit Calcit, Chrysokoll,
Jade
Trauer Amazonit, Amethyst,
Chrysopal, Epidot, Onyx,
Sardonyx, Turmalin (Indigo-
lith), Zirkon
Trauma Malachit, Obsi-
dian, Rhodonit
Träume Alexandrit, Ame-
thyst, Aventurin, Charoit, Di-
optas, Heliotrop, Jade, Mala-
chit, Moldavit, Mondstein,
Pinkopal, Smaragd, Turmalin
Treue Diamant, Kunzit, Sa-
phir, Sodalith, Turmalin (In-
digolith)
Tüchtigkeit Calcit
Tugend Diamant, Sardonyx
Tumore Azurit-Malachit,
Calcit, Fluorit

U

Übelkeit Antimonit, Berg-
kristall, Dumortierit
Überarbeitung Epidot
Überblick Diamant, Falken-
auge
Überforderung Aragonit

Übergewicht Versteinertes
Holz
Überleben Hämatit, Scha-
lenblende, Tigereisen
Übersäuerung Biotit-Linse,
Chiastolith, Heliotrop, Mala-
chit, Serpentin, Türkis, Varis-
cit, Zoisit
Überwindung Calcit, Feu-
eropal, Granat, Jaspis, Kar-
neol, Sardonyx, Smaragd, So-
dalith
Umsetzungsfähigkeit Cal-
cit, Chalcedon, blau, Chalce-
don, rot, Chiastolith, Diamant,
Dioptas, Dolomit, Epidot,
Granat, Jade, Jaspis, Karneol,
Lepidolith, Zoisit
Umwälzungen im Leben
Charoit, Pietersit
Umwelt Azurit-Malachit,
Kupferchalcedon, Turitella-
Jaspis
Unabhängigkeit Chryso-
pras, Rutilquarz
Unbeeinflußbarkeit Baum-
achat, Nephrit, Serpentin, Su-
gilith, Tigerauge, Türkis
Unbefangenheit Pinkopal
Unbeschwertheit Chalce-
don, blau, Pinkopal
Unbezwingbarkeit Dia-
mant
Uneigennützigkeit Pinkopal
Unfruchtbarkeit *(siehe
Fruchtbarkeit)*
Unglück/unglücklich Azu-
rit-Malachit, Aventurin, Mar-
mor, Opal
Unkonventionalität Mol-
davit, Opal
Unrecht Fluorit, Rhodonit
Unruhe, innere Aragonit,
Schalenblende, Variscit
Unsicherheit Apophyllit
Unterdrückung Azurit-Ma-
lachit, Citrin, Fluorit, Mar-
mor, Nephrit, Sodalith, Sugi-
lith
Unternehmungslust Thulit,
Turmalin (Rubellit)
Unterscheidungsfähigkeit
Aquamarin, Calcit, Lepido-
lith, Opal, grün, Rosenquarz,
Turmalin (Verdelith), Granat,
Sardonyx
Urteilsvermögen Amethyst,
Kupferchalcedon

V

Vagina Chalcedon, blau,
Kupferchalcedon
Veränderung Charoit,

Chrysokoll, Diamant, Epidot,
Larimar, Marmor, Pietersit,
Pyrit, Schalenblende, Tigerei-
sen
**Verantwortungsbewußt-
sein** Onyx, Turmalin (Indi-
golith)
Verarbeitung, geistige
Achat, Amethyst, Kupferchal-
cedon, Fluorit, Mookait, Pie-
tersit, Prehnit
Verbergen Apophyllit, Ru-
tilquarz
Verdauung Achat, Antimo-
nit, Aragonit, Chrysokoll, Ci-
trin, Epidot, Jaspis, Topas
**Verdrängungsmechanis-
men** Prehnit
Vereiterung *(siehe Eiter)*
Verführung Opal, Malachit
Vergänglichkeit Zirkon
Vergiftung *(siehe auch Ent-
giftung)* Chrysopras, Dumor-
tierit, Heliotrop, Turitella-
Jaspis
Verhaftung Amethyst, Apo-
phyllit, Fluorit, Malachit,
Moldavit, Moosachat, Pieter-
sit, Turmalin (Indigolith), Zir-
kon
Verhaltensmuster Bojis,
Chiastolith, Chrysoberyll,
Chrysopras, Dumortierit,
Fluorit, Granat, Obsidian,
schwarz, Regenbogenobsi-
dian, Silberobsidian, Soda-
lith
Verhärtung Rhyolith (Leo-
pardenfell-Jaspis)
Verjüngung Rubin, Smaragd
Verlangsamung Chiastolith
Verletzungen Amethyst,
Obsidian, Rhodonit
Verlust Amethyst, Zirkon
Vermeidungsmechanismen
Prehnit
Vernunft Amethyst, Sar-
donyx
Verrückt werden (Angst)
Chiastolith
Versagen Sonnenstein
Versäumnisse Peridot
Versöhnung Prasem, Rho-
donit
Verspannung *(siehe auch
Entspannung)* Amethyst,
Chrysokoll, Obsidian, Rauch-
quarz, Serpentin, Turmalin
(Dravit)
Verstand Amazonit, Azurit-
Malachit, Chiastolith, Citrin,
Dolomit, Moosachat, Obsi-
dian, Prehnit, Sardonyx, Zir-
kon

Verständnis/Verstehen Bergkristall, Chalcedon, blau u. rosa, Citrin, Falkenauge, Fluorit, Malachit, Rhodonit, Sardonyx, Smaragd, Variscit, Wassermelonen-Turmalin

Verstopfung *(siehe auch Ausscheidung, Darm, Dickdarm)* Biotit-Linse, Serpentin, Turmalin (Verdelith)

Vertrauen Bernstein, Chalcedon, rosa, Chrysopras, Dumortierit, Granat (Rhodolith)

Verwandlung Marmor, Zoisit

Verwirrung Aquamarin, Dendritenchalcedon, Fluorit, Karneol, Pietersit, Pyrit, Rhodonit

Verzeihen Peridot, Rhodonit

Vielseitigkeit Beryll, Turmalin (Verdelith)

Virusinfektionen Türkis

Visionskraft Rutilquarz

Vitalität Baumachat, Bergkristall, Hämatit, Heliotrop, Tigereisen

Vitaminaufnahme Karneol

Voraussicht Aquamarin, Türkis

Vorstellung/Vorstellungskraft Antimonit, Azurit, Dioptas, Granat (Almandin), Malachit, Sodalith

W

Wachheit Amethyst, Ametrin, Chiastolith, Feueropal, Rhodochrosit, Rubin, Smaragd, Türkis, Variscit

Wachstum, geistiges Achat, Aquamarin, Granat (Hessonit), Smaragd

Wachstum, körperliches Achat, Aktinolith, Aquamarin, Azurit, Calcit, Rutilquarz, Türkis

Wahnsinn Saphir, Zirkon

Wahrheit/Wahrhaftigkeit Chrysopras, Lapislazuli, Prehnit, Saphir, Sodalith, Sugilith, Tigereisen, Topas, Turmalin (Indigolith), Variscit

Wahrnehmung Alexandrit, Amethyst, Ametrin, Bergkristall, Chalcedon, blau, Chiastolith, Chrysopras, Dumortierit, Malachit, Obsidian, Sardonyx, Sonnenstein

Wahrsagen Bergkristall, Obsidian

Wahrträume Mondstein, Smaragd, Zirkon

Wärme Chalcedon, rosa, Citrin, Türkis

Warzen Peridot

Wassereinlagerungen Chalcedon, blau, Dendritenchalcedon, Jade, Nephrit

Wasserhaushalt Jade, Turmalin (Indigolith)

Wechseljahre Mondstein

Wehentätigkeit *(siehe auch Geburt)* Biotit-Linse

Weisheit Amethyst, Lapislazuli, Peridot, Saphir, Topas, Turmalin

Weitblick Aquamarin, Beryll, Smaragd

Weite (Gefühl) Moldavit

Weitsichtigkeit *(siehe auch Augen, Sehen, Sehkraft)* Aquamarin, Beryll (Heliodor)

Wertung Kupferchalcedon, Sodalith

Wesen, geistiges Amethyst, Bergkristall, Bernstein, Jade, Moldavit, Sonnenstein

Wetterfühligkeit Chalcedon, blau, Moosachat

Wichtigkeit Zirkon

Widerstände Bernstein, Chalcedon, blau, Charoit, Granat, Kunzit, Thulit

Widerstandskraft Baumachat, Chrysokoll, Granat (Melanit), Turitella-Jaspis, Rauchquarz, Rhyolith

Wiedergutmachung Peridot

Wille Alexandrit, Granat, Hämatit, Jaspis, rot, Saphir

Wirbelsäule Granat (Melanit)

Wirkungsverstärkung Bergkristall, Diamant, Topas, klar

Wissen Jade, Lapislazuli, Malachit, Saphir, Topas

Wohlbefinden Ametrin, Aquamarin, Aragonit, Azurit-Malachit, Chrysopal, Hämatit, Rosenquarz, Versteinertes Holz

Wundheilung Bernstein, Calcit, Granat allg., Granat (Almandin), Mookait, Obsidian, Rhodonit, Schalenblende

Wunscherfüllung Alexandrit, Bernstein, Chalcedon, blau, Hämatit, Malachit, Moldavit, Pinkopal, Zoisit

Würde Lapislazuli

Wut Aventurin, Peridot, Prasem, Rhodonit

Z

Zähne/Zahnen Apatit, Bernstein, Fluorit

Zärtlichkeit Chalcedon, rosa, Pinkopal, Rhodochrosit, Rosenquarz, Wassermelonen-Turmalin

Zeitpunkt erspüren Aktinolith, Versteinertes Holz

Zellstoffwechsel Ametrin, Sardonyx

Zellwachstum Apatit, Azurit-Malachit, Calcit, Turmalin (Dravit), Zoisit

Zentrierung Chiastolith

Zerrissenheit Azurit-Malachit

Zerstreuung Opal, Pietersit

Ziele/Zielsetzung Aktinolith, Diamant, Labradorit, Lepidolith, Saphir, Wassermelonen-Turmalin, Zoisit

Zielstrebigkeit Aquamarin, Beryll, Rutilquarz, Smaragd, Turmalin (Rubellit)

Zirbeldrüse Mondstein

Zittern Aragonit, Falkenauge

Zögern Charoit, Moosachat

Zorn Chrysopras, Peridot, Prasem

Zufriedenheit Chrysopras, Dolomit

Zukunftssorgen Moldavit

Zurückhaltung Apophyllit, Chiastolith, Lapislazuli, Moosachat, Rutilquarz

Zusammenarbeit Smaragd

Zustandsverstärkung Rhyolith

Zuversicht Chalcedon, rot, Dumortierit, Granat, Moosachat, Sardonyx

Zwänge Charoit, Chrysopras, Dumortierit

Zweifel Falkenauge, Nephrit, Tigerauge

Zyklen, offene Aquamarin, Karneol, Tigereisen

Informationen,
Erfahrungsaustausch, Veranstaltungen

Die Steinheilkunde steht heute an der Schwelle zum anerkannten Naturheilverfahren. Die Jahre seit der Erstveröffentlichung des vorliegenden Buchs (1995) brachten etliche neuen Erkenntnisse und Forschungsergebnisse. Mehr als 3000 Messungen von Hirnstrombildern durch den Klangtherapeuten Friedrich Pelz belegen grundsätzlich die Wirksamkeit der Heilsteine; zudem erforschen über 150 Menschen in derzeit mehr als 30 Forschungsgruppen kontinuierlich deren spezifische Wirkungen. Das letztere Projekt wird durch den Steinheilkunde e.V. mit Sitz in Stuttgart koordiniert, der auch wichtige Forschungsarbeit leistet. Seminare und Ausbildungen auf der Grundlage dieses Buchs und der aktuellen Forschungen bieten seit 1997 die Cairn Elen Lebensschule, das Cairn Elen Steinheilkunde-Netzwerk und das Osterholz-Seminarzentrum. Wenn Sie also mehr Interesse an der Steinheilkunde haben, so wenden Sie sich bitte an:

Cairn Elen Lebensschule
Weinbergstr. 11
D-72127 Kusterdingen
Tel.: 070 71- 36 47 19
Fax: 070 71- 388 68

Forschungsprojekt SHK und Steinheilkunde e. V.
Postfach 1133
D-72127 Kusterdingen
Tel.: 070 71- 36 47 20
Fax: 070 71- 388 68

Der Autor

Michael Gienger war von Kindheit an begeisterter Mineraliensammler und seit seiner Jugend Hobby-Mineraloge. Er studierte verschiedene traditionelle Heilweisen Europas, Asiens und Amerikas und forscht seit 1985 auf dem Gebiet der Steinheilkunde. 1989 gründete er die Forschungsgruppe Steinheilkunde Stuttgart, 1990 die Firma Karfunkel, einen auf Heilsteine spezialisierten Mineraliengroßhandel. Michael Gienger ist außerdem Gründungsmitglied des Steinheilkunde e.V., der sich für die Förderung der Steinheilkunde als anerkanntes Naturheilverfahren einsetzt, sowie der Cairn Elen Lebensschule und des Cairn Elen Steinheilkunde-Netzwerks. Er lebt heute in der Nähe von Tübingen als Autor und Dozent für Geomantie und Steinheilkunde. Zu letzterer bietet er mehrjährige Ausbildungen an.

Die Fotografin

Ines Blersch lebt seit 15 Jahren als freie Fotografin in Stuttgart, wo sie als Künstlerin und Werbefotografin arbeitet. Ihr größtes Interesse besteht jedoch in der »lebendigen Fotografie«, der Kunst und Herausforderung, nicht nur die Oberfläche, sondern auch das Wesen der Dinge fotografisch sichtbar zu machen. Seit 10 Jahren arbeitet sie an Blüten- und Steinbildern, wie den hier vorliegenden hervorragenden Mineralienfotografien. Ihre Arbeiten wurden bereits in mehreren Ausstellungen dokumentiert und sind in den folgenden Büchern veröffentlicht: Im Kartenset »Blütenbilder Seelenbilder« (Bachblüten-Therapie), sowie zwei Werken über den afrikanischen Tanz: »Tanzen zwischen Himmel und Erde« und »Afrikanische Tänze und Rhythmen«.

Ergänzende Literatur

Niemals wird alles in einem Buch stehen, daher soll hier noch ein kleiner Hinweis auf ergänzende und weiterführende Literatur zur Steinheilkunde folgen:

Michael Gienger
Die Heilsteine Hausapotheke
Hier gesucht, heißt schnell gefunden! Dieser zuverlässige, praxiserprobte Ratgeber bietet nützliche Hilfe durch die Anwendung von Heilsteinen zu Hause. Über 230 Krankheiten und Beschwerden werden übersichtlich und leicht verständlich besprochen. Ein Hausbuch, das den Arzt oder Heilpraktiker natürlich nicht ersetzen kann (welche Hausapotheke kann das schon?), aber doch so unersetzbar ist, wie diese.
Paperback, Neue Erde, Saarbrücken Mai 1999

Michael Gienger
Lexikon der Heilsteine
Das Lexikon der Heilsteine ist das ergänzende Nachschlagewerk zum vorliegenden Buch. Auf 576 Seiten mit über 200 Farbfotografien und 100 Grafiken informiert es genauestens über Namen, Entstehung, Erscheinungsbild, Bestimmungsmerkmale, Verwechslungen, Fälschungen und die therapeutische Verwendung

von ca. 450 Heilsteinen. Der Index der Mineraliennamen (3.100 Begriffe), der Sachwortindex (2.000 Begriffe) und der therapeutische Index (1.500 Begriffe) runden dieses umfangreichste deutschsprachige Standardwerk zur Steinheilkunde ab.
Hardcover, Neue Erde, Saarbrücken

Barbara Newerla
Sterne und Steine
Dieses Buch bietet eine für jeden Leser verständliche und nachvollziehbare Darstellung aller Tierkreiszeichen, sowie der ihnen zugeordneten Edelsteine mit ihren Heilwirkungen. Es wurde geschrieben aus vielen Jahren der Erfahrung und Praxis in der Astrologie und Edelsteinheilkunde. Die Autorin ist Expertin in beiden Wissensgebieten und bietet erstmals konkrete, praktische Anwendungsmöglichkeiten zu diesem Themenkreis.
Hardcover, Neue Erde, Saarbrücken

Bernhard Bruder
Geschönte Steine
Aufgepaßt! Jeder 2. Stein ist gefälscht! - Jedenfalls war dies das Ergebnis auf den Mineralientagen 1998 in München, wo der Autor Besuchern anbot, gekaufte Steine gemmologisch zu prüfen. Dieses Buch gibt Sicherheit beim Einkauf von Edelsteinen und Mineralien: Es informiert über mögliche Behandlungen (Färben, Bestrahlen, Rekonstruieren) und Imitationen und gibt Tips, wie man echte von falschen Steinen unterscheiden kann. Ein »Muß« für alle, die mit Steinen heilen oder sich einfach der Echtheit ihrer Steine sicher sein wollen.
Paperback, Neue Erde, Saarbrücken Januar 1999

Katrina Raphaell
Botschaft der Kristalle
Bekannt durch die beiden Bücher »Wissende Kristalle« (Ansata) und »Heilen mit Kristallen« (Knaur), vollendet Katrina Raphaell hiermit ihre Kristall-Trilogie. *Botschaft der Kristalle* ist nichts geringeres als der Versuch, die Kristalle als Werkzeuge in der Hand jener nutzbar zu machen, die an der Transformation von Mensch und Erde mitwirken wollen.
Paperback, Neue Erde, Saarbrücken 1997

Michael Gienger
Die Edelsteinuhr der Hildegard von Bingen
Die Übereinstimmung der 24 Kapitel im »Buch von den Steinen« mit der inneren Organuhr. Ein wichtiges Buch zur Anwendung der Edelsteinmedizin Hildegards.
Festeinband, Farbabbildungen, Neue Erde (erscheint 2001)

Michael Gienger, Luna S. Miesala-Sellin, Fotos: Ines Blersch
Stein und Blüte
Das Ganze ist mehr als die Summe der Teile – das zeigt sich auch in der Ergänzung von Bachblüten und Heilsteinen: Wo Vergänglichkeit und Beständigkeit sich begegnen, entsteht etwas Neues – der spontane Moment der Heilung!
Kartoniert, viele Farbfotos, Neue Erde 2000

Gerne senden wir Ihnen kostenlos und unverbindlich das ausführliche Gesamtprogramm von Neue Erde.

Bitte schreiben Sie an:
Neue Erde · Rotenbergstr. 33 · D-66111 Saarbrücken
Fax 0681 - 390 41 02